国家文化产业资金支持媒体融合重大项目

职业教育教学改革融合创新型教材·市场营销

U0791758

Shuzi Yingxiao

数字营销

（第二版）

陈国胜 陈凌云 主编

陈章纯 戴佩慧 娄嘉 王瑜婕 副主编

东北财经大学出版社
Dongbei University of Finance & Economics Press
大连

图书在版编目（CIP）数据

数字营销 / 陈国胜，陈凌云主编．—2版．—大连：东北财经大学出版社，2024.1
（职业教育教学改革融合创新型教材·市场营销）
ISBN 978-7-5654-5013-6

Ⅰ.数…　Ⅱ.①陈…②陈…　Ⅲ.网络营销-职业教育-教材　Ⅳ.F713.365.2

中国国家版本馆CIP数据核字（2023）第200668号

东北财经大学出版社出版
（大连市黑石礁尖山街217号　邮政编码　116025）
网　　址：http：//www.dufep.cn
读者信箱：dufep@dufe.edu.cn
大连天骄彩色印刷有限公司印刷　　东北财经大学出版社发行

幅面尺寸：185mm×260mm　字数：392千字　印张：18.5　插页：1
2024年1月第2版　　2024年1月第1次印刷

责任编辑：张旭凤　赵宏洋　　责任校对：刘贤恩
封面设计：原　皓　　版式设计：原　皓

定价：46.00元

教学支持　售后服务　联系电话：（0411）84710309

如有印装质量问题，请联系营销部：（0411）84710711

第二版前言

党的二十大报告指出，“加快发展数字经济，促进数字经济和实体经济深度融合”。新一代信息技术与各产业结合形成数字化生产力和数字经济，是现代化经济体系发展的重要方向。数字经济时代，数字技术推动数字化转型，企业面临巨大的挑战和机遇。面向全球市场的数字营销生态链基本形成，大数据、区块链、虚拟现实、物联网、云计算等在营销领域的应用态势良好，数字化的传播手段和传播内容对数字营销行业正产生深刻的影响，营销进入了4.0时代。如何持续提高效率，如何持续推动创新，成为企业经营者始终要思考的根本问题。

随着我国经济由高速增长阶段转向高质量发展阶段，对多层次高素质技术技能人才的需求越来越紧迫。适应性是一个复杂而系统的概念，在教育领域可以指学生毕业后对于工作岗位和社会经济需求的适应能力等。为增强市场营销专业人才培养的适应性，传统的“市场营销”课程亟须作数字化改革，开发《数字营销》教材势在必行。数字营销正在逐渐被各校列为市场营销专业（群）核心课程，或者作为财经商贸大类专业基础课程，旨在培养面向未来的复合型新营销人才。为便于网络学习，我们还建设了以本教材为依托的“数字营销”在线开放课程（https://mooc1.chaoxing.com/course-ans/courseportal/237191542.html），该课程面向高职院校所有专业学生开放，以本教材内容为授课基础框架，旨在全面清晰还原教材知识体系，让学生更深刻地理解目前行业企业营销新知识构成。

本教材分为11章，包括数字营销概述，数字营销新理念，数字营销中的消费心理，数字化营销方式和策略，大数据在数字营销中的应用，人工智能在数字营销中的运用，VR、AR、MR在数字营销中的应用，人格化电商：网红与IP，新媒体运营，直播营销，软文营销等内容。

本教材为国内目前出版较少的、在新营销领域的探索性尝试，主要特色有以下4点：

1. 校企合作开发，内容新。本教材为校企合作开发教材，我们将典型岗位（群）职业能力要求分解编入教材，内容能够很好地体现数字营销职业岗位（群）的任职要求。同时，我们力求介绍部分数字营销实践中提出的最新研究成果。

2. 教学做一体化，模式新。坚持育人为本，将职业素养培育融入教材。本教材设计融“教、学、做”为一体，既强调培养学生的营销专业能力，又力求培养学生胜任工作的综合职业能力。

3．注重德技并修，体例新。首先，每章都明确提出“素质目标”，落实立德树人根本任务；其次，采用“引例”开篇，并配有分析提示，促使学生带着相关问题及思考开始每章的学习；最后，为了满足学训结合，在每章章末设置有“实训操作”和“思考与练习”，其中“实训操作”包括实训项目、实训目标、实训步骤、实训环境、实训成果的完整教学设计。

4．精挑细选案例，素材新。本教材在案例选择上花费的心思较多，力求与同类教材中出现的案例不重复，同时既具有较强的时代感，又体现典型性和新颖性，适合教学，如营销4.0：数字化转型的第一战略、《小王子》跨界营销、国潮消费的时尚心理学等案例。

本教材由温州科技职业学院陈国胜、浙江安防职业技术学院陈凌云担任主编，温州科技职业学院陈章纯、戴佩慧、娄嘉、王瑜婕担任副主编。编写的具体分工是：陈国胜负责编写第1章、第2章，戴佩慧负责编写第3章、第4章，娄嘉负责编写第5章、第7章，陈凌云负责编写第6章、综合实训，陈章纯负责编写第8章、第11章，王瑜婕负责编写第9章、第10章。

感谢东北财经大学出版社的编辑对本书出版所做出的贡献。本教材在编写过程中，参阅了大量中外有关数字营销方面的文献资料，在此谨向这些文献资料的著者、译者、编者表示衷心的感谢。由于编者水平有限，书中疏漏或不足之处在所难免，恳请同行专家批评指正！为方便教师教学，本书还配有电子教案，如果需要可以来函索取，编者的电子邮件地址为wz-cgs@163.com。

编　者

2023年10月

目录

思政导图

立德树人

思政维度	思政元素	思政案例	对应内容
情感	民族自信	案例纪录片《良渚》入选2023年度中华文物新媒体传播精品推介优秀项目	第9章
	文化自信	国潮消费的时尚心理学	第3章
	家国情怀	张召忠与他的国防科技教育	第10章
精神	守正创新	指挥家科技：线上VR看房如何成为主流	第7章
	自主向上	酱香拿铁自发传播成就UGC时代的爆火产品	第2章
	求善求美	打通全触点互动链路 亲宝宝开启立体营销新模式	第4章
意识	数字意识	淘宝这张“网”	第6章
	品牌意识	《小王子》跨界营销	第5章
能力	表达沟通	汽车软广告《回家的路》	第11章
	技术迭代	营销4.0：数字化转型的第一战略	第1章
	文化传承	虚拟人物典型IP	第8章

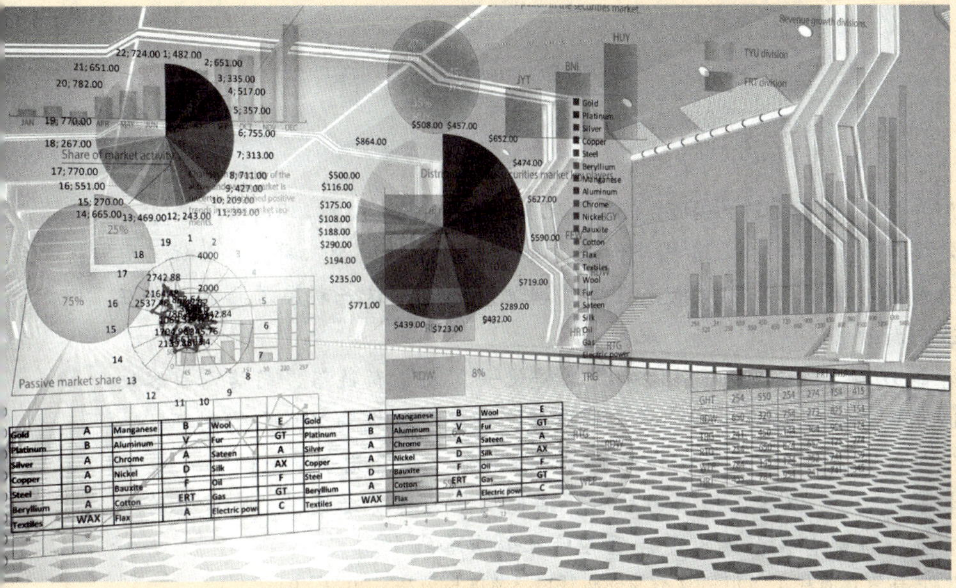

第1章　数字营销概述

【知识目标】　完成本章的学习，掌握数字营销的内涵和发展历程。

【素质目标】　从现实问题入手，通过案例式教学，充分认识到当今世界正经历百年未有之大变局，新一轮科技革命和产业变革深入发展。学习数字营销可以提高准确识变、科学应变、主动求变的综合素质，具有在危机中孕先机、于变局中开新局的能力，从而适应数字经济的快速发展。

【引例】 Top Toy 开创"潮玩集合店"新品类

消费主力逐渐年轻化和盲盒蹿红带动了潮流玩具市场的快速发展。Top Toy 基于以上市场洞察，决定提供潮玩品类的渠道整合价值，鉴于中国主流消费人群"Z世代"更倾向于沉浸式体验消费，因此 Top Toy 抢先占据"潮玩集合店"这一新渠道品类，并在新品类之下，打造全新的"人、货、场"配称。

人（用户运营能力）：打造"线下引流—线上转化—复购"新链路，门店是获客的流量入口，同时通过直播内容运营、私域高质量运营，最终引入电商形成引流闭环；

货（原创和供应链能力）：打磨原创 IP，如大力招财猫，构筑竞争壁垒；

场（全渠道构筑能力）：以线下门店为核心，通过场景为消费者提供"峰终体验"，比如店内商品配置上，将最有吸引力的IP放置在顾客逛店路线中。

资料来源：徐雪迎.新零售时代下，渠道品类的创新［J］. 销售与市场，2023（9）（上）.

【分析提示】请分析在数字经济背景下，新零售与传统零售的区别。

1.1 数字营销的内涵

1.1.1 数字营销的概念

20世纪90年代中期以来，随着互联网的广泛应用和大众参与度的大幅提升，数字科技在突破传统传播技术的基础上创造出庞大的数字媒体渠道，消费者的生活方式也发生了巨大的变化，进入了由美国学者尼葛洛庞帝在1995年提出的"数字化生存"的新阶段。在这样的背景下，传统的营销模式已跟不上时代的步伐，适合互联网时代的数字营销应运而生，快速发展，并逐渐走向成熟。

数字营销理论的发展与互联网的商业化应用基本同步，最早可以追溯到1994年。乔比（Giobbe）在当年发表的《数字时代的营销计划》一文中指出，虽然彼时"信息高速公路尚未完全建好，但报纸媒体应该做好拥抱互联网的计划"。毕肖普（Bishop）在1995年发表的《数字营销从战略规划开始》一文中第一次提出了"数字营销"的概念，并讨论了互联网时代数字营销的兴起以及数字营销成功的十大策略。

美国数字营销协会（2007）将数字营销定义为：利用数字技术开展的一种整合、定向和可衡量的传播，以获取和留住客户，同时与他们建立更深层次的关系。

数字营销利用数字技术帮助营销活动，将互动媒体与营销组合的其他元素相结合，是一种全新的营销方式。

数字营销有利于企业与消费者建立关系并实现营销目标。其使消费者和企业建立了双向联系，消费者可以更为便捷地接触到产品和服务，企业能够与消费者建立更深层次的关系，进而通过数字媒体、数据和技术与传统传播相结合实现营销目标。

数字营销，是利用网络技术、数字技术和移动通信技术等技术手段，借助各种数字媒体平台，针对明确的目标用户，为推广产品和服务，实现营销目标而开展的精确化、个性化、定制化的实践活动，它是数字时代与用户建立联系的一种独特营销方式。

新媒体营销是指利用新媒体平台进行营销的方式。新媒体这一概念是由美国哥伦比亚广播电视网（CBS）技术研究所所长戈尔德马克于1967年率先提出的。他在其发表的一份关于开发电子录像（EVR）的报告中，把电子录像称为“新媒体”。1969年，美国传播政策总统特别委员会主席罗斯托在向尼克松总统提交的报告书中多次使用“新媒体”一词，由此，“新媒体”一词开始在美国社会流行并逐渐扩展到全世界。新媒体是一个动态的概念，现在的新媒体，过一个阶段就成为传统媒体。数字营销所涵盖的范围比新媒体营销要广得多。

1.1.2 数字营销的特征

作为数字时代一种独特的营销方式，数字营销拥有深度互动性、目标精准性、平台多样性、服务个性化与定制化等特点。

1）深度互动性

互动性是数字营销的本质特征。从本质上看，互动即一种与他人发生交流的关联性，这也是数字营销传播的本质特征体现。在数字技术的进步和发展下，绝大部分数字媒体都具有互动的功能，信息在其中沟通交互，消费者能够拥有双向或多向的信息传播渠道。“互动”相较于传统传播模式中的“反馈”有一定差别，它是存在于信息传播传受之间的一种信息传播特性，在两者之间通过媒介完成信息的传达后，受众不仅用信息反馈的方式做出回应，更在这之上，完成与传者之间的信息交流。

数字营销的传播模式由直线模式转变为循环互动模式，创意、营销与传播协同一体化。消费者在拥有更多权利的情况下，可以完成从信息的收集、参与互动到购买及反馈的一系列行为。武汉大学新闻与传播学院姚曦教授将数字营销的互动形式分为三种：人际互动（数字媒介作为界面两端人与人之间的交流中介）；人机互动（消费者与日益智能化的电脑、手机等媒介进行信息交换）；人与信息互动（消费者与数字终端的内容进行互动，进行信息的生产与传播活动）。

在体验经济的大背景下，参与品牌的信息传播体验，已逐渐成为吸引受众的关键诉求点。由于建立在经济发展基础上的消费者素养提高，消费者对于多品牌之间的分析比较能力相应增强。商品的基本功能性诉求此时已经无法满足消费者对于商品价值的完整性感知，从广告信息传播的角度来说，图文设计的单向传播，也逐渐变成通过给予消费者“互动”体验来完成传受之间交流的模式。

2）目标精准性

数字营销背景下的互联网个性化传播特征明显。在大数据的背景下，我们经常能听到“数据分析”这个词，那么，究竟什么是数据分析呢？通俗地讲，数据分析就是数据加分析，即对收集来的大量第一手资料和第二手资料进行技术分析，以求最大化地开发数据资料的功能，发挥数据的作用。不同营销目的需要挖掘与分析的数据不同，因此需要根据不同的营销目的进行不同的营销数据组合设计，便于精准推送。通过对客户数据的分析，可以了解客户的购买习惯，进行客户细分，以此来提高客户满意度，从而提升企业竞争力，还可以更好地明确产品定位，调整店铺的营销策略，满足不同客户的个性化需求，提高客户忠诚度和保有率，以此来获得客户价值的持续贡献，从而全面提升企业的盈利能力。

目前国内众多营销平台借助专业大数据分析技术，通过对渠道的投入产出比进行数据分析，再依据不同品牌推广的需求对渠道进行再评估及整合优化，实现最大程度的精准营销。精准营销包含DSP、用户画像、程序化购买、智能推荐等概念。而精准数字营销可分为两个阶段：第一个阶段是通过精准推广获取更多数量的新客户；第二个阶段是通过精准运营，实现新用户的成功转化，并在达成交易的同时，实现消费者对企业品牌忠诚度的提升。

在收集和分析消费者信息方面，数字技术提供了无限可能。应用数字技术，消费者的消费习惯、媒介接触规律以及基本的人口统计学信息都能得到全方位收集，加上对消费者的短期行为和长期行为进行比对分析，即可描绘出“用户画像”，在此基础上，用户的实际需求和客户的传播要求可以被有效结合，从而告别广撒网的粗放式传播，实现精准营销。通过技术平台和营销平台的有效对接，将匹配目标用户需求的产品信息准确推送，向其投放相应的定制广告，虽说在某种程度上存在机械化、精而不准的局限性，但目前来看，这也平衡了用户的实际需求和客户的产品诉求，有利于营造双赢局面。

3）平台多样性

数字时代，数字营销的渠道和平台逐渐多样化，除了传统的网站、App、微博、微信等，还有迅速走红的移动直播平台、短视频等。在媒介融合的生态环境下，数字化信息的承载与表达呈现多样化特征，话语权的下放推动“人人都是自媒体、麦克风”的时代来临，传受之间的身份边界模糊，消费者在自有的营销传播渠道中分享、传播信息。

在这种大背景下，数字营销在丰富企业营销触角的同时，也会带来很多新问题，如多入口、多平台的管理与整合问题，以及各种渠道沉淀下来的数据分析与利用问题等。企业在营销传播的过程中需要关注到每一类营销传播的主体和接触点，积极构建全方位的营销传播平台，从而打造品牌独有的信息传播生态系统。

4）服务个性化与定制化

在数字营销时代的消费者洞察中，企业和品牌需要不断创新来保证产品的“新鲜度”，但产品本身的创新，虽能提升产品自身的竞争力，却无法支撑品牌的全面发展。只有从消费者的角度出发，对产品从生产模式到终端平台全方位营销传播创新，才能驱动品牌长远而持续发展，而这种创新的源头，正是对市场与消费者的洞察和研究。

服务个性化、定制化是伴随着网络、电子商务、信息技术等现代数字技术的发展而兴起的数字营销特征。随着市场环境与消费者需求的变化，个性化消费、品牌体验式消费已成为消费升级的趋势，企业与产品营销需要与消费者进行更为深入的沟通与交流，打造“千人千面”的营销体验。服务个性化、定制化，是在大数据分析的基础上，从策略层面精准定位网络时代的消费者，从而确定适合消费者的最佳传播方式，以服务于品牌本身。数字时代，用户不仅是信息的接收者，更是信息的传播载体，而不同用户发出的需求，正是数字技术在精准构建“用户画像”之后，企业制定营销传播策略的本源。

1.2 从传统营销到数字营销

传统营销模式围绕“4P”构建，表现出强烈的生产者导向。而数字营销时代，“4C”营销理论完成了对传统营销模式的颠覆，形成了以消费者为出发点的现代营销观念。

1.2.1 “4P”营销理论

美国营销学专家杰罗姆·麦卡锡教授在20世纪60年代提出的“产品、价格、渠道、促销”4大营销组合策略即为“4P”。取产品（Product）、价格（Price）、渠道（Place）、促销（Promotion）4个单词的第一个字母后缩写即为“4P”。

1967年，菲利普·科特勒在其畅销书《营销管理：分析、规划与控制》第一版进一步确认了以“4P”为核心的营销组合方法，即产品、价格、渠道、宣传。

（1）产品

注重开发的功能，要求产品有独特的卖点，把产品的功能诉求放在第一位。

拟解决的主要问题：产品性能如何？产品有哪些特点？产品的外观与包装如何？产品的服务与保障如何？

（2）价格

根据不同的市场定位，制定不同的价格策略，产品的定价依据是企业的品牌战略，注重品牌的含金量。

拟解决的主要问题：企业的合理利润以及顾客可以接受的价格是否得到考虑？定价是否符合公司的竞争策略？

（3）渠道

企业并不直接面对消费者，而是注重经销商的培育和销售网络的建立，企业与消费者的联系是通过分销商来完成的。

拟解决的主要问题：产品通过什么渠道销售？如何将产品顺利送抵消费者的手中？

（4）宣传

很多人将Promotion狭义地理解为“促销”，其实这是很片面的。英文Promotion应当是包括品牌宣传（广告）、公关、促销等一系列营销行为的。

拟解决的主要问题：企业如何通过广告、公关、营业推广和人员推销等手段将产品信息传递给消费者以促进消费行为的达成？

1.2.2 “4C”营销理论

在以消费者为核心的商业世界中，厂商所面临的最大挑战之一便是：这是一个充满“个性化”的社会，消费者的形态差异太大，随着“以消费者为中心”时代的来临，传统的营销组合“4P”似乎已无法完全顺应时代的要求，于是营销学专家提出了新的营销要素。

美国营销学专家劳特朋1990年在《广告时代》杂志发表文章时，对应传统的“4P”提出了新的观点：营销的“4C”，强调企业首先应该把追求顾客满意放在第一位，产品必须满足顾客需求且企业提供的不仅仅是产品和服务，更重要的是由此产生的客户价值（Customer Value），同时降低顾客的购买成本，产品和服务在研发时就要充分考虑客户的购买力，然后要充分注意到顾客购买过程中的便利性，最后还应以消费者为中心实施有效的营销沟通。“4C”即消费者的需求和欲望（Customer's Needs and Wants）、消费者获取满足的成本（Cost）、用户购买的便利性（Convenience）、与用户沟通（Communication）。

有人甚至认为，在新时期的营销活动中，应当用“4C”来取代“4P”。但许多学者仍然认为，“4C”的提出只是进一步明确了企业营销策略的基本前提和指导思想，从操作层面上讲，仍然必须通过以“4P”为代表的营销活动来具体运作。所以“4C”只是深化了“4P”，而不能取代“4P”。“4P”仍然是目前为止对营销策略组合最为简洁明了的诠释。

其实，“4P”与“4C”是互补而非替代关系。例如：Customer，是指用“客户”补充“产品”，要先研究顾客的欲望与需求，然后去设计、生产和销售顾客确定想要买的服务或者产品；Cost，是指用“成本”补充“价格”，先了解顾客为满足其需要与欲求所愿意付出的成本，再去制定定价策略；Convenience，是指用“便利”补充“地点”，意味着制定分销策略时要尽可能让顾客方便；Communication，是指用“沟通”补充“宣传”，“沟通”是双向的，“宣传”无论是推动策略还是拉动战略，都是线性传播方式。

案例1-1 从营销“4P”到“4C”

“4P”理论是一种营销理论。杰罗姆·麦卡锡教授在其《营销学》（Marketing）中最早提出了这个理论。不过，早在他取得西北大学的博士学位时，他的导师理查德·克鲁维（Richard Clewett）就已使用了以“产品（Product）、定价（Price）、分销（Distribution）、推广（Promotion）”为核心的理论框架。杰罗姆把“分销”换成“渠道”（Place），使这个理论成为所谓的“4P”理论。这里阐述的“4P”是战术上的，必须在对STP的战略决策后进行，STP即市场细分（Segmentation）、目标市场选择（Targeting）、定位（Positioning）。

当前，“4P”理论仍然为企业的营销策划提供了一个有用的框架。不过，“4P”是站在企业立场上的，而不是客户的立场。随着市场竞争日趋激烈，媒介传播速度越来越快，“4P”理论越来越受到挑战。1990年，美国学者罗伯特·劳特朋（Robert Lauterborn）教授在其《4P退休4C登场》专文中提出了与传统营销的“4P”相对应的“4C”营销理论。“4C”营销理论以消费者需求为导向，重新设定了市场营销组合的4个基本要素：

①产品（Product）—消费者的需求和欲望（Customer's Needs and Wants）；

②价格（Price）—成本（Cost）；

③渠道（Place）—便利（Convenience）；

④宣传（Promotion）—沟通（Communication）。

“4C”的理论框架说明了客户需要的是高价值、低成本、便利和沟通，而不是促销。

资料来源 作者根据相关资料整理.

1.2.3 如今的数字营销

在数字技术飞速发展的背景下，互联网传播呈现个性化特征，基于消费者需求和多维数据驱动，精准营销逐渐形成。相较于传统的营销传播，数字营销规模不断扩大，将用户带入参与和体验的时代。

1）多维数据驱动形成精准营销

从传统的大众化“一对多”广播式营销到如今“通过媒介属性定位消费者特征”以及“通过消费者属性定位目标受众”的时代，从传统的注重渠道曝光的营销模式到如今以消费者需求为核心、通过多维数据驱动形成精准营销，在场景化和电商化的背景下，完整的营销闭环系统已经形成。如何通过精准定位消费者实现资源的定向投放，避免浪费，从而达到效果最大化，逐渐成为广告主的追求目标。因此，精准性成为数字营销的一个重要特征。国内的众多一站式营销平台，对大数据价值进行智能挖掘，将消费者需求与广告主的品牌营销目标有效结合，使品牌更积极主动地到达潜在消费者，精准广告的“一键营销时代”正渐次开启。

2）消费者参与品牌价值构建

广告营销传播如今面临转型，对于企业来说，广告业需要致力于提供数字营销传播服务；对于消费者来说，智能化、精准化的信息管家目标亟待实现。营销大师菲利普·科特勒指出，如今的营销3.0时代，是实现产品中心向消费者中心，再向以人为中心转变的时代。如何与消费者积极互动，使消费者更直接地参与到品牌价值的构建中，是企业在数字营销时代的营销新中心。此举将带来两个方向性转变：一是消费趋势的变化，由功能导向型转变为参与体验导向型；二是营销趋势的变化，由信息告知式转变为参与互动式。

3）营销规模不断扩大

中国互联网行业整体在向价值化、规范化发展，移动互联网也在推动消费模式共享化、场景多元化和设备智能化。消费群体的规模性增长，对数字营销的内容与形式提出了全新的要求。在互联网“上半场”发展中，企业多以改变资源配置方式为重点，如电子商务发展转变了商品流通的资源配置方式，移动电子支付发展转变了现金流通的资源配置方式等。但是由于规模性发展，这一阶段多数行业创新都停留在粗放型的发展表层。进入互联网“下半场”阶段，营销的发展更需要体现在资源产生方式的转变上，从而在数字技术的驱动下，各行业之间线上线下的边界逐渐消失，融为一体，按照互联网思维进行重构，共同打造全新产业生态圈。

1.3 数字营销的发展

在过去的20多年里，随着数字技术的不断进步，数字营销工具和手段也在不断地更新迭代。以标志性的数字技术应用为重要节点，阳翼教授将数字营销的发展历程划分为4个阶段：基于Web1.0的单向营销、基于Web2.0的互动营销、基于大数据的精准营销、基于人工智能的智慧营销。

1.3.1 数字营销1.0：基于Web 1.0的单向营销

从技术上讲，Web1.0的网页信息不对外部开放编辑功能，用户只是单纯地通过浏览器获取信息，只有网站管理员才能更新站点信息，以雅虎、新浪、搜狐、网易、腾讯等门户网站为典型代表。

1994年10月27日，美国电话电报公司（AT&T）在HotWired.com上投放的一个展示类横幅广告拉开了互联网广告的序幕。美国电话电报公司为其广告活动“你会的”（You Will）发布了世界上首个网络广告：黑色背景上用彩色文字写着“你用鼠标点过这儿吗？”一个箭头指向右边“你会的”。正是这个毫不起眼的468×60像素的广告，开启了一个新的广告时代。

该广告按照传统杂志的思路和逻辑来进行采买，售卖模式为合约形式。这个广告位前后展示了3个月，花费3万美元，投放形式是包段的按天收费（CPD），点击率高达44%。自此，人们逐渐意识到可以把线下广告搬到线上。

中国第一个商业性网络广告出现于1997年3月，由英特尔公司（Intel）和国际商业机器公司（IBM）共同出资投放于比特网（ChinaByte），广告表现形式同样为468×60像素的动画横幅广告，国际商业机器公司为其支付了3 000美元。英特尔公司和国际商业机器公司因此成为国内最早在互联网上投放广告的广告主，创造了中国互联网广告业的历史。

早期的互联网广告以单向传播为特征，即用户只能被动接受广告内容，且广告表现形式较为单一，主要为展示类的横幅广告，广告以销售产品为主要目的。这一阶段从1994年开始，可称为数字营销1.0时代。

1.3.2　数字营销2.0：基于Web 2.0的互动营销

与Web 1.0单向信息发布的模式不同，以脸书（Facebook）、推特（Twitter）、博客、微博等为代表的Web 2.0时代的内容通常是用户创作并发布的，用户既是网站内容的浏览者，又是网站内容的创作者，这意味着Web 2.0站点为用户提供了更多参与和互动的机会。

Web 2.0时代开启的一个重要标志是社交网络服务（SNS）热潮的兴起。2002年，Friendster.com的创建引发了社交网络服务的第一波热潮。接着，社交网络服务的概念随着我的空间（MySpace）、脸书、人人网、开心网等网站的成熟而逐渐被人熟知，作为社会化媒体重要代表之一，社交网络服务的兴起和风靡可以看作社会化媒体的崛起。

由于社会化媒体具有互动性、社交性、即时性等特点，用户不只是被动地接收信息，还可以随心所欲地发表自己的观点，与其他用户或商家互动，因此社会化媒体营销得以大显身手。企业与消费者在双向传播中更深入地了解对方，企业通过与消费者互动，拉近了与消费者之间的距离，从而得到了更为理想的营销效果。

这一时期的数字营销是依托于社会化媒体的兴起而形成的互动营销，企业和消费者在社会化媒体的“桥梁”上平等对话，在建立良好的品牌与消费者关系的基础上达到促进销售的目的。这一阶段从2002年开始，可称为数字营销2.0时代。

1.3.3　数字营销3.0：基于大数据的精准营销

随着互联网技术的不断提高，网络内容不断丰富，消费者的工作和生活方式日益数字化，消费者在互联网上留下了大量的数据“足迹”，大数据时代就这样到来了。随着大数据在各行各业的广泛应用，数字营销进入了一个新的阶段。

这一阶段的数字营销跟前两个阶段的显著区别在于：通过对大数据的挖掘，企业可以做到比消费者更了解自己。也就是说，基于消费者在门户网站、搜索引擎、电商平台等处留下的数据，企业可以分析出消费者的消费习惯和偏好，企业的营销可以有的放矢，更加精准，在减少无效营销的同时，大大提升了消费者体验和营销效果。

“大数据”并非新词汇，早在1980年未来学家托夫勒在其著作《第三次浪潮》中就将“大数据”称颂为“第三次浪潮的华彩乐章”。不过，直到大约2009年，大数据才成为互联网行业的流行词汇，从那时起，学界开始密切关注这一领域。英国学者舍恩伯格于2013年1月出版的《大数据时代》一书，从思维、商业、管理3个方面解读了大数据所带来的革命性变化。同年，李颖在《大数据时代的营销变局》中指出，大数据浪潮绝不仅仅是信息技术领域的革命，更是在全球范围内加速营销变革、引领社会变革的利器，企业要抓住大数据的机遇，让营销拓展到大数据领域，挖掘其潜在的大价值，获得大发展。2013年6月上映的电影《小时代》就是基于大数据挖掘预测其核心目标人群，有针对性地进行精准营销，创造了上映3天票房过2亿元，截至下线票房过5亿元的神话，在电影行业中率先树立了大数据营销的典范。

由此可见，从2013年起，无论是学界还是业界，都开始将视线聚焦于大数据，2013年被称为“大数据元年”。正是从这一年开始，数字营销进入了3.0时代。

1.3.4 数字营销4.0：基于人工智能的智慧营销

从1956年达特茅斯会议召开标志着人工智能的正式诞生，到2016年AlphaGo击败围棋世界冠军李世石，历经半个多世纪，终于在2017年，迎来了人工智能的“应用元年”——人工智能向交通、医疗、金融、教育等领域全面渗透。

人工智能这一新技术引发的“智能革命”也波及了营销行业。基于人工智能的数字营销相较于前三个阶段数字营销的显著特征在于它拥有类似人类的智慧。比如，饿了么推出的语音点餐系统依托于智能语音设备，通过语音交互的方式实现点餐流程，以最大限度节省点餐时间和人力成本；阿里巴巴开发的人工智能设计师“鲁班”在“学习”了淘宝和天猫平台上海量的海报作品以后，每秒能自动创作8 000张海报，然后向不同的用户推送不同的海报，实现“千人千面”，不论是成本控制还是作业效率都显示出惊人的能力，昭示着人工智能巨大的技术潜能以及对现有营销作业链的冲击力。

基于人工智能的智慧营销，除了更加精准之外，还更加智能化和自动化，这让消费者的体验和使用便利性都得到了巨大的提升。可以说，从2017年开始，数字营销进入了4.0的新时代。

需要指出的是，数字营销的4个发展阶段并非后者替代前者，而是叠加式升级。也就是说，当数字营销迈入一个新阶段时，前一阶段的数字营销方式并未消失，而是与后者共同存在，相互补充。企业应根据具体情况恰当地选用数字营销兵器库里的兵器，互相配合，以达到营销效果的最大化。

案例1-2 营销4.0：数字化转型的第一战略

营销4.0的概念在2013年东京被首次提出，当时菲利普·科特勒受到日本皇室的邀请，从2013年开始，连续3年，每年3天，与日本工商业的企业家和跨国公司的领导者展开关于市场营销战略的讨论。这场名为“科特勒世界营销峰会”（Kotler World Marketing Summit）的讨论，第一届从孟加拉国开始，然后到马来西亚，最后到日本，获得了政府首脑鼎力支持。这场讨论尤其在日本工商界引起了巨大的反响，以至于被评价为第二次世界大战之后70多年来，日本工商界第二次从顶层设计层面输入美国商业思想的浪潮——第一次是戴明博士的引入，革新了日本制造的质量管理；第二次就是这次科特勒的进入，输入了“以市场为导向的战略思维”，希望再造日本企业的竞争力。

参加这次峰会的，除了营销学之父菲利普·科特勒，还有定位之父艾·里斯、品牌资产开创者大卫·艾克、整合营销传播之父唐·舒尔茨。这些营销战略咨询领域的泰山北斗在论坛上辩论激烈，可谓"华山论剑"，其中大卫·艾克和艾·里斯就"到底有没有公司品牌的问题"在台上争得面红耳赤。但在两点上，这些顶级大师观点高度一致。第一，营销，应该上升为首席执行官（CEO）层面最重要的战略核心；第二，数字化时代的营销，与传统营销相比是一场革命，是一种商业范式的转移，是诸多国家、企业、非营利组织"弯道超车"的转折性机会。

菲利普·科特勒开场的报告题目是"营销的进化"，他把市场的演进分为多个阶段，分别是：第二次世界大战后时期（二十世纪五六十年代）、高速增长期（二十世纪六七十年代）、市场动荡时期（二十世纪七八十年代）、市场混沌时期（二十世纪八九十年代）、一对一时期（二十世纪九十年代到二十一世纪）、价值驱动时代（二十一世纪前十年）以及最近所产生的价值观与大数据时期（2010年至今）。这种分类方式是基于历史的。他还提出了另一种基于逻辑的进化路径，就是从营销1.0到营销4.0。

简单来说，营销1.0就是工业化时代以产品为中心的营销，解决企业如何实现更好地"交易"的问题，功能诉求、差异化卖点成为帮助企业从产品到利润，实现马克思所言"惊险一跃"的核心。营销2.0是以消费者为导向的营销，不仅仅需要产品有功能差异，更需要企业向消费者推广情感与形象，因此这个阶段出现了大量以品牌为核心的公司。营销3.0是以价值观驱动的营销，它把消费者从企业"捕捉的猎物"还原成"丰富的人"，是以人为本的营销。营销4.0以大数据、社群、价值观营销为基础，企业将营销的中心转移到如何与消费者积极互动、尊重消费者作为"主体"的价值观，让消费者更多地参与到营销价值的创造中来。在数字化链接的时代，洞察与满足这些链接点所代表的需求，帮助客户实现自我价值，就是营销4.0所需要面对和解决的问题，它是以价值观、链接、大数据、社区、新一代分析技术为基础所造就的。

资料来源　周茂君，等. 中国数字营销20年研究［M］. 北京：科学出版社，2019.

本章小结

完成本章的学习后，应该理解和掌握以下内容：

（1）数字营销的定义：利用数字技术开展的一种整合、定向和可衡量的传播，从而获取和留住客户，同时与他们建立更深层次的关系。

（2）"4P"即产品（Product）、价格（Price）、渠道（Place）、宣传（Promotion），"4C"即消费者的需求和欲望（Consumer's Wants and Needs）、成本（Cost）、便利（Convenience）和沟通（Communication）。在数字技术发展的背景下，互联网传播呈现个性化特征，基于消费者需求，形成多维数据驱动下的精准营销。

（3）数字营销的发展历程分为4个阶段：基于Web1.0的单向营销、基于Web 2.0的互动营销、基于大数据的精准营销、基于人工智能的智慧营销。数字营销的4个发展阶段并非后者替代前者，而是叠加式升级。

关键术语

数字营销 “4P”组合 “4C”组合 营销4.0

案例分析

构建数字营销系统

数字营销的成功，绝不是单一要素的成功，而是系统化发力的结果。无论是新媒体平台宣传推介，还是直播带货，背后都是战略架构、系统组建、功能释放以及激励机制的合力。

一家商超是这样运营新媒体平台和进行大数据营销的：

该商超设计了自己的小程序，在云店陈列与展示产品。在做好仓储管理的基础上，与快递公司合作，负责线上订单配送，构建新型人、货、场。接下来，线上、线下深度分销，云店和门店互相转化。

比如，该商超开展关注小程序，可享受一次一元购，但限定数量（复购率达到25%~30%）的活动；可在超市App上领取优惠券，但限时消费（转化率达到70%左右）；可24小时下单，根据消费者下单品种、品类、数量，及时协调供应商及快递员配送；数字化派样，消费者在线上领取免费券，但需要到实体店领取使用，以此为线下引流；设立“超级星期三会员日”，注册会员购买全品牌、全品类商品，除了折扣，还可以积累平时10倍的积分（积分可兑换成现金券使用）；运用平台私域体系，与消费者互动，把好产品、有趣的活动，比如秒杀、竞猜、盲盒营销、集五福等用数字化方式呈现，创造更多触达。

流量为王时代正在过去，转化为王时代已经到来。通过系统化的新媒体营销平台运作，线上线下紧密连接，该商超业绩提升了25%。

无论是自建小程序商城，还是借助大流量平台，企业都需要构建新媒体营销组织系统。其成效体现了平台的流量变现力以及企业前台、中台、后台的组织协调等的系统性、竞争力。新媒体营销的有效运营，靠的是系统集成和获客裂变，依托的是各功能组织的潜力和张力。

只有精准获客，多渠道引流，线上线下充分结合，才能不断壮大新媒体平台和云店实力，也才能与平台达成战略合作，共享互联网时代红利。

【讨论问题】你是如何理解“流量为王时代正在过去，转化为王时代已经到来”的？构建数字营销系统需要注意哪些问题？

资料来源：崔自三.新媒体营销成功运营的五个关键［J］. 销售与市场，2023（6）.

实训操作

实训项目	数字营销发展阶段演变分析
实训目标	掌握数字营销发展阶段演变分析技巧
实训步骤	1.教师提出实训前的准备要求及注意事项 2.学生5人分为一组 3.教师指导学生上网或到图书馆收集资料 4.各组通过小组讨论，提出数字营销演变阶段划分的不同方法
实训环境	数字营销模拟实训室
实训成果	小论文

思考与练习

一、填空题

1.基于人工智能的智慧营销，除了更加精准之外，还更加________和________，这让消费者的体验和使用便利性都得到了巨大的提升。

2.“大数据”并非新词汇，早在1980年未来学家托夫勒在其著作《________》中就将“大数据”称颂为“第三次浪潮的华彩乐章”。

3.企业必须了解和研究顾客，根据顾客的________来提供产品。同时，企业提供的不仅仅是产品和服务，更重要的是由此产生的________。

4.新媒体这一概念最早是由美国哥伦比亚广播电视网技术研究所所长戈尔德马克于________年率先提出的。他在其发表的一份关于开发电子录像的报告中，把电子录像称为“新媒体”。

5.毕肖普在________年发表的《数字营销从战略规划开始》一文中第一次提出了“数字营销”的概念。

二、不定项选择题

1.基于大数据的精准营销处于（　　）阶段。

A.数字营销1.0　　B.数字营销2.0

C.数字营销3.0　　D.数字营销4.0

2.“4C”营销理论以消费者需求为导向，重新设定了市场营销组合的4个基本要素，即（　　）。

A.消费者　　B.成本　　C.便利　　D.沟通

3.“4P”营销组合包括（　　）。

A.产品策略　　B.价格策略　　C.渠道策略　　D.宣传策略

4.作为数字时代一种独特的营销方式，数字营销具有（　　）等特点。

A.深度互动性　　B.目标精准性

C.平台多样性　　　　　　　　D.服务个性化与定制化

5.中国第一个商业性网络广告出现于（　　）年。

A.1967　　　　B.1977　　　　C.1987　　　　D.1997

三、判断题

1.数字营销的4个发展阶段是后者替代前者、螺旋式发展的。（　　）

2.基于人工智能的数字营销相较于前三个阶段数字营销的显著特征在于它拥有类似于人类的智慧。（　　）

3.“4P”组合强调企业应该把追求顾客满意放在第一位。（　　）

4.数字营销所涵盖的范围比新媒体营销要小得多。（　　）

5.在体验经济的大背景下，参与品牌的信息传播体验，已逐渐成为受众的关键诉求点。（　　）

四、思考题

1.目前对数字营销的定义都有哪些？你认为该如何定义数字营销？

2.谈谈传统营销到数字营销的发展背景。

3.你是如何看待数字营销的发展历程的？

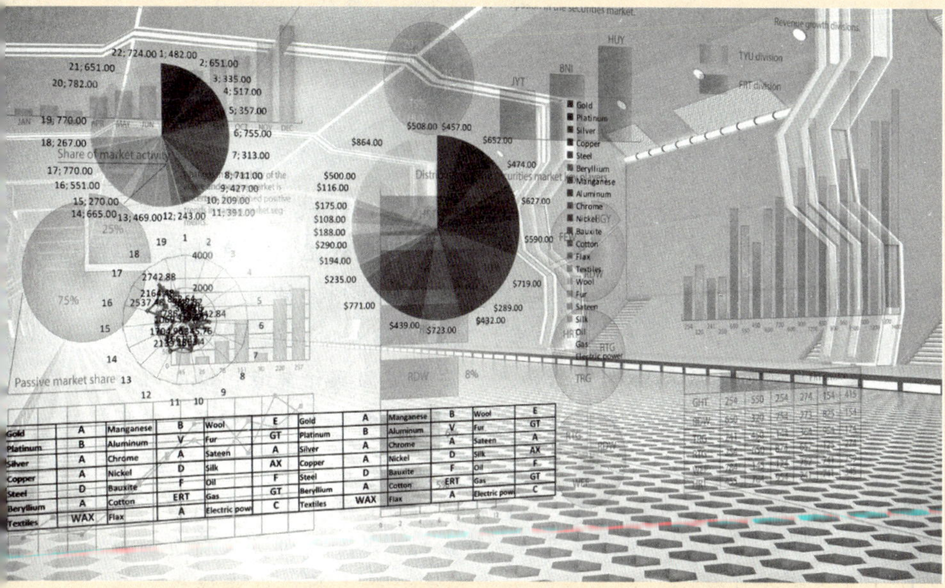

第2章　数字营销新理念

【知识目标】　完成本章的学习，掌握数字营销思维的转化路径、新4C法则和4D营销模型。

【素质目标】　深刻理解党的二十大报告中提到的“加快发展数字经济，促进数字经济和实体经济深度融合”的重要意义，牢固树立数字经济新理念。

【引例】酱香拿铁自发传播成就UGC时代的爆火产品

2023年9月4日，贵州茅台与瑞幸咖啡联名的“酱香拿铁”开卖，并迅速火爆出圈。年轻人的第一杯茅台，中年人的第一杯咖啡，相逢在了酱香拿铁里。让这款极富话题性和争议性的产品刚登场便喜提了朋友圈刷屏、社交媒体热搜的顶流待遇。

如今的互联网是Web2.0下的UGC（用户创作内容）时代。这个时代的产品要火爆，最好是在社交媒体成为舆论焦点。而从品牌营销的角度，要想成为舆论焦点，就要在互联网自媒体间自发形成传播，因此无论是联名还是各种营销活动的一个关键就是：要引发话题性。

实际上，无论是茅台还是瑞幸，都是各自领域的国民级品牌，本身具有很高的关注度和话题性。茅台是我国具有奢侈品属性的酒类品牌，茅台的一举一动都会吸引全国主流财经媒体和众多KOL（关键意见领袖）的关注。咖啡和白酒的中西合璧式混搭，高端奢侈白酒和咖啡中的“平民品牌”联名，有多出乎消费者意料，话题就有多火爆。

第一个话题是美酒加咖啡，到底什么味？“重口味”咖啡一经开售，即刻引发了广大消费者的猎奇心理，对于口味的评价也成了社交媒体的段子比赛。有人说酒味很浓、确实有酱香味，也有人表示是味道较淡的酒心巧克力，还有人说一言难尽。不过这都不妨碍猎奇的年轻人纷纷晒出自己的第一杯酱香拿铁并分享感受。

“要想引起热议，必须制造话题，而成为话题的关键是要‘逆反’。所谓‘逆反’，就是落差，就是颠覆，就是打破常规。”华南理工大学工商管理学院市场营销系主任陈明向记者表示，“茅台卖到一万元不会引发热议，但卖十几元却会上热搜，这就是逆反的奇效。此外，逆反的势能越大，热议的程度就越大。即使被稀释到只有0.5度，只要花19元就能喝到真正的茅台，无疑能激发消费者的好奇心和购买欲。”

紧接着的话题是“含茅量”几何？“咖啡里是否有茅台”？引发激烈讨论，酱香拿铁的成本等引来众多猜测。

随着质疑增多和话题发酵，茅台和瑞幸共同研发厚奶的供应商——宁夏塞尚乳业董事长闫建国及时出来澄清：在厚奶生产过程中，茅台酒厂押运了价值3 000万元的茅台，并派人盯着一瓶瓶加进原料，此后又将瓶子运走。为了进一步证实酱香拿铁中含有茅台酒，当天晚上，瑞幸在其官方视频号中发布了生产全记录视频，展示了茅台酒变成白酒风味厚奶的过程。

而在确认确实含有茅台酒后，话题热度也自然地向“喝完开车是否是酒驾，能否开车”转移。而从前期的专门录制视频到后期快速反馈来看，无论是联名开始带来的声量还是酱香拿铁引发的争议，似乎都在茅台与瑞幸的计划中，这一场引爆狂欢的跨界联名，本质上仍是一场营销胜利。

资料来源：吴清．酱香拿铁自发传播成就UGC时代的爆火产品[N].中国经营报，2023-09-23.

【分析提示】在数字经济背景下，酱香拿铁采用了哪些营销新理念？

2.1　数字营销思维

2.1.1　未来的“五新”时代

马云说过，今天的时代是“五新”时代——新零售、新制造、新金融、新技术和新能源，这是全人类的“五新”时代。对于企业来说，也将迎来“五新”时代，即新经济、新商业、新模式、新渠道、新用户。

1）新经济

新经济，即实体经济和虚拟经济相结合的经济。

什么是实体经济呢？实体经济，是指一个国家生产的商品价值总量，包括物质的、精神的产品和服务的生产、流通等经济活动。通俗地讲，实体经济就是开工厂、做批发、建门店。

什么是虚拟经济呢？虚拟经济是相对实体经济而言的，是经济虚拟化的必然产物。互联网经济、金融业、资本运作，都属于虚拟经济。

过去，实体经济就是实体经济，虚拟经济就是虚拟经济；今天，实体经济和虚拟经济已经相互结合。

案例 2-1　抖音是要流量通吃？

电商流量可以分为“人找货”和“货找人”两大类。

“人找货”是直接流量，当消费者有了购物需求之后，就会去主动搜索能够满足自己需求的货品，从而形成电商流量。这类流量曾经的代表是淘宝。而抖音官方数据显示，2022 年 4 月抖音电商搜索成交 GMV（Gross Merchandise Volume，商品交易总额）同比增长 110%，平均转化率对比其他站内渠道要高 30%。2022 年 10 月 19 日至 11 月 18 日这一个月中，用户搜店、搜商品的行为快速增长，日均电商意图搜索 PV（Page Views，网页浏览数）达到 4.6 亿次。这也是抖音大力推广抖音商城，敢于推出包括货架电商在内的全域电商的底气所在。

“货找人”则是间接流量。在基于大数据的算法支撑下，某一种商品主动适配某一类用户，并推送到用户面前，以触发购买。这类间接流量需要一个内容中介体，同时需要激发用户的消费冲动。“货”锁定了自己要找的“人”，但这个“人”并不是逐“货”而来的。这个“人”此时的需求并不是购物，而是通过浏览内容来消磨时间、缓解焦虑、排解孤独等偏于精神性的需求。要想将精神性需求导向购物性需求，其间有一道惊险的鸿沟。抖音平台的基因是内容创作。抖音之所以能够从兴趣电商转向全域电商，关键在于其内容吸引力。现在，抖音电商经过3年的发展，得益于天时地利人和的配合，基本跨越了这道鸿沟。

所以，抖音发展兴趣电商时，其流量是间接流量，而现在要主动做全域电商，其意图则是通吃间接流量和直接流量。

无论是什么电商，无论是什么样的“人、货、场”，最终都要归结到“品”上来。

抖音最初是爆品逻辑，货品不在于多，而在于单个引爆。比如预制菜领域的酸菜鱼、健身领域的瑜伽裤。一个爆品就能抵上无数个一般的商品。这还是“人找货”的兴趣电商逻辑。但是“货找人”的货架电商就是要参考淘宝模式，上架尽可能多的货品，通过各种引流手段以及搜索引导来等待或促成购买。

这两种模式对于货品的要求是很不一样的，货品反过来又会影响整个平台的内容生态。

总之，对于短视频直播电商向着全域电商的发展，我们要综合用户的购物习惯、平台的信任建设以及优质货品的供给这三个因素来衡量。抖音已经射出了第一箭，未来的图景将会如何演化，仍然有待平台与消费者在娱乐与消费上的博弈竞合。

资料来源 陈禹安. 抖音进军全域电商，娱乐与消费的博弈？[J]. 销售与市场，2023（6）.

今天的新经济是虚实结合，虚在前、实在后。

虚拟经济是市场经济高度发展的产物，以服务于实体经济为最终目的。如果实体经济是电脑，那么虚拟经济就是操作系统，再好的电脑，没有操作系统，都是破铜烂铁。那些干实业的老板，要从当下开始研究虚拟经济，打破过去的思维定式，追求脱实务虚，虚实结合，并驾齐驱。传统的实体企业需要脱实入虚、以虚驭实，也就是以虚拟经济带动实体经济。

2）新商业

用科技赋能商业：一是寻找新场景，以体验促进高端化；二是从供应链出发，提升运营效率。而这两个方法都与新技术、新科技息息相关。茅台、五粮液等的元宇宙、数字藏品尝试是第一种，美的、联想等的数字化生产与运营是第二种。科技是第一生产力，也是商品溢价的基础。把科技与商业结合起来，才是企业长存、国家强盛的正道。没有科技护城河的商业创新，极易被模仿、被割韭菜，而用科技赋能商业，能为企业带来更多红利，并避开低水平、低层次的竞争，跳出内卷。例如，华为就是由技术构建的闭环，其将科技快速商业化，让科技更好地为企业服务、为民众服务，这也是一种差异化竞争选择。

3）新模式

新商业需要一套新模式，否则就无法抓住新机会。

传统模式的主要目的是卖货。新模式的主要目的是帮助和扶持别人，比如，阿里巴巴的理念是让天下没有难做的生意。新经济时代最大的机会是帮助扶持有实体店的人，让他们转型做好实体门店。成就别人的同时成就自己，这就是新模式的核心。

4）新渠道

新模式需要新渠道，新渠道实现新模式。新渠道简单来讲就是从单一、专业的渠道发展为多元、跨行业的渠道。

过去，衣服只能在服装店里卖，如今也可在教育培训的课堂上卖；过去，杯子多是在商店里卖，如今也可在服装店里卖；过去，整形服务项目只在整形医院里卖，如今在服装店、化妆品店里也同样可以销售。

过去，电子商务、电视购物、实体门店都是单打独斗，如今它们已经开始融合，各种资源互通有无。社交电商、圈子电商，都会是新的渠道。要特别强调的是，如果光有模式，不能建立一个庞大的渠道，也是无效的。

5）新用户

新经济赋予用户更多的含义。过去，用户是指某一种技术、产品、服务的使用者，即使用某种产品的人。企业主要是针对准顾客，通过产品、服务等促使其消费。新经济时代，用户的范围已从准顾客扩大到非顾客，从消费者转变成了介绍者、合伙人、销售者。

新经济时代下，企业不仅要考虑如何开发新客户，还要通过一套模式把非客户变成介绍者、合伙人、销售者。

要用非顾客带动准顾客，要用跨行的渠道带动专业的渠道，要用帮助、扶持别人带动产品销售，要用创业市场带动消费市场，要用虚拟经济的做法带动、盘活实体经济。

未来不是企业与企业之间的竞争，而是产业链与产业链之间的竞争，所以有实力的公司都开始进行技术研发和产业整合。

案例2-2 对线下超市重构的新零售业态——盒马鲜生

盒马鲜生是阿里巴巴对于新零售的一种尝试，是集多种服务于一体的线下新零售业态超市。

盒马鲜生集超市、餐饮店、菜市场于一体，顾客在盒马鲜生可以购买到新鲜的海鲜以及其他商品。除此之外，盒马鲜生还提供食材现场加工服务以及周边外送服务，实现线上线下结合。消费者可以选择到店购买，也可以直接线上下单，然后静等配送到家。

作为新零售业态门店，盒马鲜生和传统零售的区别在于，运用大数据、物联网、自动化等新兴技术，实现商品供应、销售、物流的一体化和数字化。顾客在这里能够体验多样化的购物场景，以及更加方便、快捷的购物过程。

资料来源 周导．重构——新商业模式［M］．哈尔滨：哈尔滨工业大学出版社，2019.

未来的模样也许无法预知，不断迭代的商业模式却可以基于其动态需求自我进化，适应不可预测的未来。开放共享的新商业模式，能够赋予企业无尽的生命力，在积极变革与顺应时代的过程中，迎接万物互联带来的种种改变。

2.1.2 重构商业模式

不管是开工厂，还是开门店、做批发，如果还停留在传统的“收入—成本—利润—投资”赚钱逻辑里，就会发现生意越来越难做。

企业应重构商业模式，重构企业的盈利模式。

今天，我们所看到、听到的“快速做大、快速赚钱”的公司，几乎都不是单靠产品。不是产品不重要，产品好是标配，而是比产品更重要的是要设计一套能盈利的模式。

案例 2-3 儿童水壶和护肤品的跨界盈利

一位卖儿童水壶的老板，通过与童装店老板进行资源整合，设计了一套共享的模式，水壶的销量仅4个月的时间就达到了380万个。类似地，一位卖去皱、抗衰护肤品的老板，通过与女装店、美容院合作，设计了一套模式，在第一个月就获得1 000万元的收入。

资料来源 周导. 重构——新商业模式［M］. 哈尔滨：哈尔滨工业大学出版社，2019.

根据盈利模式的形式不同，公司可以分为三种类型：

第一类公司，以产品为中心，以追求企业利润最大化为目标，以“营销提高收入，管理降低成本”为手段。这类公司的关注点有两个：一是通过营销来持续不断地提高收入；二是通过管理来持续不断地降低成本。我们把这类公司称为传统型企业，它们赚钱的道具是产品，这类公司包括工厂、批发商、门店等。

第二类公司，不再是以产品为中心，而是以模式为中心，追求的也不是利润最大化，而是现金流，采用的模式是“项目组合”。在这类公司的眼中，所有的产品、所有的项目都只是工具。这类公司的关注点有两个：一是找到一个能够“快速增加流量”“快速建设渠道”的项目，并以“获取流量、建立渠道”为主要战略目标；二是快速找到下一个“增流量、建渠道”的项目，再次赚取利润，如微商、社群电商等。

第三类公司，以用户为中心，既不追求利润最大化，也不追求现金流最大化，追求的是公司市值最大化，采用“加大投资与加大融资”的方式，追求快速、高效地获取用户。在这类公司的眼中，“得用户者得天下”。这类公司又被称为“未来型企业”。未来型企业为了获取庞大的用户数，不惜投入重金。几乎所有的互联网公司都是未来型企业，如滴滴打车、京东、腾讯、阿里巴巴、百度等。

以上三种类型的企业，表面上看是赚钱的工具不同，实际上是赚钱的逻辑不同。

所有企业存在的基础都是盈利。从外部市场环境来看，当行业周期从暴利期转向微利期甚至无利期时，企业因为缺乏新的商业模式，导致人力、物力、财力等核心资源无法聚焦到高杠杆作用区域，这时必须想方设法转变盈利模式。简单地说，就是能够跨越行业周期，找到连续、可持续盈利的方式。

2.1.3 营销思维的转变

数字营销思维是指运用数字领域的思想方法，在形成问题解决方案的过程中产生的一系列思维活动，是有着诸多特点和要求的问题解决过程。

在过去，大多数企业就是围绕着收入、成本、利润、投资4个方面下功夫，但思维如果还停留在这个阶段，就会发现生意越来越难做。数字营销时代，应坚持入口思维、平台思维、跨行思维和生态思维。

1）从收入思维到入口思维

在谈到企业困境的时候，很多企业老板和高管会说：因为利润率不高，所以赚不到钱。而利润率低、赚不到钱的原因主要有3个：客流量少、客单价低、客人来的次数少，而其中最重要的是客流量少。

例如，一个店面每年租金120万元，而另外一个店面每年租金10万元；120万元的店面供不应求，而10万元的店面一般会租不出去。原因是什么呢？昂贵店面和便宜店面的核心差异在是什么呢？

客流量的多少和客流量的品质是影响店面租金最重要的因素。如果做生意的出发点是赚钱，那就是方向性的错误。如果做生意只谈如何赚钱，那么这个公司还是特别传统的公司，没有与这个时代的市场接轨。

大部分企业的思维是，做生意首先要有产品，然后想办法卖产品，接着就产生了收入。收入减去成本，得到的就是利润。如果成本控制得好，企业能有一个丰厚的利润。通常企业就会再接着加大投资—扩大规模—加大投资—扩大规模……让企业做大做强，获取更多利润。

大多数企业都是这样的思维逻辑，这就是收入思维逻辑。

但在今天，如果给做生意下一个定义的话，就是八个字：入口大战，流量比赛。所有行业和公司，当前都得明白一件事情，得入口者得天下。

2）从成本思维到平台思维

只要开公司一定会有成本，一旦公司成功变成了平台，成本一般就会下降。平台思维是指以平台为核心，通过连接不同参与者（供应商、消费者、合作伙伴等），实现价值共创和共享的一种商业思维模式。平台思维具有以下特点：

（1）多边市场的构建

平台思维将企业看作一个多边市场的组织者，通过连接不同的参与者，形成一个相互依存、共同创造价值的生态系统。这种多边市场的构建可以在更广阔的范围内提供产品和服务，满足不同参与者的需求。

（2）开放性和共享性

平台思维倡导开放的合作关系，鼓励参与者之间的互动和合作。通过共享资源和知识，促进创新和价值的共同创造。平台思维将竞争对手转变为合作伙伴，实现资源的共享和优势互补。

(3) 网络效应的实现

平台思维依靠网络效应来实现规模经济和网络外部性的增长。随着参与者的增加，平台的价值和吸引力也会增强，形成良性循环。网络效应可以带来更多的用户流量和参与者，进一步推动平台的发展和壮大。

过去作为老板，为了企业能够生存和发展下去，每天都会思考两个问题：第一个问题，如何才能降低运营成本？第二个问题，如何战胜竞争对手？

今天作为老板，为了能让企业突围，还应该思考另外两个问题：第一个问题，如何帮你的竞争对手卖产品？第二个问题，如何才能让竞争对手的员工也变成你的合作伙伴？

有没有办法可以做到？有，那就是做平台！平台是一种思维，无关乎公司的规模。从一开始就把公司定义成平台。通过平台建立的是公司的渠道。

现在，做生意的渠道必须转变成一个帮扶型的渠道，一个利他型的渠道，一个平台型的渠道。企业要变成一个大众创业的平台，变成一个员工创业的平台，变成一个行业销货的平台，变成一个各行各业商品流通的平台，变成一个让消费者拥有更美好生活的平台，从过去卖产品的方式变成平台的方式。

3）从利润思维到跨行思维

利润不是非得从主营业务中来，也可以跨行业盈利。过去思考的是主业盈利最大化，今天要思考的是本行业外还有没有更大的盈利。

案例 2-4　投资50万元的美容院，净赚1 500万元

一位老板投资50万元开了一家美容院，以前她是辛辛苦苦把自己的精力花在店上，一年下来能够赚50万元～60万元。后来她给了店长40%的股份，收了店长5万元的押金，把美容院管理的事情全部交给店长。

她将店内30位A类顾客列出来，只服务好这30位客户，并引进了新的高科技项目。这些项目都是不能在美容院做的。她跟A类顾客组成一个社群，分享日常的美食、旅行，在社群之外共享一个平台。

这位老板把自己的美容院当成了员工创业的一个平台，然后又把顾客当成不断进行导流的一个平台，从美容行业赚得低利润，在医美行业赚得高利润，实现了跨行盈利。

在童装店卖水杯，月销售额400万元；在盒马鲜生卖快餐，每天人满为患；在宜家卖冰淇淋，月销几万支。这些都是跨行思维产生的盈利。

资料来源　周导. 重构——新商业模式［M］. 哈尔滨：哈尔滨工业大学出版社，2019.

在这个时代，如果掌握了庞大的用户或者会员，并且有渠道，那么盈利就可以是跨行业、跨边界的。

4）从投资思维到生态思维

所谓生态思维，就是考虑资源的问题，特别是涉及利益时能够综合考虑，考虑生态的发展和优化，考虑整体的合作共赢。

大多数企业在投资时主要考虑一个问题，就是资源。事实上需要考虑的是一个赚钱的公式：赚钱=资源+经营。

在当今时代，所有看得见的都是资源。比如，公司的优质产品。产品又要分类，哪些产品是引流产品，哪些产品是盈利产品。紧接着还得深入思考，公司有没有好的品牌，有没有好的项目，有没有优秀的人才，有没有好的渠道，有没有忠诚的员工，所拥有的人脉资源、社会关系是什么样的。

生态思维有两点：第一是如何投资，即投给别人；第二是自己公司如何融资，即融进来。

如果企业认可赚钱的基本公式为“资源+运营”，就已经从投资思维过渡到了生态思维。随着市场竞争越来越激烈，通过“投资+融资”来进行生态化布局，能够将庞大的资源聚集起来发挥更大的作用。

2.2　新4C法则

2.2.1　新4C法则的内涵

互联网拥抱市场的方法可简单分为两个方向：一是基于互联网广告、搜索引擎营销、流量转化等出发点，聚焦于通过成本来购买流量以获得商业价值。目前这个领域拥有稳定的供应商群体，发展已达到瓶颈。二是以微信、微博、网络直播、音视频、博客、论坛、脸书或者推特等为平台引爆市场。那么如何才能引爆呢？新4C法则可以来助阵。

所谓新4C法则，就是我们可以在适合的场景（Context）下，针对特定的社群（Community），将有传播力的内容（Content）或话题，通过社群网络结构进行人与人的连接（Connection），快速地扩散与传播，从而使这些内容或话题获得有效的传播与扩散，使企业获得价值。

4C=场景+社群+内容+连接

场景：产品和服务都必须基于用户的使用场景来设计，企业间的竞争从信息入口之争转向场景之争，场景正在重构移动互联网时代的产品、营销及商业模式，我们正步入场景感知的人工智能时代。

社群：在未来商业中，社群是企业与用户连接的新形态，企业必须从用户、合作伙伴、员工等角度构建自己的社群，理解社群的结构、行为、传播规律。

内容：未来每一家企业都是内容企业，内容是企业与用户发生关系的抓手，能否生产出能引起受众共鸣和自发传播的内容，将是衡量企业实力的一个重要标准。好的内容不只关注内容的受众和内容本身，还会关注内容的场景，从二维升至三维。

连接：引爆社群就是通过人与人的连接，快速引爆特定社群。通过对群体网络结构的分析，撬动社会网络的中心节点，赋予传播的动力，降低接受门槛，从而让信息随着人与人的连接裂变传播。

传统的营销与传播正面临新的解构。许多互联网产品及媒介的出现，让企业及从业者不知所措，简单地学习微信营销、微博营销、大数据营销都不足以从系统的角度实施新营销。新4C法则是一个方法论体系，通过具体的实际应用，也许会赢得不错的反响。

简而言之，新4C法则带来的是在适合的场景下的思考路径，也就是在什么样的场景下，我们的消费者及消费者需求会更为集中，群体具有什么样的情绪及状态更便于营销。简单的消费者集中是不够的，更为重要的是批量的消费者需求能在较短时间内集中，这样的场景才是营销出场的好时机。例如，携程网在初期面向特定城市的商旅客户推销订酒店、订机票等业务时，营销者常常会与政企集团客户洽谈，以期发展批量业务。这样的思路比简单的电话营销、客户拜访更具优势。但是，这种做法没有将消费者的需求及环境考虑进去，无法快速地体现营销效果。不足之处在于：消费者虽然集中，但是需求在时间点上不集中。选择适合的场景需要瞄准消费者聚集、需求（订酒店、订机票）集中的点。携程团队最终发现，人头攒动的飞机场、火车站是更适合的场景。

平时看到的营销，落脚点是传播特定的内容。微信公众平台发布的是内容，朋友圈转的是内容，微博上发布的是内容，短信写的是内容，宣传彩页上写的是内容，电视广告播放的是内容，销售人员嘴里说的话也是内容……但是，作为营销人员，之前关注更多的是渠道（电视、报纸、互联网），渠道起到的作用是将内容快速撒向大众，但是很少关注所撒的内容。在新营销中，需要更加关注内容在传播中的魅力，因为枯燥的内容即使花费大量的媒介费用，也很难达到预期的效果。

营销进入窄众时代，覆盖所有群体的方法已经落伍，需要的是精准传播，尽量少“骚扰”不相关的群体。针对特定群体，有效的方式是跟随社群网络结构（如渔网般）进行人与人的连接，快速地扩散与传播内容，获得有效的传播价值。要想取得良好的扩散与传播效果，就需要考虑社群的结构、社群的特性、节点扩散的动力、个体传播的磨损等方面，只有构建有效的扩散机制，才会获得有价值的回报。

2.2.2 新4C法则实操要点

1）场景（Context）

目前，在线上流量越来越贵的情况下，越来越多的人把目光放回到线下的场景中。场景有别于传统的营销4P销售渠道，其是由人、地点、时间等多重维度界定出来的小世界。场景是传播的环境及相关因素的总和，关注的是顾客在物理位置上的集中、需求的集中、群体的情绪及状态的集中。

（1）顾客体验地图

在场景中重点关注4个要素：时间、地点+触点、需求、情绪。

①时间。

除了考虑季节、节庆等因素外，还要考虑整个体验过程：体验前、体验中、体验后，不同阶段客户都做了什么。

②地点+触点。

除了考虑地理方位以外，还要去感受用户所处的环境，考虑在场景中客户接触服务时可能发生的故事。

③需求。

要从客户的视角去洞察问题，寻找过程中未被满足的痛点、喜点。

④情绪。

站在客户的角度去感受心理的变化，喜悦、厌烦、焦虑、无聊等，利用或者优化用户不良的情绪。

（2）场景频次与刚需

一些场景是每天都会发生的，但一些场景一辈子不会经历几次。结合用户需求强度，场景可以分为四种：高频刚需，如吃饭点餐的场景；高频非刚需，如讨论娱乐八卦的场景；低频刚需，如买房装修的场景；低频非刚需，如家庭理财的场景。周鸿祎提出了好产品六字法则“刚需、痛点、高频”。其实，当大家都挤破脑袋做高频刚需的时候，市场竞争也激烈。而且事实上大多数传统企业，做的都是非高频或非刚需。多数传统企业的产品属于低频，像厨具、家居等产品一两年才买一次。多数创造需求的产品本身就是非刚需，按摩共享椅没有人非要去坐。就是低频场景该怎么办？就是非刚需怎么办？在没有找准运营策略的情况下一味地去吸引粉丝没有太大意义，一味地高频推送消息也没有太大意义。一些企业的微信号，好不容易通过做活动吸引来一些粉丝，通常都是发推送就立即掉粉。如果是重决策的产品，企业可以在用户购买前提供相关的资讯和建议，在使用过程中提高产品的可玩性。

（3）找到合适场景的方法

做一个有心人，洞察生活中的各个场景中存在的问题以及存在的机会点。通过场景分析，我们可以找到消费者需求最为集中的时间、地点来满足消费者。场景就是要抓住消费者容易接受营销信息的机会，做有效沟通；场景就是要充分考虑大环境、微环境，还有特定的情绪氛围等问题，做到因地制宜，因势利导。

一旦抓住场景，离有效服务和传播就更进一步了。

2）社群

社群就是一群志趣相投的人聚在一起的部落，在web1.0时代，大多数人对网络的虚拟世界缺乏信任，类似BBS等社区论坛提供的更多是价值观层面的文字交流，而见网友似乎通常被认为是“傻白甜”干的事情。而在移动互联网时代，大部分人都养成了在微信朋友圈晒生活的习惯，网络世界和现实世界已经完全地融合在一起。当下的强社群关系是“O2O”，线上保持日常高频的价值观交流，线下群友见面增强相互间的信任感。

（1）社群的价值

社群的价值=K×N。K是一个综合系数，主要涉及社群的质量、购买力、在线时长、黏性等因素，N是用户数。K值可以通过提升服务质量来获得提升，而N值可以通过规模化运营获得提升。但实际上K和N有绝对的相关性，服务质量好，用户留存就高；K值低，用户留存率就低，提升N的成本就高。因此，判断一个社群好不好关键看K值。打造一个社群，提升K值才是关键。

（2）优质社群的特征和要素

一个好的社群应当具备以下7个特征：共同价值观、共同目标、行为规范、组织结构、内部链接、榜样力量、稳定产出，否则只是一个群，无法称之为社群。一个好的社群应当包含5个要素，分别是同好、结构、输出、运营、复制。

（3）攻破社群

在营销过程中攻破整个社群，比攻破一个个散落的用户更高效，引爆社群可以总结成“找池塘”“擒王”“精准输出”“快速迭代”四步。

①找池塘。

找到社群成员的聚集地，不限于网络或者线下。例如：行业峰会、竞争对手的微信群、QQ群、主题贴吧、微博话题、知乎问题、电商产品的评论区以及目标人群使用的App等。过程中可以通过用户画像，来分析典型用户在互联网上的使用行为，找到其在互联网的聚居点，潜入社群中后开始捕鱼。

②擒王。

瞄准目标领袖或者KOL（Key Opinion Leader，关键意见领袖）。打个不恰当比方就是“擒贼先擒王”，找到一个社群的领袖人物，就能起到事半功倍的效果。在网络社群中我们可以通过点赞数、阅读数、回答数等指标主动识别该社群的KOL。对于已经有足够的影响力的KOL我们应当积极拉拢，对于还未建立影响力的KOL我们应当给予支持扩大其影响力。

③精准输出。

输出符合社群需要的内容。只有与目标社群匹配的内容，才能引起社群共鸣和传播。例如：红米在引爆的过程中使用的是QQ空间，因为红米通过数据了解到很多QQ空间用户在讨论功能机换智能机的话题，并且对于小米手机感知度较好，推出的红米首发的营销活动很快引爆了整个QQ空间。

④快速迭代。

正视社群的意见与回馈，并及时优化。创业前期做产品和服务，创业者需要根据反馈快速地调整自己的产品，直到超越用户期望为止。营销场景中应当关心传播过程中是否有负面信息产生，如果有的话，应及时调整策略并做好应对措施。

3）内容

内容是价值传递的载体，广义地讲，产品也是内容，用户用你的产品觉得爽就会引起口碑传播。狭义地讲，内容是图文、音频、视频等媒体属性内容，用户看了爽就会发朋友圈。在移动互联网时代，广告是奢侈品，内容却是必需品。广告通过大众媒体传播，容易被当作垃圾信息。但内容传播是软性的，可以渗透到互联网的各个角落长期存在，可满足用户对某一方面的需要，用户可以通过搜索等方式找到该内容，并且通过内容来了解企业价值。

（1）不同内容的侧重点

按照内容频次，可分两类：即时性内容，可能是突发的，起到蹭热点抓眼球的效果；常规性内容，日常稳定的质量可预期的内容。

常规性内容的可预期性给了老用户持续关注的理由，通过长期的关注，让老用户通过内容了解品牌调性，培养老用户和品牌之间的感情。我们对于长期规划的内容可以转化成品牌栏目，一周一期、一月一期。

即时性内容主要通过突发热点，吸引更多新用户关注，要能抓住传播性，内容可能很短，但能够引发用户的情绪：开心、好奇、愤怒、怜悯等。展现方式有海报（直白简单有创意）、图文等。

按照内容属性，可分为干货内容和促销内容。

①干货内容。

传达方法论的内容，让用户看后能掌握一项技能；情感/励志内容，针对社会现象抒发情绪，讲一个观点。

②促销内容。

促销内容即活动促销信息，能激发购买欲望。

每个作者都期望自己的文章能成为爆款文章，带有传播属性的文章通常特点是阅读门槛低，能调动读者情绪，这适合情感励志类文章。评估传播属性，阅读后转发率是关键指标。

干货内容主要以讲解某个知识点为主，需要让读者看后有收藏的冲动。笔者对干货文的标准是“框架清晰，内容充实”，清晰就是文章结构清晰，用户一眼就能看清你提供的工具和方法论是什么，每个知识点看了以后能够有感触、有收获。

促销内容与营销活动相关，要能够调动起用户的情绪和欲望，评估促销内容，关键看引导到活动页面的转化率。

（2）提升内容价值的策略

内容作为价值在社群中传播的主要载体，社群估值公式在内容层面一样适用：K表示内容的质量、N表示内容源（如：微信公众号）阅读人数或者订阅数。

提高社群估值通常有三种策略：第一，做好内容质量，依赖口碑传播；第二，扩大内容的发布渠道；第三，提升内容的更新频率来提升累计值N。

虽然有三种策略，但和社群一样，提升K值是关键。通过数据观察发现：质量较高的原创文章会持续带来增粉和转发，而质量较低的文章，虽然提升了频率但是阅读量、转发量较低，降低内容质量也会降低已有粉丝的认可度。

在信息爆炸的时代，读者们不缺可看的内容，要想脱颖而出，单纯的提升文章更新频率没有太大意义，提升频率的前提是保证文章质量。所以在资源有限的情况下，应当把单篇文章的质量做好放在第一位。但是更新频率也不能太低，否则你的粉丝以为你的产出能力不行。

（3）让内容走得更远的两种方式

①让内容更容易被发现。

做好“表面工作”：标题、封面图、简介要能唤起人点击的欲望，这个评价指标主要是阅读量。取标题技巧通常有两种：唤起用户的情绪和联想；让用户一眼就知道能获得什么。文章定位不同，标题风格也要不同。

首先是多渠道分发，微信、微博、贴吧、百家号、今日头条、音视频平台、QQ、知乎等，目标人群使用的App都可以考虑。另外，还可以找到大号和KOL进行转发。在有资源的情况下打造媒体矩阵也是不错的策略，不同的账号针对不同细分人群，多个账号互为犄角、资源互通、相互推广、互导流量。每篇文章末尾加入“往期推荐”，让喜欢你的读者可以继续阅读你过往的文章。为自己的文章分好类便于读者查找。

②给读者一个分享的理由。

研究目标用户，内容能够满足用户的需求及口味，让用户觉得有分享的价值和必要性。另外还可以利用“疯传6原则”进行诱导分享的优化。

A.社交货币属性。顾名思义就是成为一种货币，只不过它不是用来换取商品，而是在社交活动中，用来换取他人对货币使用者的正面评价或者社群的认同感。例如：一些小知识、茶余饭后的谈资。如：“Sir电影”讲解和推荐影视作品的文章就是一款极具传播属性的社交货币，在选题的时候，适当考虑是否具备社交货币的属性。

B.设置诱因。设置诱因能够激活读者传播欲望。在内容中可以做分享引导，例如：文章中可以提到一些资料，需要用户转发朋友圈才能获得；对于大家所关心的热点做深刻有见地的不同解读，但不能因标新立异踩舆论的红线。

C.唤醒情绪。唤起读者情绪和联想，包括消极情绪和积极情绪，常见的有：攀比、爱心、炫耀、有趣、好奇等。

D.公共可视性。文章讨论的问题领域过窄、门槛过高或过于私密都不利于传播。在选题和内容撰写的时候，要考虑适当降低门槛，拓宽人群，深入浅出，正所谓“外行看热闹，内行看门道”。

E.实用性。让读者看有所获，如掌握一项小技能，明白一个道理，对人生有所感悟等。

F.故事。人类天生喜欢听故事，讲好一个故事能够使文章更有效地传播。

4）连接

纸媒、电视等传统传播方式受到互联网的影响已经逐步失效，在互联网下的人与人之间的传播，显得更为精准有效。

（1）挖掘种子用户

根据摩尔的技术采纳生命周期定律，用户分为以下几类：创新者、早期使用者、早期大众、晚期大众、落后者。从小众到大众，早期使用者起着关键性作用。在项目早期，企业应当尽早地找到种子用户：创新者、早期使用者，这些用户可以帮企业迭代产品。而产品完成后，企业可以通过制定战略让早期用户进行口碑传播，像小米的早期100名种子用户是从手机论坛挖来的。

主要方法有两个：

①找准池塘并做好需求调研。

上文提到过，通过画像分析等方式，找到社群成员的聚集地，不限于网络或者线下；在池塘中找到愿意尝试新产品的用户，点对点聊天调研用户需求。

②通过MVP测试组建产品社群。

通过MVP（最小化的可行性产品）测试方式验证产品发展方向是否正确，功能能否满足用户需求。操作上可以设计一个小活动，例如：微课、预约、众筹，测试用户转发或者付费的意愿。测试过程中，对于有意愿的用户建立起良好的联系并拉入群中。在社群中持续互动，不断吸收反馈意见、优化产品和服务。

（2）挖掘并培养意见领袖

在信息传递的过程中，我们要试图找到传递的中心节点（通过一个节点，可以传播给N节点）如果是做H5传播，可以用技术手段找到中心节点的用户，进行背后传播能力的分析，为下一次传播做准备。

KOL是有强大影响力的中心节点，在微博、知乎等平台中，我们可以通过粉丝数、点赞、评论、喜欢等指标找到KOL，不同KOL专注的领域不一样，应通过其言论判断该KOL针对的人群属性。不过已经成名的KOL，性价比较低。因此，我们更期望去争取性价比高的KOL。

通常KOL有如下特质：

①足够活跃。

有良好的产出能力，主动输出信息。

②专业。

对该领域有较深的了解，能提供较有深度的见解。

③主动承担。

愿意主动承担某一个社群任务，帮助别人一起提高。

④为集体考虑。

能够为他人和集体考虑问题。

如果一个人符合这四个特质，可以进一步挖掘和争取，策略有：成名的KOL通常可以进行拉拢并建立深度合作；如果该KOL还没有足够粉丝规模，应当给予支持，培养其影响力。

（3）制造传播链条

①利益诱导传播。

用户邀请好友能够获得优惠，类似的产品有：拼团、邀请新用户得返点、伪漏洞。在利益诱导上面需要预估成本风险，如传播指数上升后能否承受住成本的风险压力。

②唤起用户情绪。

利用攀比、爱心、炫耀、有趣、好奇等情绪，制造传播。例如，“文物戏精大会”让文物动起来，让人觉得生动有趣，最终获得过亿次的传播。

③话题性传播。

结合某一热点话题进行传播。例如，粉丝为了自己的偶像能出道，四处拉票。

2.3 4D营销模型

2.3.1 4D营销模型提出的背景

互联网思维对传统营销模式的颠覆说明，营销模型的内涵和外延的变化发展必须体现实践的变化及其所处的时代经济特征，而营销理论模型演化的过程，就是不断发展出新的营销模型来与不断变化的营销情境相匹配，以便能够更好地发挥其对企业营销实践的指导作用。互联网思维对传统营销模式的颠覆，反映了原有的营销模型并不能很好地指导当前企业的营销实践。因此，在新经济时代背景下，符合时代背景的营销模型亟待发展。

在移动互联时代，技术应用、消费模式、消费者思想发生了重大转变，通过对传统营销理论的深入探讨和对新经济时代环境的敏锐洞察，有人提出了符合新经济时代背景、以消费者需求为基础、以互联网思维为灵魂的4D营销模型，涵盖了4大关键要素：需求（Demand）、动态（Dynamic）、传递（Deliver）、数据（Data）。

需求：企业首先需要了解消费者需要什么，然后大力宣传符合消费者需求的产品和服务，并且用超出消费者最高期望的方式去实现它。

动态：随着新技术的兴起，尤其是社交网络的出现，企业与消费者的对话已经不再是企业与消费者之间一对一、点对点的静态沟通机制，转而演变成多对多、立体化的动态沟通机制。

传递：顾客进行营销策略选择时，优先考虑的是如何将产品的各项价值（产品价值是由产品的功能、特性、品质、品种式样、品牌等所产生的价值）更加便利地传递给客户，而非只考虑企业自身生产、销售的方便程度。

数据：在互联网普及的当下，社会化应用以及云计算使得网民的网络痕迹能够被追踪、分析等，而这些数据是海量的和可变化的，企业或第三方服务机构可以借助这些数据为企业提供方案咨询、策略选择、实际投放等营销服务。

2.3.2 4D营销模型的内涵

1）需求

需求作为市场营销理论的基石，经历了从产品本位策略、消费者本位策略到聚集用户需求策略的演化。

（1）产品本位策略

产品（Product）本位策略从企业的角度出发，强调企业要以产品为导向，关注产品的效用、质量、外观、式样、品牌、包装和规格，以及服务和保障等因素。产品本位策略的产生基于短缺经济时代，产品种类少，企业也很少供货上门，消费者没有选择的余地，因而企业向消费者宣传和推出产品，消费者较容易接受。产品本位策略的特征：它宣传的是“消费者请注意”的理念。

（2）消费者本位策略

消费者（Consumer）本位策略，从本质上说，是一种将公司产品或服务的开发和交付与目标消费者当前和未来的需求挂钩，尽可能提高消费者对公司的长期经济价值的战略。自从福特让世人看到了流水线的神奇之后，所有类型的企业甚至是服务型企业都走上了同一条增长和盈利之路。消费者本位策略的特征：以“请注意消费者”为座右铭。

（3）聚焦用户需求策略

聚焦用户需求（Demand）策略是指利用网络环境收集和整理消费者信息，了解、预测和创造消费者需求。其特征是以“我了解消费者”为核心竞争力。消费是一个被消费者驾驭着的循序渐进的过程，消费者不断地重新评估自己的经济能力和需求，不停地改变自己的消费行为。如果企业想迎合消费者，就必须跟上这种需求的变化。企业只有真正理解了客户，才能适当修正自己传达的信息、提供的产品以及与客户接触的渠道。消费者获取信息的方式呈现多元化。善于利用互联网工具的消费者，通过互联网检索产品信息，利用“发帖”或“转发”的形式传播产品信息，随时随地与商户或其他消费者互动。对于企业而言，聚焦用户需求策略要求企业不再被动地生产过时的产品，而是主动预测消费者将来的需求，生产出消费者尚未有需求意识的产品。而科技的发展，为企业获取全方位的消费者信息、分析和预测市场需求提供了有利条件。获取和掌控消费者需求信息的能力被视为企业的一种重要能力。

新经济时代下，聚焦用户需求策略强调以下3个方面：

（1）关注营销各环节需求，优化营销价值链

基于互联网，在营销环节中，产品和服务可通过多种渠道，如采用O2O、B2C、C2C、C2B等方式与消费者连接，实现价值传递。无论是采用线上还是线下方式，营销价值链会涉及除企业和消费者以外不同的利益相关方。因此，企业需要同时管理好电子商务平台、团购网站、营销团队、直营商、代理商、经销商、重点零售商、专业门店等多种渠道价值链，从而带动利益各方将价值更好地传递给消费者。营销价值链的每一环都很重要，直接决定价值链终端消费者的需求能否被满足。因此，企业不应只关注消费者的需求，更应该兼顾价值链中各环节利益相关方的需求。

（2）利用互联网工具掌握和预测用户需求

当今时代的另一个明显特征是，公司能收集大量以前无法想象的顾客数据，并据此采取行动。公司能知道顾客购买的内容、时间、地点及其他信息。数据爆炸可能是产品本位模式陷入危机的最重要原因。

产品的需求量是市场中一个非常重要的指标。掌握数据，进行准确和及时的需求预

测，无论对企业进行生产、库存、定价等方面的内部决策，还是对消费者合理选择购买时机，甚至对宏观经济调控都有着重要的参考价值。传统的需求预测模型一般以历史销售量信息和对市场状况的估计为基础；而互联网时代，消费者的一部分购买行为会转移到网上，如购买前通常会在网上进行信息搜索和浏览，通过社交平台关注感兴趣的企业或产品，购买后会在网上进行商品评价等。消费者的这些网上行为都与其真实需求关系密切。如果能提取这些网络记录中的有效信息，将提高企业的需求预测能力，为市场参与者的决策提供更有效的信息支持。过去几十年里，品牌经理在市场测试和市场研究计划中投入了巨额资金，但仍然无法避免新产品推向市场后遭遇失败的厄运。

（3）利用社交媒体平台获取和创造用户需求

社交媒体也是互联网的产物，终于，企业可以获得一种与客户建立真正联系的途径，一个直接倾听消费者声音的机会。一些公司利用从搜索引擎服务企业拿到的数据，分析得知消费者最近搜索和关注的内容。推荐和实时社交搜索又进一步优化了传统的搜索引擎，它们发现了消费者的特征：消费者更可能与自己兴趣爱好相似的人产生同样的购买需求，更愿意关注他们所关注的人的意见。因此，基于社交媒体平台，企业能够通过一个用户的需求来预测与其相似的其他用户的需求。

2）动态

在“4P”理论中，宣传指的是企业利用各种信息载体与目标市场进行沟通的传播活动，包括广告、人员推销、营业推广和公共关系等。随后在由“4P”理论演变到“4C”理论的过程中，宣传演变成了以消费者为中心的沟通，因为归根结底，企业的宣传活动，都是为了能与消费者建立良好的沟通机制，从而维护好企业与消费者的关系，进而将消费者与企业的共同利益整合在一起。而随着新技术的兴起，尤其是社交网络的出现，沟通已经不再是企业与消费者之间一对一、点对点的静态沟通，转而演变成了多对多、立体化的动态沟通。

随着互联网技术的发展，口碑营销可以在低成本下快速传播并到达用户，同时也不会让用户像对传统营销手段那样感到厌烦。而网络也为用户提供了多元的渠道来分享自己的观点、偏好、经历，这同时也给商家带来了机会，它们可以充分运用网络口碑进行营销。网络口碑对于用户判断产品形象有巨大的影响力。

社交网络已经成为消费者的常用工具，消费者对于品牌的感知和购买决定已经大幅度受到网络和社交媒体的影响。因此，企业在与目标消费者沟通的同时，也需要和目标消费者喜欢的社交网络意见领袖进行沟通。沟通方式也不再是点对点的线性沟通方式，消费者会从各种社交网络上搜寻品牌和产品的相关信息，因此企业的沟通方式必须转为立体化的、动态的沟通机制，做到实时响应，全面覆盖。

①线上线下形成闭环：统一线下活动和线上宣传，反复推动，在线上发起线下活动，再由线下活动引发线上讨论，形成闭合回路，能够使得传播效果数倍放大，达到良好的传播效果。

②多渠道整合传播：整合多种传播渠道，多管齐下，发出一个声音，覆盖所有媒介，吸引消费者注意。

③口碑传播：通过体验建立口碑，由意见领袖或活跃个人传播，由点及面地逐渐扩大产品或者服务在消费者心目中的影响力，逐渐受到目标用户的追捧并发酵，形成迅速传播之势。

3）传递

（1）从渠道到便利的演变

渠道原则不从顾客的需求出发，其建立多级分销渠道的法则往往不考虑消费者的利益，只是采用各种手段让消费者了解其产品，采用多种渠道使消费者有机会购买其产品，而不是顺从消费者的购买习惯。

便利原则，指购买的方便性。相较传统的营销渠道，新的观念更重视服务环节，在销售过程中强调为顾客提供便利，让顾客既购买到商品也购买到便利。企业要深入了解不同的消费者有哪些不同的购买方式和偏好，使便利原则贯穿营销活动的全过程，售前做好服务，及时向消费者提供关于产品的性能、质量、价格、使用方法和效果等准确信息。售后重视信息反馈和追踪调查，及时处理和答复顾客意见，对有问题的商品主动退换，对使用故障积极提供维修方便，大件商品甚至终身保修。便利原则充分从消费者的角度出发，克服了渠道原则只从企业自身考虑的局限性。

（2）从便利到传递的进化

便利原则没有体现赢得客户与长期维持客户之间的关系。这一策略被动适应顾客需求的色彩较浓，没有解决满足顾客需求的操作性问题，往往为被动地满足消费者需求付出更大的成本。如何将消费者需求与企业长期获利结合起来是便利原则有待解决的问题。

在移动互联时代，营销渠道向“移动化”升级。营销的关键是把握每一次被消费者关注的机会，快速完成交易，而便利策略既无法有效识别消费者的需求（即消费者能感知到哪些价值），又无法以最快的速度响应消费者的需求。

以O2O消费模式为例，价值传递模式要求企业在零售商品的“五流”（客流、商品流、信息流、资金流、物流）中，都积极向客户传递与产品价值有关的信息。从PC端到移动端，都有产品的图片、其他用户的评价等相关信息传递给消费者。在用户付款后，可以对产品进行评价，这对产品的性能起到重要的反馈作用，企业可以及时修改产品设计以满足消费者的需要。在物流过程中，消费者可以实时跟踪产品的位置，一些企业还可以在物流过程中取消、修改或追加订单。购物时间扩展到了全天候，购物空间大大延伸，价值传递的渠道更加丰富，效果就是销售量得到增长，产业链得到优化，消费者个性化需求得到更好的满足。

价值传递就是顾客进行营销策略选择时，优先考虑将产品的各项价值传递给用户，而非考虑企业自身生产、销售的方便程度。在网络经济时代，采用这一策略的典型做法通常是利用O2O模式，将线上营销策略与消费者实际感受到的消费相结合，或者是利用电子商务手段将渠道下沉，甚至把渠道简化至“生产商—消费者”这一模式，或者采取“消费者—定制—生产—消费者”这一模式，不经过中间过多环节，直接把产品的价值传递给消费者。

在价值传递中，顾客化定制更是以顾客为中心，其运作特点是由顾客引发并控制需求被满足的过程。其显著优势是企业不需要增加任何额外的制造能力，而顾客越来越多地参与到核心运作过程中，企业运作由顾客订单驱动。顾客化定制比大量定制在营销方面更加个性化，顾客参与的环节和控制权更多，运作内容也增加了定制过程中的顾客参与活动。因此，顾客化定制除可以创造出定制产品、服务之外，还能为顾客提供参与的机会，从而为企业提供了创造更大价值的可能性。在目前的阶段，渠道下沉、O2O模式以及顾客参与式体验是这一原则的典型代表。

4）数据

（1）数据分析提升企业管理水平

随着我国市场经济深入发展，企业从粗放型发展向集约型发展转变，经营管理决策也向着精细化管理的方向过渡，企业管理水平日益提升。正所谓“无数据，不真实”。离开了精确的、具有前瞻性的数据分析工作，精细化的管理、正确的经营管理决策、快速的降本增效就无从谈起。

（2）大数据带来营销变革

进入移动互联时代，从搜索引擎、社交网络的普及，到“人手一机”的智能移动终端应用，信息承载的方式日趋丰富。社交工具、电子商务等替代了传统的商务和交流方式，客户存在的场景发生剧烈变化，与网络和电子设备的全面接触使得人们大量的信息被记录在网上，形成所谓的“大数据”。这些数据维度众多，并且动态变化，为分析消费者的行为和特征提供了数据基础。

企业可以利用用户数据实现精准定位，精准定位的结果就是个性化营销。在这个过程中，数据是基础，来自不同平台的数据通过数据挖掘和分析，帮助企业找到与这些数据相对应的人群。企业针对这些群体进行个性化的对比，并以此展开个性化的营销服务，即可实现“一对一”的推荐效果。顾客的个性化需求在技术的帮助下实现了满足。沃尔玛收购Kosmix，借助社交分析工具来预测、引导用户需求正是数据帮助企业的例子。

互联网公司是产生大量数据最明显的例子，阿里电商平台每年几万亿元交易的背后，意味着海量的数据在阿里的生态系统中运转。但是数据的运用才是关键，传统公司运营过程中产生的数据经过创新运用也能产生不可思议的效果，如阿迪达斯和经销商合作共享每日经营数据，合理规划产品品类，降低了库存，提升了利润。移动互联时代背景下，更多的传统企业意识到了数据在企业营销中的巨大价值并进行了尝试，如恒安集团。

新的经济环境下，尤其是大数据技术的发展，使得传统商业模式正在潜移默化中发生变化。随着社交网络的全球扩张，数据大爆炸正在改写营销规则。大数据的营销价值在于，随着实名制社区和电子商务的普遍化，用户之间产生人际关系链（也就是人脉价值），由此最终实现交易数据与交互数据的融合。企业应逐渐转型，借助数据库技术为其服务。大数据已成为当前营销实践和理论的焦点，在营销管理、品牌管理、活动管理、客户关系管理等领域逐渐得到应用，并积累了丰富的实践案例。

2.3.3 4D营销模型的应用

在下面的案例中，我们以旅游业为例，来说明去哪儿网等企业是如何运用4D营销模型开展营销活动，成功掌握、预测消费者需求，与消费者建立多点、动态的沟通机制，最终获得营销成功的。

1）用户需求

传统旅游业似乎无须过多地迎合旅行者，为他们量身定制非常个性化的旅行产品。旅行者似乎也愿意将就，不得不妥协于他们本身所面对的为数不多的可选项，但移动互联的新旅游时代，旅行产品和服务的可选择数量呈爆炸式增长，旅行者的选择可谓跨地域、跨国界、跨时空。因此，随着市场的改变，旅游业需要满足旅行者的个性化需求的趋势愈加明显。但旅行者的需求多种多样，旅游从业者又如何更好地来满足消费者的需求，同时很好地实现企业价值呢？从去哪儿网的营销实践中，我们也许能得到想要的答案。

案例2-5 去哪儿网从解决用户刚需到积极提供更精准完善的服务

起初，去哪儿网提供的服务所面对的用户需求是刚性需求。对刚性需求的旅行者而言，即使不在这里消费，也要到其他地方消费，这个花费势必要支出。去哪儿网积极拓展新的服务类型，从最初的机票搜索扩展至住宿、线路、门票以及攻略等，几乎囊括跟团游、自助游的各种需求。虽然去哪儿网坐拥百度的巨大流量，却也远未达到理想状态，平均访客转化率不太高，迫切需要加速提升访客转化率。

用户的需求实在多变，如何把握用户心理，让用户把钱从口袋里乐意而爽快地掏出来呢？去哪儿网认识到，这需要提供更精准完善的服务。与此同时，一些网站专注某一类服务，专、精、美的特点更吸引用户眼球，业务规模却很快就要触顶。垂直行业没有天花板，做一个大而全的平台固然很好，难度也很大，如果十八般武艺样样稀松平常，那就没什么竞争优势，对用户是没有吸引力的。用户看不上，又何谈满足用户的需求呢？去哪儿网从机票搜索起家，转而平台化，就像一个气球向上飞，外面的气压会越来越小，它的体积越来越大，等到空气密度和它一致时就不能上升了，而不能上升就只能把气球继续做大。去哪儿网精准完善的平台化服务逐渐赢得了市场的认可。

资料来源 赵占波．移动互联营销［M］．北京：机械工业出版社，2015.

2）动态沟通

旅游业是以游客的体验为核心的服务业。影响游客体验的，无外乎两个主要因素：景与人。景，包括风景，如天地的自然风光、旅游目的地的人文风情，同时包括与旅游景点相关的政策和配套设施；人，主要是为游客提供服务的旅游从业人员。自然风光、人文风情、政策和配套设施等很难通过管理有太大的改变，而旅游业的管理沟通，其实主要是旅游者与旅游从业者的沟通。当旅游产品和服务的提供商与旅游者之间建立起立体化、动态的联系时，就达到一个良性的沟通状态。

移动互联时代，涌现出一大批极大地方便大众信息传导和沟通的社交化网络工具，在线旅游业在这些方面的应用尤为显著。我们点开自己的微信朋友圈，可见与旅游相关的照片、经历、心得、规划等方面的分享、转发、评论占据了大量的版面，足见社交似乎与旅游有着不可分割的紧密联系。

我们可以从三个角度来看待旅游业中的动态沟通。一是可提高旅游参与者（消费者和服务提供商）的自身素质。出游前后，消费者应以一种合格网民的身份来甄别信息、发表言论、做出决策；而在线旅游平台需要以一种倾听和开放的姿态面对用户，为满足用户的需求尽心尽力地优化平台性能，提升服务质量。出游时，消费者应以合格游客的身份来约束自己，尊重环境，不给其他人享受旅行资源造成不便；而相关景区景点及其服务人员，应在各环节把好服务质量与自身素质关。二是更好地掌握与旅行者沟通的方法。在互动沟通的过程中，相互抓住对方的兴趣点，以此让沟通兴致勃勃地进行下去。三是促进旅游业的可持续良性发展。沟通中要有反观的心态，要不断跳到局外审视问题，只有沟通的主体、对象和背景被带入一个越来越广阔的区域，才能取得越来越显著的效果，并最终创造一个属于沟通参与者的新世界，强化所有参与者的沟通意愿和效果。

3）价值传递

4D营销模型认为，价值的传递经历了从渠道到便利再到传递的演变。传统旅行社和商旅服务企业应重视体验，从体验角度出发谋利。新兴的互联网旅游创业者们应视用户体验为生命，从访问网站或使用App的用户角度思考业务、策划运营、监控执行。谷歌的服务越来越接近元搜索，再一次走在了旅游初创企业的前面，旅游初创企业面临的挑战不容小觑。即使谷歌的先进技术能“主导”“引领”旅游业的未来方向，但利基市场却永远都是存在的。先进技术和优秀的创意带来的良好用户体验永远都不相矛盾。技术能解决的多是功能的问题，而用户体验的问题长时期内都要靠人来解决，因为它本身就是人的问题。

旅游攻略App有：去哪儿旅行、携程旅行、穷游、驴妈妈旅游、马蜂窝、飞猪旅行、途牛旅游、同程旅游、艺龙旅行等。例如，去哪儿App是国内较大的一家旅游出行App，上面有旅游出行必要的信息，平台的一大优点是有许多的优惠活动，可以帮用户节省一笔开支，同时App上还包括机票订购、项目景点、酒店以及旅游线路等基本的旅行信息。并且，平台上有方便好用的旅游攻略，这些攻略都是此前旅行者的所见所闻，参考价值较大。又如穷游是一款为出国自助旅行者量身定做的App，这款App可以帮助用户快速查询目的地周围的行动指南，更能抢特价折扣机票、查看游记攻略、及时查看行程，是较为专业的境外旅行App，还能够随时了解目的地的多种折扣信息，查阅数千万旅行者的旅游心得，查看自定义的行程计划，让用户在更省钱的同时，还能享受更全面的旅行乐趣。

4）数据决策

当前，社会化应用以及云计算使网民的网络痕迹能够被追踪、分析，未来，包括在线旅行社在内的旅游服务经营者如果不向数据型旅游服务商转型，恐怕会失去现有市场份额。

大数据和云计算技术能提升旅游工作者的作业效率，帮助旅游工作者为客户提供更好的服务。传统旅行社无视或回避新技术、新方法及相关的新趋势，只会被市场淘汰；而迷信技术、一味生搬硬套，到头来也只能造成邯郸学步式的失败。从旅行社业务盈利模式和盈利点的角度观察新技术和市场变化，借助一切技术手段，顺应时代变化调整经营理念才是根本。

案例2-6 马蜂窝——用数据帮助用户做真正有价值的旅行决策

2014年年初，马蜂窝（mafengwo.cn）开年会时，创始人陈罡宣布，2014年的马蜂窝将从一个社区公司变成大数据公司。众所周知，马蜂窝以做旅行攻略起家，8年的发展已积累了5 000万用户，每天有数百万的评论和下载，每年有海量的用户原创内容（UGC）产生。但信息的不对称，让这些有用的旅游信息难以形成对用户真正有价值的旅行决策。

“作为一家大数据公司，用数据帮助用户决策，用数据挖掘语义分析，帮助用户更快决策，更方便找酒店，通过数据统计获得结论并呈现出来，这是马蜂窝当前的定位。”陈罡如是说。马蜂窝可以从用户原创的游记攻略里提取出类似的信息，如“酒店距离东京新宿车站很近，乘坐地铁和JR线都非常便利，方便人们去新宿购物。酒店有地下通道可直通新宿站，带着很大的箱子行走也不会太吃力”这样的句子，而这是纯粹做交易的在线旅行社很难做到的。当这样的旅行攻略中的信息被马蜂窝形成结构化的数据后，用户就可直接在攻略里看到被提取出来的酒店信息，点击链接便可直接导入预订页面。此外，马蜂窝针对餐厅的点评页面，提取出了一些最常被提及的字眼作为直观参考，如“贵”“味道一般”“十年陈酿”等，效果接近淘宝的评价系统。在这个攻略引擎之下，酒店、餐厅、景点等各项垂直数据，都可从以往用户的长篇攻略中提取出来，做成单独的产品，用来做后续的商业化尝试。

资料来源 作者根据相关资料整理.

本章小结

本章主要对数字营销思维最基本的问题做出回答，并厘清其基本要点。完成本章的学习后，应该理解和掌握以下内容：

（1）数字营销思维是指运用数字领域的思想方法，在形成问题解决方案的过程中产生的一系列思维活动，是有着诸多特点和要求的问题解决过程。重构新商业模式，重构企业的盈利模式，需要实现从收入思维到入口思维的转变，从成本思维到平台思维的转变，从利润思维到跨行思维的转变，从投资思维到生态思维的转变。

（2）新4C法则指的是，在合适的场景（Context）下，针对特定的社群（Community），利用有传播力的内容（Content）或话题，通过社群网络中人与人连接（Connection）的裂变实现快速扩散与传播，从而获得有效的传播和商业价值。

（3）以消费者需求为基础，以互联网思维为灵魂的4D营销模型，涵盖了4大关键要素：需求（Demand）、动态（Dynamic）、传递（Deliver）、数据（Data）。

关键术语

数字营销思维　新4C法则　4D营销模型

案例分析

王老吉在元宇宙卖凉茶

近日，王老吉与iBox链盒达成战略合作，将于4月中上旬首发双方共同打造的NFT数字藏品——吉祥物“荔小吉”。

荔小吉亮相于今年2月，和冰墩墩师出同门。尽管没有复刻冰墩墩的国民度，但是王老吉元宇宙版图中重要的一步棋。

对于品牌来说，一个吉祥物代表了一定的辨识度，同时也是营销策略的连接点，使内容、周边、数藏都有了操作空间。

这并非王老吉第一次在荔小吉饮料上做文章。2022年11月1日，王老吉在鲸探发售首个荔枝IP系列数字藏品——L.I.荔，包括“妃子啖荔”和“佳人品桂”两款。

同步推出的还有数字藏品实物定制服务，主打“看得见”又“摸得着”的体验。消费者购买数字藏品后，可付费进行荔小吉海盐荔枝饮料的实物定制，定制罐罐身将印有藏品图样和专属的AC编码。

这种线上线下相结合的新零售方式，既发挥了王老吉在定制罐方面的优势，又符合当前消费元宇宙的逻辑。只是设置两道付费环节，对于消费者来说恐怕有一定的心理门槛。

此外，王老吉在2022年5月就发布了虚拟空间“荔小吉荔枝星球”。据悉，未来消费者可以通过AR扫描荔小吉荔枝科普罐罐身进入荔小吉荔枝星球，并在“荔小吉”的带领下，参与“广东荔枝云观博”、认养一棵云上荔枝树等活动。

资料来源：陈出木.王老吉在元宇宙卖凉茶，成功自救还是凉凉？[J]．销售与市场，2023（5）（下）.

【讨论问题】老字号布局元宇宙，意义何在？

实训操作

实训项目	数字营销理念演变分析
实训目标	掌握数字营销理念演变分析技巧
实训步骤	1.教师提出实训前的准备要求及注意事项 2.学生分为5人一组 3.教师指导学生上网或到图书馆收集资料 4.各组通过小组讨论，提出有代表性的数字营销理念的主要特征和今后的发展趋势
实训环境	数字营销模拟实训室
实训成果	小论文

思考与练习

一、填空题

1.在移动互联网时代，许多企业利润率低、赚不到钱的主要原因有：________、________、________。

2.产品盈利的核心是降低3种成本：________、________、________。

3.大多数企业在考虑投资时主要考虑一个问题，就是________的问题。

4.针对特定群体，有效的传播方式是建立________，快速地扩散和传播内容。

5.4D营销模型的4大关键要素为________、________、________和________。

二、不定项选择题

1.社群就是关系的发展过程，目前我国小微企业大部分处于（　　）的阶段。

A.信息宣传　　B.广告展示　　C.情感交流　　D.品牌部落

2.我们平时看到的营销，其核心是传播特定的（　　）。

A.内容　　B.渠道　　C.价格　　D.人员

3.（　　）是指利用网络环境收集和整理消费者信息，了解、预测和创造消费者需求。

A.产品本位策略　　B.消费者本位策略

C.聚焦用户需求策略　　D.营销价值链策略

4.用户通过网络上的用户评论平台，与其他用户分享他们关于产品、服务的体验，这就形成了（　　）。

A.网络口碑　　B.产品需求　　C.营业推广　　D.人员推销

5.在移动互联网时代，产品是用来与（　　）进行链接的。

A.渠道　　B.股东　　C.客户　　D.网络

三、判断题

1.社交媒体也是互联网环境的产物。（　　）

2.产品的需求量是市场中的一个非常重要的指标。（　　）

3.企业的促销活动，都是为了能与消费者建立良好的沟通机制。（　　）

4.聚焦用户需求策略，强调企业以产品为导向，满足消费者需求。（　　）

5.企业采用多种渠道的首要目的是顺从消费者的购买习惯。（　　）

四、思考题

1.选择一个案例，来说明数字营销新思维的运用。

2.关注移动互联网下的场景，思考如何将时间、空间应用到营销中去。

3.选择一个案例，来说明4D营销模型的运用。

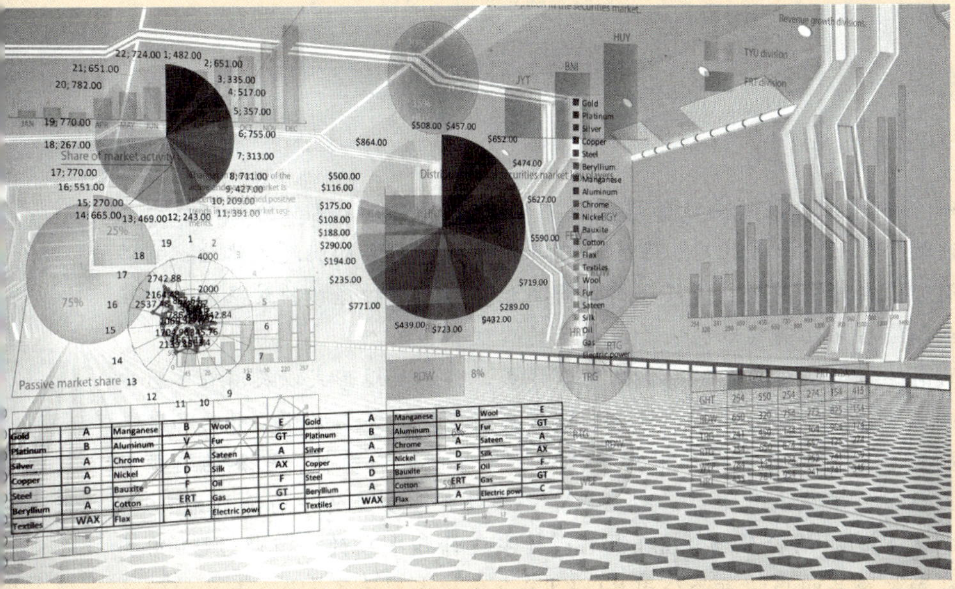

第3章 数字营销中的消费心理

【知识目标】

完成本章的学习，能理解数字营销中消费行为的影响因素和关键的心理过程，能正确地构建用户画像并进行精准营销；能理解数字化消费过程中消费者决策和行为模式的变化，并据此调整营销方式。

【素质目标】

从数字经济环境下消费者价值观的变化入手，知晓新生代在数字经济影响下的价值倾向和行为方式，结合案例进行教学，产生情感共鸣；从数字营销的角度理解消费者消费心理和行为的变化，树立正确的消费观和价值观。

【引例】在虚拟世界中，消费者心理和消费行为发生了哪些变化？

元宇宙这样一个被设计出来的全新的虚拟数字世界，正在全球范围内引起巨大轰动。它是一个通过数字化形态承载的虚拟宇宙，在其中可拥有丰富的沉浸式体验，它涉及数字经济，人们可以在其中创造、购买和销售商品和服务，这种虚拟的景象似乎是在遥远的未来，但却已经在切切实实地影响着消费者的心理和行为。

元宇宙时代的消费将会从消费主体、信息获取方式、信息呈现形式以及消费体验内容等全方位实现虚实结合，同时元宇宙也将明显地改善消费者行为与心理，并为品牌与消费者互动创造全新机会。消费者在虚拟世界之中逐步复制他们在物理世界的消费习惯，如拥有数字土地、汽车以及艺术品。数据显示，一座数字房屋的平均价值为7.6万美元，一件原创艺术品的平均价值为9 000美元，数字设计师手袋的价值超过2 900美元，售卖虚拟球鞋和收藏品的虚拟时尚公司RTFKT在7分钟内创造了310万美元的销售额。这证实，在数字世界中，一个广阔的数字消费世界正在被一步步构建，现实世界中建立的品牌规则将不再适用，如若不去尝试理解消费者的心理变化将很容易被竞争品牌所超越。

在真实的物质世界之中，日常消费的主要作用就是与他人形成差异，通过符号来确认自己的身份。人们在符号的解码之中获得丰富的乐趣，满足生理和心理的需求。在元宇宙空间里，体现个人地位的符号更加多元化。每个人都可以在元宇宙空间里充分发挥自己的才能，从而持续创造文化价值、心理价值等虚拟价值，实现不同的人员在不同空间的自我实现。马斯洛需求层次理论认为在现实世界之中基础物质产品主要满足生理和安全需要。而在虚拟世界，消费者心理需求层次更多地介于尊重和自我实现需要之间。不仅如此，元宇宙为个体赋予了根据自我意识构建数字身份的权利，不同于现实世界——人们的身份生来就被定义，在元宇宙中，人们拥有了建立和编辑最终呈现身份的可能性，基于自我意识构建出自己的数字身份。

在元宇宙的场景下，NFT（Non-Fungible Token，非同质化通证）成为了个体间人际交往和群体认同感建立的“符号工具”，虚拟服饰的出现就是将现实身体与虚拟世界的符号化消费相融合，个体在数字化世界中充分实现与“理想自我”的和解，进而达到对自我的“认知协调”，当在虚拟世界中他人对虚拟的身份呈现出认同情绪之后，消费者会产生成就感和自豪感，更进一步加深个体对自我的认知。

在行为经济学中，利用有限的资源满足人类无限的欲望而产生的基础经济问题被称作稀缺性。稀缺性是经济和市场运作的基础，也是虚拟世界中最关键、最核心的要素，正是由于稀缺性的支撑，元宇宙才能发挥出更大的价值。为了提高在数字空间中可以想象为无限的资产（如数字土地或数字艺术）的价值，人们正试图通过使用不可伪造的代币（NFT）来限制供应，“人为稀缺性”应运而生。“人为稀缺性”共生促使了消费者“错失恐惧”心理的加重。害怕错失了大众都知道的热点，害怕没能获得与群体交流的谈资，害怕落伍和不合群等现象发生的心理成为消费者从众购买、疯狂抢购的直接驱动力。饥饿营销就是利用这一行为现象，直接切中大众心理，让消费者产生冲动消费。

很多人认为，元宇宙作为数字虚拟空间，其数字资产是取之不尽、用之不竭的，但实际上，元宇宙空间的创造者们会通过各种技术手段赋予事物稀缺性，如信息防扩散技术、同态加密隐私计算技术、码链非同质化证书等，对数字资产进行权利管理，让数据可用不可见，且无法篡改，无法被轻易地拷贝、粘贴、据为己用。当元宇宙中的“人为稀缺性”升高，消费者的错失恐惧将更加严重。尤其在元宇宙世界，广告植入的便利性，使得品牌与广告商对消费者的心智改变和占领也会更容易。

总体而言，元宇宙为品牌提供了与消费者连接的新途径，品牌不应当仅考虑元宇宙能带来的客户数量和商业价值，也应更多考虑社会责任，将用户的利益放在首位，避免对塑造人类的行为造成不可逆的负面影响。

资料来源　佚名.在虚拟世界中，消费者心理和消费行为发生了哪些变化？[EB/OL].[2022-11-09]. http：//fashion.sina.com.cn/2022-11-09/2037/doc-imqqsmrp5474784.shtml.有删减.

【分析提示】数字消费中消费者的消费心理过程和购买决策行为会发生什么样的变化，其中哪些因素的变化在影响消费者消费心理和行为的变化？

3.1　消费行为的影响因素

现代营销学之父菲利普·科特勒（Philip Kotler）对消费行为的定义是：消费者为满足需要和欲望而寻找、选择、购买、使用、评价及处置产品、服务时介入的过程活动，包括消费者的主观心理活动和客观物质活动两个方面。消费者的消费行为是由一系列环节和要素构成的完整过程。消费者行为主要探讨个人和家庭消费者怎样支配资源（时间、金钱、精力）购买用于消费的产品，包括买什么样的产品、为什么买、购买时间、购买地点、购买频率、使用频率、购买评价以及相关的评价对消费者接下来的行为将造成什么样的影响等。研究影响消费者消费行为的因素可以更好地把握消费者的购买心理和消费行为特征，从而更好地选择营销方式，以满足消费者的需求。

随着数字经济的发展，消费者的消费行为受到更多不同于过去因素的影响，营销人员在营销过程中必须结合当代数字营销环境的变化，更加深入地对以下因素进行理解和分析，以期更好地掌握当代消费者的消费心理和行为特征，更好地满足消费者的需求。

3.1.1　政治因素

消费者通常都是生活在特定的国家、地区和社会环境中的，因此都会受到以下的政治因素的影响。

1）政治制度

政治制度是指一个国家或地区所奉行的社会政治制度，它对消费者的消费方式、内容、行为具有很大的影响。如我国封建社会时期，清朝统治阶级压迫广大妇女，要求缠足裹脚，妇女只能选择穿尖头小鞋。随着封建制度的瓦解，妇女缠足现象逐渐消失。为了适应这种变化和满足妇女的真实需求，其他样式的女鞋自然而然就出现了。我国积极推进数字经济的发展，让消费者可以更自由地选择新的消费产品和消费方式，这对营销者来说也是巨大的发展契机。

2）国家政策

国家政策对消费者的影响表现在当时国家提倡什么、反对什么，以政策形式对消费行为进行规范。如2013年，随着党中央“八项规定”和“三公”消费禁令的推出，茅台、五粮液等高端白酒的消费呈现了明显的下降趋势，价格也大幅度降低。而从2015年开始，白酒行业迎来回暖期。时逢国务院推动“精品制造”的利好，即国务院常务会议提出要立足大众消费品生产推进“品质革命”，推动“中国制造”加快走向“精品制造”，推动中华老字号传承升级，支持企业培育新品牌等建议，高端白酒行业随之开始逐级回稳，且走势良好。可见国家政策对消费的影响是立竿见影的，尤其是在数字经济时代，营销者必须掌握政策信息的变化，遵循政策规则，及时回避风险，快速做出调整。

3.1.2 文化因素

文化是人类知识、信仰、艺术、道德、法律、美学、习俗、语言文字以及人作为社会成员所获得的其他能力和习惯的总称。文化一般由两部分组成：一是全体社会成员共同的基本核心文化；二是具有不同价值观、生活方式及风俗习惯的亚文化。文化是人们在社会实践中形成的，是一种历史现象的沉淀。同时，文化又是动态的，处于不断的发展变化之中。数字经济的发展使当今文化出现了很多变化，尤其是新时代年轻人的价值观念、审美标准都在很大程度上区别于过去的消费者。

1）价值观念

价值观念是指人们对社会生活中各种事物的态度和看法。由于文化背景不同，人们的价值观念相差很大，市场的流行趋势也会受到价值观念的影响。企业在制定促销策略时应该将产品与目标市场的文化传统尤其是价值观念联系起来。例如，20世纪80年代的中国人还不知道什么是时尚，也没人敢时尚。但随着生活水平的提高，时尚被国人接受，并逐渐成为了年轻人的追求和基本生活观与消费观。时尚不仅反映在服饰上，在吃、住、行、用等各个方面都深深地打上了时尚的烙印。而消费者的消费观念也开始从“量入为出”向“先出后入”转变，“蚂蚁花呗”“京东白条”等消费信贷产品受到消费者的青睐。

2）风俗习惯

风俗习惯也被称为习俗，消费习俗是人们社会生活中的重要习俗之一。它是指一个地区或民族的人们在长期的经济活动与社会活动中，由于自然的、社会的原因所形成的独具特色的消费习惯，主要包括人们的信仰、饮食、婚丧、节日以及服饰等物质与精神产品的消费习惯。例如端午节吃粽子，中秋节买月饼等都是消费者因传统节日的消费习俗而产生的消费行为。而在电子商务盛行的今天，商家也顺应时代打造出“双11”“6·18”这样别具时代特色的“电商节”，每年的这个时候，商家会集体大搞促销，消费者则大量地购买，这也成为当代消费者习以为常的“消费习俗”。

3）宗教信仰

信仰是指对某种宗教或某种主义信服、崇拜而奉为言行的准则。宗教信仰则是人们对世界的一种特殊看法，不同的宗教信仰表现为人们具有不同的消费观念以及相应的行为方式。宗教是一种群众性的社会现象，恪守教规和戒律的信徒以及受宗教影响的消费者的价值观、审美观、消费愿望和行为等都带有其宗教的色彩。宗教的复杂性使宗教与经济、政治、文化交织在一起，对社会的发展和稳定具有重大影响。因此，即使是在如今科学发达、信息畅通的数字经济时代，也不能忽略宗教对消费者消费行为的影响。

4）亚文化群

每种文化之间都有巨大的差异，在同一种文化的内部，也会因民族、宗教等诸多因素的影响，使人们的价值观念、风俗习惯和审美标准表现出不同的特征。亚文化通常按民族、宗教、种族、地理、职业、性别、年龄、语言、文化与教育水平等标准进行划分。同一个亚文化群中的人必然有某些相似的特点，以区别其他的亚文化群。熟悉目标市场的亚文化特点，有助于企业制定相应的营销策略。在当下中国，“90后”“00后”群体成为网络消费的主力军，网络文化使这些新新人类产生了不一样的消费文化。例如，“90后”“00后”在社会认同感上的消费提前，他们中很多人的第一辆车会直接选择高端车的低配版，因此奔驰C系列、宝马3系、宝马X1等都有很好的市场。此外，奢侈品消费群体年轻化趋势也非常明显。再如，“90后”独生子女较多，孤独也催生了一大波的商机，宠物市场因此潜力巨大。而在腾讯提供的关于“00后”的报告中，KOL的影响力在下降，比起KOL，“00后”更相信真实的用户反馈。因此开展数字营销变得更加重要，营销人员需要对接海量的超级用户，并将此作为一件很重要的事情去运营。

3.1.3　社会因素

消费者行为亦受到社会因素的影响，如消费者的家庭、参考群体和社会阶层等。

1）家庭

家庭是消费者个人归属的最基本团体。人们从父母那里学习到许多日常的消费行为，即使在长大离家后，父母的教导仍然有明显的影响。不同的家庭角色对不同商品的购买起着决策作用，家庭成员对购买行为的影响极大。例如，已婚的女性会为了家庭而采购大量的食品、生活洗护用品等。有孩子的家庭则为了孩子的成长而有大量的教育及养育消费。另外，消费者行为也受家庭生命周期的影响，每一个生命周期阶段都有不同的购买或行为形态，营销人员可以选择以生命周期阶段来界定其目标市场，并针对不同的生命周期阶段制定不同的营销策略。

案例3-1 美的"唤醒"全屋主动智能：家庭数字化时代来临

"十四五"规划和2035年远景目标将数字家庭定位为构筑"美好数字生活新图景"的组成部分，并明确提出2022年实现条件较好省份至少一个城市开展数字家庭建设，2025年数字家庭成为新装出售楼盘"标配"的可度量目标。

根据IDC预计，未来3～5年中国智能家居设备市场出货量将以21.4%的复合增长率持续增长，到2025年，智能家居设备市场出货量将接近5.4亿台。届时，该领域市场规模将达8 000亿元，并在不久的将来突破万亿元。巨大市场潜力下，可以看到，在品牌竞争维度，BAT、华为、小米、美的、海尔、海信、长虹、创维、居然之家、红星美凯龙、欧瑞博等科技、家电、家居企业，均已悉数入场，从各自领域延伸布局，争夺"智慧家庭"领域话语权。

现阶段大部分家庭用户的生活场景依旧还停留在传统的物理家电控制层面。因此，"家"目前是用户数字化最为薄弱的地方，也是数字化最为复杂的地方。要真正实现"家庭数字化"，就需要致力于此的企业不断创新研发，掌握数字化核心技术能力，并通过数字大脑为家庭用户提供软硬结合的解决方案。要在感知、执行和决策层都做到主动智能。"主动智能，一定是作为智能家居行业的企业要追求的最佳解决方案。"

美的在"家庭数字化"上积极尝试，力求实现从"智能"到"智慧"的进化。美的认为，在家庭数字化方面，人工智能会是一个"管家"的形象，为用户管理包括水、空气、健康、能耗、食材等在内的生活所需，从能够实现自动缴费等功能的数字孪生体，拓展成一个更加聪明的数字大脑，将现实与虚拟的优势进行融合。如果把这个"更加聪明的数字大脑"具象化，会得到可控制全屋家电并联动IoT（Internet of Things，物联网）设备能力的美的首代家庭服务机器人"小惟"。比如，在家门口的"小惟"识别到用户回家，就会通过"中枢"功能提前开灯，打开空调并调整到舒适的温度和湿度，提前一步提供主动的智能家居服务。当然，能做到这一步，还要依靠美的"3-6-5主动智能全生态"布局作支撑，即3位一体的主动智能技术、6大智慧服务能力、5大智慧空间场景。"全屋分布式感知、千人千面AI深度自学习、主动式全屋解决方案"3位一体的主动智能技术，实现数据从家电中来、在云端或本地分析、回到家电中去，形成场景服务能力，形成自我闭环的良性生态。基于"全案定制、智慧选配、智慧体验、全程服务、用户增值、主动服务"六大智慧服务能力支撑，打造用户从产品、方案选购到入户、施工的全屋智能数字化平台。"自在客厅、美味厨房、无忧阳台、享受卫浴、好眠卧室"五大智慧空间场景，提供对用户个性化、主动化服务的实时落地、无缝衔接。

资料来源　佚名. 美的"唤醒"全屋主动智能：家庭数字化时代来临［EB/OL］.［2022-07-26］. https：//baijiahao.baidu.com/s? id=1739381850105366009&wfr=spider&for=pc.有删减.

2）参考群体

一个人的消费行为受许多参考群体的影响。直接影响的群体称为会员群体，包括家庭、朋友、邻居、同事等主要群体和宗教组织、专业组织和同业工会等次级群体。崇拜群体是另一种参考群体。有些产品和品牌深受参考群体的影响，有些则鲜少受到参考群体的影响。对那些深受参考群体影响的产品和品牌，营销者必须设法去接触相关KOL，把相关的信息传递给他们。KOL被视为一种较新的营销手段，其发挥了社交媒体在覆盖面和影响力方面的优势。数字营销时代，微博大咖、网红主播等KOL都是一种特殊的崇拜群体，这些参考群体会影响很多消费者的消费行为，如现在非常流行的直播带货的销售模式。

3）社会阶层

社会阶层是指按照一定的社会标准，如收入、受教育程度、职业、社会地位及名望等，将社会成员划分为若干社会等级。同一社会阶层的人往往有着共同的价值观、生活方式、思维方式和生活目标，并影响着他们的购买行为，美国市场营销学家和社会学家华纳（W.L.Warner）从商品营销的角度，将美国社会分成6个阶层。不同的阶层，其需求也具有相应的层次。不同阶层的人，即使收入水平相同，其生活习惯、思维方式、购买动机和消费行为也存在明显的差别。随着数字化经济的快速发展，“数字素养”被联合国认为是与听、说、读、写同等重要的基本能力，不具备数字素养的人，甚至被称为数字时代的“新文盲”，而“数字化”也正成为未来阶层分置的一个标准，未来经济体系中的人会被残酷地分为两个阶层：数字阶层和非数字阶层。因此企业必须进行数字化的转型，适应“数字阶层”独特的消费心理。

3.1.4 个人因素

个人因素也会影响购买者的行为，如购买者的年龄、所处生命周期阶段、职业、经济情况、生活方式、个性以及自我意念等。

1）年龄和生命周期阶段

人们对食品、服装、家具与休闲活动的兴趣与年龄关系很大。例如，阿里巴巴的研究显示，不同年龄段的消费者表现出较大的消费偏好差异，有一定经济基础的消费者在消费偏好上对品质的要求相对更高。作为消费升级主力的“80后”则更加聚焦在非必需、品质化和个性化方面的消费。追求精致的“90后”在专业细分的小商品上花费更高，消费偏好专业化、个性化与品质化共存。在个性化方面，“80后”“90后”开始追求可以为他们带来优越感的独特商品，如小众品牌、限购产品、定制化产品以及体验式的购物环境。此外，处于不同的求学阶段和不同的家庭周期阶段的消费者，需要的产品侧重点也各不相同。

2）职业与经济状况

一个人的职业会影响他所购买的产品和服务。比如体力工作者和脑力工作者的职业需求不同，消费心理自然也有区别。此外，职业也会在较大程度上影响消费者的经济状况，多数情况下，收入高的人消费水平也较高。营销人员应确认那些对他们的产品和服务有相当兴趣的职业群体，甚至专门制造既定职业群体所需的产品。例如，计算机软件公司会为品牌经理、会计、工程师、律师和医生设计不同的产品。

案例 3-2　2023麦肯锡中国消费者报告：韧性时代

麦肯锡论述了中国消费者行为的五大新趋势。

趋势一：中等收入群体继续壮大。麦肯锡全球研究院的数据显示，2019—2021年，年收入超过16万元人民币（2.18万美元）的中国城镇家庭数的年复合增长率（GAGR）达到18%，从9 900万增至1.38亿。到2025年，还将有7 100万家庭进入这一较高收入区间，彰显了中国消费市场的巨大潜力。麦肯锡针对中国消费者的调研也支持这一宏观经济论述。54%的受访者仍相信，其家庭收入将在未来五年显著增长。

趋势二：高端化势头延续。中高收入家庭和高收入家庭的强劲增长以及随之而来的消费实力，为优质高端品牌带来了福音：在有较高收入的受访者中，有26%的受访者表示其2022年的消费超过了去年，只有14%的受访者表示其在2022年削减了开支。

趋势三：选择更明智，消费未降级。麦肯锡发现，中国消费者的整体支出趋于保守：2022年，自称支出同比增长5%及以上的受访者比例为16%，较2019年减半；22%的受访者自称减少了支出。

消费降级并未发生，消费者只是在购买商品和选择渠道时更加明智。他们广开思路，寻找价格更具竞争力的渠道来购买想要的品牌，有的通过微信群，有的借助淘宝代购店，有的则寻求直播带货。他们并没有在选择品牌和产品时做出妥协，只是更加谨慎地进行权衡，更加积极地寻找折扣和促销。消费者也会设法花更少的钱，买更多的产品。

趋势四：产品为王。中国消费者非常熟悉他们所购买的产品。2022年，作为中国消费者购买快消品时最看重的因素，“功能”进一步扩大了领先优势。从面霜配方到心仪羽绒服的填充类型及品质，中国消费者对其所购产品的特性和规格了如指掌。

在购买非食品品类时，分别有39%和40%的受访者将“安全/天然配方”和“需要的功效/口味/设计”这两项视为最重要的购买因素，位居所有因素前两位。

趋势五：本土企业正在赢得市场。尽管这并非新现象，但近年来中国消费者对本土品牌的偏爱确有加速之势。出人意料的是，民族自豪感并非唯一的驱动因素。如今的国内企业对潮流趋势的反应速度更快，更加贴近消费者，投资也更为果敢。根据麦肯锡的调研，49%的中国消费者认为本土品牌相较国外品牌“品质更好”。该调研涉及12个不同的产品属性，数据结果大致相同。

事实证明，日益富裕的中国消费者仍具有较强韧性。但经济压力还是令消费者在做出购物决策时更为审慎，他们在选择产品时也越来越看重品质和功能。随着这种行为在中国消费者中越来越普遍，能够快速应对这些变化的企业将会胜出。

资料来源　佚名.麦肯锡报告：中国的消费势头有望于2023年开始复苏［EB/OL］.［2022-12-08］. https：//baijiahao.baidu.com/s？id=1751637071158464176&wfr=spider&for=pc.

3）生活方式

生活方式是指不同的个人、群体或社会成员在一定的社会条件制约和价值观念指导下形成的满足自身生活需要的全部活动形式与行为特征的体系。生活方式勾画出一个人在社会中行动和兴趣的形式。如一些人崇尚的“素食主义”必然影响他们对于食物的购买。

4）个性和自我意念

每个人独特的个性将影响其购买行为。个性是单一的心理图案，它相对稳定，常用形象言辞来描绘，比如自信、权威、爱社交、自主、自我保护和野心等。个性能被用于分析消费者对某些产品或品牌的选择。例如，咖啡制造商发现喝浓咖啡的人社交能力很强，因此麦氏公司的广告表现了冒热气的咖啡和人们轻松交流的样子来强化这种认知。

案例3-3 “我”经济的盛行

“我”经济，亦即以“我”为消费导向，有别于一味地盲目享乐，在消费中强调自我意识的重要性，既是通过消费来满足自我需求，也是借助消费来提升自我，更是在消费中表达独特的自我。而作为互联网原住民的“Z世代”，正是这蓬勃消费中的“弄潮儿”。艾媒咨询调研数据显示，64.9%的新青年消费者出于“取悦自己”的原因购买兴趣消费产品，43.8%的新青年则是用于“自我治愈”。

“我”经济的兴起，离不开具有巨大消费潜力的“Z世代”。根据Mob研究院统计数据，2020年我国“Z世代”群体有2.6亿人，占总人口数量的18.5%。伴随着国内经济与文化繁荣发展带来的多种可能性，时代在这个年轻群体身上打下了深深的烙印。

生理需要、安全需要、情感和归属需要、尊重需求以及自我实现需要五项需要共同构成了著名的马斯洛需求金字塔。这一金字塔于Z世代而言，社会物质水平的快速增长早已使他们的生理需要和安全需要过度饱和，底层需要的充分满足让这一代人有更多精力去追求更高层级的个人意义与自我实现。尼尔森IQ的调研数据显示，“Z世代”平均每周在兴趣上投入的时间为12.6个小时。

同时，“Z世代”多数也是带着鲜明时代烙印的“独二代”。国家统计局数据显示，1999年中国户均规模为3.58人，2010年下降至3.10人，到2020年为2.62人。他们集全家宠爱于一身，自出生起便独享着来自祖辈和父辈的无限关爱，不愿委屈自己。独自成长为他们提供了更多时间和空间用来关注与发展自我，在消费时也更多从个人出发，更愿意为兴趣买单，他们的消费偏好也更能影响家庭成员的消费决策。

城镇化率的上升与智能技术的发展为“我”经济的增长提供了物质基础。国家统计局数据显示，2021年，我国城镇化率达到64.7%，比10年前上升11.6个百分点。出生在物质条件丰厚时代的年轻人，拥有更足的消费底气。《2020“Z世代”消费态度洞察报告》显示，2020年我国“Z世代”群体的消费开支已达4万亿元人民币，约占全国家庭总开支的13%。

资料来源 佚名．2022年“我”经济全观察——千金只买“我”高兴［EB/OL］．［2023-01-05］．https：//www.sohu.com/a/625400292_121289321.有删减．

3.2 数字营销中关键的心理过程

人类行为的一般模式是S-O-R模式，即“刺激（Stimulus）-个体（Organism）-反应（Response）”。该模式同样可以帮助我们理解消费者的行为，即消费者的购买行为是由刺激所引起的，这种刺激来自消费者本身内在的生理、心理因素和外部的环境。

菲利普·科特勒提出了一个“刺激-反应”的简单模式，如图3-1所示。该模式说明消费者的购买行为不仅会受到营销刺激，还会受到其他刺激。而不同特征的消费者会产生不同的心理活动过程，消费者经决策过程产生了一定的购买决定，最终形成了消费者对产品、品牌、经销商、购买时机、购买数量的选择。

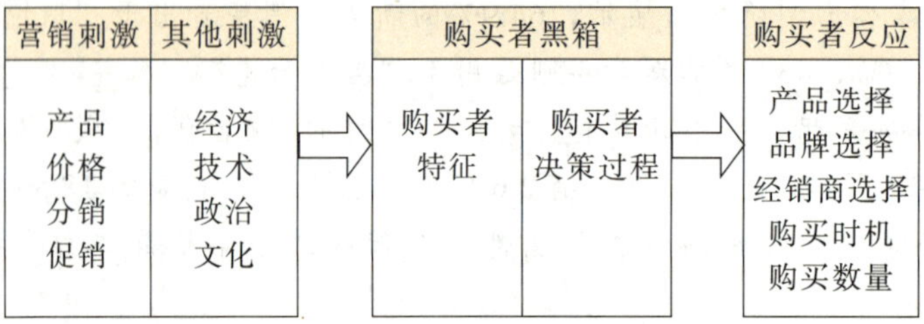

图3-1 “刺激-反应”的简单模式

在此基础上，尼科西亚于1966年在《消费者决策程序》一书中提出了一个决策模式，如图3-2所示。该模式由4个部分组成：第一部分，从信息源到消费者的态度，包括企业的态度和消费者的态度两个方面；第二部分，消费者产生动机，对商品进行调查和评价，形成一定的认知，综合成购买动机的输出；第三部分，消费者采取有效的决策行为；第四部分，消费者购买行为的结果被大脑记忆、贮存起来，作为消费者以后购买的参考或反馈给企业，而这也是一个学习的过程。

此后，恩格尔模式和霍华德-谢思模式又从不同的角度强调了外界因素对消费动机的刺激作用，消费者受到刺激物和以往购买经验的影响，开始接受信息并产生各种动机，对可选择的产品产生一系列反应，形成购买决策的中介因素，如选择评价标准、意向等，在动机、购买方案和中介因素的相互作用下，产生某种倾向或态度。这种倾向或态度又与其他因素（如购买行为的限制因素）相结合，产生购买结果。购买结果形成的感受信息也会反馈给消费者，影响消费者的心理和下一次购买行为。

总之，这些消费行为模式都揭示了在购买者黑箱中的几个重要心理过程：动机、认知、学习、情感和记忆。

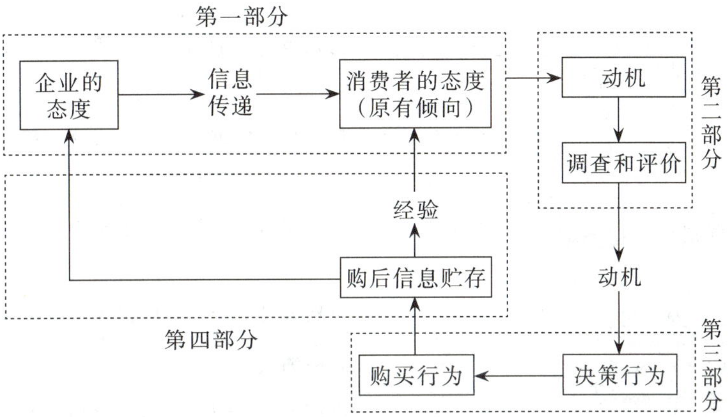

图 3-2　尼科西亚模式

3.2.1　动机

消费动机是推动消费者购买的欲望。在欲望的推动下，消费者才会产生购买行为。消费者饿了会想进食，渴了就想喝水，这是人类的需要在起作用。但饿了是吃米饭、面条、面包还是零食，具体选哪个品牌的产品却是动机在起作用。也就是说需要为消费者的行为指明大致方向，但不规定具体的行动路线，而动机则指导人朝特定的目标采取行动。目标是需要的具体化，所有的消费行为都是以目标为导向的，而动机是决定行为的内在动力，它既可能源自被唤醒的需要，也可能单纯由外在诱因所驱动，或是内外因素共同影响的结果。如马斯洛的需求层次论、马库列兰德的成就动机论、赫兹伯格的双因素理论及费鲁姆的期望理论等，均从不同角度解释了消费动机的形成。因此，作为营销人员，通过前期的调查研究发现和分析消费者的需要，并通过针对性的营销活动唤醒和诱导消费者产生动机并促成最终的消费行为是具有可行性和必要性的。

1）马斯洛需求层次理论的应用

马斯洛需求层次理论是非常经典的一种人类行为理论。在数字消费的情境下，对消费者需求和动机的解释依旧非常有力。马斯洛（1968）认为，人的需要由生理需要、安全需要、情感和归属需要、尊重需要、自我实现需要 5 个等级构成（如图 3-3 所示）。

马斯洛需求层次理论认为 5 种需要像阶梯一样从低到高，按层次逐级递升，但次序不是完全固定的，可以变化，也有例外情况。需求层次理论有两个基本出发点：一是人人都有需要，某层需要获得满足后，另一层需要才出现；二是在多种需要未获满足前，首先满足迫切需要，满足该需要后，后面的需要才显示出其激励作用。一般来说，某一层次的需要相对满足了，就会向高一层次发展，追求更高一层次的需要就成为驱使行为的动力。相应地，获得基本满足的需要就不再是一股激励力量。

在数字经济时代，消费者不仅在网络上消费，也在网络上社交，网络成为了一种新形式的生存空间。马斯洛需求层次理论应用于数字消费环境中，同样会给营销人员很多的启发。

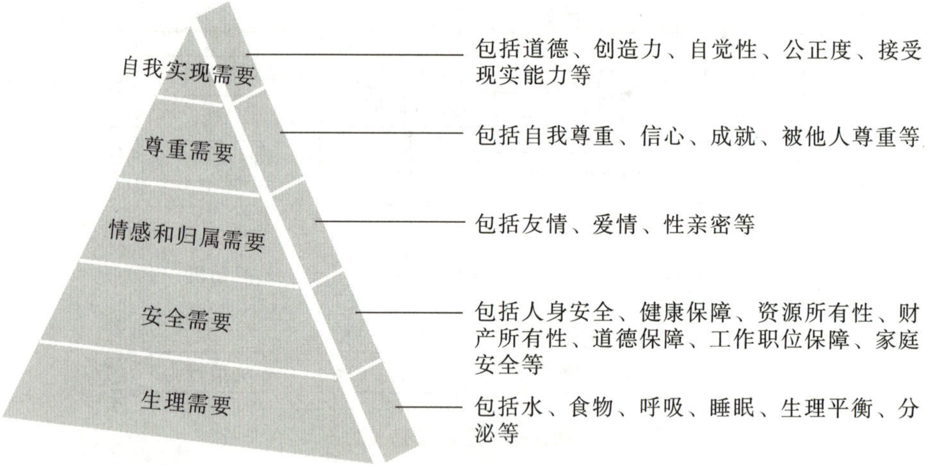

图3-3 马斯洛需求层次理论

（1）生理需要——反馈信息及时性的要求

生理需要属于低级需要，包括对于食物、水、呼吸、睡眠、性的需要等。它们在人的需要中是最重要、最有力量的，识别并满足消费者最迫切的生理需要，是最有力的营销策略。而将该需要置于数字消费的环境中，则体现在消费者对数字环境中信息反馈及时性的要求。消费者希望信息的传递能够及时畅通，在整个活动中能准确地传达和获知信息。因此在数字营销中，创造良好的网络环境、创新和维护沟通工具至关重要。而现代网络技术打造的各种电子商务平台、移动支付软件等数字工具都较好地满足了网络生态下的消费者的“生理需要”。

（2）安全需要——健康环境和隐私的要求

在做到基本的信息传递和及时性沟通之后，消费者自然希望在一个安全健康的网络环境下进行消费和社交。因此在数字营销情境下，对安全的需要就体现在消费者对网络健康环境和个人隐私保护的要求。随着现在隐私泄露的事件越来越多，营销者在数字营销的过程中保护消费者的隐私，减少不良信息的干扰也是至关重要的。

（3）情感和归属需要——情感表达和归属感的要求

消费者的心理过程同样受到情感的影响。人们对情感的需要与他的生理特性、经历、教育、宗教信仰都有关系。这些因素也直接影响了消费者的消费动机和最终的消费决策。在数字营销的情境下，消费者被贴上了无数个标签，通过这些标签，消费者可以根据自己的行为习惯和类别寻找与自己有更多情感交集的群体，并在这些圈子里找到归属感。营销者通过这些社交圈的划分为消费者找到了情感表达的场所，同时也通过圈层中消费者之间的相互沟通和推介自然而然地促成了消费，如知乎类别、腾讯群、专业论坛、微信朋友圈、阿里巴巴职称等。

（4）尊重需要——肯定与被肯定的要求

尊重需要又可分为内部尊重和外部尊重。内部尊重是指一个人希望在各种不同情境中有实力、能胜任、充满信心、独立自主。外部尊重是指一个人希望有地位、有威信，受到别人的尊重、信赖和高度评价。在网络环境下，消费者依旧追求稳定的社会地位，希望个人的能力和成就得到社会的认可，而成为数字营销中的KOL、朋友圈的点赞和评论、微博的评论转发、知乎的打赏、直播带货的销量都是网络环境下个人被尊重和肯定的一种表现。营销人员需要去创立这样的一种机制和平台，只有让消费者在数字消费的环境中找到被尊重的途径才能更好地推动相互之间的良性循环。

（5）自我实现需要——个人能力发挥的要求

自我实现是指实现个人的理想和抱负，将个人的能力发挥到最大程度。与传统的环境相比，消费者在数字化环境下的影响力更大、范围更广。尤其是在自媒体的普及下，每个人都是输出者，任何UGC的提供者都可能在互联网中发光发热。例如，成为网红或行业KOL，他们的消费行为和推介可能带动大量其他消费者的追随。而这种巨大的号召力自然也满足了人们自我实现的需要。对营销者来说，给予他们自我实现的通道，并助推他们成为能帮助企业带动消费行为的关键人物是有深远的意义的。

案例3-4　“夕阳红”一跃成为“新网红”！银发直播，尝的不仅仅是个新鲜

直播作为企业销售的重要手段，不仅企业老总、娱乐明星、政府官员纷纷入局，开启直播带货模式，就连传统印象中应该在各大广场、菜场转悠的中老年人也在直播间刷起了存在感。老年人以亲和力博得粉丝关注，可在自身专业领域发挥长处，虽然从自身带货能力及商业化价值等方面考虑，老年人直播面向的市场仍相对小众，但加入直播大潮的老年人有“积极老龄化”的表现，很多老年人无论是带货还是才艺展示，都毫不逊色。《2020年抖音用户画像报告》显示，在超4亿的DAU（日活跃用户数量）中，46岁及以上用户占比达11%。其中，不乏中老年用户发布极具个性的视频，分享丰富多彩的退休生活，引发海量粉丝的关注，使得原本印象中的“夕阳红”一跃成为“新网红”，颠覆对传统及潮流的认知。

针对老年人的直播培训班也应运而生，这些课程还进入了社区街道。课程的主要内容包括形象礼仪、设备教学、平台选择以及如何选品等。通过这些课程，老年人学会了使用智能手机，也体验到了电商购物的快乐。考虑到老年人的能力，直播课程仅会安排3～4个商品，在带货的同时也让主播们获得成就感。

2016年前后便已经出现了一批专门为中老年人搭建的直播平台，包括花镜App、友瓣App等，这种平台中的用户从主播到观众，基本上都是中老年人。但专属老年人直播的App相较小程序直播，操作更复杂；在专业细分的同时也将其他用户拦在门外，从而导致平台关注人数少，让平台陷入无法更新的恶性循环。

不同于老年人直播平台的衰落，网红经纪人逐步开始孵化中老年网红。一大批中老年账号注册并活跃在各大网络平台，短短半年，以中老年为主体的短视频集体“出圈”，并在直播领域试水。如抖音网红@只穿高跟鞋的汪奶奶便是银发直播带货界的商业化运作成功案例。该抖音号举行的22场直播，累计观看人数大多在百万以上，最高近千万。在如今人人都可以直播的年代，老年人更具亲和力，也便于建立信誉。根据相关调研，在珠宝等高价商品上，老年人带货数据明显高于年轻人。

此前，世界卫生组织提出“积极老龄化”的概念。老年人加入直播大潮便是“积极老龄化”的表现，参与直播强化了老年人自我发展、自我实现、自我完善等意识，更新知识技能提高了他们的社会适应力和生活满意度。传统社会认为人到老年之后，会经历一个“角色丧失”和“角色退出”的过程。事实上，社会学视角下的活动理论认为，老年人仍是积极个体，应通过新的角色参与来填补原有角色的缺失，从而把自身与社会的距离缩小到最短，让老年人摆脱孤独感。

在奔涌的电商直播浪潮中，银发网红的参与，实际上是抓住了年轻人对于年长者的信任感。智能互联时代，老年人对智能设备的接受度也越来越高，加上老年人本身具备一定的消费能力，以及爱好社交、乐于分享的个性，老年人直播在此背景下形成一个小范围的浪潮也是必然。

当然，我们应重视网络直播对老年人的意义，鼓励老年人积极参与力所能及的社会活动，同时营造良好的舆论和法律氛围，为老年人参与网络直播提供条件，让更多老年人融入社会，实现新的人生价值。

资料来源　每日商报．“夕阳红”一跃成为“新网红”！银发直播，尝的不仅仅是个新鲜［EB/OL］．［2020-08-22］．https：//baijiahao.baidu.com/s？id=1675720563348901043&wfr=spider&for=pc．有删减．

2）动机的类型

动机是一种内在的心理状态，不容易被直接观察或测量出来，但可根据人们长期的行为表现或自我陈述加以了解和归纳。对于企业促销部门来说，通过了解消费者的动机，就能有依据地说明和预测消费者的行为，以采取相应的促销手段。而数字营销的环境下，利用网络、新媒体等进行的促销更多的是一种不见面的销售，消费者更加复杂、多层次，因此对数字营销环境下的动机的研究就显得更加重要。

（1）求实动机

求实动机是指消费者在购买商品时，主要追求商品的价格实惠、使用方便，实用性强。具有这种动机的消费者往往对商品的外观不太介意。而在网络的促销环境下，消费者较难感知产品的性能，因此营销者需要采用更多的方式让消费者感受到产品的实用性，如视频展示、试用申请、包邮退换等，全面打消消费者的顾虑。

（2）求全动机

求全动机是指消费者要求商品在使用过程中及使用以后，保证生命安全或身体健康，如食品、药物、交通工具及电气用具等均要求安全可靠，有利身体健康。因此保障产品的质量并在产品的生产、筛选、包装和物流等方面做好相应的措施是非常必要的。

（3）求廉动机

求廉动机是指消费者在购买商品时，特别重视商品价格，要求物美价廉。在数字营销环境下，商品的价格变得更加透明，商家之间的竞争也更加激烈。因此对于营销者来说，如何合理地定价是非常重要的。

（4）求新动机

求新动机是指消费者以追求商品的时尚和新颖为特点的购买动机。具有这种动机的顾客特别重视商品的款式是否新颖、格调是否清新以及当下是否流行。营销者必须及时地更新产品，采用新型的宣传工具才能满足这类顾客的需求。

（5）求美动机

求美动机是指消费者以重视商品的欣赏价值和艺术价值为主要特点的购买动机。这类顾客在购买商品时，重视商品的造型、色彩和艺术美，重视对人体的美化作用。随着时代的发展，消费者的审美水平总体都在提升，因此在这个“颜值当道”的社会，提升产品的美观度，迎合消费者的审美需求，也是增强产品竞争力的重要手段。

（6）求名动机

求名动机是指以追求名牌产品、特色产品为主的购买动机。这类顾客在购买商品时，很注意商品的商标、牌号、产地、名声和购买地点。因此在宣传中需要强化品牌为消费者带来的巨大价值。

（7）求奇动机

求奇动机是指以重视商品的与众不同之处为主要特征的购买动机。这种购买者对商品奇特的样式、别具一格的造型等特别感兴趣，也容易受刺激性强的促销措施的诱惑，触发冲动性购买。营销人员可通过数字营销的工具，如VR、AR等工具多角度地展示产品的独特性。

3.2.2 认知

消费者的消费行为受到动机的驱动，但是具体如何行动却取决于消费者的认知。认知（Perception）也翻译为知觉，是指人的大脑对直接作用于感觉器官的客观事物的整体反映。知觉是在感觉的基础上形成的，是感觉的深入。感觉是知觉的前提，没有感觉就没有知觉。感觉到的个别属性越丰富，对事物的知觉就越全面。例如，当消费者对某件衣服的色彩、大小、手感等个别属性有所反应时，可以说对这件衣服有了感觉。当他对这件衣服形成比较完整的印象时，衣服的色彩、大小、手感等属性在头脑中已经有了综合的反映，我们将这一过程的心理活动称为消费者知觉过程，也就是消费者对衣服产生了认知，认知的过程并不是感觉的简单相加。例如，对同一件衣服的知觉，普通消费者和服装专家会产生不同的整体反映，同时也与消费者的态度、经验和周围的环境等因素相关。而在数字营销的情境下，消费者接受的刺激更加多样化，所产生的认知也更加复杂。

1）消费者认知的特点

消费者之所以会对同样的刺激产生不同的认知，主要源于3种认知特点：选择性注意、选择性扭曲和选择性保留。

选择性注意是指在外界诸多刺激中仅仅注意到某些刺激或刺激的某些方面，而忽略了其他刺激。人的感官每时每刻都在接受大量的刺激，而知觉并不是对所有的刺激都做出反应。知觉的选择性保留保证了人们能够把注意力集中到重要的刺激或刺激的重要方面，排除次要刺激的干扰，从而更有效地感知和适应外界环境。数字营销的情境中，移动互联网和移动智能设备的发展把消费者的日常时间碎片化，人们的注意力早已不被束缚在传统媒体上，而是可能在任何时间、任何地点被吸引到任何一个拥有移动互联网的地方。为了引起消费者的注意，企业需要冲到这个“无处不在”的网络中，找到可能会对其感兴趣的潜在消费者，并引起他们的注意，将广告和推广信息传达给他们。在信息量爆炸的数字经济时代，想要引起消费者的注意，就对营销广告和推广信息的投放提出了更高、更精准的要求，而这恰恰是数字营销的优势。

选择性扭曲是指将信息加以扭曲，使之合乎自己的意思，并以符合我们预想的方式理解信息。这是因为人们在面对客观事物时，有一种把外界输入的信息与头脑中早已存在的模式相结合的倾向。所以营销人员在给予消费者刺激的时候，即使引起了人们的注意，也不一定能达到预期的目标。例如，某一商品在消费者心目中已建立了信誉，形成品牌偏好，即使一段时间内该品牌的产品质量下降了，消费者也不愿意相信；而另一品牌即使实际质量已优于前者，消费者也不会轻易认可，总认为之前那个名牌的商品更好些。选择性曲解意味着营销人员必须理解消费者的思路，理解这些思路对广告和销售信息的解释会产生什么影响，并在此基础上寻找能引起消费者注意的广告语言。

选择性保留是指人们会遗忘已知的许多信息，但倾向保留那些能支持其态度和信念的信息。由于消费者存在选择性保留，可能会记住某个产品的优点，而忘记同类产品的优点。选择性保留能够解释为什么营销者在传播信息给目标市场的过程中需用大量戏剧性手段和重复手段以加强消费者的记忆，所以企业优化品牌形象是有积极意义的。

2）数字营销对认知特点的应对

（1）设计清晰的媒体投放策略

数字化媒体可以分为多种媒体类型，比如自有媒体（Owned Media），即品牌官网；付费媒体（Paid Media），即百度或谷歌等网页上的付费广告；社交媒体（Social Media），即人人网、开心网、微博等。广告的投放位置和投放量需要根据企业、产品和目标消费者的特点做出合适的选择，进行精准的投放。此外，数字化媒体并不是独立的，而是和其他媒体相辅相成。营销人员需要通过一系列有规划的媒体渠道将消费者的注意力转移到自己的商品上来，如利用电视广告引起消费者兴趣，利用网络搜索向消费者提供详细信息，利用电子商务网站促成消费者的购买等。

（2）提供便捷的信息获取渠道

消费者对产品的认知受到来自感觉、经验、态度等信息的综合影响，因此认知的形成是每个人通过收集信息建立自己理解的过程。在数字营销的环境中，消费者获取信息的途径更加方便，也更加多样化。为了引导消费者对产品产生正向的认知，营销人员要主动给消费者提供了解产品信息的渠道，为消费者提供学习相关产品或品牌知识的机会。这样才有可能引导消费者产生预期范围内的认知，帮助消费者更好地做出购物决策。

（3）引导产生良好的口碑效益

通过数字化媒体的互动优势，使消费者与品牌产生良性互动，在互动的过程中加深消费者对产品的良好印象，从而提升品牌的忠诚度。“选择性保留”的认知特点会使消费者长时间地记住产品的优点，主动成为品牌的宣传者，利用互联网快速、高效地影响其他消费者的认知。

案例3-5 瞄准居家健身痛点，打造全新内容生态 健身设备变"聪明"了

智能健身设备火了。数据显示，2022年"6·18"预售期间，京东平台智能健身镜（以半透半反屏幕为主体、搭载人工智能技术的运动健身产品）成交额同比增长300%；天猫平台的Keep智能动感单车成交量在开售4小时内就超过5 500台，居同品类第一。与传统的哑铃、杠铃、划船机等健身器械不同，智能健身镜、智能动感单车、家庭智能力量训练设备等产品运用数字化技术，不仅打破了健身时空限制，还能实时反馈运动数据，受到不少消费者青睐。

FITURE魔镜，就是一款集智能硬件、AI技术、内容服务于一体的智能健身镜，大小相当于一面穿衣镜。消费者通过扫描小程序，连接智能健身镜，即有3 000多节健身课程可供选择，其中还包括专门针对儿童的运动游戏。对居家训练要求更高的健身人士，通过选择Gym Monster家庭智能力量训练设备，就可以通过点击屏幕，自由选择标准、铁链、离心、等速4种力量训练模式，内置双电机还能为用户提供最大100千克的阻力，折叠起来占地面积仅0.3平方米。

除了智能健身设备之外，不少传统健身器械也在朝着智能化、数字化的方向发展。北京卡路里科技有限公司开发的Keep App是国内最大的成人健身内容平台，其研发的智能动感单车今年上半年销量稳居动感单车市场占有率第一。单车的智能调阻功能不仅为消费者个性化定制骑行强度，而且锻炼时产生的声音连40分贝都不到，居家健身也不受时间限制了。

随着人工智能和物联网技术对体育行业的深入渗透，健身设备变得更"聪明"。产品的成功蕴含着对消费市场的新洞察。经过用户调研，FITURE的创始人们发现线下健身房受时空限制，使用效率较低，而智能健身镜要解决的正是消费者没有时间坚持去健身房锻炼的"痛点"。产品推出后的数据印证了预测，FITURE的用户在一个月内使用魔镜的频率平均可达10次，而活跃用户的数据高达14.6次，远超用户到线下健身房打卡的频次。近期，FITURE自主研发的运动分析引擎FITURE Motion Engine已经能有效识别33个骨骼点，用户的运动反馈数据时延缩短至0.3秒，这意味着智能健身镜能同步纠正用户运动的动作。

2021年10月，国家体育总局发布《"十四五"体育发展规划》，鼓励发展"互联网+健身"和"物联网+健身"模式，增加运动产品及服务资源，优化线上线下健身互动一体化以及增加家庭健身场景及在线健身活动。眼下，线上线下协同发展的健身模式正成为行业主流。

未来，智能健身设备不再单一强调产品的锻炼效果，那些能在运动中为用户提供陪伴、鼓励、正向反馈等情绪价值的产品，将收获更多用户的喜爱。

资料来源 佚名. 瞄准居家健身痛点，打造全新内容生态 健身设备变"聪明"了［EB/OL］.［2022-07-15］. https://baijiahao.baidu.com/s?id=1738374018302875220&wfr=spider&for=pc.有删减.

3.2.3 学习

消费者学习是指消费者在购买和使用商品的过程中，不断地获取知识、经验与技能，通过积累经验、掌握知识，不断地提高自身能力，完善自身购买行为的过程。消费者学习是由动机、暗示、反应、强化和重复等要素构成的。动机是激励学习的内在刺激，暗示则为动机提供线索，如广告、商品陈列等。消费者根据受到的刺激和暗示采取行动并获得一定的反馈。当反馈是愉快的，那消费者以后出现这个行为的频率就会增加，反之减少。简而言之，消费者会根据经验和感受出现趋利避害的行为倾向，这就是一个学习的过程。此外，重复的刺激既能增加学习强度又能提高学习速度，例如脑白金广告采用的就是不断地重复刺激。学习能增加消费者的产品知识，丰富购买经验，从而进一步提高消费者的购买能力，促进并加速购买行为的完成；对商家来说，消费者学习有助于消费者养成一种正确的购物观念，不仅可以较快地接受新的产品，而且可以使消费者认牌购买，成为某一品牌的忠实顾客。数字营销的环境下，消费者获取信息的渠道增多，学习的速度和效率也大大提高。因此对营销人员来说需要快速为消费者营造并提供学习的氛围和渠道，根据学习的原理引导消费者接受产品并形成正向的认知。

1）消费者学习的特征

（1）消费者学习是源于消费需求的被动性学习

消费者学习是一个被动学习的过程。消费者认识一种商品一般是在消费需求的指引下对商品的“无奈”学习。因为要穿衣服，所以要了解一些服装面料、款式的知识。因为要饮食，所以要知道一些食物营养、烹制方法方面的知识。因为学习具有被动性，所以消费者的学习水平相对浅显、结构零散、缺乏系统性。

（2）消费者学习是对消费领域各方面内容的学习

消费者的学习是对商品购物、享受服务过程中各个环节内容知识的学习和相关技能的获得，包括商品和服务知识（如商品的性能、使用方法、安全性能、辨别优劣等）、维权知识和方法（如缺陷商品的退换办法、投诉方法、投诉渠道和维权知识等）、消费技能（如鉴别商品质量优劣的技能，在交易中与对方砍价的方法等）。此外消费者学习还会与文化、情感等因素结合，在一定程度上塑造消费者的消费观念和消费态度。

（3）消费者学习是实践性学习

消费者的学习行为是人类实践活动的一部分，它是人们获得直接消费经验、消费知识和消费技能的主要途径和方式。消费者的每一次消费过程就是一次实践学习的过程，比如在购物过程中，消费者通过观察、对比，了解到不同商品的差异。消费者的实践性学习包括一系列消费操作行为，即以具体商品为学习对象，选择、对比的过程和对后续消费实践行为的影响。

（4）消费者学习是隐性知识的学习

早在20世纪60年代初，波兰尼（Michael Polanyi）首先提出隐性知识的概念，管理大师德鲁克（P. F. Drucker）、日本学者野中郁次郎（Ikujiro Nonaka）也都做过进一步的研究。他们认为：隐性知识来源于个体对外部世界的判断和感知，来源于经验，是高度个人化的知识，有其自身的特殊含义，因此很难规范化，也不易传递给他人，它只能被演示证明它是存在的。学习这种技能的唯一方法是领悟和练习。消费者的隐性知识可以划分为两类：一类是技能方面的隐性知识，包括消费者购物过程中非正式的、难以表达的技能、技巧、经验和诀窍等；另一类是认识方面的隐性知识，包括消费者对于商品的洞察力、直觉、感悟、兴趣爱好等。

2）数字营销对学习的应对

（1）树立企业和产品的形象，减少负面学习的机会

消费者的学习通常涉及两方面的内容：一是企业的形象，二是产品的美誉度。二者是相辅相成的关系，一方面，企业的良好形象可以提高产品的知名度和销售业绩，使消费者产生“爱屋及乌”的演绎性联想；另一方面，美誉度高的产品有助于树立良好的企业形象，使消费者产生“由点带面”的归纳性联想。因此企业要注意产品的质量和人性化设计，强化消费者的认知行为和学习行为，促使消费者保持积极的消费态度，并产生重复消费行为。

（2）加强主动宣传的力度，丰富媒体传播方式

广告依然是一种有效的宣传方式，同时也是营造消费者学习氛围的重要途径。但是随着数字营销时代消费场景的多样化，消费者接受信息的渠道更加多样化、零散化。且消费者的学习是被动的，即消费者更愿意在繁杂的信息汪洋中接收和自己相关的刺激。因此营销人员需要根据消费者的特点，选择合适的媒介和方式来传播信息，强化消费者学习的效果。此外，消费者学习是一个实践性的过程，学到的知识一般缺乏深度和系统性。因此企业需要规划系统性的宣传推广策略，运用不同的媒体工具，有计划、有组织地对消费者施加更加积极的影响，努力强化消费者对自己产品的学习程度。比如，在卖场与消费者互动，建立自己的官微官网，开展免费试用、直播课堂等。

案例3-6　直播及短视频已成为内容消费新风口和主流数字营销模式

艾瑞咨询《2022年中国企业直播行业发展趋势研究报告》显示，在技术发展与市场需求双重驱动下，中国企业直播市场进入深耕发展期，市场规模达到43亿元。企业客户对于直播产品的质感要求不断提升，驱动企业直播边界进一步拓展。直播行业发展到今天，已经有越来越多的企业认识到了常态化直播的重要性。据调研，2022年有近七成的企业客户表示其公司开展直播的频率进一步上升，且有49.0%的企业客户表示其直播频率的提升幅度较大。究其原因，是企业客户在深度体验直播工具后，逐渐意识到企业直播这种形式可以突破地理限制，与客户更深入地社交互动，实现企业与客户间的双向沟通。并且，直播服务商所进行的场景化打造，也为企业客户的营销直播提供了更多针对性更强的直播工具，让营销直播玩法更多元，让C端用户拥有更具沉浸感的直播体验。

展望未来，中国企业直播行业将出现几大发展趋势：

（1）企业直播产业链融合深度发展：企业直播市场上中游通力协作，共建SaaS（Software as a Service，软件即服务，即通过网络提供软件服务）生态。SaaS标准化，

PaaS、aPaaS个性化需求促进行业互通。

（2）私域营销进阶——精细化管理：未来，直播终端重视精细化管理，从营销活动和技术两个方面升级达到“深度交互+深入人心”。

（3）场景细分，提供针对性解决方案：针对行业场景差异性，提供针对行业问题的个性化解决方案助力客户成功。

（4）客户专业性增强、需求分化：随着企业客户对直播感知愈发清晰，未来更加关注深度绑定能力。

（5）沉浸式元宇宙直播释放价值：虚拟直播技术的进一步应用，推进企业直播模式拓展。未来，数字人3D虚拟背景领航的元宇宙将引领直播进入虚拟世界。

资料来源 佚名. 数字化营销时代，新型直播开启企业增长加速器［EB/OL］.［2022-10-13］. https：//business.sohu.com/a/592458303_121119001.有删减.

3.2.4 情感

消费者完成了对商品的认知过程并不等于就必然会采取购买行动，还要看消费者认知的商品与他拥有的消费动机是否符合。如果商品能满足他的心理需求，就会产生积极的态度，如满意、喜欢等；反之则会产生消极的态度，如不满、烦恼等。情感营销要从消费者的内心出发，探究他们的特性与真实需求。数字营销时代虽然有铺天盖地的广告与纷繁迥异的信息，但掌握了消费者的情感特点，就可以事半功倍。

1）情感性消费的特点

（1）情感性消费行为呈现出显著的多样化、差异化特征

情感性消费行为建立在个性化消费的基础之上，消费者不仅希望通过消费行为满足自己的生理需求，还总是带有一些心理实现的要求。因此消费者在做出消费选择的时候，主观上是将商品消费和心理需求结合在一起，如能否张扬自己的个性，是否达到情感的共鸣等，而对商品本身的机能、价值考虑较少。但在这个过程中，每个消费者本身是具有不同的个性特征的，因此每个消费者的消费行为都具有鲜明的差异性和个性化。营销人员需要识别不同群体的主要情感需求，有针对性地激发消费者的情感，引导消费者的消费行为。

（2）情感性消费行为具有主动性强的特征

基于时代特征的情感性消费行为中，消费者已经不是单纯的被动消费和营销的对象，而是会更加积极主动地参与到企业的营销活动中。一般情况下情感性消费者在产生了购买意愿后，就会无意识地介入到消费品的生产和营销活动中，比如在数字营销的环境下，消费者会主动参与各种营销调查活动，积极评论、转发企业和产品的微博、微信等信息，甚至自发地组建粉丝群等。情感性消费者依据自身的消费行为和观点对企业的营销活动进行积极干预，引导企业重视其消费选择，形成产品新趋势。

（3）情感性消费可塑性强

作为一种精神消费，情感性消费还具有可塑性强的特征。哈佛商学院的一项实证研

究表明，95%的消费者对产品或品牌的认知存在于他们的潜意识里。这说明了消费者的即时购买决策大多是非理性的，也印证了70%以上的消费行为是冲动购买。如果要让消费者对产品或品牌产生感情，就需要与消费者进行沟通，抓住消费者的心理需求，围绕消费者的情感需要大力进行广告宣传，进而让消费者对商品或品牌产生情感共鸣，最终使消费者欣然接受产品、品牌或服务。

2）数字营销对情感性消费的应对

（1）感知消费者情绪，探究消费需求

情感营销要站在消费者的角度出发，去感知他们对产品的看法、他们的情绪以及探究他们最想要的东西。从自我视角出发的营销方案，容易高估用户对产品的理解，如果用户看不懂你的广告和文案，就绝对无法引起消费者的共鸣。营销人员要将消费者的痛点找出来，明确指出自己的产品能解决他们哪些麻烦，这才是情感营销最佳的切入点。例如，一辆定位于上班族代步的电动车，营销核心应该是体现电动车充电快、续航长、便捷好操作等，再体现出对上班族上班辛苦的体会，营造一种轻松上班、努力工作的氛围，就能带给消费者更好的感受。

（2）紧密联系品牌，选定情感主张

情感主张可以是亲情、友情、爱情，也可以是坚忍、顽强、不放弃等一些美好的品质。好的情感主张要与产品或品牌本身紧密相连。如果选择的情感主张过于随意，消费者可能很快就忘记了，或者是即使引起了情感的共鸣却无法将好的印象延续到产品上。另外，营销人员要另辟蹊径，捕捉一些尚未或者较少被商业开发的人类共有情感，这样才能在大量的情感轰炸中脱颖而出。例如，南方黑芝麻糊的情感营销总是将产品与家和童年的感觉相结合，让消费者一提到它就情不自禁地会想家，想起自己的小时候。品牌将产品和温情以及家的味道紧密结合，传递出了品牌关爱相随的诉求，深得消费者喜爱。

3.2.5　记忆

记忆是过去经验在人脑中的反映。具体来说，是人脑对感知过的事物、思考过的问题或理论、体验过的情绪或做过的动作的反映。与感知相同，记忆也是人脑对客观事物的反映。二者的区别在于，感知是人脑对当前直接作用的事物的反映；而记忆是人脑对过去经验的反映，即消费者把过去的经验作为在头脑中再现出来的形象保存起来，并逐步累积经验。经验的逐渐积累推动了消费者心理的发展和行为的复杂化。而对营销人员来说，记忆不是消费者能否记住品牌或产品的问题，而是如何根据消费者的记忆规律，赋予商品以鲜明特征，把不容易记忆的变为容易记忆的，不便回想的变为便于回想的，短时记忆的变为长久记忆的，使消费者能够更快、更多和长时间地记住有关商品的信息。

1）消费者记忆的特点

记忆是一个复杂的心理过程，包括“识记”“保持”“回忆”“再认”4个基本环节。4个环节彼此联系，相互制约，共同构成消费者完整统一的记忆过程。没有识记就谈不上对消费对象内容的保持；没有识记和保持，就不可能对接触过的消费对象进行回忆或再认。因此，识记和保持是再认和回忆的前提，而回忆和再认则是识记与保持的结果及表现。同时，通过再认和回忆还能进一步加强对消费对象的识记和保持。消费者在进行商品选择和采取购买行动时，就是通过识记、保持、回忆和再认来反映过去的经历和经验。

记忆按照保存时间的长度可以分为瞬时记忆、短时记忆和长时记忆。

瞬时记忆又叫感觉记忆，这种记忆是指作用于人们的刺激停止后，刺激信息在感觉通道内的短暂保留。信息的保存时间很短，一般在0.25～2秒。瞬时记忆的内容只有经过注意才能被意识到，进入短时记忆。

短时记忆是保持时间在1分钟之内的记忆。据L. R.彼得逊和M. J.彼得逊的实验研究，在没有复述的情况下，18秒后回忆的正确率就下降到10%左右。如不经复述，短时记忆大约在1分钟之内就会衰退或消失。有人认为，短时记忆也是工作记忆，是一种为当前动作而服务的记忆，即人在工作状态下所需记忆内容的短暂提取与保留。

长时记忆指信息经过充分的和有一定深度的加工后，在头脑中长时间保留下来的记忆。从时间上看，凡是在头脑中保留时间超过1分钟的记忆都是长时记忆。长时记忆的容量很大，所存储的信息也都经过意义编码。

对品牌和产品来说，商家都希望消费者对其产生长时记忆，尤其在做购买决策的时候能顺利进入消费者的选项，并保持一个良好的头脑映象。而从记忆的过程来讲，商家需要逐步引导消费者识记、保持、回忆和再认。而从记忆的时间特点来讲，商家必须先通过有记忆点的信息刺激消费者，使之成为瞬时记忆，并被成功转化为短时记忆，从而最终经过复述和强化成为消费者的长时记忆。

2）数字营销对消费者记忆的应对

（1）紧紧围绕核心符号，不断强化品牌形象

营销创意的发挥，一定要为品牌持续塑造竞争优势，持续积累品牌资产。有持续、有积累，并不断对消费者进行记忆性强化，才能让品牌形象在消费者心中越描述越深刻。抓住品牌的核心符号，可以是单款爆品，也可以是独特调性，然后坚持这种立意鲜明的营销形式，在消费者认知领域形成“独家记忆”，从而将品牌信息牢牢“钉入”消费者的认知结构中。例如，作为榴莲披萨品类首创者的乐凯撒曾联合《深圳晚报》，创造全国第一份“榴梿味报纸”。该报纸上写着醒目的广告标语“连报纸都可以做成榴莲味的，还有什么做不了”。显然乐凯撒抓住榴莲披萨这个具有鲜明差异化的独特符号，在消费者心中巧妙地强化了品牌形象。

（2）关联公益、环保，树立广泛正面的品牌形象

环保、公益，这些受大多数人关注的话题，往往是品牌营销在拓展受众时的最好选择。如果环保、公益话题营销运用得好，品牌受众将不再局限于原有的特定人群，而会扩展至更广泛的人群。再加上此类话题在心理情感上更具优势，会让品牌更加具有“人情味”，传播范围、速度、效果往往会令人惊喜。例如，日本一间叫作“会上错菜的料理店”就是邀请了6位患阿尔茨海默症的老奶奶做服务生，从而唤起人们对这些病人的

关注。这家店也因此在消费者心中留下了积极、正向的记忆形象。

（3）依托数字媒体，建立简明生动的传播内容

企业及品牌的传播内容具有统一、简明、生动等特征，才有利于消费者识别和记忆，才能做到重复传播。另外，在数字营销环境下，消费者喜欢浅层、活泼、直观的表现形式，直播、视频、音频、图片、漫画更是受到越来越多消费者的欢迎，而数字媒体的方式也易转化为普世情感，让秉持不同价值观的人接受。互联网为企业提供了一个契机，企业可以通过官网、微博、微信公众号建立自己的官方信息发布平台，与消费者实现全天候沟通。在这些官方平台上，企业需要围绕消费者来组织内容，打造优质体验。例如，官网能够简单、直接地告诉消费者企业提供什么产品和服务，能够达到什么效果，如何证明。而不是简单地堆砌荣誉证明，这些并不能在消费者心中产生记忆点。

3.3　用户画像

3.3.1　用户画像的概念

用户画像（User Persona）的概念最早由交互设计之父Alan Cooper提出，是建立在一系列属性数据之上的目标用户模型。一般是产品设计、运营人员从用户群体中抽象出来的典型用户，本质上是一个用以描述用户需求的工具。也就是根据消费者的社会属性、消费行为和生活习惯的差异制定标签规则，形成一套便于机器做标签提取、聚合等分析，将消费者区分为不同类型，抽象形成一个消费者的模型。而数字营销时代的用户画像（User Profile）更多是根据用户人口学特征、网络浏览内容、网络社交活动和消费行为等信息进行抽象描画。消费者留在网络和各类服务器上的行为数据和数据库里的大量数据被分析和挖掘，最终被贴上一系列的“标签”，而“标签”是能表示用户某一维度特征的标识，主要用于企业业务的运营和数据分析。

3.3.2　用户画像的作用

1）精准营销

用户画像可以为精准营销提供坚实的信息基础。通过实时收集消费者的行为数据，完善消费者的用户画像，可将用户群体切割成更细的粒度，实现精准化的广告或服务信息推送。同时也可以通过实时收集消费者的反馈信息，及时调整营销计划，指导企业做出更精准的营销策略。

2）指导研发

用户画像可以指导企业进行产品研发和用户体验优化。用户画像将消费者进行更细

致的划分，并针对细分目标的市场需求，开发设计合适的产品，并进行有效定位。同时根据用户画像的分析，评估目标消费群体的喜好、功能需求等，进一步优化消费和服务体验。

3）数据应用

用户画像是企业收集得到的数据仓库，这些数据与企业的各类数据库打通，进一步成为其他业务拓展的基础，如将用户画像收集的消费者的性别、年龄、学历、兴趣偏好等数据作为系统推送和投放广告的数据基础。

3.3.3 用户画像的主要内容

源于数字营销和大数据的用户画像其实是市场细分的升级版，强调的是对用户进行高度精练的特征标识。而技术的发展使得通过数字渠道对用户的个体性追踪成为可能，与用户相关的各类数据更多地被商家收集。根据企业的类型或行业不同，用户画像需要收集的数据也会有所不同，但人口属性和行为特征是大部分公司做用户画像时会包含的。

用户画像需要的海量数据大体分为静态信息数据和动态信息数据。

静态信息数据是指用户相对稳定的信息，主要包括人口属性、商业属性等表面信息。其中人口属性信息主要包括用户的年龄、性别、所在的省份和城市、受教育程度、婚姻情况、生育情况、工作所在的行业和职业等。商业属性信息主要包括消费等级、消费周期等。

动态信息数据是指用户不断变化的行为数据，主要指用户通过数字渠道留下的行为数据，如用户打开了哪个网页，查看了哪个产品，购买了哪个产品，是否分享了相关的产品，是否留下了相关的评价等。对商家来说，还必须从两个角度关注和分析动态信息数据，一个是关注行为类型，如浏览、点赞、评论、回复、社交互动、购买决策等；另一个是关注接触点，如消费者选择了哪个购物平台，购买决策具体发生在哪个网页等。

3.3.4 用户画像的构建

构建用户画像的方法从流程上可以分为4个步骤：目标设定、获取和研究用户信息、建立和丰富用户画像、系统可视化。

1）目标设定

目标设定一方面是对企业目标的设定，即企业开展用户画像的主要目的是什么。企业通过用户画像通常用于改进产品设计、提升服务质量、增加消费者黏度和精准营销等。具体的战略影响到用户画像体系建立选择什么样的维度。不同类型的企业和行业提取的数据信息也不同，如以内容为主的媒体或阅读类网站、搜索引擎或通用导航类网站，往往会提取用户浏览内容的兴趣特征，如体育类、娱乐类、美食类、理财类、旅游类、房产类、汽车类等。社交网站则会提取用户的社交网络信息，从中可以发现关系紧密的用户群和在社群中起到意见领袖作用的明星节点。电商购物网站一般会提取用户的网购兴趣和消费能力等指标。网购兴趣主要指用户在网购时的类目偏好，如服饰类、箱包类、居家类、母婴类、洗护类、饮食类等。消费能力指用户的购买力，如果做得足够细致，还可以把用户的实际消费水平和在每个类目的心理消费水平区分开，分别建立特征维度。金融领域的用户画像还会有风险画像，包括征信、违约、洗钱、还款能力、保险黑名单等。另外，用户画像还可以加上用户的环境属性，如当前时间、访问地点LBS（Location Based Services，基于定位服务）特征、当地天气、节假日情况等。当然，对于特定的网站或App，肯定又有特殊关注的用户维度，因此需要把这些维度做到更加细化，从而能给用户提供更精准的个性化服务。总而言之，企业的目标设定不同，用户画像所选择的特征维度就需要与之进行匹配。

2）获取和研究用户信息

构建用户画像是为了还原用户信息，因此数据来源于所有与用户相关的数据。数据的获取方式有很多种，数据挖掘是最为常见也是较为精准的一种方式。如果数据有限，则需要定性与定量结合补充。简单来说，定性就是去了解和分析，而定量则是去验证。一般而言，定量分析的成本较高、相对更加专业，而定性研究则相对节省成本。定性方法如小组座谈会、用户探访、日志法、Laddering阶梯法、投射法等，主要是通过开放性的问题潜入用户真实的心理需求，具象用户特征；定量方法更多是通过定量问卷调研的方式进行，关键在于后期定量数据的建模与分析，目的是通过封闭性问题的回答，一方面对定性假设进行验证，另一方面获取市场的用户分布规律。用户数据划分为静态数据和动态数据两大类。静态数据相对稳定，主要包括用户的人口属性、商业属性、消费特征、生活形态、CRM 5个维度。动态数据则来源于用户不断变化的行为信息，如一位消费者打开某网站网页，买了一件衣服；一位消费者下午2点登录某App，1小时之后离开等。这些动态数据主要有场景、媒体和路径3个来源。场景指消费者访问设备、访问时段和访问时长等；媒体指消费者访问的媒体平台类型，如社交类、资讯类、游戏类、购物类等；路径指消费者进入平台、使用平台和离开平台的轨迹。数据采集方法包括应用程序接口（Application Program Interface，API）、软件开发工具包（Software Development Kit，SDK）和传感器采集等。

3）建立和丰富用户画像

（1）标签计算

在数字营销中，建立和丰富用户画像就是通过算法模型进行标签计算来定义人群的消费者画像，一个事件模型通常包括时间、地点、人物3个要素。每一次用户行为本质上是一次随机事件，可以详细描述为：什么用户，在什么时间，什么地点，做了什么事。

①用户。

关键在于对用户的标识，用户标识的目的是区分用户、单点定位。

②时间。

包括两个重要信息，时间戳和时间长度。时间戳标识用户行为的时间点；时间长度标识用户在某一页面的停留时间。

③地点。

用户接触点，每个用户接触点潜在包含了两层信息：网址和内容。网址：每一个链接（页面/屏幕），即定位了一个互联网页面地址，或者某个产品的特定页面，可以是PC上某电商网站的页面，也可以是手机上的微博、微信等应用某个功能页面，或某款产品应用的特定页面，如长城葡萄酒单品页、微信订阅号页面、某游戏的过关页。

④内容。

每个网址（页面/屏幕）中的内容，可以是单品的相关信息：类别、品牌、描述、属性、网站信息等，如红酒、长城、干红。对于每个互联网接触点，网址决定了权重，内容决定了标签。

⑤事情。

用户行为类型，对于电商有如下典型行为：浏览、添加购物车、搜索、评论、购买、点赞、收藏等。综合上述分析，用户画像的数据模型，可以概括为下面的公式：用户标识+时间+行为类型+接触点（网址+内容），某用户会因在某时某地做了某事而被打上标签。用户标签的权重可能随时间的增加而衰减，因此定义时间为衰减因子，行为类型、网址决定了权重，内容决定了标签，进一步转换为公式：标签权重=衰减因子×行为权重×网址子权重。

（2）标签验证

建立消费者画像模型之后还需要通过实践来验证标签对应的处理结果与预期大体相符。第一，消费者画像的模型设计必须与最初的目标设定相符合，要适应特定的场景和行业，如在游戏角色中的性别和年龄可能并不代表消费者现实中的实际属性。第二，用户画像的粒度要适中，就如市场细分一样，不是分得越细越好。模型设计的标签过多，覆盖的人群反而少，表征能力弱，不利于进行消费者洞察。第三，要明确消费者的特征维度会随着时间和场景的变化而变化，是一个动态的信息数据，因此需要商家不断地重复该项工作，及时调整策略。

4）系统可视化

用户画像的最终结果是服务于数字营销，为相关部门策划和管理提供更好的决策依据，因此，用户画像的最后一个步骤是将更加容易理解的信息呈现给相应部门。所以需要利用数据可视化工具，将群体或个人用户的消费者画像信息用一种清晰易懂的视觉化方式呈现，例如使用各类图表来展现，常用的表示类属的有饼图、堆叠横条图、矩形树图、马赛克图、旭日图等；时序数据可视化的有条形图、折线图、散点图、点线图和径向分布图等，空间数据可视化的有位置图、统计图表、箱线图和子弹图等。除了一些具体的图表外，还可以将数据更加形象化表示，如淘宝近几年都会发布的消费者年度淘宝账单等。能有针对性地解决相应群体的需要即可，不一定需要做出复杂的展示效果。

案例3-7　名创优品业绩大增，低价格零售时代正在来临？

2023年8月22日，“十元店之王”名创优品（09896.HK）在港交所公告，中期业绩净利润同比大幅增长177.2%。这一数据似乎告诉我们，一个低价格零售时代正在来临。“十元钱买不了吃亏，十元钱买不了上当。”“十元钱”似乎在重塑人们的消费观。名创优品的用户画像显示，约60%的消费者为30岁以下的年轻人，尤其是学生，或者刚工作不久的人。年轻人会买盲盒、水杯、本子，上班族会买家居用品、收纳筐、拖鞋、水杯。《2023年中国消费者洞察白皮书》显示，疫情后超92%的消费者表示消费观念更加保守，会更精细规划或减少消费，并有45.6%的“00后”表示会尝试产品平替。

资料来源　作者根据相关资料整理.

3.4　数字化消费的决策过程

消费者的购买决策过程是指消费者从需要解决问题到完成购买及购后行为的整个过程。整个过程通常由问题识别、信息收集、方案评价、购买决策和购后行为等阶段构成。问题识别阶段，消费者需要确认需求，并将之与特定的产品或服务联系起来；信息收集阶段，消费者将通过多种来源获得产品或服务信息，以提高决策理性；方案评价阶段，消费者将根据产品或服务的属性、利益和价值组合，形成各种购买方案，并确认购买态度；购买决策阶段，消费者将会在不同方案之间形成购买意图和偏好；购后行为阶段，消费者将会评估购买获得的价值，并通过行动表达满意或不满意等。数字营销时代，消费者的购买决策行为会受到各种数字媒体和渠道的影响，但依然需要经历这5个阶段。

3.4.1　购买决策过程

消费者购买决策过程如图3-4所示。

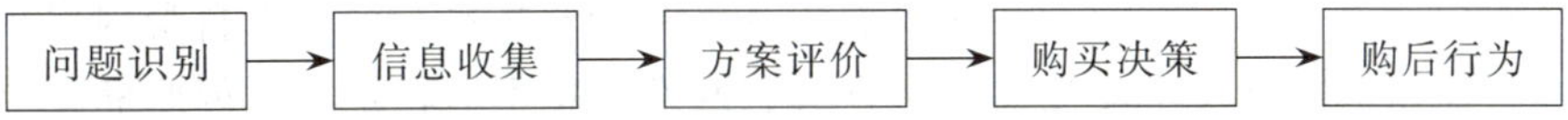

图3-4　消费者购买决策过程

1）问题识别

问题识别阶段，消费者确认需求，并将之与特定的产品或服务联系起来，消费者认识到自己有某种需求时，是其决策过程的开始，这种需求可能是由内在的生理活动引起的，也可能是受到外界的某种刺激引起的。微时刻是谷歌提出的重要概念，它反映了数字时代消费者决策的碎片化和场景化问题。移动互联网不仅激发消费者在生活中的许多时刻想知、想去、想做、想买，并能即时地让消费者在这些时刻快速实现最终的购买。未来数字时代的营销，不仅仅要关注整体的购买决策路径，还需要更多地发现、激活、实现消费者的微时刻。这就依赖于大数据对消费者购买行为进行深入、细致的洞察，并在这些微时刻利用相应的场景激发消费者需求。

2）信息收集

信息收集阶段是通过多种来源获得产品或服务信息以提高决策理性。信息来源主要有4个方面：个人来源，如家庭、亲友、邻居、同事等；商业来源，如广告、推销员、分销商等；公共来源，如大众传播媒体、消费者组织等；经验来源，如操作、实验和使用产品的经验等。数字营销时代，消费者更多接触到新媒体广告的刺激，并积极采用数字媒体进行信息的收集。如根据需求内容选择合适的关键词，利用搜索引擎（如百度、谷歌）、电子商务网站（如淘宝、阿里巴巴）等进行信息查询；或者在知识型网站（如知乎、百度爱问、雅虎知识堂等）上进行问题解疑；或者在消费服务型网站等互动性平台上（如小红书）就需求问题进行主动提问，从而得到供应商户或其他消费者的回复帮助；或者在自己的社交网络（如朋友圈、微博）上发布问题收集意见。因此数字营销时代，商家需要更多地将商品信息呈现于消费者习惯且更喜欢去获取的相应渠道。

3）方案评价

方案评价阶段，消费者将根据产品或服务的属性、利益和价值组合，形成各种购买方案，并确认购买态度。消费者得到的各种有关信息可能是重复的，甚至是互相矛盾的，因此还要进行分析、评估和选择，这是决策过程中的决定性环节。数字营销时代，除了商品的质量、价格等重要因素，更多与数字营销相关的因素将进一步影响消费者的评价，如网络响应的速度、物流的速度、用户的评价、促销的程度、月销量数据等。因此营销人员需要根据数字营销时代消费者方案评价可能受到影响因素的变化而调整信息传递的渠道和主要内容。

4）购买决策

购买决策阶段，消费者将会在不同方案之间形成购买意图和偏好。消费者对商品信息进行比较和评选后，已形成购买意愿，然而从购买意愿到决定购买之间，还要受到两个因素的影响，即他人态度和意外情况。他人态度指他人支持或反对的态度，反对态度愈强烈，或持反对态度者与购买者关系越密切，修改购买意图的可能性就越大。互联网时代，消费者可以看到大量的售后反馈和相应的测评信息，这些信息都将大大影响消费者的最终购买行为。而导致消费者修改购买意愿的意外情况有消费者自身因素和商家原因两个方面，如未提供安全便捷的支付方式、网络信息不够稳定等。因此商家应重视消费者的购后评价，做好评论信息的收集和引导，并做好支付、网络、物流等环境的维护。

5）购后行为

购后行为阶段，消费者将会评估购买获得的价值，并通过行动表达满意或不满意等。消费者购后的满意程度取决于消费者对产品的预期性能与产品使用中的实际性能之间的对比。购买后的满意程度决定了消费者的购后活动，决定了消费者是否重复购买该产品，还会影响到其他消费者，形成连锁效应。数字经济环境下，消费者的选择和分享的机会更多，因此消费者购后行为产生的效应可能得到更大程度的放大。如电子商务网站上一个满意的顾客可能通过社交网络主动进行大范围的宣传，而不满意用户的一条差评就足以浇灭大量顾客的购买热情，并降低商品在网络搜索中的排名，大大影响产品的流量。因此数字营销时代，商家需要关注每一个消费者的购后评价和行为。

3.4.2　数字化消费购买决策行为模式

在营销行业和广告行业中，消费购买决策的行为模式经常被用来解释消费心理过程，因此更好地了解这些模式可以更加准确地了解消费者的心理和行为，制定有效的营销策略，提高成交率。而数字营销的环境中，消费者的购买决策行为模式也表现出更多的网络特征。

1）AIDMA模式

AIDMA是美国广告学家E.S.刘易斯在1898年提出的消费行为理论，直到今天，信息技术不发达的部分国家/地区的消费行为仍与此理论契合。此理论认为，大多数购买行为的产生会经历以下5个阶段（如图3-5所示）。

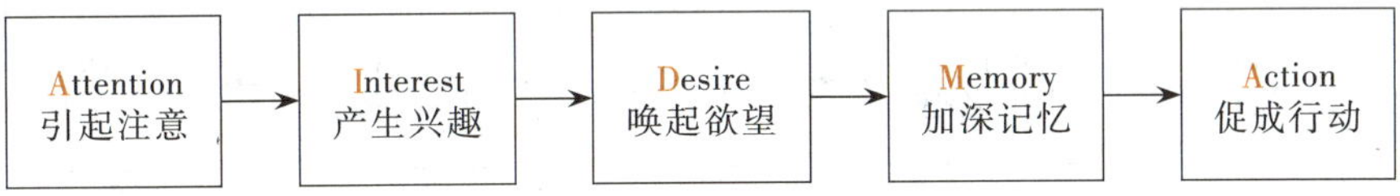

图3-5　AIDMA模式行为阶段

这个理论完全符合网络1.0时代的消费者决策行为，信息单向流动所催生的消费模式，其中A（引起注意）、I（产生兴趣）、D（唤起欲望）、M（加深记忆）均为消费者被动接受广告或推销后产生的反应，只有A（促成行动）是消费者产生的主动行为，此理论提出的意义在于结合心理学充分分解了消费行为的动因，使企业有的放矢地在AIDM 4个节点上进行优化加工，提高广告的转化率。

2）AISAS模式

网络2.0时代，信息爆炸，人们越发倾向于发出自己的声音，抛出自己的观点，同时技术也在不断地进步，硬件处理能力随摩尔定律呈指数增长，海量存储技术产生了更多的数据，于是论坛、博客、SNS、微博、抖音、直播平台等大量涌现，打破一言堂，为人们提供发声的平台。因此消费者与消费者、消费者与商家之间也就有了更多的互动。这个加入互动要素的消费行为理论我们称之为AISAS模式。该模式通过新媒体产生消费决策会经历以下5个阶段（如图3-6所示）。

图3-6　AISAS模式行为阶段

与刘易斯的经典理论相比，加入互动后的新消费模式（如图3-7所示）更加注重消费者的主观行为，其中，S（Search）、A（Action）、S（Share）都是消费者主观能动性的表现，经典理论中的D（唤起欲望）、M（加深记忆）由S（主动搜索）覆盖，其区别在于经典理论D、M步骤为企业传播的信息使消费者在潜意识中产生欲望并加深记忆，而新理论认为消费者会在产生兴趣后通过技术手段主动搜索商品，获取全面的商品信息与评价。新模型中的这个步骤在整个购买过程中可以起到决定性作用，往往消费者在搜索之后就会做出是否购买的决策。

AISAS模式对经典理论的另一大补充是互动手段带来的“分享”机制，也正是由于分享这个动作的存在，打破了模型的单向递进，消费者可以从AISA这前4个步骤中的任一步骤直接跳至分享，A、I步骤跳至分享的目的可以是咨询求助，搜索后跳至分享的目的可以是分享经验，使自己的搜索工作成果不至于石沉大海。

分享的意义更在于可以发起下一轮消费行为，我们看到朋友买的商品及他对商品的评价，如果恰好我们有需求或有潜在需求，那么便会直接激发出购买欲望，迅速做出购买决策。

以上分析如图3-7所示。

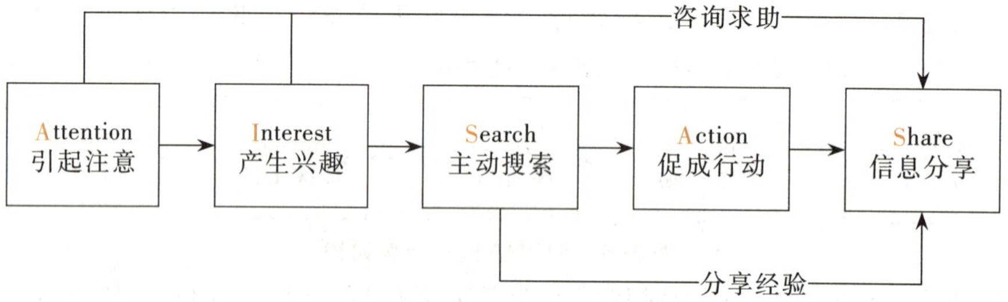

图3-7 AISAS模式交互行为分析

3）移动互联时代的SCIAS模式

随着移动互联网技术和手机等移动设备的普及，移动电子商务的时代早已到来，消费者的消费模式又有了一些变化，有学者将其概括为SCIAS模式，这种模式要经历以下5个阶段（如图3-8所示）。

图3-8 SCIAS模式行为阶段

消费者首先搜索（Search）需求品类或目标商品，可通过线上线下的各类搜索引擎、电商网站进行搜索；通过品类搜索进行同类商品或服务的主动比较（Compare），若直接在电商网站搜索目标商品，也会收到同类商品的推送消息；主动了解、比较行为之后，如果消费者仍认为存在需求，则会对某一商品产生兴趣（Interest）产生购买决策；如果包括硬件、网络、站端服务器、支付系统在内的整个交易过程顺畅无阻，消费者就会完成购买行动（Action）；消费者在得到产品或服务后如果认为体验不错，一般就会通过社交媒体秀（Show）出来。

秀出来之后的结果分为3类：与大多数读者的需求不符，不产生任何实际影响，或者增加品牌认知或好感度；恰好与读者需求相符，二人又认识（强关系），则有可能直接促成读者的消费决策，采取行动（Action）；如果二人是弱关系（如通过微博传播），读者有此类需求，则会由Show-Interest-Compare-Action完成购买动作。

以上分析如图3-9所示：

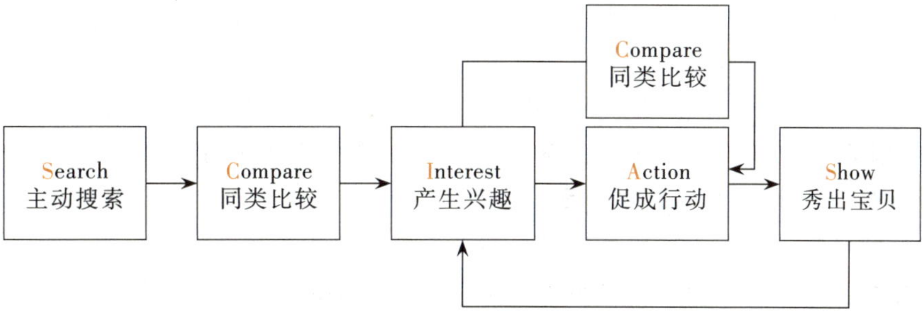

图3-9　SCIAS模式交互行为分析

相比于经典理论中信息单向流动的大环境催生的AIDMA模式，我们可以看出SCIAS模式的传播方式也与目前移动互联网的信息传播方式一样——没有“终点”，在完成首次交易动作之后又会由于强弱关系的差别产生多种结果，这会给企业在各个环节的信息加工带来更多挑战，因为他们需要考虑更多的需求场景，制造更多的完美闭环以提高转化率。

相比于传统的行为理论，在SCIAS模式里，消费者会根据自身的需求主动开展搜索。消费者甚至在不明确是否有确切的商品和服务的情况下，基于对搜索引擎和网络的信任直接给出相应的消费标准，通过搜索得到相关商品的推荐或是消费策略。因此传统的广告对消费者的消费决策影响越来越小，而一些综合型导购类、分享型网站得到很多消费者的青睐。此外，随着无线运营公司定位位置服务的发展成熟，一种基于定位服务的LBS（Location Based Services）模式可以根据消费者的定位，为消费者提供精准的周边消费信息，包括周边的美食、停车场、交通、娱乐等多方面的详细信息。

案例3-8　关于“Z世代”的买买买

Z世代，也称为“网生代”“互联网世代”“二次元世代”“数媒土著”，通常是指1995年至2009年出生的一代人，他们一出生就与网络信息时代无缝对接，受数字信息技术、即时通信设备、智能手机产品等影响比较大。QuestMoblie的数据显示，Z世代人均月使用网络时长近160个小时，明显高于全网平均时长。按天计算，每人一天的平均在网时间为7.2个小时，除去8个小时的睡眠时间，约有一半的时间处于“网生”状态。

这届年轻人的性格“成分表”里，“懒癌晚期”和“热情无限”各占50%。对于买菜做饭等基础饮食需要，他们宁可在线上下单，也不愿意多走几步路到楼下的店购买。而碰上喜欢的奶茶品牌出了新品，他们却乐意为它排上好几个小时的队。头豹研究院2020年的调研数据显示，超过一半的Z世代认为，消费是为了享受生活，35%的他们愿意为兴趣和体验支付高溢价。年轻人饮食消费的强功能性需求正在减弱，他们期待在满足口腹之欲的同时，实现体验、社交与人设塑造等情感需求的满足。

电影里好友见面，开口畅谈之前必先泡好一壶茶。而如今，社交场景在年轻人这里发生转变，传统茶被新式茶饮替代。见面第一句，往往先问要去哪家店试新品。夏喝蜜桃冬喝芋泥，奶茶成为线下必不可缺的社交货币。艾瑞咨询的相关调研数据显示，消费者购买新茶饮的原因中，“愉悦味蕾”“拥有更好的心情”“缓解压力”“奖励自己”等悦己型需要排在前列。

在20世纪还被当作稀罕物的咖啡，如今也成了当代年轻人的精致生活必需品。《2022中国现磨咖啡行业白皮书》显示，超过半数的咖啡消费者每周至少喝两杯咖啡。喝咖啡不再只是为了提神，品质成为更加重要的消费因素。据艾媒咨询调研数据，除提神以外，超五成消费者是出于咖啡的风味购买和饮用咖啡。

一面大口吃火锅炸串，一面喝着“0糖”的气泡水，这个场景对当下的年轻人来说再熟悉不过。在吃这一重要生活议题上，年轻人变得更加爱护自己的身体。他们已经不再只满足于味蕾上的享受，除了对食品本身的口味要求以外，他们开始追求“保温杯里泡枸杞”的朋克养生理念，期待通过饮食来达成健康目标，缓解过度摄入高糖、高油盐食品带来的焦虑。据融360发布的《Z世代养生消费报告》，超九成的Z世代认为，健康饮食是最重要的养生方式。“低卡、低糖、低脂”成为年轻人购买食品时最为关注的要素之一。尼尔森IQ调研数据显示，近一年内，“低脂、低卡、低糖”是Z世代付费最多的食品类型。

物质生活水平提高，年轻人无须为“温饱”发愁，买菜做饭有生鲜App即时下单送到家门口。而预制菜的发明，则完美满足了忙碌上班族想吃一口自己做的热饭的愿望。NCBD数据显示，2021年中国预制菜市场规模超过3 000亿元，预计到2025年将突破8 300亿元。即使是不想动手做饭的“懒癌患者”，也可以选择直接点外卖。据《2020外卖行业报告》，外卖市场消费群体中，90后、00后占比超过60%。

智能家居的普及也为“懒宅”生活加成，年轻人对智能家电的关注度正在上升。《Z世代家电消费及内容兴趣报告》调研数据显示，有97%的Z世代对智能家电表现出兴趣。另据百度指数，扫地机器人的关注人群中，20～29岁人群占比达43.97%。不仅是人，就连撸猫这件事，也变得逐渐赛博化，天猫推出的《年轻人购物车里的新生活》报告显示，宠物智能家居销售同比增长2 100%。

资料来源 佚名.2022年“我经济”全观察——千金只买“我”高兴［EB/OL］.［2023-01-05］. https：//www.sohu.com/a/625400292_121289321.有删减.

本章小结

本章主要对数字营销中的消费心理问题做出回答，并厘清其基本要点。完成本章的学习后，应该理解和掌握以下内容：

（1）通过研究影响消费者消费行为的因素可以更好地把握消费者的购买心理和消费行为特征，更好地选择营销方式，以满足消费者的需求。营销人员在营销过程中必须结合当代数字营销环境的变化，更加深入地对以下因素进行分解和分析，以期更好地掌握当代消费者的消费心理和行为特征，更好地服务于消费者。对当代消费者的心理及行为的影响因素要考虑数字经济背景下的政治因素，包括政治制度、国家政策；文化因素，包括价值观念、风俗习惯、宗教信仰、亚文化群；社会因素，包括参考群体、社会阶层；个人因素，包括年龄和生命周期阶段、职业与经济状况、生活方式、个性和自我意念等。

（2）消费行为模式揭示了在这个购买者黑箱中的几个重要心理过程：动机、认知、学习、情感和记忆。

动机：消费动机是推动消费者从事购买的欲望。在数字消费的情景下，马斯洛需求层次理论对消费者需求和动机的解释依旧非常有力。该理论认为人的需要由生理需要、安全需要、情感和归属需要、尊重需要、自我实现需要5个等级构成。

认知：消费者对同样的刺激产生不同的认知，主要源于3种认知特点，即选择性注意、选择性扭曲和选择性保留。针对认知的特点，营销人员需要设计清晰的媒体投放策略；提供便捷的信息获取渠道；引导产生良好的口碑效益。

学习：消费者学习是指消费者在购买和使用商品的活动中，不断地获取知识、经验与技能，通过积累经验、掌握知识，不断地提高自身能力，完善自身的购买行为的过程。营销者针对消费者学习的特点，需要树立企业和产品的形象，减少负面学习的机会；加强主动宣传的力度，丰富媒体传播方式。

情感：消费者情感营销是指要从消费者的内心出发，探究消费者的特性与真实需求。数字营销对情感性消费的应对需要做到感知消费者情绪，探究消费需求；紧密联系品牌，选定情感主张。

记忆：消费者在进行商品选择和采取购买行动时，就是通过记忆来反映过去的经历和经验。数字营销对消费者记忆的应对可以做到以下3点：紧紧围绕核心符号，不断强化品牌形象；关联公益环保，树立广泛正面的品牌形象；依托数字媒体，打造简明生动的传播内容。

（3）数字营销的时代，用户画像（User Profile）主要是指根据用户人口学特征、网络浏览内容、网络社交活动和消费行为等信息进行抽象描画。消费者留在网络和各类服务器上的行为数据和数据库里的大量数据被分析和挖掘，最终被贴上一系列的"标签"，而"标签"是能表示用户某一维度特征的标识，主要用于企业业务的运营和数据分析。用户画像的作用是精准营销、指导研发、数据应用。用户画像的主要内容包括对用户静态信息数据和动态数据信息的收集。构建用户画像的方法从流程上可以分为4个步骤：目标设定、获取和研究用户信息、建立和丰富用户画像、系统可视化。

（4）消费者的购买决策过程是指消费者从需要解决问题到完成购买及购后行为的整个过程。整个过程通常由问题识别、信息收集、方案评价、购买决策和购后行为等阶段构成。数字经济环境下，需要考虑整个过程中数字工具和数字化渠道对各个阶段的具体影响。消费者的购买决策行为模式也表现出更多的网络特征，其中经典的消费行为模式有AIDMA模式、AISAS模式和移动互联时代的SCIAS模式。

关键术语

消费行为影响因素动机　认知　学习　情感　记忆　用户画像　数字化消费购买决策　AIDMA模式　AISAS模式　SCIAS模式

案例分析

国潮消费的时尚心理学

作为一种时尚现象的国潮

“国潮”是近几年国内伴随互联网经济和多元潮流文化而出现的一个热词。从字面上看即“中国+潮流”。广义的“国潮”泛指一定时期内，中国本土文化、本土品牌和产品流行并受到社会广泛认同的趋势，涉及塑造国家形象，复兴传统文化，增强文化自信，提升国货品质，打造本土品牌，转变国民消费模式和生活风格，扩大海外知名度和影响力等诸多层次的不同内容。狭义的“国潮”则特指近几年国内流行的一种加入了中国本土文化和元素的潮流文化（或称“潮牌文化”）。国潮商品常采用拼贴、戏谑、隐喻、复古、跨界等后现代主义的设计手法，具有快速迭代、对社会热点和文化现象反应迅速、彰显个人主张和生活态度的特点。作为一种始于时尚潮流并以时尚消费为中心的复杂文化现象，国潮并不仅局限于时尚产业，在电商营销、泛娱乐化、后工业和消费社会的语境下，这种富含中国元素的潮流文化被植入日化、食品、饮料、文具、汽车、电子、电影、电视、游戏、旅游等行业中，各类现代商品（服务）与之形成跨界联动，模糊和拓宽了时尚产业的边界。

国潮兴起始于2000年前后，美国嘻哈、滑板、涂鸦等青少年亚文化品牌Stussy、Supreme、Off-White等传入我国，带动国内本土“潮牌”涌现。2016年国家出台《国务院办公厅关于发挥品牌引领作用推动供需结构升级的意见》，扶持国货品牌消费，引导消费回流。2017年，国务院将5月10日确定为“中国品牌日”，旨在发挥本土品牌引领作用，推动消费结构升级。2018年2月，李宁品牌以“悟道”为主题参加纽约时装周，大量使用二十世纪八九十年代的中国元素，受到国内外好评。同年5月，天猫发起“国潮行动”，掀起以本土品牌、原创设计、中国元素、跨界联名的产品为引领的消费潮流，2018年被称为“国潮元年”。2018年以来，除天猫持续举办“国潮行动”，百度、苏宁等主流电商纷纷效仿，开展“国潮节”等促销活动，在政策引领、资本主导、网络传播、大众消费等一系列因素的推动下，国潮从最初现代潮流+中国元素的短期时尚消费现象，发展为社会、经济、文化和消费同步转型的长期大趋势。

国潮按照商品内容和载体不同，大致可分为以下六类：(1) 新国货品牌：中国自主研发、设计、制造的产品品牌，如小米、华为、完美日记等；(2) 老国货复兴：历史上的知名国货品牌更新、升级产品和品牌内涵，如百雀羚、大白兔、回力等；(3) 国粹回归：基于中国传统技艺和文化开发和创作的文艺作品，如《国家宝藏》《洛神赋》《大鱼海棠》《哪吒之魔童降世》等；(4) 国潮文创：依托中国历史文化元素和热门IP打造创意产品，如故宫文创系列产品、晨光“盛世新颜”国粹文具系列等；(5) 联名跨界：国货品牌跨界联名推出新产品，如马应龙口红、六神RIO鸡尾酒等；(6) 国潮营销：运用中国传统文化、民俗开展商业宣传和营销活动，如支付宝推出的“红包”“中国锦鲤”“集福”等活动。

国潮消费心理大数据

不少行业报告通过大数据的方式对“国潮”消费现象进行了整体描述。

（1）消费人群：百度与人民网研究院联合发布的《国潮骄傲搜索大数据》（2021）显示，过去10年间，国潮关注度上涨528%，中国品牌市场关注度是海外品牌的3倍。关注度最高的群体是90后（48.6%），其次是00后（25.8%）和80后（16.9%）。《2019“国货当潮”白皮书》显示，78.2%的消费者表示经常购买国货；苏宁易购《2020国货消费趋势报告》称，90后在国货消费人群中的占比为35.7%，00后占比为16.4%；《2020新国货白皮书》证实，“Z世代”消费群体带来63.5%的国货消费增长。可见，国潮消费具有明显年轻化的倾向，90后和00后是增长最快的消费群体，同时，其他年龄段人群也占据半壁江山，证明国潮热波及各个年龄段的消费者，赢得了广泛的消费市场。

（2）风格偏好：京东时尚与WWD发布的《2019“国货当潮”白皮书》称，从搜索关键词看，消费者对国潮商品最看重的点是时尚与创新，时尚风格呈现多元化、个性化趋势，复古风、联名款和融入中国传统元素的时尚单品最受消费者推崇，“甜美风”、“机车风”、唐装/旗袍等截然不同的时尚风格的消费量均不断攀升，代表风格多变的“可盐可甜”成为网络热词。

（3）消费态度：《2019“国货当潮”白皮书》称，42.8%的消费者认为国货具有深厚的文化底蕴，27.7%的消费者认为国货是优质的代表。艾媒咨询《2020—2021年中国国潮经济发展专题研究报告》称，国货产品消费满意度不断提高，28.3%的消费者非常信任国货商品质量，54.1%的消费者比较信任。

（4）营销渠道：艾媒咨询数据显示，62.0%及55.2%的受访者偏好从电商平台和线上官网购买国潮商品，选择消费平台主要关注的前三位因素是：权益保障（58.1%）、平台口碑（54%）、价格优惠（52.4%）。八成以上消费者认同国潮活动能够促进消费。苏宁《2020国货消费趋势报告》显示，直播间购买（增长126.3%）和社群推荐购买（增长147.2%）是国货消费两大新增长点，传统硬广告在退出历史舞台。

国潮消费的时尚心理学诠释

（1）大国崛起与“消费报国”

近年来，国家和政府做出经济转型和产业升级的决策，做大做强自主品牌、讲好中国故事、拉动内需市场的系列政策和策略是国潮消费崛起的大背景。国潮热中，消费者常以消费国货、自主品牌等行为支持国家政策，呼应热点事件，确认国家和民族归属感，如“新疆棉”“鸿星尔克理性消费”等案例所示。在消费行为的场域中，国潮商品的符号价值对消费者产生无形的驱动作用，引导他们通过爱国的消费行为确立自我身份，表明自身立场。

（2）建构神话与情怀消费

神话修辞术是指通过照片、视频、报道、广告等言说方式，将真实之物转变为观看和阅读的对象，赋予和强化其蕴含的意义和符号价值。国潮商品营销策略呈现去“硬”化的趋势，广告从命令式转变为说服式直至匿名地说服，从直白的自我陈述变更为似乎更具自发性的消费者相互推荐和体验分享。如美妆品牌完美日记主推的社群营销，以素人博主分享心得的方式，通过普通人的书写和相互背书，确认产品的真实度，快速打造出网店销量第一的国潮美妆品牌。李宁“悟道”系列通过年代感运动服款式和李宁奥运夺冠时的图像，将受众的思绪引向品牌创始人为国争光的高光时刻，唤醒人们的爱国情怀；故宫文创深度挖掘明清皇家文化元素，将故宫风貌、国宝文物等元素转化为创意商品；百雀羚、回力、北冰洋等国民品牌主打怀旧和复古，引导消费者追忆在物资匮乏的年代，质优价廉的“老国货”带给消费者远超物品用途的符号价值。

（3）多元主义与自我定义

进入后现代社会后，整个社会生活呈现出信息碎片化、个体中心化的趋势。由于每个个体都密集地遭受各种文化、信息的轰炸，社会生活难以再次形成统一的整体（权威化），表现出显著的碎片化趋势。借助互联网技术，每个碎片都有了接受者和追随者，个体既是传播者也是受传者，从而给予个体更大的身份标识和自我表达的空间。国潮在风格上所呈现的碎片化、个性化特征，正是这种多元主义的典型呈现。历史与当下、传统与现代、中国与西方等元素糅合并存，为消费者提供了丰富的意义供给和符号价值。

（4）文化对抗与构建新中国风格

自改革开放到21世纪伊始，与中国科技、文化、学术等领域“西学东渐”的现象相对应，中国设计经历了追随模仿、学习吸收直至独立创新的漫长过程。近十年间，伴随国际政治经济形势的变化和中国国力的提升，国内市场消费能力日趋走强，四个自信深入人心，越来越多的品牌（甚至国际品牌）和本土设计师开始重点关注国内消费者的消费需求、生活方式与美学趣味。

资料来源　柳沙. 国潮消费的时尚心理学诠释［EB/OL］.［2022-02-18］. https：//mp.weixin.qq.com/s? __biz=MzIxNjg0OTY2OQ== &mid=2247526429&idx=1&sn=7c41cee49b66cc2f5c4c7d88aac3b129 &chksm=9780e477a0f76d618007bab6875a3a836264469ffa91accd143c5633c1d5cba4ad7d32245b7d&scene=27.有删减.

【讨论问题】国潮消费的流行体现了消费者的哪些消费心理？受到的影响因素有哪些？结合本案例谈谈如何利用国潮文化做好企业的数字化营销。

实训操作

实训项目	数字营销环境下消费者行为分析
实训目标	掌握数字营销环境下消费者行为的具体影响因素
实训步骤	1.教师提出实训前的准备要求及注意事项 2.学生3人一组，教师指导学生选定一类商品 3.学生以观察、采访等方式收集数字营销环境下不同消费者的消费过程 4.对比不同的消费行为，结合知识要点，分析受到的具体影响因素是什么 5.小组做出分析报告，提出相应的营销应对措施
实训环境	真实情景的线上线下消费场所
实训成果	分析报告

思考与练习

一、填空题

1. 数字营销中影响消费者消费行为的主要因素有：________、________、________、________。

2. 数字营销中关键的心理过程有：________、________、________、________、________。

3. 用户画像的作用有________、________、________。

4. 数字化消费决策过程包括的阶段：________、________、________、________、________。

5. 构建用户画像方法从流程上可以分为4个步骤，分别是：________、________、________、________。

二、不定项选择题

1. 一些企业会通过培育网红开展直播带货，利用网红带货的方式主要是考虑（　　）对消费行为的影响。

A. 政治因素　　B. 文化因素　　C. 社会因素　　D. 个人因素

2. 数字营销过程中我们需要特别注重保护消费者的隐私，从马斯洛需求层次理论的角度看，是对消费者（　　）的满足。

A. 安全需要　　B. 生理需要

C. 情感和归属需要　　D. 尊重需要

3.（　　）是用户画像构建需要的动态信息数据。

A. 用户的年龄、性别　　B. 消费者的消费等级、消费周期

C. 消费者的点赞和评论　　D. 消费者购买的具体网页位置

4. 数字营销环境下消费者情感性消费的特点有（　　）。

A. 情感性消费行为存在多样化　　B. 情感性消费行为存在差异化

C. 情感性消费行为更被动　　D. 情感性消费行为可塑性强

5. 数字化消费的过程中需要在信息收集阶段通过多种来源获得产品或服务信息，以提高决策理性。消费者可以利用的信息来源有（　　）。

A. 个人来源　　B. 商业来源　　C. 公共来源　　D. 经验来源

6. 加入互动要素的消费行为理论我们称之为AISAS模式。加入互动后的新消费模式更加注重消费者的主观行为，其中（　　）是消费者主观能动性的表现。

A. A（Attention）引起注意　　B. S（Search）主动搜索

C. A（Action）促成行动　　D. S（Share）信息分享

三、判断题

1. 同一社会阶层的人往往有着共同的价值观、生活方式、思维方式和生活目标，并影响着他们的购买行为。（　　）

2. 消费者的选择性扭曲是指将信息加以扭曲，使之合乎自己的意思，并以符合消费

者预想的方式理解信息。因此消费者发生选择性扭曲对营销者来说都是不利的。（ ）

3. 用户画像是数字经济时代非常重要的营销策略，因此任何一个公司都应该构建用户画像，不管企业的目标是什么。（ ）

4. 消费者在购买和使用商品的活动中会不断地获取知识、经验与技能，通过积累经验、掌握知识，不断地提高自身能力，完善自身的购买行为。（ ）

5. 在SCIAS模式里，消费者会根据自身的需要开展主动的搜索，因此传统的广告对消费者的消费决策影响越来越小。（ ）

四、思考题

1. 关注一个企业案例，分析该企业在数字营销中对消费心理影响因素的考虑。

2. 关注一个企业从传统营销转型数字营销的过程中利用了哪些数字营销中的关键心理过程。

3. 回忆自己在数字化消费的过程中是怎样一步一步地做出消费决策的。

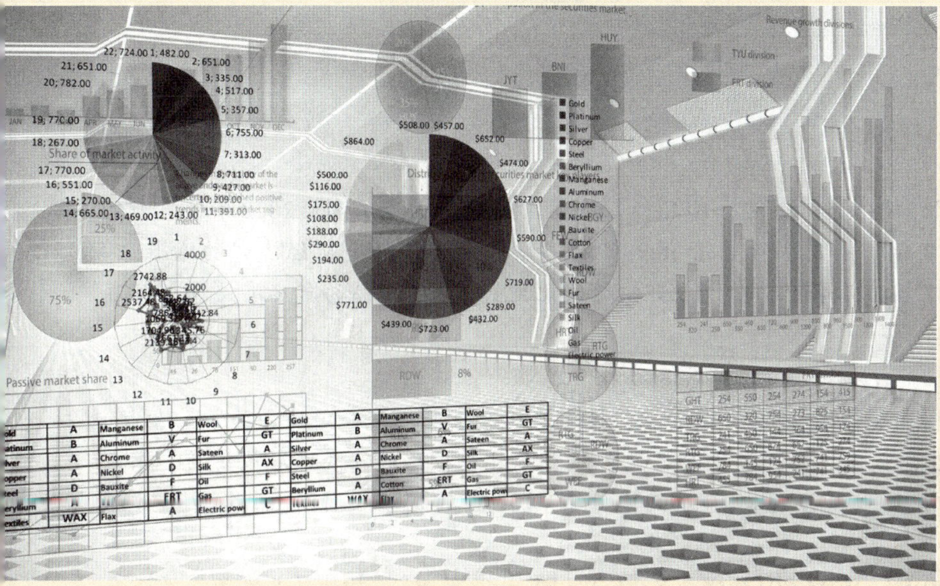

第4章　数字化营销方式和策略

【知识目标】

完成本章的学习，了解数字化营销方式并应用这些方式提出有效的策略。

【素质目标】

从熟悉的日常交流和沟通方式入手，探讨数字经济背景下数字化营销的创新案例，通过剖析案例，领悟科学精神，树立创新的营销理念，学会运用数字化营销方式，树立正确的价值观念，增强社会责任感与使命感。

【引例】新能源汽车开进元宇宙，天猫数字化车展“绿”出新意

当“碳达峰”“碳中和”成为全民目标，绿色消费成为全民风潮。2022年世界新能源汽车大会数据显示，新能源车凭借66.38%的高增长率，成为全球经济新的增长点。中国新能源车更以260万辆的销量、15.58%的同比增长率、21.6%的市场渗透率，呈现出显著的上升趋势。

一、新能源汽车齐发数字藏品，元宇宙环保车展“绿”出新意

元宇宙车展以天猫绿色低碳心智icon“小绿花”为原型，聚合湿地、海洋、雨林、天空、冰川五大生态体系，搭建起一个绿意盎然且独具科技感的沉浸式观展场景。未来感+科技感有机结合，在传递新能源汽车先锋功能点的同时，也和品牌集中传递“绿意”。

天猫携手小鹏P7、零跑C01、哪吒S、KiWi EV和飞凡R7，打造了5款新能源汽车数字藏品。品牌主推的新能源汽车，与展台互相配合，以保护植物、海洋、冰川、雨林、天空为灵感，化身数字藏品，在“品”上创造车展的新体验和新价值。

作为数字化虚拟媒介，数字藏品也成为品牌价值链接的新载体。不管是造型还是概念，这些寓意“万象共生”的数字藏品，既深化用户对绿色出行的共识，也传达出品牌与自然共生、与未来为善的美好愿景。数字藏品这一年轻人的新兴社交符号，在设计上尽显潮酷科技感，不仅丰富了品牌的先锋感知与年轻形象，也在全网抽“新能源汽车数字藏品”的互动机制下，助力品牌与更多年轻圈层实现关系联结。

除了对车展场景、展品进行创新，这场元宇宙车展也将线下车展的另一个重要元素——车模，进行了元宇宙风格的映射。“淘宝人生”的虚拟代言人小桃化身虚拟车模，在元宇宙车展出场，提供新能源汽车的详细讲解与会场引导。作为在淘内社区有一定人气基础的虚拟偶像，小桃的出现既为品牌减少认知成本，又精准触达对虚拟世界感兴趣的年轻人，为元宇宙车展带来广泛而精确的流量支撑。而虚拟偶像的人格化形象，也营造出线下陪伴式看车的仪式感，为这场虚拟车展，加了一份“真实”体感。

同时，此次元宇宙车展直接链接到各车型的试驾或购买页面中，消费者可以直接选配车辆，如车型、颜色、轮胎、金融分期政策，体验感与车企自有App无异。部分车企在天猫直售整车产品，消费者可以一键支付，然后静等汽车直接送上门。让买车像买口红一样简单，购车环节线上化也显著带来节能减排效果，进一步实现汽车全生命周期的绿色发展。

二、送你一朵小绿花，线上线下共赴绿色出行

贴合绿色出行的风潮，用一场环保车展锁定高潜用户的同时，天猫还通过“绿动乐园”这一长期经营的绿色互动阵地、“小绿花”这一绿色消费奖励，紧密串联起线上线下的绿色消费行为，让线上话题引爆线下参与，线下用户上翻实现更广泛的绿色探索。

通过与车企门店的紧密结合，天猫继续拓展传播维度，将元宇宙车展中集话题性、设计感于一身的话题车型KiWi EV数字藏品，复刻成实体车，带到上海LING HOUSE。天

猫汽车行业《新能源汽车人群报告》显示，女性在新能源车车主中占比超4成，高于燃油车女车主比例。高颜值、有出片感的车型，吸睛力十足的环保联名款，也成为打动女车主的利器，人们纷纷前来合影、打卡，也在近距离的人车接触中，产生对新车的购买欲。

#上海街头惊现花仙子车#话题，成功匹配大众兴趣热点，登上上海同城榜，将元宇宙车展声量不断扩散，辐射至更加广泛的用户社交圈。

当线上线下的看车壁垒被打破，首个电商领域绿色互动玩法——天猫绿动乐园，为用户带来更有趣、更丰富的绿色消费新体验。用户能够通过线上逛展、试驾、下订单，获得“绿动乐园”的环保“小绿花”，可赴门店核销，也可在“绿动乐园”的“循环小铺”内兑换绿色商品，做绿色公益，进而形成绿色消费的循环。一朵“小绿花”打破传统购车场景、人群的局限性，将天猫平台优质的人群运营、营销创新以及新场景搭建的能力，辐射到线下广泛的车企门店，也带动更多新能源领域的消费者发现绿色商品，践行绿色消费。

资料来源　数英.新能源汽车开进元宇宙，天猫数字化车展“绿”出新意［EB/OL］.［2022-09-06］. https：//www.digitaling.com/articles/831347.html.有删减.

【分析提示】天猫车展运用了什么样的数字化营销方式，企业开展这些营销方式时有什么注意事项？

4.1　社会化媒体营销策略

4.1.1　社会化媒体营销概述

社会化媒体营销是利用社会化网络、在线社区、博客、百科或者其他互联网协作平台媒体来进行营销、公共关系和客户服务、市场维护开拓的一种方式。社会化媒体营销又称社会媒体营销、社交媒体营销、社交媒体整合营销、大众弱关系营销。

在网络营销中，社会化媒体主要是指一个具有网络性质的综合站点，而它们的内容都是由用户自愿提供的，而不是直接的雇佣关系。这就需要社交思维，而不是传统思维模式。

凯度传播媒介事业的CIC情报系列报告之一《2019年中国社会化媒体生态概览白皮书》提供了当年中国社交媒体发展现状剖析及洞察，提出了“复合媒体”“世代”“圈层营销”“Social GRP”等多个新鲜概念，勾勒出当今中国社会化媒体生态格局，为品牌营销注入了新动能。

案例4-1 以玩互娱，新奇玩法广吸睛

去哪儿旅行洞察年轻人当下喜爱的盲盒热潮，将盲盒与旅行产品巧妙结合，在去哪儿旅行App端打造线上"暑期盲盒快闪店"，限时开放全业务线旅行盲盒：机票盲盒、酒店盲盒、火车票盲盒、度假盲盒、玩乐盲盒。该玩法迎合了年轻人"以小博大"的心理以及"说走就走"的反内卷热潮，刺激用户抽旅行盲盒，说走就走，开启一场不期而遇的暑期惊喜旅行。

百事可乐与网易云音乐合作，打造创新的罐身音乐互动体验，用户只需要打开网易云音乐AR扫描百事罐身，便能在指定位置输入任意热爱关键词，即可体验AI生成歌词+AI智能作/编曲+AI歌声合成，还可以保存互动视频或者生成歌词海报进行分享。新奇有趣的互动体验极大地提高了用户的参与度，并在社交平台形成破圈传播。

互动营销一定要抓住兴趣点，吸睛玩法能够让消费者迅速地、自发地与品牌建立联系，为品牌带来持续与消费者真切沟通的机会。

资料来源 萌叔肖明超.看了800多个案例，我们总结了移动营销八大趋势［EB/OL］.［2021-12-05］. https://baijiahao.baidu.com/s?id=1718314835636331424&wfr=spider&for=pc.有删减.

1）复合媒体

随着社会化功能在各种互联网平台中的深度普及，大多数的中国互联网媒体已经可以被称为"社会化媒体"。而其中复合媒体是指支持搜索、交友、通信、娱乐、游戏、购物及社交等多个功能，且总用户数大于5亿的平台。在国内，微信、支付宝、淘宝、QQ是目前典型的复合媒体，也是在国人生活中占据重要地位的复合媒体。数字营销时代，想要创造和消费者更多的接触点，对这些复合媒体要更加关注。但其他以关系为重点的核心社会化媒体和以内容为主的衍生社会化媒体依然在消费者消费行为中扮演着重要的角色。营销人员需要在战略部署中恰当运用这些媒体平台。因此，越来越多的品牌重视建设自己的自媒体渠道，通过这些渠道与消费者互动，加大产品的影响力并加深在消费者心目中的品牌印象。尤其是在国内，最开始品牌选择的自媒体平台较多地集中于微信和微博，而现在很多品牌开始尝试在知乎、今日头条、小红书和抖音等平台建设自媒体。而品牌自媒体与消费者互动的方式往往是"追热点"，利用热点新闻激发消费者的互动，从而提升品牌的曝光率，或将热点与产品卖点结合，自然而然地对产品进行推广宣传。

案例4-2 打造年轻人的"社交货币"，美团外卖又玩出了什么新花样

自冬奥会举办以来，越来越多的年轻人爱上了冰雪运动。年轻人爱创造、爱玩梗的天性，也在雪场上迸发，如果在小红书搜索"美团外卖滑雪"，可以发现近两年大量用户在雪场cos外卖骑手的野生晒图和视频。同时，美团外卖超级品牌日联合咖啡品牌推出了一款特别的"滑雪季"周边礼盒，这款周边保留了美团的"袋鼠小耳朵"元素的同时，还创意设计了"美团外卖箱"，内有雪场可用的运动保温杯、保暖帽子及手套，还有十分实用的收纳包及随身包。这款周边既创意十足又贴心满满，成功俘获众多雪友的喜爱，北京周边各大雪场陆续出现穿戴这款周边的雪友，引发一波玩梗热潮，"错把骑手小哥当成滑雪教练"也随即冲上热搜，成功将"滑雪穿美团外卖"打造为年轻用户中的"社交货币"，撬动澎湃流量。

凭借这波热度，美团也在营销侧通过戳中人心的消费主张为活动加了一把火。"技术可以不到位，装备必须全就位""推坡可以慢着滑，外卖必须快送达"……每一张Slogan海报里，都传递着炫酷的人生态度和满满的生活热爱，引发消费者共鸣。要知道，在滑雪爱好者中，近年来初次尝鲜的人占比极高，也就是说在滑雪场所见到的人中，绝大多数都是偶尔来尝试的新手。海报中的Slogan，在喊话玩梗的同时，也包含着与新雪友"站在一起"的态度，塑造出"我懂你"的表达效果，走入年轻人心里，实现破圈传播。

资料来源 数英.打造年轻人的"社交货币"，美团外卖又玩出了什么新花样？[EB/OL].[2023-01-30]. https://www.digitaling.com/articles/885359.html.有删减.

2）圈层营销

为了尽可能获取更多目标用户，品牌"传单式"的推广已不再适用。中国即将迈入"圈层营销时代"。圈层可以是广义的一个具有相同社会属性的阶层，也可以是一个区域内本身具有很强的社会联系、社会属性相近的群体。而实际上很多年前对类似圈层的概念就有学者提出了垂直型社交媒体的说法，两者都是在一定程度上强调了同样的兴趣或职业和圈层中的意见领袖在消费者群体当中有不容忽视的影响力，这种互相之间的交流和互动会大大影响消费者的购买意愿和行为。通过报告我们发现，圈层有生命周期，处在不同阶段的圈层的参与者有不同的需求，从而形成不同的类型，如潜在用户、新鲜用户、求知型用户和自主型用户等。其中求知型用户会更久地留在某个圈层并对深度的内容保有较强的兴趣。而处于不同阶段的圈层参与者关注的内容有所不同，如在咖啡爱好者的圈层中，潜在用户可能被新鲜有趣的信息吸引，如咖啡的文化潮流等，新鲜用户则追寻功能与应用，如咖啡工具的对比、冲泡方法等。求知型用户深挖圈层原理，如咖啡豆产地、种类、处理方式等，自主型用户则会根据自身对圈层的了解对初涉圈层的用户进行知识传播，如发布小众、精品咖啡探店对比等信息。而不同阶段圈层参与者关注的意见领袖也不尽相同。由此可见商家需要重视内容的产出，与圈层内的参与者产生互动，并引导不同阶段的参与者相互影响，促成自家产品的销售。

3）种草营销

"种草"包含了"推荐"的意思，更符合互联网语境，更具时尚新潮感，因此，被年轻网民尤其"Z世代"广泛使用。一般认为，种草营销是社交营销的一种延伸，具有较强的社交属性。种草者（有文献称为种草机）——明星、网红、行业达人、商家店员等，他们是内容生产者、专业优势者、资深体验者，也是粉丝追随者、品牌背书者。种草营销既要求种草者充分利用各种优势生产优质内容，也要求与被种草者深度互动建立强联系，基于情感链接实现裂变传播。种草营销的基础是用户视角的正面网络口碑，发展阵地以社区平台为纽带，心理机制源自用户的模仿心理。种草营销具有社交性、专业性、性别无涉、主动性等特征，社交关系与专业知识的双重使用是完成从“种草”到“拔草”的有力保障。

按照不同标准，种草营销可划分为不同类型。有学者将种草营销划分为KOL示范、社群联结和熟人推荐三种。有学者结合完美日记品牌的种草营销策略将种草营销分为笔记式种草、短视频式种草以及热点话题式种草。根据营销内容的承载媒介，有学者将种草营销划分为图文式、视频式、直播式三类。其中，图文式种草营销的代表平台有小红书、头条、知乎等；视频式种草营销的代表平台有抖音、快手、B站等；直播式种草营销的代表平台有淘宝直播、京东直播、多多直播等。

4.1.2 社会化媒体营销要点

1）巧用免费模式

互联网的盈利模式中有一个备受用户推崇的模式：免费模式。人们喜欢免费的东西和促销活动。这样的策略早已被品牌广告主使用过多次，商家通过这样的活动来获取消费者的参与，试销新产品，获得用户反馈，收集市场样本等。而利用社会化媒体开展免费派送或促销互动可以更快地进行病毒式传播，并产生巨大的影响力。比如，麦当劳通过IM开展了免费获赠200万杯饮料的病毒式传播活动，吸引用户积极参与，获得了良好的体验。再如，立顿绿茶开展的免费派送活动，即只要你在立顿的活动官方网站填写你想送茶的朋友姓名、地址、电话，立顿将会在上班期间免费送达。而星巴克、汉堡王这两家公司，则利用其推特官方ID发布一些促销优惠活动，由于预估不足，用户疯狂转发活动信息导致活动商品不足，最终主办方不得不增加活动的优惠量，延长活动时间。

由此可见，免费往往是一种强有力的刺激手段，结合社会化媒体的互动性，有吸引力的活动往往可以获得大量的转发和关注。但作为营销方，还需要把握好活动的推广范围、礼品的数量，从而控制活动成本。否则有可能无法控制用户情绪，或因无法兑现商品而惹恼消费者，进而带来负面的口碑传播。

2）抓住意见领袖

网络无权威，但是有意见领袖。各个细分的领域，用户都有自己的意见领袖，如在3C、互联网、美食、旅游等领域。品牌如果想更快、更有效地推广产品，能不能成功地圈定重要的意见领袖，并引导意见领袖去讨论、传播产品是至关重要的一环。通过这些意见领袖或社交媒体圈中有影响力的群体进行传播将更加有效、及时地获得互联网用户的共鸣，尤其对产品的信誉将会有无法复加的好处。选择意见领袖时必须注意，专业性强、可信赖度高、辐射人群广是关键意见领袖所需具备的重要特质。

在社会化营销中，KOL和KOC是两个需要特别关注的名词。KOL（Key Opinion Leader，关键意见领袖），一般指拥有更多、更准确的产品信息，为相关群体所接受或信任，并且对该群体的购买行为有较大影响力的人。很多时候他们被称为大V。而KOC（Key Opinion Consumer，关键意见消费者），相比于KOL，粉丝更少，影响力更小，可以理解为粉丝量较小的KOL，往往是某领域的发烧友。但在这几年的营销实践中发现，

KOC在垂直用户中往往拥有更大的决策影响力，在某些平台带货能力更强。因为KOC与普通用户联系得更加紧密，在发布内容时更能够通过同理心来影响其他用户，他们发布的内容通常不聚焦，而且具有生活化、兴趣化特征，以一个普通用户的身份来为品牌发声或宣传，而不是作为专家进行产品推介。而KOL有时因为商业合作的原因，发布的信息反而不受用户信任。

当然营销的成功不可能只是依靠KOL或KOC，必定有一个成熟的营销团队。而对商家来说，合适的KOL或者KOC可以带来大量的关注度和销量，对企业打开市场有较大的促进作用。

案例4-3　品牌加码投放 跨域归因提“品效”

《2022中国社交及内容营销趋势》数据显示，2022年社会化营销市场将持续增长，平均增长率将达到18%。特别是新锐广告主，预算增加更为显著。其中，KOL推广超过短视频，成为广告主最为青睐的营销形式，官方社交账号的运营位列第三。产品种草依旧是达人推广的首要目的，但广告主对于“品效合一”追求旺盛，调研显示，同时对“产品种草”和“带货转化”提出双重诉求的比例达到30%。

秒针系统同期发布的《2022KOL营销白皮书》显示，2021年KOL人数整体增加，增长约15%。其中，尾部KOL（KOC）在2021年人数增长超过19.3%，月粉丝增长率近5成，并且在各层级KOL中占比增加最为显著，占比也已超过75.5%。随着影响力和内容价值的凸显，KOC推广将在未来展现出较高的增长潜力。

报告指出，不同层级的KOL显示出特有的行业特征及粉丝圈层，在选择时应看中营销目的。超头部和头部达人的互动效率普遍较高，主要作用在于制造或迅速引爆话题，以及扩大传播声量，加强背书；头部和肩部的KOL在转化效率上效果较为明显，在种草品类上偏向精、专，有助于调动参与度，深化用户对品牌的认知；尾部KOC则类似朋友圈，重点在于二次传播及口碑裂变。

资料来源　joan_zhou.元宇宙开启、知识类KOL涌现……2022社媒营销趋势提前划重点［EB/OL］.［2022-01-07］. https：//socialbeta.com/t/107613.有删减.

3）创作优秀内容

社交媒体中用户自发地传播，是基于用户对内容的喜爱，如视频、图片，用户通过转帖来和好朋友分享他们的感受。然而，粗制滥造的内容没人会去分享，也正因如此，在互联网上充斥着大量的毫无创意的拷贝内容时，优秀的原创内容将更好地得到大家的认可，这也是现在常常听到的“内容为王”的理念。由此也诞生了内容营销（Content Marketing）这一细分领域。在社交媒体日益多元且重要的社会环境下，营销人员必须做出真正优秀的内容，真正地与消费者产生共鸣，令消费者感到震惊或会心一笑的内容才可能让消费者心甘情愿地进行传播分享。

要做好内容营销，在打造产品的过程中，就要思考产品的痛点和场景，“从产品研发即注入营销”，让商品自带内容营销，这样才能在后期的传播阶段显得不那么被动。而想要达到持续的传播则必须逐渐形成内容IP。企业要专注于某一个内容领域，在这个领域不断精耕，通过与用户持续沟通，帮助企业不断积累品牌资产。只有在打造内容IP的过程中，拥有高内容水准、高舆论口碑、高用户黏性的优势，才更有机会成为爆款内容和超级IP。

4）把握用户情感

想调动用户参与社交媒体活动的传播，需要营销人员能够把握住用户的情感密码器，注意与其沟通的方式，走入用户的内心，积极塑造品牌的影响力。我们需要创造有吸引力的内容，搭建产生共鸣的情感链条。例如，自然堂在三八妇女节时在微信朋友圈和微博发布了一个名为“没有一个男人可以通过的面试”的广告片。在三八妇女节被商家们冠为“女神节”“女王节”等鲜亮的名称的社会环境下，自然堂却认为一份理解和尊重可能是更好的礼物。片子选择了最能够代表职业经历的一个代表性场景——面试。在面试时，女生经常会被问到一些问题：“结婚了吗”“打算要孩子吗”“怎么平衡家庭和工作”……问题出口看似平常，却隐隐中带着性别歧视与差别对待。在广告片中，这些问题的对象换成了男性，坐在桌前的他们面对这些莫名其妙的面试问题，微妙的荒谬感之余，让人开始深思女性在职场中因性别而遭受的质疑、轻视和另眼相待。广告片洞察了职场中常见的“性别偏见”问题，在三八妇女节引发了广泛的社会讨论。

案例4-4　百事“把乐带回家”如期而至，新年就要乐在一起

百事可乐（以下简称百事）“把乐带回家”携新春贺岁“三大法宝”如约而至，以欢乐诙谐的年味内容，迅速唤起消费者对春节团圆的期待和渴望。除了过年必不可少的百事新春瑞兽罐再次焕新设计，以及连续三年霸屏拜年档的春节数字红包雨外，百事还首度跨界喜剧，携手国民喜剧厂牌开心麻花重磅推出《百事2023“把乐带回家”新春贺岁微喜剧》系列，以幽默诙谐的语调驱散生活中的紧张与烦恼，期待让14亿“家人”乐在一起，共享新春欢乐。

作为微电影广告“元老”，百事今年携手国民喜剧厂牌开心麻花，打造品牌首个微喜剧系列：久别父子重聚相对无言，可乐喷涌而出的“尴尬”适时地唤起两代人曾经陪伴的点滴回忆；当《独行月球》的高能“宠物”空降，那些年一起喝过的百事可乐足以打消对“家人内卷”的抵触，迅速拉近兄弟间的距离；购置年货恰巧与昔日的“她”重逢，货架顶层的一罐百事可乐成为青春懵懂的记号，时光飞逝，美好与欢乐却会长久定格……三集短剧以诙谐幽默的手法还原过年名场面，通过过年回忆触发人们对于家人关系的思考，更以别出心裁的方式，让一罐百事可乐成为拉近家人距离、传递快乐情绪的催化剂，使人们在捧腹大笑中感受温馨快乐。

时代再怎么变，红包压岁钱始终是老老少少心中对“年味”最深刻的记忆之一。百事自2021年起便携手多家合作伙伴，持续打造新春数字红包平台，让消费者无论身处何地都能通过“指尖新年俗”与亲朋好友分享幸运、传递祝福。2023年百事数字红包平台再度升级，全面打通微信平台内部生态，创造更加趣味纷呈的互动机制和流畅的用户体验。

始于团圆餐桌，深入家文化内核。百事“把乐带回家”的十二年，见证并亲历着中国家文化和家人关系结构的变迁。从小家到大家，从独乐乐到众乐乐，百事把对“家”和“人”的关注和洞察融入“把乐带回家”IP的传承与创新，为千万中国家庭、14亿家人打造出专属的新春仪式感。

资料来源　佚名.2023百事“把乐带回家”如期而至，新年就要乐在一起［EB/OL］.［2022-12-30］. https：//baijiahao.baidu.com/s？id=1753610540352120797&wfr=spider&for=pc.有删减.

4.1.3　社会化媒体营销开展过程

1）评估可行性

社会化媒体营销是企业为了实现某一个目标的工具，要用好这个工具就必须深入了解它。社会化媒体营销虽然是一个非常流行的概念，但是作为一种工具还是有其本身的特点。因此，营销人员应结合本行业、本企业以及自身的产品和目标消费者群体的特点去审视社会化媒体以及社会化媒体营销的特点是否适合本企业和本行业，如果并不适合就不要盲目地开展社会化媒体营销了，开展之前务必明确为什么要把社会化媒体营销纳入企业的营销策略。

此外，企业还需要了解社会化媒体平台的优势。在了解自身产品和定位后，就要找到适合自身需要的社会化媒体平台，这就要求营销人员必须对社会化媒体平台不仅了解而且熟练应用，包括对每个平台的数据使用情况、人群特点、使用习惯等都要有足够的了解。社会化媒体主流平台有微博、微信、SNS、豆瓣、播客、视频、陌陌、短视频平台、直播平台等；使用的方式主要有软文、短文、留言板、照片分享、评论、转发、投票等。

2）明确目的

企业的社会化媒体营销目的大致可根据公司的大小分为两种：对于大公司而言，在没有生存之忧的情况下，对于社会化媒体营销的最大诉求在于通过社会化媒体营销获得目标消费者更多的信任，从而巩固它的大品牌地位。对于小公司而言，对于社会化媒体营销的最大诉求在于通过社会化媒体营销获得对于企业实实在在的价值，如品牌知名度、促进新品的推广、增加销量等。现实中，很多企业为了不落后于竞争对手，盲目开展社会化媒体营销，可能会在策划和执行方面缺乏系统的考量，采用不恰当的方式，如购买大量的微博僵尸粉、请专门的营销公司转发和评论其微博内容，这些做法既违背了商业道德，又可能适得其反，营销人员应避免此类行为。

3）制定战略战术

制定社会化媒体营销战略需要和第二步的目的相联系，结合企业的特点考虑通过社会化媒体营销的主要目的是促进销售，还是维持甚至提高目前的品牌知名度和品牌形象？社会化媒体营销是长期坚持还是短期尝试？以哪些人为主要的目标群体？资金和人力的投入程度大致是多少？只有战略清晰了，才可以进行具体的战术计划制订。每一个计划都需要明确目的和目标，目标是目的的数据化呈现。比如，通过微博、微信卖书是目的的话，在第一个星期卖10本是目标。目的不应该轻易改变，目标可以经常变。比如，第一个星期真的卖了十几本，那么下一个星期的目标可以定为卖20本以上。社会化媒体营销中，要先选定社会化媒体平台和工具，选择的标准就是目标消费者在哪里，以及能不能很好地实现事先制定好的目标。比如，快书包的业务是在网上进行同城卖书（一小时送达），通过微博私信下订单也能卖书（货到付款），所以他们选择了微博平台进行卖书，除了卖书，其还可以在微博上进行消费者互动、品牌塑造等。

4）实施计划

当战略战术制定好了之后，就要找到合适和执行力良好的人来执行了。一个配备完善的团队主要有运营主管、策划（创意）、文案（编辑）、客服、推广（BD）、设计（美工）。所选择的团队成员既要懂社会化媒体营销平台和营销常识，也要懂本行业、本企业以及产品和消费者。同时要考虑团队如何来考核以及激励，确保在执行过程中每个人都发挥最大价值。

实施计划时，企业需要在相应的平台运用相应的资源把合适的内容进行扩散和传播，同时做好客户服务以及公关具体事务。对于执行来说，更多的是细节以及团队的执行力，比如，微博每天发多少条、什么时间发、论坛发帖发什么板块、什么时间发人气最旺等，并且需要分项细化和分解。只有不折不扣地去执行，才能保证整个社会化媒体运营的效果和最后期望的结果的呈现。因此，社会化媒体营销需要公司上下的支持。

5）效果评估

企业的社会化媒体营销战略通常由很多目标构成，大目标又由很多小目标构成。目的可以用目标来数据化，而效果评估则是利用分解法把这些目标参数分解并监测出来。比如，快书包的一个社会化媒体营销目的是通过微博来卖书，那么私信里有多少订单最后成交了，就是最后的效果。如果目标是通过微博运营增加快书包官网的流量，那么只要监测这部分流量就行了。

但具体的测量指标需要企业根据目的和目标进行设定，社会化媒体营销既要注重“数”（粉丝数、点击率等数据），也要衡量“质”（精准有效点击以及粉丝互动强度、声量等），更要追求“投资回报率”（顾客咨询、潜在客户转化、促进消费倾向），综合评估和考核。评估除了整体的阶段性评估之外，还要有周评估和考核或者单个活动的评估和考核，这样才能把每一块做好，根据评估数据来展开接下来的工作。

6）更新调整

经过ROI以及网络声量反应，企业可以适时调整社会化媒体营销策略并进行分析和总结，不断对社会化媒体运营战术和执行人员进行调整，甚至包括对战略的调整，如替换团队中执行力不强人员、增加新的社会化媒体营销平台等。这样新一轮的社会化媒体营销又开始形成一个良性和完整的闭环，最终一步一步利用社会化媒体服务于企业，甚至成为企业营销体系中最重要的部分。

社会化媒体运营并不是简单地在一些社交平台上开账号、发布内容就能吸引客户。社会化媒体运营需要的是用心经营。企业应该把社会化媒体营销纳入企业的整体目标，运营过程中要尊重每一个客户，努力把客户变为客服、品牌代言人和意见来源。只有通过这些努力，企业才能更好地应用社会化媒体进行营销。

案例4-5 水果品牌佳农推出全新品牌IP形象，打造“水果天团”

水果品牌佳农发布全新品牌IP形象，由香蕉、苹果、菠萝、火龙果、椰子五种水果组成的拟人形象发布，将运动、阳光、色彩等元素融入水果设计，打造充满阳光正向的新形象。这也是继佳农品牌形象焕新升级后佳农集团的再次出发，与两点十分动漫合作打造。武汉两点十分文化传播有限公司曾为江小白、天猫、旺旺、vivo、汉口二厂、古茗等品牌服务，以动漫的方式为品牌赋能。

考虑到IP长远开发，双方将品牌形象风格定为“运动潮酷风”，且将方向从刚开始的香蕉IP形象拓展为“水果天团”，每种水果的形象都有独特的设计点，比如椰子的配色，结合了佳农独特的蓝白色包装；火龙果的发型，结合了火龙果皮多层外翘的特点；菠萝吃之前需要用盐水浸泡，所以菠萝是盐甜系等。为了增强角色之间的关联性，还设定了世界观和故事——这是一个充满童趣的水果星球，星球上居住着数以万计的各种水果居民，其追求时尚酷炫，热爱运动，过着开心而快乐的生活，故事发生在绿洲市的佳农小学……这样品牌就有了生命力和故事性。

越来越多的品牌选择以动漫的方式来作品牌升级，首先能够让品牌更具亲和力；其次也能与年轻人距离更近；最后还能形成统一且有效的品牌IP印象，让传播更高效、心智沟通更高效、卖点更聚焦。

资料来源 佚名.水果品牌佳农推出全新品牌IP形象，携两点十分打造“水果天团”！[EB/OL].[2022-07-18]. https://baijiahao.baidu.com/s?id=1738676462795649174&wfr=spider&for=pc.

4.2 移动营销策略

4.2.1 移动营销概述

1）移动营销的概念

移动营销指向移动中的消费者，通过他们的移动设备递送营销信息。随着手机的普及，以及营销者能够根据人口统计信息和其他消费者行为特征定制个性化信息，移动营销发展迅速。营销者运用移动营销在购买和关系建立的过程中随时随地到达顾客，并与顾客互动。对于消费者来说，一部智能手机或平板电脑就相当于一位便利的购物伙伴，随时可以获得最新的产品信息、价格对比、来自其他消费者的意见和评论，以及便利的电子优惠券。移动设备为营销者提供了一个有效的平台，借助移动广告、移动应用和移动网站等工具，营销者可以吸引消费者深度参与和迅速购买。

2）移动营销的“4I模型”

移动营销的模式，可以用“4I 模型”来概括，即分众识别（Individual Identification）、即时信息（Instant Message）、互动沟通（Interactive Communication）和我的个性化（I）。

分众识别是指移动营销基于手机进行“一对一”的沟通。由于每一部手机及其使用者的身份都具有唯一对应的关系，并且可以利用技术手段进行识别，所以能与消费者建立确切的互动关系，能够回答消费者是谁、在哪里等问题。

即时信息是指移动营销传递信息的即时性，为企业获得动态反馈和互动跟踪提供了可能。当企业对消费者的消费习惯有所觉察时，可以在消费者最有可能产生购买行为的时间发布产品信息。

互动沟通是指移动营销“一对一”的互动特性，可以使企业与消费者形成一种互动、互求、互需的关系。这种互动特性可以甄别关系营销的深度和层次，针对不同需求识别出不同的分众，使企业的营销资源有的放矢。

我的个性化是指手机的属性是个性化、私人化、功能复合化和时尚化，人们对于个性化的需求比以往任何时候都更加强烈。利用手机进行移动营销也具有强烈的个性化色彩，所传递的信息也具有鲜明的个性。

4.2.2 二维码营销

二维码营销的核心功能就是将企业的视频、文字、图片、促销活动、链接等植入在一个二维码内，再选择投放到名片、报刊、展会名录、户外广告、宣传单、网站、地铁墙壁、公交车车身等处。当企业需要更改内容信息时，只需在系统后台更改即可，无须重新制作投放。这方便企业随时调整营销策略，帮助企业以最小投入获得最大回报。用户通过手机扫描即可随时随地体验浏览、查询、支付等，达到企业宣传、产品展示、活动促销、客户服务等效果。

1）二维码营销的作用

（1）与终端形成交互

过去我们要与终端形成良好的沟通和互动只能依赖人与人相互交流沟通，这种交互的时间成本、人工成本和交流成本都很高，且很难形成大面积的交互，效率低、范围小。而利用二维码为入口可以更高效、更精准、更广泛地与终端形成交互，不仅节省人力和物力，还能利用二维码包容的特性，通过各种交互手段，如游戏、活动等形成与终端的深度交互。

此外，二维码的实时性、便捷性也使得消费者更喜欢用手机扫描二维码接入网页、付费购物等。商家通过二维码、移动设备和移动支付技术建立起一个“消费者导流—商品选择—支付完成”的营销闭环，把移动智能终端消费推向了高潮。

（2）收集线下数据

现在各行各业都意识到大数据的重要性，如外卖平台收集餐饮大数据、共享单车收集出行大数据、支付软件收集消费大数据等。随着二维码成为现阶段线上与线下交互的最大入口，二维码可以使商家与消费者的互动性更强且获得精准的流量。因此二维码营销可以更高效和更精准地收集消费者的信息，建立用户画像，为营销决策提供数据，实现精准营销。

（3）改变应用场景

从移动支付到共享领域再到互动领域，移动营销关注从传统的营销场景向交互性的营销场景转化，二维码应用已经不是只在改变我们的支付方式，它还改变了我们的生活场景，使生活更便捷，生活质量更高。比如：应用在产品包装上时，消费者可以通过扫描二维码得到包含产品信息、制作过程、品牌历史等内容的视频、网址或其他图文信息；应用在零售行业时，商家可以将二维码放在门店橱窗以吸引用户进入店铺（如扫描二维码参与优惠活动，进店消费时即可使用）；应用在产品包装时，消费者通过扫描产品包装所附二维码，了解产品的注意事项以及使用的详细方法等；应用在广告或海报中时，商家可以节省纸质版面的空间，消费者扫描二维码可以看到更加丰富的内容；应用在纸质名片中时，只需将电子名片二维码印在纸质名片中，就可以添加更多的内容，对方扫描二维码就可以将联系方式一键保存到手机通讯录等。

（4）提供安全保障

数字消费时代，消费者反而更难识别产品的真假，主要原因在于信息庞杂，切身了解产品的渠道并不畅通，缺乏足够的辨别产品真假的方法。但是，扫描二维码可以实现产品内部质量追溯和外部流通追溯。内部质量追溯是针对生产流程的管控，通过二维码能知道每个单品的生产过程，如生产节点、时间、责任人等信息。内部质量追溯可以将每个单品的生产责任落实到人，便于企业和政府对生产的管理。外部流通追溯是针对产品流向进行管理，如产品从A省到B市到C区最后到张三这个消费者手上，我们可以通过二维码对产品的流通全过程进行监管，这样对于企业产品召回、市场分布、防窜货都可以起到有据可查的作用。

此外，防伪是很多品牌面对的难题，而防伪的关键点在于消费者的认可，通过二维码与国家监管平台或市场公信度高的平台进行结合，采用以二维码为通道由第三方平台来背书的手段，提高消费者对产品的认知度，解读一物一码技术，形成产品唯一标识，做到为品牌防伪保驾护航。

2）二维码营销的思路

二维码营销成功的关键是让消费者主动扫码获取里面的信息，而如何激发这一主动性，则是重中之重。借助二维码进行营销的常见方法和思路如下：

（1）以利益引导扫码。扫码获得红包、优惠券、免费礼品等各种利益，可以直接让很多消费者心动。扫码领取红包的营销形式让消费者更容易接受，商家也容易与消费者建立互动，很大程度地提升了消费者的复购率。通过二维码进行数字化奖品管理，还能够及时地反馈消费者扫码领奖数据，有利于提升促销费用使用率，实现效果评估，做到实时、准确地反馈数据。

（2）在二维码上制造悬念。通过在二维码创意上下功夫，让二维码本身充满悬念和趣味，从而具有吸引力，契合人们的好奇和探究心理，让人们关注到二维码，通常都会带来扫码的举动。现在的二维码软件平台能够支持促销形式的多样化和消费者领取方式的多样化，活动策略可以灵活调整。通过增强活动趣味性，还可以提高消费者参与度。

（3）让二维码成为必要。当二维码成为必不可少的一个工具时，就算不想用也必须用了，在很多场合，由于人们的需求情境中必须使用二维码，所以扫码的概率是非常高的，如只能扫码点餐、扫码注册参与等。

案例4-6　肯德基、麦当劳二维码点餐

当下，用二维码点餐在肯德基、麦当劳这些快餐店里已经是司空见惯了，人工和二维码线上点餐的结合，可以有效减轻用餐高峰期的点餐压力，让顾客获得更好、更方便的体验。当顾客很多的时候，顾客只需要扫描点餐二维码就可以选择门店进行点餐，所有的单品和套餐都一目了然，相对于人工点餐来说省去了不少口舌与确认时间。这种智能化的点餐系统让很多顾客愿意选择二维码点餐的方式，而一般来说微信扫码后会自动关注肯德基和麦当劳的微信公众号。对于顾客来说，这是一种不得已为之的关注，但对于企业来说，这种二维码点餐引流的方式却非常有效地提升了公众号的流量，为其微信营销带来了更为优越的用户基础和环境。

资料来源　佚名.企业如何运用二维码进行推广营销？发展前景如何［EB/OL］.［2020-02-24］. https：//www.zhihu.com/question/26379179.

（4）将二维码作为社交方式。在社交当中，通过二维码进行添加和分享非常方便，以二维码作为社交中的一个小工具可以拥有更加多样和有趣的效果。在社交中加入二维码，由于关系圈层的加成，人们的防备心降低，分享和探究欲望更为明显，主动扫码的机会也更多。商家还可以通过设置分享给好友领取红包、获得相应的优惠券或者礼品等形式，让消费者把商家信息分享出去。这种社交分享的方式可以让消费者之间互相进行传播，有助于提高品牌的曝光度，实现裂变营销。

4.2.3　LBS营销

LBS的应用是零售革命最主要的特征之一，由于LBS的存在，用户可以随时通过手机或其他移动终端搜索周边的商品和服务，快速下订单或付款，轻松完成购买行为。因此，企业必须掌握LBS营销策略。

1）LBS的定义

LBS即基于位置的服务，是通过电信移动运营商的无线电通信网络（如GSM网、CDMA网）或外部定位方式（如GPS）获取移动终端用户的位置信息（地理坐标或大地坐标），在地理信息系统（Geographic Information System，GIS）平台的支持下，为用户提供相应服务的一种增值业务。LBS应用的实现分为两个部分：一是提供用户位置信息；二是根据该信息提供服务。在移动互联网领域，LBS是分析消费者最重要的工具。例如，从用户经常去的地方可判断其最近感兴趣的东西是否与企业有关，然后利用某种规则关联综合起来，就可以帮助企业筛选出重点的目标用户。LBS产生的数据不仅对于优化现有的业务有着巨大的经济价值，同时也为新业务的发掘打开了机会之门。大数据和移动LBS数据技术史无前例地为企业打开了机会之门，企业可以个性化地服务好每一个客户。

2）LBS营销的主要模式

（1）休闲娱乐模式

该模式有签到模式和游戏模式。

签到模式的LBS应用主要是由用户主动签到以记录自己所在的位置从而获得积分、勋章以及领主等荣誉。应用方通过与商家合作，对获得特定积分或勋章的用户提供优惠或折扣的奖励，同时完成对商家品牌的营销。通过绑定用户的其他社会化工具，还可以鼓励用户对消费商家（如商店、餐厅等）进行评价以产生优质反馈内容。商家采用该模式的主要目的是进行各种形式的营销与推广。该模式的最大挑战在于要培养用户每到一个地点就签到的习惯。

而游戏模式是通过趣味性的游戏让用户利用手机购买现实地理位置里的虚拟游戏道具，并进行消费与互动等将现实和虚拟进行融合的一种模式。这种模式的特点是更具趣味性，可玩性与互动性更强，比签到模式更具黏性，但设计开发成本较高，并且由于地域性过强导致覆盖速度不可能很快。在商业模式方面，除了借鉴签到模式的联合商家营销外，还可提供增值服务以及植入广告等。

（2）生活服务模式

该模式主要是基于消费者对生活服务的需求，将消费者的衣食住行联系起来，如吃饭、票务、旅游等。第一种是迎合消费者对生活服务的搜索需求，将点评或者生活信息类网站与地理位置服务结合。这种模式的问题在于信息量的积累和覆盖面需要比较广泛。第二种是与旅游的结合，因为旅游具有明显的移动特性和地理属性，LBS和旅游是十分切合的，分享攻略和心得也体现了一定的社交性质。第三种是会员卡与票务模式，通过实现一卡制，捆绑多种会员卡信息，电子化的会员卡能记录消费习惯和信息，使用户充分感受到简洁的形式和大量的优惠信息聚合。由于多数的消费活动还是需要在线下完成，因此这种模式也被称为“LBS+O2O”模式。O2O是指线上与线下结合的商业模式，是传统团购模式的延伸和进化。该模式可以与餐饮行业、社区门店、交通服务、服装零售等进行结合。

（3）社交模式

该模式的主要特点是根据位置产生即时通信。通过这种模式，不同的用户因为在同一时间处于同一地理位置就可以构建用户关联。或者以地理位置为基础组建小型社区。比如，陌陌就是一款基于LBS服务的软件，用户可以利用文字、图片、视频来展示自己，再利用地理位置发现和认识周边的陌生人，从而进一步建立真实、有效的社交关系。在获取大量用户的基础上，陌陌再通过会员增值服务、移动游戏、广告和直播等进行盈利。这种“LBS+SNS”的模式是现在非常热门的模式，腾讯、人人网、新浪等都推出了基于LBS功能的手机客户端。微信更是其中的佼佼者，作为一款即时通信服务软件，微信集成了文字、图片、语音、查找附近好友、消费支付、二维码扫描等多重功能。

（4）广告模式

该模式主要是基于消费者的位置，为消费者推送周边商家的信息，通过和线下商家的合作来实现利益的分成。这种基于地理位置服务的广告，是移动互联网时代的新型广告形式，属于移动广告范畴。“LBS+广告”的形式可以使LBS平台和诸多商户合作，成为“商户”和“用户”之间的桥梁。LBS广告模式有：位置感知广告，是指广告主根据用户的实时动态位置，确定用户和目的地的距离投放特定或动态的广告信息给用户；地理围栏广告，是指广告主向预先划定的地理围栏内的用户发送广告的方式；位置图谱广告，是指广告主根据线下受众分类数据，向在某个地理围栏内的用户进行广告投放的方式，受众的分类数据可以包括人口特征、消费者偏好和消费历史等。

案例4-7　本地生活领域，开放、协作、融合成为趋势，有望创造新空间和价值

饿了么和抖音共同宣布，在抖音开放平台，以小程序为载体，饿了么将助力数百万商家为抖音用户提供本地生活服务，包括内容种草、在线点单、即时配送等，实现“即看、即点、即达”。简单来说，刷抖音视频看到想吃的，就随时可以下单，饿了么蓝骑士负责送上门。

从用户的角度，本地生活新体验的大门被打开了，抖音6亿日活用户意味着巨大的本地生活市场潜力；从本地商家的角度，这是一个风口，抓不抓得住就得看其数字化的能力，以及对短视频运用、数字化经营的能力。对于行业而言，饿了么和抖音的深度融合，给平台公司打了个样，过去各自为战的模式带来的增量创新不多，开放、协作、融合、共赢是趋势，不仅可能带来生产力的解放，也将为行业创造新的空间和价值。

除了增收，对于商家来说，视频+外卖，是服务半径的扩大，也是新场景的极大突破。抖音当下的形态已经可以基本满足本地商户的线上获客、履约和精准营销等需求。而这次合作，对于饿了么平台上数百万优质的餐饮商家而言，可以借势实现更多的导流，扩大整体获客规模，促进商品周转，加强线上线下协同发展。

从潜在用户覆盖的规模上来说，商家相当于在原来饿了么平台的“公域”流量之外，又接入了一个全新的兴趣内容“公域”，也同时搭上了内容化的快车。短视频时代，要求商家更好地了解短视频，运用好短视频，对品牌、门店以及商品进行视频化的推广。这可以说是一个新风口，但也是一次新的挑战。大量本地商家的整体数字化能力及运营能力目前还有待完善，供应链能力需要进一步加强。比如，用户虽然因为内容已经对商品种草，但因其定位周边门店的供给不足而无法促成交易。从内容至门店管理的一体化数字能力，将成商家角逐的关键因素。

“即看、即点、即达”，对消费者来说，带来的是更简单、流畅的即时电商消费体验；对本地商家来说，则是一场数字化运营的锤炼。伴随消费者对近场零售消费习惯的不断加强、消费品类的不断扩展，餐饮之外的本地零售商家，也有机会借势超车。而要实现最终目标“即看、即点、即达”，还有赖于运营方在内容运营能力、技术能力、商品供给能力和局域物流能力的多重支撑。区别于过去“线上种草–团购订单–

线下核销”的链路，做到“即看、即点、即达”，不仅需要平台实现基于用户LBS（Location Based Services，基于位置的服务）的内容和供给的精准匹配，更要求以每个用户地理位置为核心单元，都能实现商家优质内容、即时电商供给和交易、配送履约服务这些复合能力的闭环。内容化平台和到家服务平台发展侧重、能力水平各不相同，唯有携手同行，方能实现这一目标。

资料来源 莫云.饿了么连接抖音，真正的看点是什么？[EB/OL].[2022-08-26]. https://new.qq.com/rain/a/20220826A09JB900.有删减.

4.2.4 移动广告

移动广告是通过移动设备（手机、平板电脑等）访问移动应用或移动网页时显示的广告，广告形式包括图片、文字、插播广告、链接、视频、重力感应广告等。

1）移动广告的特点

（1）精准性

相对于传统广告媒体，手机广告在精确性方面有着先天的优势。它突破了传统的报纸广告、电视广告、网络广告等单纯依靠庞大的覆盖范围来达到营销效果的局限性，而且在受众人数上有了很大超越，传播更广。手机广告可以根据用户的实际情况和实时情境将广告直接传送到用户的手机上，真正实现“精准传播”。

（2）即时性

手机广告的即时性来自手机的可移动性。手机是个人随身物品，它的随身携带性比其他任何一个传统媒体都强，绝大多数用户会把手机带在身边，甚至24小时不关机，所以手机媒介对用户的影响力是全天候的，广告信息到达也是最及时、最有效的。

（3）互动性

手机广告互动性为广告商与消费者之间搭建了一个互动交流的平台，让广告主能更及时地了解客户的需求，使消费者的主动性增强，提高了自主地位。

（4）扩散性

手机广告具有扩散性即可再传播性，这是指用户可以将自认为有用的广告通过微信、短信、微博等方式转发给亲朋好友，直接地向关系人群扩散信息或传播广告。

（5）整合性

手机广告的整合性优势得益于3G、4G、5G技术的发展，手机广告可以通过文字、声音、图像、动画等不同的形式呈现出来。手机不仅仅是一个实时语音或者文本通信设备，而且是一款功能丰富的娱乐工具，如影音功能、游戏功能等，甚至是一种即时金融终端，如手机电子钱包、证券交易软件等。随着通信技术的发展，移动广告的形式将更加丰富。

（6）可测性

对于广告业主来讲，手机广告相对于其他媒体广告的突出特点还在于它的可测性或可追踪性，从而使得受众数量可以被准确统计。

2）移动广告的形式

从用户被动接受信息的PUSH时代发展到用户主动订阅资讯的PULL时代，再到如今运用大数据定向推送的双向交互时代，移动广告一路走来经历的形式变化非常多。按照不同维度，移动广告可以分成不同的类别，当下最为常见的移动广告形式为横幅、插屏、视频等。目前中国市场上比较常见的移动广告有以下5大类：图片类广告、富媒体类广告、视频类广告、积分墙广告和原生广告。移动广告形式虽有不同，但基本诉求都是一致的，即把广告的潜在价值通过图片、文字、音频、视频及其结合传递给受众，从而达到广告营销的目的。

（1）图片类广告形式

图片类广告形式主要有3种。第一种是Banner广告，又名旗帜广告、横幅广告，是移动广告的主要形式，一般使用GIF格式的图像文件，可以使用静态图像，也可用多帧图像拼接为动画图像，这种广告形式在App的底部或者顶部出现，由于尺寸较小对用户的干扰影响也较小，一般出现在阅读类App当中。Banner主要体现中心意旨，形象鲜明，表达最主要的情感思想或宣传中心。其特点归结起来就是短小精悍、重点突出，不足主要是较容易被忽视。

第二种是插屏广告，相比Banner形式，插屏广告会更加大气、美观。插屏广告主要是指采用了自动广告适配和缓存优化技术、可支持炫酷广告特效、视觉冲击力强的移动广告。开发者可定义于“开屏广告”和“退屏广告”，与自身App完美结合，拥有更佳的用户体验，取得更好的广告效果。插屏广告是目前比较有效的精准广告推广形式，比起推送广告，用户可以选择点击或者忽略，不会被强制看广告，而且是通过每次行动成本（CPA）来计费，对开发者来说也是一种比较好的形式，对于广告主来说，这种精准的广告推送形式更加有效。

第三种就是全屏广告（Full Screen Advertisement）。全屏广告是在用户打开浏览页面时，以全屏方式出现3秒至5秒，可以是静态的页面，也可以是动态的Flash效果。全屏广告对广告主来说，是一种广告效果最大化的广告形式，在广告发布页面里，它基本上可以达到独占。因此，在广告进行收缩的这段过程中，基本上对用户浏览广告没有任何干扰。全屏广告的表现是根据广告创意的要求，充分利用整个页面的最大空间而进行广告信息的传递，通过特定技术手段把广告锁定在最大空间。全屏广告对网民的视觉冲击力强烈，能够表达一个整体的宣传概念。

（2）富媒体类广告形式

富媒体类广告是基于富媒体（Rich Media）技术的一种新的互联网广告形式。这种广告形式在网络上的应用需要相对较多的频宽。富媒体能够提高广告的互动性，提供更广泛的创意空间。现在可以看到的富媒体类广告形式多种多样，趣味性和互动性明显加强。这类广告有共同的特性：第一，多点触控交互。富媒体类广告一般通过多点的触控动作完成后进入着陆页，通过页面的广告互动展示，为用户呈现更加直观且美观的形象。第二，与产品的特性紧密相连。并不是所有的产品广告都适合富媒体的形式展示，这与产品本身的特性相关，像汽车、快消品这类的产品会更适合富媒体形式的广告开发，如汽车可以通过360°观赏来展示汽车的每个部位甚至内部装饰，这种全景展示可以给用户更加直观的感受。第三，广告的容量低于100k。受制于移动端的特性、下载速度及用户浏览网页的情况，广告容量如果太大，往往容易流失用户，加载太慢用户容易放弃点击及互动，因此这是富媒体类广告的一个需要重视的问题。第四，极强的互动性。这与广告的设计及产品特性有关，有些产品可能只需要放大缩小即可完成所有的展示，而有些产品可能需要通过不断擦除、摇摆等动作来完成，也可以通过与社交媒体的联动来完成，从而使展示的互动性得到极大的增强。

（3）视频类广告形式

视频类广告分为传统贴片广告和In-App视频广告，是指在移动设备内进行的插播视频的广告形式。这种广告形式主要通过移动互联网在移动设备（如手机、平板电脑等）中展现，其技术主要采用数码及HTML5技术，融合视频、音频、图像及动画，在手机用户开启或退出移动应用等碎片时间里插播视频。作为一种新的展示形式，用户正处于慢慢接受的阶段，因此，过度频繁的移动视频展示，不仅不能树立品牌形象，还可能导致用户体验受损。移动视频类广告主要有两种形式：贴片和角标。第一种是贴片，是指在视频开始之前插播的一小段广告。贴片广告的时间通常都很短，多为3秒到5秒。因为如果广告时间太长，容易引起视频观看者的不满。在土豆、凤凰、新浪、优酷等视频网站上都存在贴片广告，将视频运用到移动应用上的贴片广告，主要是在应用开启或过渡时插播。第二种是角标，是以透明的角标界面出现在视频播放窗口旁边的广告形式，不会影响用户对视频节目的观看。它会一直存在于播放窗口的旁边，时不时地出现一些动态效果引起注意，在观看过程中是允许用户将其关闭的。

（4）积分墙广告形式

积分墙广告是除Banner、插屏广告外最常见的移动广告形式，是第三方移动广告平台提供给应用开发者的另一新型移动广告形式。积分墙是在一个应用内展示各种积分任务（如下载安装推荐的优质应用、注册、填表等），用户完成任务可以获得积分的页面。用户在积分墙的应用内完成任务，该应用的开发者就能得到相应的收入，目前积分墙主要支持Android和iOS平台。积分墙分为有积分和无积分两种模式。有积分的模式内含有“虚拟积分”的功能，开发者可以在自己的应用中设定消耗积分的地方，如购买道具，以刺激用户在应用中安装积分墙的产品，获得积分进行消耗。无积分的模式分为列表和单个应用两种展示模式。通常以“热门应用”“精品推荐”等为推荐墙入口，用户点击进入，便可看到推荐的优质产品。积分墙广告形式有其自身的特点：第一，操作简单。不管是用户还是开发者，在操作上都很容易实现，无须烦琐的过程和步骤。第二，丰富多样。积分墙内的应用丰富多样，可以说只要用户愿意基本都可以在积分墙上体现，当然劣质的应用除外。第三，智能可靠。现在的积分墙基本能实现实时表现数据，能够有效地避免数据延误，同时拥有多重安全机制，可以最大限度保护积分墙聚合服务不间断。

（5）原生广告形式

原生广告（Native Advertising）是指一种通过在信息流里发布具有相关性的内容产

生价值，进而提升用户体验的特定商业广告形式。按特征分，原生广告可分为内容类广告（信息流）、插播广告、激励互动广告等。每一种类别源于原生，又高于原生，它们以广告的形式做到营销的原汁原味。原生广告有两个突出特点：第一个是广告内容化；第二个是用户相关性。原生广告力求实现广告主营销效果、媒体商业化、用户体验三方共赢。

案例4-8　移动广告创新玩法——激励视频广告

广告的“打扰”属性一直被用户诟病，其原因在于用户是被动接收广告信息的。那么，如何让用户主动去接收广告信息呢？激励广告由此应运而生。

激励广告，顾名思义就是在App中设置选项，激励用户去观看某个广告，从而获得某些利益的广告模式。激励广告可以分为积分墙和激励视频两种形式，前者利用游戏式的积分忠诚度机制，用户可以完成指定操作获取积分并兑换奖励，后者则让用户通过观看视频来获取相应的权益。

激励视频广告，即引导用户观看完一段15～60秒的短视频，观看时用户可选择退出（即放弃奖励），也可以选择看完视频获得奖励的广告形式。近年来，激励视频广告作为一种愈加流行的广告形式，相比于其他类型的广告能够给用户带来更好的体验，增加转化率，甚至在某种程度上可以提升留存率，增加用户黏性，提升内购；对于媒体，激励视频广告也有更高的eCPM，可以带来更高的收益，带来双赢的效果。在2017年、2018年时，这类广告更多的是出现在游戏类应用中，2019年以后，它已经更加广泛地应用到工具、短视频以及带有“网赚”属性的App中。

激励视频广告让用户拥有“自主选择权”，可以根据自主意愿选择观看广告并获取一定的奖励，这不仅增强了用户在应用内的体验感及留存度、活跃度，也提升了广告效果。可以说，激励视频广告是少数可以实现三方共赢的移动广告形式：保障了用户体验，提高了广告主的广告营销效果，提升了媒体广告变现收益。

激励视频广告目前已经是移动互联网较为主流的移动广告形式，深受各大媒体巨头青睐。2018年开始，陆续有媒体巨头盯上了激励视频广告：百度DAP推出激励视频广告；网易有道智选也推出工具类App激励视频广告；腾讯也在2019年全面开放微信小程序激励视频广告。并且，行业内也基于激励视频广告，不断探索更多的创新玩法。

2021年，谷歌广告联盟（Google AdMob）向全球用户推出新广告形式——激励插页式广告。根据谷歌广告联盟的介绍，激励插页式广告可以在无须用户选择观看的情况下投放，但在向用户展示此类型广告之前，必须向用户展示介绍画面，包括观看广告提供的奖励，并且需要设置跳过或关闭按钮。

一直以来，激励视频广告都因为高于其他广告形式的互动转化表现，成为众多游戏类App的流量变现选择。对媒体而言，借助激励视频可以获得更高的eCPM和用户留存率，甚至进一步激励内购，兼顾了用户体验和广告变现收益。虽然激励视频广告在游戏类App应用最多，但随着广告技术和短视频的发展，激励视频广告已经广泛应用到工具类、短视频类、网赚类、社交类、图片类、积分商城类等App中。

激励视频广告因其强曝光、高转化率的特性，尤其受到广告主的青睐，满足App推广需求，因此更适合一些具有付费、下载等转化需求的广告主。此外，激励视频广告因其激励属性需要紧密结合用户体验和需求场景，所以媒体也可以通过设置激励视频广告提升应用内购买产生的收益。

资料来源　佚名.移动广告创新玩法——激励视频广告［EB/OL］.［2021-08-06］. https://weibo.com/ttarticle/p/show? id=2309404667246420296348.有删减.

4.3　搜索引擎营销策略

搜索引擎营销（Search Engine Marketing，SEM）就是基于搜索引擎平台的网络营销，利用人们对搜索引擎的依赖和使用习惯，在人们检索信息的时候将信息传递给目标用户。搜索引擎营销的基本思想是让用户发现信息，并通过点击进入网页，进一步了解所需要的信息。企业通过搜索引擎付费推广，让用户可以直接与公司客服进行交流，增进了解，实现交易。

4.3.1　搜索引擎营销的目标

第一层是搜索引擎的存在层，其目标是在主要的搜索引擎分类目录中获得被收录的机会，这是搜索引擎营销的基础，离开这个层次，搜索引擎营销的其他目标也就不可能实现。搜索引擎登录包括免费登录、付费登录、搜索引擎关键词广告等形式。存在层的含义就是让网站中尽可能多的网页获得被搜索引擎收录（而不仅仅是网站首页），也就是增加网页的搜索引擎可见性。

第二层的目标则是在被搜索引擎收录的基础上尽可能获得好的排名，即在搜索结果中有良好的表现，因而可称为表现层。因为用户关心的只是搜索结果中靠前的少量内容，如果利用主要的关键词检索时网站在搜索结果中的排名靠后，那么还有必要利用关键词广告、竞价广告等形式作为补充手段来实现这一目标。同样，如果在分类目录中的位置不理想，则需要同时考虑在分类目录中利用付费等方式获得靠前的排名。

搜索引擎营销的第三层目标则直接表现为网站访问量指标情况，也就是通过搜索结果点击率的增加来达到提高网站访问量的目的。由于只有受到用户关注，经过用户选择后的信息才可能被点击，因此可称之为关注层。从搜索引擎的实际情况来看，仅仅做到被搜索引擎收录并且在搜索结果中排名靠前是不够的，这样并不一定能增加用户的点击率，更不能保证将访问者转化为顾客。要通过搜索引擎营销实现访问量增加的目标，则需要从整体上进行网站优化设计，并充分利用关键词广告等有价值的搜索引擎营销专业服务。

搜索引擎推广的第四层目标，即通过访问量的增加转化为企业最终收益的提高，可称为转化层。转化层是前面三个目标层次的进一步提升，是各种搜索引擎营销方法所实现效果的集中体现，但并不是搜索引擎营销的直接效果。从各种搜索引擎营销策略到产生收益，其间的中间效果表现为网站访问量的增加，网站的收益是由访问量转化所形成的，从访问量转化为收益则是由网站的功能、服务、产品等多种因素共同作用而决定的。因此，第四层目标在搜索引擎营销中属于战略层次的目标。其他三个层次的目标则属于策略范畴，具有可操作性和可控制性的特征，实现这些基本目标是搜索引擎营销的主要任务。

搜索引擎推广追求最高的性价比，以最小的投入获得最大的来自搜索引擎的访问量，并产生商业价值。用户在检索信息时所使用的关键字反映出用户对该问题（产品）的关注，这种关注是搜索引擎之所以被应用于网络营销的根本原因。

4.3.2 搜索引擎营销的方法

1）登录分类目录

这是最传统的网站推广手段，方法是企业登录搜索引擎网站，将自己企业网站的信息在搜索引擎中注册，由搜索引擎将企业网站的信息添加到分类目录中。登录分类目录有免费和收费两种方式。商家可以从数字营销的目标、投入产出比等方面进行慎重考虑。在被分类目录成功收录后，不仅是对搜索引擎，对所有用户（浏览者）来说也都是可见的。优秀的网站目录都有大量的流量可以享用，从而可以获得该目录相应的流量，特别是登录有名的分类目录，如DMOZ等。网站登录有名的分类目录可以获得其他分类目录网站的直接调用，从而可以减轻营销人员到每个分类目录去逐个递交网站的工作量，既节约了时间，又获得了更多的推广机会。

建立网站品牌的基础之一是增强在互联网上的可见度。一方面，如果自己的网站能够被分类目录收录的同时在其中还拥有一个足够好的位置，至少会给访问者留下一定的印象。另一方面，能够登录到有知名度的分类目录的网站都是在行业里面名列前茅的网站。假如企业的网站能够名列其中的话，至少说明企业的网站在同行中具有一定的影响力，从而可以提升网站的品牌形象。分类目录收录的网站是按照不同行业或地区进行分类的，在同一个目录下收录的是具有相关行业特征的同类网站。对商家和用户来说，这样都具有一定的便利性，也更容易找到优质的合作伙伴。

登录分类目录的过程可能是费时的，比如，登录114网站目录（http://www.114mulu.net），在提交网址的时候就需要先进行网站管理权认证。虽然目前分类目录对网站推广的效果远不如百度、谷歌等技术性搜索引擎，但成功登录分类目录为网站带来的好处却是长期的、多元的。不过，在选择分类目录的时候，一定要选择那种真正由人工编辑并审核过的高质量的目录，如此才能够有效避免网站信息的虚假性。

2）搜索引擎优化

搜索引擎优化是对网站本身进行优化而使其符合搜索引擎的搜索习惯，从而获得比较好的搜索引擎排名。更确切地讲，真正的搜索引擎优化不仅要符合搜索引擎的搜索习惯，更应该符合用户的搜索习惯。通过搜索引擎优化，不仅要使网站获得好的搜索引擎排名，更应该使网站可以获得更多的业务机会和效益。搜索引擎优化的方法和技巧具体如下：

（1）高质量原创内容

对于新建设的小型站点来讲，初期的时候，高质量的原创内容对其排名意义重大。在进行内容组织的时候，对内容的要求原则上为宜精不宜多，做到更新的内容是真正高质量的原创内容。如果没有更多原创内容可提供，宁愿少更新也不要为了添加内容而去复制、粘贴，采集别处的内容。

（2）网站内容与主题相关

对于新网站，上线前或上线初期这一阶段，站内内容应该与网站主题完全契合，这对于搜索引擎优化是有益的。原因在于，如果一个站点初期就有大量的相关度极高的网站数据，那么对于网站打基础是有积极作用的。

（3）鼓励UGC方式参与创建

UGC全称为User Generated Content，也就是用户生成内容，即用户原创内容，就是要通过引导充分发挥用户评论、投稿等方式的作用，从而丰富网站内容。以SEO博客类别的站点为例，由于是原创，故写作的观点、方法等会受到个人思维、写作方式的限制，进而导致博客的丰富性不够，延展性不够。每个人的观点不同，每个人对同一个问题的文字叙述也不尽相同，如果能鼓励用户创作内容，博客站点内容会更加丰富、更加差异化。

（4）建设相关度高的友情链接

友情链接本身就是高质量的外链，相关度高的友情链接质量更高，一个具备相关度的、比你站点权重更高的友情链接，作用比很多个一般的、单向的外链作用更大。

（5）关键词的优化

关键词的优化包括：在网页标题（Page Title）标签、描述（Meta Description）标签中添加关键词；内容中自然地出现关键词，第一段和最后一段最好要出现；对关键词加粗或者使用斜体；图片关键词的优化；Alt标签（替换文字）中加入关键字；关键词的密度适中，最好保持在3%～8%。

3）关键词广告

关键词广告是付费搜索引擎营销的一种形式，也可称为搜索引擎广告、付费搜索引擎关键词广告等，2002年后，其是市场增长最快的网络广告模式。当用户利用某一关键词进行检索时，在检索结果页面会出现与该关键词相关的广告内容。由于关键词广告具有较高的定位，其效果比一般网络广告形式要好，因而获得快速发展。其中关键词竞价排名是一种按效果付费的网络推广方式，由百度在国内率先推出。企业在购买该项服务后，通过注册一定数量的关键词，其推广信息就会率先出现在网民相应的搜索结果中。每吸引一个潜在的客户，企业需要为此支付一定的费用。竞价排名属于许可式营销，它让客户主动找上门来，只有有需要的用户才会看到竞价排名的推广信息，因此竞价排名的推广效果具有很强的针对性。竞价排名按照效果付费，根据给企业带来的潜在客户访问数量计费，没有客户访问就不计费，企业可以灵活控制推广力度和资金投入，投资回报率高。

4）网页内容定位广告

基于网页内容定位的网络广告（Content-Targeted Advertising）是关键词广告SEM模式的进一步延伸，广告载体不仅仅是搜索引擎搜索结果的网页，也延伸到这种服务的合作伙伴的网页。

案例4-9 网站优化实用参考工具

（1）站长之家。它是为个人站长与企业网站提供全面的网站优化资讯、最新最全的源代码程序下载、海量建站素材、强大的搜索优化工具、网站流量统计服务以及一站式网络解决方案的平台。旗下的SEO综合信息查询、关键词挖掘、关键词优化分析堪称神器，能够快速地帮助用户了解网站的优化信息和挖掘有搜索价值的业务关键词。

（2）百度统计。它是百度推出的一款免费的专业网站流量分析工具，能够告诉用户访客是如何找到并浏览用户的网站的，在网站上做了些什么。有了这些信息，就可以帮助用户改善访客在用户网站上的使用体验。其中的优化分析还可以对网站进行跑分，通过给出的结果可清晰地得知哪些地方还可以完善。

（3）百度指数。它能够告诉用户某个关键词在百度的搜索量有多大，一段时间内的涨跌态势以及相关的新闻舆论变化，关注这些词的网民是什么样的，分布在哪里，网民同时还搜了哪些相关的词，帮助用户选择具有变现潜力的业务关键词。

资料来源 数英．这些SEO网站优化技巧，让运营事半功倍［EB/OL］．［2016-04-08］．https：//www.digitaling.com/articles/23759.html.

4.4 电子商务营销策略

电子商务是在全球各地广泛的商业贸易活动中，在互联网开放的网络环境下，基于浏览器（服务器）应用方式，买卖双方不谋面地进行各种商贸活动，实现消费者的网上购物，商户之间的网上交易、在线电子支付，以及各种商务活动和相关的综合服务活动的一种新型的商业运营模式。电子商务营销是网络营销的一种，是借助互联网完成一系列营销环节而实现营销目标的过程。

4.4.1　电子商务的特点

电子商务将传统商业活动中物流、资金流、信息流的传递方式利用网络技术进行整合，企业将重要的信息通过互联网直接与分布各地的客户、员工、经销商以及供应商沟通，创造更具有竞争力的经营优势，电子商务与传统的商务活动方式相比，有以下特点：

1）交易虚拟化

通过互联网进行的交易，交易双方无论是交易磋商、签订合同，还是支付款项等都不需要当面进行，都可以通过互联网完成，整个过程都是在网络这个虚拟的环境中进行，完全虚拟化。虚拟现实、网上聊天都可以让双方获取信息，通过信息的推拉互动，双方完成整个交易。

2）交易成本低

买卖双方所处距离越远，使用网络进行信息传递的成本相对于书信、电话、传真等而言就越低。这种交易方式大大缩短了沟通时间，且买卖双方通过网络进行商务活动，不需要中介的参与，减少了有关环节和费用。卖方的产品宣传等在互联网上无须印刷等费用。

3）交易效率高

互联网将交易中的过程标准化，能在世界各地瞬间完成传递与计算机自动处理，原料采购、产品生产、产品销售、银行汇兑、保险、货物托运以及申报等过程，在无须人员干预的情况下，能在最短时间内完成。不像传统方式，每个环节都要人力和物力，而且花时间多，易出错。电子商务避免了传统方式交易费用高、易出错、处理速度慢等不足，极大地缩短了时间，使交易更快捷、方便。

4）交易透明化

交易双方无论是交易磋商、签订合同还是支付款项等，整个过程都在网上进行。通畅、快捷的信息传输可以保证各种信息之间互相核对，更加透明，还可以有效防止伪造信息的流通。

4.4.2　电子商务的运营模式

电子商务的运营模式是指企业运用互联网开展经营取得营业收入的基本方式，也就是指在网络环境中基于一定技术基础的商务运作方式和盈利模式。目前，常见的电子商务运营模式主要有B2B、B2C、C2B、C2C、O2O、O2M、B2B2B、B2B2C等。

1）B2B模式

B2B即Business to Business，B2B电子商务是指企业与企业之间通过互联网进行产品、服务及信息交换的电子商务活动。B2B电子商务是现代营销的一种具体的、主要的表现形式。它将企业内部网与客户紧密结合起来，通过网络的快速反应，为客户提供更好的服务，从而促进企业的业务发展。B2B电子商务模式是当前电子商务模式中份额最大、最具操作性、最易成功的模式。其典型代表为阿里巴巴。

2）B2C模式

B2C即Business to Consumer，B2C电子商务是企业针对个人开展的电子商务活动的总称。它具体是指通过信息网络以及电子数据信息的方式实现企业或商家机构与消费者之间的各种商务活动、交易活动、金融活动和综合服务活动，是消费者利用互联网直接参与经济活动的形式。其典型代表为天猫、京东。

3）C2B模式

C2B即Customer to Business，是指消费者到企业的商业模式，C2B电子商务是互联网经济时代新的商业模式。这一模式改变了原有生产者（企业和机构）和消费者的关系，是一种消费者贡献价值、企业和机构消费价值的新形式。C2B的核心是以消费者为中心，消费者当家做主。

4）C2C模式

C2C即Consumer to Consumer，是指消费者到消费者、个人与个人之间的消费活动。比如，一个消费者有一台电脑，通过网络进行交易，把它出售给另外一个消费者，此种交易类型就被称为C2C电子商务。其典型代表为闲鱼。

5）O2O模式

O2O即Online to Offline，即将线下商务的机会与互联网结合在一起，让互联网成为线下交易的前台。这样，线下服务就可以用线上来吸引客流量，消费者可以通过线上来筛选服务，成交也可以在线结算。该模式最重要的特点是：推广效果可查，每笔交易可跟踪。其典型代表为美团。

6）O2M模式

O2M即互联网+分享经济新模式，线上线下互动营销，目前以Offline to Mobile的渠道营销为主，线下实体店负责顾客体验，移动手机端做好顾客服务。

案例4-10 抖音超市开年上线 电商江湖再起波澜

抖音正式上线超市业务的新动作，让电商江湖再起波澜。如同多年前淘宝、京东二分电商行业后，拼多多凭借社交新玩法成为第三极一样，近两年，抖音、快手两大短视频平台又依靠直播带货、兴趣电商入局，开始争抢第四极。在变现能力极强、被视为“必争之地”的电商领域，“后浪”一直澎湃。

尽管目前超市的入口并不明显，用户仅能通过在App内搜索进入，但这一举动仍然引发了不小的关注。抖音超市页面布局与天猫超市、京东超市这类货架电商的布局很相似，最上层为乳饮冲调、纸品洗衣、家庭清洁、个护美妆等九大品类选择，下面一层为爆款秒杀产品展示，再往下为推荐产品展示，里面既有洗衣凝珠、乌江榨菜等生活用品和食品，也有苹果手机、戴森吹风机等电子产品，但并未涵盖消费者购买更高频的生鲜品类。

由于消费者在网上超市购买的往往为快消品，因此物流时效是关注的重点。最初，天猫超市、京东超市多为次日送达，近年来，盒马、七鲜等新零售品牌以及美团、饿了么等在本地生活领域进一步推出了当日达、小时达。在新上线的抖音超市中，目前北京地区只显示了发货时效，大部分商品显示“当天发货”，但没有明确表明送达时间。如果选择地址为深圳市，页面左上角则出现了次日达、小时达两个选项，纸巾、草莓等部分商品最快可实现1小时送达。深圳能够达到这样的物流时效，归功于去年10月抖音率先在广州、深圳、惠州和东莞四个城市试点超市业务，并与本地生活服务商家合作，由其提供仓库和送货上门服务。

如果说短视频和直播带货的兴起让抖音握住了切入电商赛道的入场券，它想要进一步比肩老玩家，传统电商采用的货架模式似乎成为了绕不开的选项。其实，两年多前入局电商之初，抖音曾提出“兴趣电商”的概念。不同于传统电商目的性较强、前往购物页面的“人找货”形式，兴趣电商更像是目的性不强的“逛街”，通过智能推送的短视频或直播引发顾客的兴趣，从而下单。兴趣电商让抖音快速切入电商战场，但也渐渐显现出天花板较低、不易形成用户留存和复购率低等缺陷。据悉，抖音在2022年上半年进行了多次测试，发现其展示的电商内容一旦超过8%，主站用户留存、使用时长就会受到明显的负面影响。

于是，抖音开始了一系列的“搭货架”之路，先是在2021年推出了货架电商形式的盒子，但由于无法更好地实现主站流量导入，2022年初转而积极推进品牌商家入驻。2022年5月，“商城”选项被悄然放到了平台主站首页，点击进入之后，直播精选、品牌馆以及推荐商品的布局让用户有种进入了淘宝的错觉。2022年“双11”和春节“年货节”，抖音也向传统电商看齐，开始推出低价促销、优惠满减等举措，尽管销量同比看涨，但用户习惯却难以在朝夕间彻底改变。有数据显示，“双11”期间，抖音商城尽管访客高峰值达到3亿人次，但实际下单占比只有1.2%。抖音做超市，主要目的有二：一是提高用户黏性和复购率；二是提升商品交易总额和营销广告收入。

电商江湖中，“后浪”一直澎湃。在拼多多成功晋位行业第三极后，近两年，抖音、快手表现强劲，在它们身后，还有以微信起家的视频号。电商“后浪”们的竞逐，正悄然改变着消费者的线上购物习惯。以前消费者买日常用品就上淘宝、买电子产品就上京东的习惯也在变化，越来越多的消费者在拼多多、抖音上的下单量已经直追另两大平台。据预估，抖音电商2022年商品交易总额或将突破万亿元，达1.41万亿元。交易规模迈上新台阶后，能否以货架电商破局，成为其要面临的问题。目前，抖音缺乏自己的供应链体系，也尚未建立起自有物流渠道，上线超市业务后，在如何引导用户改变习惯以及仓储、物流等搭建上，显然还有很长的路要走。

资料来源　佚名.抖音超市开年上线 电商江湖再起波澜［EB/OL］.［2023-02-01］. https://www.chinanews.com/cj/2023/02-01/9944770.shtml.

7）B2B2B

B2B2B即Business to Business to Business，是企业和企业通过电商企业的衔接进行贸易往来的电子商务模式。它将企业内部网，通过B2B2B网站与客户紧密结合起来，通过网络的快速反应，为客户提供更好的服务，从而促进企业的业务发展。相对传统的

B2B模式，B2B2B为网上交易提供更加安全、便捷的服务。

8）B2B2C

B2B2C即Business to Business to Consumer，第一个B指的是商品或服务的供应商（并不局限于品牌供应商、影视制作公司和图书出版商等），第二个B指的是从事电子商务的企业，通过统一的经营管理对商品和服务、消费者终端同时进行整合，是广大供应商和消费者之间的桥梁，为供应商和消费者提供优质的服务，是互联网电子商务服务供应商。C则表示消费者，是指在第二个B构建的统一电子商务平台购物的消费者。B2B2C源于目前的B2B、B2C模式的演变和完善，其把B2C和B2B完美地结合起来，电子商务企业通过B2B2C模式构建自己的物流供应链系统，提供统一的服务。

本章小结

本章主要介绍了数字化营销方式，以及如何采取数字化营销策略。完成本章的学习后，应该理解和掌握以下内容：

（1）社会化媒体营销是指利用社会化网络、在线社区、博客、百科或者其他互联网协作平台媒体来进行营销管理、公共关系、客户服务和市场维护开拓的一种方式。数字经济时代，我们需要了解更多的概念并学会运用它们，如复合媒体、圈层营销等。社会化媒体营销的要点有：巧用免费模式；抓住意见领袖；创造优秀内容；把握用户情感。社会化媒体营销开展过程包括以下6个步骤：评估可行性；明确目的；制定战略战术；实施计划；效果评估；更新调整。

（2）移动营销指向移动中的消费者，通过他们的移动设备递送营销信息。移动营销的模式可以用“4I模型”来概括，即分众识别（Individual Identification）、即时信息（Instant Message）、互动沟通（Interactive Communication）和我的个性化（I）。移动营销的方式有二维码营销、LBS营销、移动广告等。

二维码营销是指通过对二维码图案的传播，引导消费者扫描二维码，进而推广相关的产品资讯、宣传商家的促销活动、刺激消费者进行购买的新型营销方式。二维码营销有与终端形成交互、收集线下数据、改变应用场景和提供安全保障场景等作用。二维码营销的方式有：以利益引导扫码；在二维码上制造悬念；让二维码成为必要；将二维码作为社交方式等。

LBS是指基于位置的服务，它是通过电信移动运营商的无线电通信网络（如GSM网、CDMA网）或外部定位方式（如GPS）获取移动终端用户的位置信息（地理坐标或大地坐标），在地理信息系统（Geographic Information System，GIS）平台的支持下，为用户提供相应服务的一种增值业务。LBS营销的主要模式有休闲娱乐模式、生活服务模式、社交模式、广告模式等。

移动广告是通过移动设备（如手机、平板电脑等）访问移动应用或移动网页时显示的广告，广告形式包括图片、文字、插播广告、链接、视频、重力感应广告等。移动广告具有精准性、即时性、互动性、扩散性、整合性、可测性等特点。移动广告的形式有图片类广告形式、富媒体类广告形式、视频类广告形式 、积分墙广告形式、原生广告形式等。

(3) 搜索引擎营销（Search Engine Marketing，SEM）就是基于搜索引擎平台的网络营销，利用人们对搜索引擎的依赖和使用习惯，在人们检索信息的时候将信息传递给目标用户。搜索引擎营销的目标有4层：第一层是搜索引擎的存在层，其目标是在主要的搜索引擎分类目录中获得被收录的机会，第二层目标则是在被搜索引擎收录的基础上尽可能获得好的排名，第三层目标则直接表现为网站访问量指标情况，第四层目标是通过访问量的增加转化为企业最终收益的提高。搜索引擎营销可以从4个方面进行：一是登录分类目录；二是做好搜索引擎优化；三是提供高质量原创内容；四是利用网页内容定位广告。

(4) 电子商务是在全球各地广泛的商业贸易活动中，在互联网开放的网络环境下，基于浏览器（服务器）应用方式，买卖双方不谋面地进行各种商贸活动，实现消费者的网上购物，商户之间的网上交易、在线电子支付，以及各种商务活动和相关的综合服务活动的一种新型的商业运营模式。电子商务具有交易虚拟化、交易成本低、交易效率高、交易透明化等特点。电子商务模式是企业运用互联网开展经营取得营业收入的基本方式，也是企业在网络环境中基于一定技术基础的商务运作方式和盈利模式。目前，常见的电子商务模式主要有B2B、B2C、C2B、C2C、O2O、O2M、B2B2B、B2B2C等。

关键术语

社会化媒体营销　移动营销“4I模型”　LBS营销　搜索引擎营销　电子商务

案例分析

打通全触点互动链路 亲宝宝开启立体营销新模式

据了解，亲宝宝通过核心功能之一的“成长记录云空间”提供记录孩子成长的服务，为全家打造了一个私密朋友圈。而另一核心功能“智能育儿助手”则为孕期以及0~6岁年轻家庭提供专业的育儿知识和育儿服务。这两大最核心的基础服务以宝宝成长记录功能为突破口，帮助亲宝宝构建自身流量池，再以智能育儿助手和社区服务进一步提高用户黏性和用户口碑，帮助亲宝宝聚集超1亿的用户。

与其他母婴平台仅定位于宝妈不同，亲宝宝平台上活跃着妈妈、爸爸、祖辈、亲友等整个家庭的用户，是一个全面覆盖家庭用户群体的母婴平台。基于此，亲宝宝顺势搭建了自己独有的母婴家庭营销生态圈。品牌则通过亲宝宝的平台生态精准触达母婴用户群体，这群高黏性、强互动参与性的用户通过试用等体验方式，为产品带来真实口碑的内容生产和传播。

艾瑞咨询认为，与过去大广告、大媒体、大渠道的营销方法不同，如今圈层人群、社区平台、精准种草已经成为品牌快速成长的关键，全场景整合营销成了越来越多品牌的选择。

亲宝宝在与伯特小蜜蜂、小皮、奶酪博士等诸多母婴生活品牌的合作中，就通过全场景精准营销模式，一方面通过线下专场定制活动由专家针对用户痛点输出专业内容，社区KOL/KOC现场体验产品为品牌使用场景赋能；另一方面通过线上直播及社群运营等方式加强与消费者的情感连接，进一步强化大众的品牌感知，打通全链路传播，实现精准目标消费群体深度种草。

作为扎根母婴领域8年的科技育儿产品，亲宝宝深耕技术，形成了其他企业难以望其项背的平台优势。在营销上，亲宝宝依托自身流量优势和技术能力，进一步升级智能营销系统AIRS。AIRS不仅能根据不同月龄段的诉求帮助品牌实现精准触达，还能通过产品体验的分享，向用户传达品牌信息。

为了更好地帮助品牌聚集私域流量，亲宝宝通过品牌号打造了“C-Hub私域营销阵地”，利用优质的内容沉淀和运营体系，为品牌提供集流量触达、内容营销、交易闭环于一体的专属服务。这套以流量、内容、转化为一体的“组合拳”为品牌提供了不同场景、不同阶段、不同身份用户的全方位分发，最后促使目标受众深度种草，助力品牌获得超高转化率的成交量。

在亲宝宝，以宝宝为核心的育儿家庭有着更多维的消费需求，这也吸引了围绕着家庭场景的各类消费品牌的目光。公开资料显示，在母婴品牌营销方面，亲宝宝已经为惠氏、美素佳儿、飞鹤、嘉宝、帮宝适等95%以上的母婴头部品牌提供了整合营销服务。与此同时，凭借独特的用户构成，亲宝宝还受到宝马、九阳、戴森、雅诗兰黛、海蓝之谜等汽车、小家电、美妆等家庭生活品牌的青睐，成为其重要的品牌营销阵地。

资料来源　佚名.艾瑞：打通全触点互动链路 亲宝宝开启立体营销新模式［EB/OL］.［2021-12-13］. https://baijiahao.baidu.com/s?id=1719019121228507988&wfr=spider&for=pc.有删减.

【讨论问题】结合本案例，谈谈亲宝宝如何借助数字化营销方式和策略构建立体营销模式。你认为，在这个过程中应该注意哪些问题才能获得数字化营销策略的成功。

实训操作

实训项目	企业的数字营销方式和策略分析
实训目标	掌握企业开展数字营销的具体方式和策略
实训步骤	1.教师提出实训前的准备要求及注意事项 2.学生5人一组，教师指导学生选定一个具备数字营销能力并有一定启发意义的企业作为案例 3.学生通过实地调研及二手数据的收集了解该企业开展数字营销的方式和具体营销策略 4.小组结合现实的表现，对该企业的数字营销方式和策略做出一定的分析，并总结优缺点等，形成分析报告或做PPT展示
实训环境	数字营销模拟实训室
实训成果	分析报告及PPT展示

思考与练习

一、填空题

1. 开展社会化媒体营销的6个步骤分别是：________、________、________、________、________、________。

2. 移动广告的特点是：________、________、________、________、________、________。

3. 在网络营销中，社会化媒体主要是指一个具有________性质的综合站点，而它们的内容都是由用户自愿提供的，站点与用户并不是直接的雇佣关系。

4. 搜索引擎优化是通过对网站本身的优化而符合搜索引擎的________，从而获得比较好的搜索引擎营销效果。

5. 移动营销的“4I营销模型”是指________、________、________和________4个方面。

二、不定项选择题

1. 社会化媒体营销是数字营销的重要方式，它可以帮助企业进行（　　）工作。

A. 营销管理　　B. 公关关系　　C. 客户服务　　D. 市场开拓和维护

2. 二维码营销是移动营销的一种方式，相对于传统营销有（　　）作用。

A. 与终端形成交互　　B. 收集线下数据

C. 改变应用场景　　D. 提供安全保障场景

3. LBS营销中，不同的用户因为在同一时间处于同一地理位置就可以构建用户关联，从而进一步构建真实的用户关系。在获取大量用户的基础上，再通过会员增值服务、移动游戏、广告和直播等进行盈利的模式是（　　）。

A. 休闲娱乐模式　　B. 生活服务模式

C. 社交模式　　D. 广告模式

4. 企业开展搜索引擎营销是为了通过访问量的增加提高企业收益，这属于搜索引擎的（　　）目标。

A. 第一层　　B. 第二层　　C. 第三层　　D. 第四层

5. 企业与企业之间通过互联网进行产品、服务及信息交换的电子商务活动是（　　）模式。

A. B2B　　B. B2C　　C. O2O　　D. B2F

6. 买卖双方通过网络进行商务活动，不需要中介的参与，可以加快交易的速度，也无须付给中介费用，体现了电子商务的（　　）特点。

A. 交易虚拟化　　B. 交易成本低　　C. 交易效率高　　D. 交易透明化

三、判断题

1. 社会化媒体营销开展需要对效果进行评估并实时进行调整。（　　）

2. 进行二维码营销不需要给消费者提供利益，这才是有效率的移动营销方式。（　　）

3. 移动广告具有精准性、即时性、互动性、扩散性、整合性、不可测性等特点。（　　）

4. 搜索引擎优化不仅要符合搜索引擎的搜索习惯，更应该符合用户的搜索习惯。（　　）

5.C2B 即 Customer to Business，即消费者到企业，其核心其实就是强调以消费者为中心，消费者当家做主。（　　）

四、思考题

1. 选择一个案例，感受社会化营销的开展步骤和注意事项。

2. 选择一个移动广告的案例，分析这个广告的成功之处。

3. 为 B2B、B2C、C2B、C2C、O2O、O2M、B2B2B、B2B2C 等电子商务模式找到实际的企业案例并分析其营销策略。

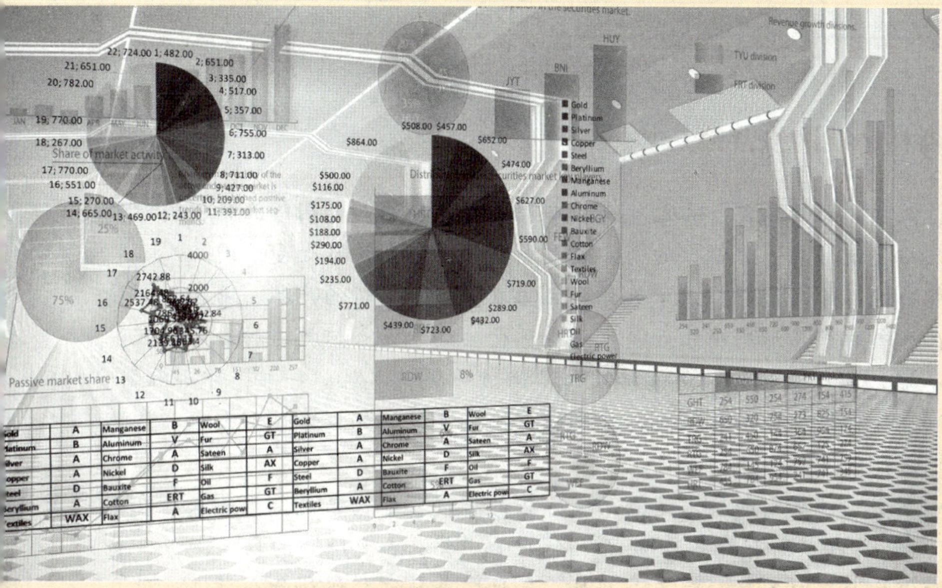

第5章　大数据在数字营销中的应用

【知识目标】　完成本章的学习，掌握大数据相关知识及其在营销中的应用。

【素质目标】　从现实问题入手，运用喜闻乐见的话语方式，以案例教学的方式，引发情感共鸣，引导与时俱进，树立大数据思维，认识到数据要素对国家经济社会发展的重要意义。

【引例】元气森林精准网络营销

主打“健康、低卡、女性最爱”的元气森林超越长年“霸榜”的国际品牌，同时斩获天猫和京东水饮品类销量第一，推出的新品夏黑葡萄味苏打气泡水大受欢迎。

元气森林的成功绝不是因为它推出了某种产品力具有绝对优势的产品，更在于其精准的网络营销。在基本的产品形态确立后，元气森林面临的就是如何把这种心智注入消费者的心智。在早期，元气森林的做法是标准的“两微一抖一书”，“一书”即小红书。热爱甜味和恐惧糖分这种极端矛盾的心态，在年轻人（偏女性）的群体性形态中非常典型，而元气森林正好抓住了两者间的平衡。

元气森林在小红书“种草”的技术达到了大师级的程度，举例来说，元气森林在小红书有一个1.9万点赞的内容，有知名IP做了一个关于“含糖和变胖”的内容测评，这两个关键词直接切中核心用户和核心痛点。另外，通过不断地与顶级网红合作，通过直播大规模收割销量，元气森林多次直播销售至断货。

资料来源：佚名.精准营销的典型案例[EB/OL].[2023-02-07].https：//www.1481.net/m/6433.html.

【分析提示】精准网络营销成功的核心是什么？

5.1 大数据概述

5.1.1 大数据时代的到来

2010年前后，云计算、大数据、物联网快速发展，拉开了第三次信息化浪潮的大幕，也意味着大数据时代的到来。

1）信息技术的发展为大数据时代奠定了技术基础

信息科技领域的进步为大数据时代奠定了技术基础。

首先是存储设备容量的大幅增加。

随着技术的进步，数据存储介质的容量不断增加，传输速度不断提升，价格却不断下降。以闪存为代表的新型存储介质，具有存储性高、体积小、质量轻、能耗低、抗震性好等优点，是非常优秀的存储设备。而基于闪存的SD卡、U盘和固态盘等产品，读写速度也在不断升级，每秒钟读写次数（IOPS）有几万甚至更高。

数据量和存储设备两者相辅相成，互相促进。一方面，数据的不断产生促使存储设备容量不断提升以满足市场需求；另一方面，更大容量的存储设备也加快了数据产生的速度，原本因成本问题而丢弃的数据如今都得以保存下来。

其次是CPU处理能力的提升。

2013年之后，CPU产品呈现每隔18个月性能提高一倍、价格下降一半的规律性发展。CPU处理能力几何级数的上升，使得快速处理海量数据成为了现实，也从另一个方面促成了数据量不断地增加。

最后是网络带宽的不断增加。

移动宽带网络迅速发展，目前基本已经做到了中小城镇全覆盖。4G网络覆盖已达100%，5G时代已经到来。通信网络基础技术的进步，使得各种终端设备可以随时随地传输数据。

2）数据产生方式的变化促成了大数据时代的到来

随着社会信息化进程的加快，人们在日常生活和工作中产生大量数据。这些数据渗透到每个行业和业务领域，成为重要的生产要素，并影响着企业的发展。可以说，数据将会成为企业获取核心竞争力的关键。数据资源与物质资源、人力资源一样成为国家的重要战略资源。

这一切都源于数据产生方式的变革。人类社会数据经历了“被动–主动–自动”的过程。早期人类社会大规模管理和使用数据是源于数据库的诞生，当时数据产生方式是被动的，只满足企业业务需求。伴随着互联网的诞生，数据开始呈现“井喷式”增长，网络内容也经历了从企业生产到用户自身生成的过程。而物联网及有关设备的出现，使得每时每刻都自动产生大量数据。这种数据产生方式的变迁促成了大数据时代的到来。

3）数据变废为宝的观念是大数据时代开始的第一步

曾经许多人对数据不屑一顾，认为数据就像是垃圾，一文不值。比如，商场购物后开具的小票，通常会被丢入垃圾桶。但现在，商场小票却成为商家最重要的商业信息之一，深刻地影响着其商业行为。

数据经历了“收集—挖掘—分析—应用”4个阶段，这也是将数据信息变废为宝的重要流程，将收集与挖掘到的数据进行分析并应用于多个领域，站在企业对消费者定位的角度进行分析，对企业决策影响重大。

4）大数据的发展历程

大数据的发展历程目前来看可分为3个重要阶段：萌芽期、成熟期和应用期。

萌芽期（1990—2000年）：这一时期数据挖掘理论和数据库技术逐步成熟，商业智能工具和知识管理技术开始被应用。

成熟期（2000—2010年）：这一时期Web2.0迅速发展，非结构化数据大量产生，传统数据处理方法难以应对，进而带动大数据技术快速突破，大数据解决方案逐步走向成熟，并形成了云计算与分布式系统两大核心技术，大数据技术受到追捧，平台开始大行其道。

应用期（2010年以后）：大数据应用渗透到各行各业，数据驱动决策，信息社会智能化程度大幅度提升。

5.1.2 大数据的概念

大数据是指一种规模大到在获取、存储、管理、分析方面大大超出了传统数据库软件工具能力范围的数据集合。它具有海量的数据规模（Volume）、快速的数据流转（Velocity）、多样的数据类型（Variety）和价值密度低（Value）4大特征。

1）海量的数据规模

信息社会的出现，尤其是物联网的推广与普及，使得数据以自然方式增长，而且不以人的意志为转移。如今数据产生速度之快，产生数量之大，已经远远超出人类可以实时掌控的范围。数据存储单位就是最明显的变化，如今最大的存储单位已经是ZB（Zettabyte，泽字节），1ZB相当于1024EB，相当于1024^3TB。

2）快速的数据流转

大数据时代数据产生迅速，这就要求相应的程序能够基于快速生产的数据给出实时分析结果并应用于生产和社会实践。因此对数据处理和分析的速度要求非常高，通常要达到秒级响应。

3）多样的数据类型

大数据时代的数据来源众多，涉及各个行业如生物、交通、医疗、电信、金融等，每个行业的数据都呈现“井喷式”增长，存储量由TB跃升至PB级别。

从形式上来说，数据可分为结构数据和非结构数据。结构数据是指直接可用行和列储存的数据，如Excel表格中的数据。非结构数据如微博、微信、抖音等产生的数据。非结构数据占据大数据时代数据总量的80%以上。

从来源上来说，数据可分为商业数据、交互数据和传感数据。商业数据是指来源于企业ERP系统、POS终端、网络支付系统等的业务数据。交互数据是指来源于通信记录及QQ、微博等社交媒体的数据。传感数据是指来自GPS设备、REID设备、无线网络和视频监控设备等的数据。

4）价值密度低

数据价值密度低体现在两方面：一方面，在海量数据中，大部分数据价值较低，仅有个别存在价值的数据零散分布在海量数据中。例如，村居监控，只有发生意外事件才会产生价值，否则平时连续的监控画面没有多大意义。另一方面，为了获取特定数据必须耗费较大的成本构建平台，并进行趋势预测。这种前期成本的耗费使得大数据的应用成本较高，投资盈利比较低。

5.2 基于大数据的客户管理模式

5.2.1 客户关系管理

客户关系管理（CRM）是企业利用相应的信息技术以及互联网技术来协调企业与顾客在销售、营销和服务方面的交互，从而提升其管理，进而向客户提供创新式、个性化的交互和服务的过程。

1）客户关系管理的功能

（1）市场营销

客户关系管理系统可以有效帮助市场人员分析现有的目标客户群体，如主要客户群体所集中的行业、年龄层次或地域等信息，从而帮助市场人员进行精准的市场投放。

客户关系管理系统可以有效分析每次市场活动的投入产出比，根据市场活动相关的收入记录、报销单据等内容进行计算，还可以统计出市场活动的效果报表。

（2）销售过程

销售是客户关系管理系统的主要组成部分，包括潜在客户、客户、联系人、业务机会、订单、汇款单等板块。业务员通过记录沟通内容、建立日程安排、查询预约提醒、快速浏览客户数据，可以有效缩短工作时间。

同时，大额业务提醒、销售漏斗分析、业务绩效指标、业务阶段划分等功能可以有效帮助管理人员提高整个公司的成单率，缩短销售周期，从而实现最大效益的业务增长。

（3）客户服务

客户服务主要是用于快速、及时地获取问题客户的信息和客户历史问题记录等内容，有针对性地解决客户问题，提高客户满意度，提升企业形象。某些集成呼叫中心系统的客户管理软件，还可以缩短客服人员的响应时间，提升对客服务水平。

2）客户关系管理的好处

一是增加销售额。例如，在实施某系统的前三年，销售代表的年销售总额增长了10%。之所以能够获得这样的收益，是因为销售人员提高了工作效率，工作更富成效，同时为财务金融策略提供了决策支持，从而提高了企业销售业绩，改善了市场营销效果。

二是减少营销成本。例如，在实施某系统的前三年，一般的市场销售费用和管理费用减少了5%。因为公司和市场人员可以更有针对性地对目标客户发放他们所需要的资料，优化了企业业务流程，提高了企业的快速响应和应变能力，从而减少了不必要的人力和财力的浪费，降低了营销成本。

三是提高营销成功率。例如，在实施某系统的前三年，销售成功率提高了5%。因为销售员辨别和选择机会时可以更仔细，及早放弃不佳的机会，将精力集中于具有高成功率的营销机会。

四是增加单笔生意价值。例如，在应用某系统的过程中，每笔生意价值增加了5%的边际利润。因为销售员可以与那些经过仔细选择的客户群更紧密地合作，这些客户更注重商品的质量，所以销售员趋向于更少打折。

五是提高客户满意率。例如，在实施某系统的前三年，通过使用建立的客户关系管理系统，客户满意率增加了5%，因为客户能够更快地得到所需信息。

3）大数据与客户关系管理营销

面对客户的多样化、多层次、个性化需求，大众化营销已失去优势。在数据繁多混乱、市场营销执行力下降的同时，不可否认的是，大数据中的海量数据中埋藏着用户习惯、市场变化、技术走势等有价值的信息，这些信息能够为客户关系管理营销带来帮助，客户关系管理与大数据加速走向融合。

随着云计算、移动互联网、手机、平板电脑、个人电脑以及遍布全球的各种各样传感器的涌现，大数据变成了最热门的话题之一。大数据技术让数据变成能够快速获得的有价值信息。

（1）客户关系管理带动大数据市场快速成长

伴随着大数据走向传统行业，客户关系管理带动商业分析应用市场快速成长。按照客户关系管理的经营理念，企业应制定客户关系管理战略，进行业务流程再造，据以实施客户关系管理技术和应用系统，对客户的关系进行更系统的管理，从而增强客户满意度，培育忠诚客户，达到实现企业经营效益最大化的目标。

在企业的日常工作中，一般的客户关系管理至少要涵盖4个层面，才能保证企业及时与客户进行密切交流，处理好人员、流程、技术三者的关系。在线客户关系管理系统具有丰富的功能模块，能全方位满足企业的管理需求。

①运营管理层面可以帮助企业实现市场分析、市场预测和市场活动管理等。

②销售管理层面可以帮助企业增加商机，跟踪销售过程，提高销售成单率。

③客户服务层面可以为客户提供全天候不间断服务、多种方式交流，并将客户的各种信息存入业务数据库，以便其他部门共同使用。

④ 技术支持层面可以为企业提供技术支持、技术改进，实现营销与数据的同步跟进。

所以，大数据下的客户关系管理系统是一套人机交互系统和解决方案，其中贯穿着系统管理、企业战略、人际关系合理利用等思想，能帮助企业更好地吸引潜在客户和留住最有价值的客户。

（2）帮助企业把握行业趋势、抢占市场先机

随着数据源呈现指数级增长，信息的数量及复杂程度快速扩大，从海量数据中提取信息的能力正快速成为战略性的强制要求。在这样的趋势下，大数据的挖掘和分析尤为

重要，大数据时代发展和掌握客户关系管理的重要性不言而喻。

在蓬勃发展的中国市场环境中，大数据所带来的机遇前所未有，这将是中国营销者预期取得大回报的最佳时机，也是客户关系管理服务商发展的良机。作为数据为本、分析为先的客户关系管理，如此庞大的数据摆在面前势必不能放过。

面对这样的发展趋势，大数据必将成为客户关系管理产业的催化剂，成为多元化大数据时代营销者的全新利器。

5.2.2　客户细分、收集与整理

1）客户细分

客户细分是指企业在明确的战略业务模式和特定的市场背景下，根据客户属性、行为、需求、偏好、价值等因素对客户进行分类的行为。

顾客存在差异是客户细分的前提，不同类型的客户存在多样化的异质性需求。通过客户细分，企业才能全面了解自己的顾客群体，开展有针对性的营销，最大化地实现可持续发展。

客户细分可分为5个步骤：

（1）商业理解

在细分客户之前需要明确目的。一般来说，对用户进行数据细分，主要是为了精准营销，以达到降低成本、提高转化率的目的。

（2）数据理解

企业可以从业务角度确定合适的指标变量。

①行为指标，如购买频率、购买金额、使用次数、使用量、使用频率等。

②属性指标，如客户的年龄、性别、职业、文化程度等。

③时间指标，如年费用户、包月用户、使用时间、最近一次使用或者消费时间等。

④地理指标，企业应根据业务范围确定地理指标的大小。范围广，可分为华东、华南等；范围窄，可分为省市、区县等。

⑤渠道指标，如实体或者线上渠道，以及购买渠道的规模、信用等。

（3）数据建模

根据不同标准，这一步可分为事前细分和事后细分。

事前细分技术主要是根据历史数据定义用户类型，再对未发生的进行预测，打上预测客户标签。事后细分技术主要是重点考虑细分的多维度，对客户打上类别标签，这样可以通过标签查看客户的性别、年龄、收入等差异，迅速找到目标客户。

（4）特征刻画

根据各群组的特征，用比较有代表性的名字进行命名，并对每类特征进行描述性分析，总结各群组的特征。例如，根据买家的成交笔数、金额、频率等进行分类，可以将用户分为产品活跃用户、优质重点用户、单一用户或抑制性客户。

（5）调研验证

针对真实的市场和用户开展实地调研，用于验证细分的准确性和发现潜在可开展的

营销点。

2）客户收集

企业在客户管理过程中需要收集客户数据，特别是那些需要针对客户开展一对一个性化营销且预算充足的企业，更应该考虑通过自己建立客户数据库的方式收集客户数据。不过，虽然对企业而言，尽可能多地掌握客户数据是有效进行客户管理的基础，但企业搜索、清洗、储存数据需要付出大量的人力、物力、财力，所以，企业需要有选择地根据客户的特点来收集客户数据（见表5-1）。

表5-1　不同的客户类型需要收集的不同数据

客户类型	企业需收集的数据	
	一级数据	细分数据
个人客户	自身数据	姓名、性别、年龄、性格、电话、传真、住址等
	家庭数据	婚姻状况：结婚纪念日；配偶姓名、生日、爱好；是否有子女；子女姓名、年龄、生日、教育状况、子女是否与父母同住等
	事业相关数据	就业情况、单位、工作地点、职务、任职时间、收入、个人从业经历等
	心理与态度相关数据	购物动机、个性、生活方式、品牌信念与品牌态度
	行为数据	购买频率、购买种类、购买金额、购买途径
企业客户	基本数据	名称、地址、电话、创立时间、所在行业、规模、经营理念、销售或服务区域、声誉
	业务状况相关数据	销售能力、销售业绩、发展潜力、企业优势、企业存在的问题
	交易相关数据	交易条件、信用等级、本企业与该客户的紧密程度

此外，企业面对的客户包括个人客户和组织客户等不同类型，这些不同类型的客户有各自不同的要求和特点。因此，对企业而言，在收集数据的时候，有必要根据客户的特点来确定数据收集的侧重点。

而根据数据收集平台的归属和数据源的归属，企业在客户管理中的数据收集主要来源于3个方面。

（1）第一方数据

第一方数据即企业自有数据，包括通过销售系统、会员系统、客户服务系统等直接采集的客户信息。例如，在订单系统中的历史交易数据、通过营销活动收集的客户描述性数据、企业电话中心收到的客户咨询及投诉等信息数据、企业通过网站分析技术收集的访问企业主页和移动端应用的行为数据等。

第一方数据记录着企业与客户接触的点点滴滴，由于数据是自己自主收集的，所以数据的质量毋庸置疑。但仅依靠企业单方面收集，其数据的规模必然受到限制，并集中在既定的消费群体中，理论上第一方数据更适用于客户服务与客户忠诚计划，而不适用于新客户发掘。

（2）第二方数据

第二方数据是指企业在外部平台上收集的属于自己的数据，包括企业从其下游企业、广告代理商、合作媒体平台等收集的数据。例如，企业使用谷歌、腾讯等媒体的大数据，或由媒体投放平台提供的广告曝光、点击量数据等。几乎所有媒体都会为广告主提供数据服务，从谷歌、BAT（百度、阿里巴巴、腾讯）这样的媒介巨头，到各大视频网站、门户网站、垂直媒体、智能设备供应商，都自有一套数据营销与应用体系。它们所提供的数据可以帮助企业了解客户的媒体偏好、内容偏好，甚至地理位置和生活习惯等，非常方便企业直接应用。以微信公众号为例，腾讯就拥有所有粉丝用户的ID、性别、注册地、发言等各种数据。

但第二方数据由于数据采集源并不属于企业，所以企业能收集到多少数据完全取决于这些外部平台的开放程度，一旦外部平台停止提供数据，或提出一个企业无法接受的条件时，企业之前基于第二方数据建设的数据设置和数据内容就会失去作用，企业就会为此付出代价。

（3）第三方数据

第三方数据指的是由独立的数据供应商提供的数据。这些数据类型丰富、体量庞大、来源与维度极其丰富，能够帮助企业形成对市场以及用户的全面认识。但由于第三方数据直接面向市场公开出售，所以数据的稀缺性比较低，也就是说企业现在看到的这份数据，竞争对手也能看到，双方将很难在数据战略上拉开差距。同时，专业的第三方数据机构数量众多，如何证明第三方数据的客观真实性也是困扰企业的一大问题，部分数据质量存疑。另外，需要强调一点：在国内，B2C领域的数据即个人数据的买卖属于非法行为。

3）客户整理

从不同数据源收集的客户数据由于各种原因，会存在一些质量问题。例如：客户在调研问卷上填写假的姓名和联系方式；企业销售人员为了不让自己的公司了解真实的客户信息，在客户关系管理系统中录入虚假的客户信息；营销商为了完成指标编造假数据；每天在各五星级酒店晃悠，参加产品推介会，但目的是领取免费礼品和享受午餐的“会虫”提供的虚假信息；在客户信息录入时出现的数据录入错误；等等。以上这些都是造成数据虚假的原因。在将这些数据录入数据系统前，数据分析人员需要对它们及时进行鉴别并清理，防止错误数据被营销部门使用。

首先，数据分析人员需要凭借经验对收集的客户数据质量进行评估，如长度只有10位的手机号码、不带@字符的电子邮件地址，都是错误数据，需要清理。

其次，通过相关字段的对比了解数据真实度。例如，拿一张“全国城市名-邮编-电话区号-手机号段归属城市”对照表，判断客户填写的数据是否有冲突，虽然可能存在一个客户在多个城市办公的情况，但如果这个比例超过1%就是不可接受的了。又如，利用“中文—拼音”的对照工具，将客户的名字换成拼音字母，查看电子邮件是否含这些拼音，如果匹配率不到20%，那就需要人工识别了，如果看到大量姓名是“张三”，但邮件地址是“lisi@sina.com”的数据，就需要找到数据源探查具体原因了。

通过一些工具可以对数据进行清理，清除数据中的空格、非法字符等，但是当数据量很大的时候，就需要通过数据仓储技术（ETL）工具来实现。

最后，通过测试工具对已经确认格式和逻辑正确的数据进行测试。例如，通过电子邮件发送欢迎邮件，通常电子邮件发送供应商都提供退回功能，并列出发送失败的邮件列表和失败原因（邮件已满、邮箱不存在、邮件服务器拒收等）。而验证电话号码用的则是“信令”技术，即批量对电话号码进行预呼，根据拨打时运营商系统的回复如“您拨打的用户正忙”“您拨打的电话号码是空号”、正常接通的“嘟嘟”声等情况进行罗列，了解电话号码的正确程度。

数据质量清理的大致逻辑如上所述，但是手法远不止这些，经过数据质量清理，可以保证之后录入客户关系管理系统的数据是基本正确的。

5.2.3 客户分析

客户分析是指企业在拥有基本数据的情况下，在客户关系管理中运用相关数据进行统计、分析，从而发现用户的特征和行为规律，从而为营销策略的制定提供依据。

客户分析具体可分为客户群体划分、客户行为分析、客户需求分析和客户流失分析。

1）客户群体划分——聚类

客户特征常用5个常见的基本属性进行维度划分。

①性别。明确客户群的性别是什么。明确产品目标群的性别非常重要，数据显示，40%左右的男装购买人群为女性，因此女性也是男装品牌重要的营销目标群体。

②年龄。不同年龄阶段的人群消费水平与倾向存在很大差异，一般可分为18～23岁、24～28岁、29～35岁、35岁以上等多个年龄阶段。

③职业。不同职业的消费群体其消费水平和倾向也不同。

④风格。这是指目标客户群的风格定位或者产品本身的风格定位。由于个体审美观念不同，不同的产品目标消费群体风格也是不同的。

⑤场景。不同场景的目标消费群体所需要的商品有很大不同。例如，管理层职业女性，在生活和工作中对服装的风格、档次要求相对较高。

2）客户行为分析

①客户基本信息的多维度分析。以用户所处的地域、性别、年龄等人文属性建立分析维度，对所有的信息进行筛选，可以简单地把用户相关属性与其行为进行匹配。例如，居住高档小区的用户更倾向于高档次的产品消费。

②客户带来的价值高低的分析。通过量化顾客过去的购买记录、购买产品价值、购买频率等，对客户产生的价值进行评分，从而分析出客户价值的高低。价值高的客户更容易接受公司产品的推荐。

③顾客浏览行为的分析。对顾客过去购买或点击过的商品记录进行分析，可以统计归纳出客户的可能兴趣点，并可对其进行针对性推荐。

④客户“不喜欢”的分析。针对推荐商品增加“不喜欢”按钮，可以收集客户不喜欢的商品，这类信息与客户兴趣点信息一样重要。

3）客户需求分析

企业还需要分析数据背后的含义，了解客户真实的需求是什么。通过数据分析洞悉客户需求，并提供定制化服务。

①用数据察言观色。这是指用数据对客户进行全方位的分析和大致的定位，主要通过客户所处的环境信息和行为特点进行判断。环境信息是指客户的爱好、品位以及周围的环境。行为信息是指客户特定行为背后的特殊意义。例如，客户如果经常搜索母婴产品，那么他/她家里应该有一个刚诞生的婴儿。

②听数据告诉你的信息。数据的信息量可以说明用户的行为规律，帮助企业深入了解客户。如果某超市的会员购买记录显示其5月14日、5月28日、6月10日和6月22日都购买了纸尿裤和奶粉，就可以预测分析该用户下次购买的时间，进而在他购买之前进行针对性促销推荐。

③挖掘数据的核心价值。数据的核心价值需要进行深度的挖掘，这是以大规模的数据为基础的。以购买纸尿裤的用户为例，如果超市通过时间线发现他逐渐从A品牌转向B品牌，那么进行针对性营销时，就应该避免对A品牌进行推荐。

④为客人“私人定制”。分析与掌握数据后，可以将客户精准定位到某个坐标上，并围绕这一坐标点对客户进行针对性营销。通过放弃A品牌纸尿裤的客户寻找他放弃的原因，从而找到A品牌纸尿裤的缺点，进而确定用户对于纸尿裤的特定需求，并帮助商家和用户推出更贴合实际需求的商品。

4）客户流失分析——偏差检测

大数据中常会有一些异常记录，从数据库中检测出这些偏差很有意义。偏差包括很多潜在的问题，如分类中的反常实例、不满足规则的特例、观测结果与模型预测值的偏差、量值随时间的变化等。偏差检测的基本方法是寻找观测结果与参照值之间有意义的差别。比如，传统的客户流失分析一般是通过销售员对客户交易进行检测来实现的，对销售员的依赖太大，为了提高流失客户的判别效率，企业可先根据一般分类客户的正常交易数据进行初步的自动判断，再针对那些被认定为有流失倾向的客户进行深入分析。

5.3 基于大数据的精准营销模式

营销专家菲利普·科特勒认为企业需要更精准、可衡量和高投资回报的营销沟通，需要制订更注重结果和行动的营销传播计划。精准营销简单来说就是5个合适，即在合适的时间、合适的地点，将合适的产品以合适的方式提供给合适的人。

现阶段互联网上的竞争变得越来越激烈，一般的网络精准营销已无法满足企业的发展和需求，在这样的背景下，大数据精准营销被推到台前。企业之所以需要大数据精准营销，是因为大数据精准营销更有针对性，更有的放矢，更能高效捕捉到目标客户，降低企业运营成本。

相较传统的精准营销，大数据精准营销有以下4点优势。

(1) 可量化

依靠现代信息技术精确定位市场的大数据精准营销，其量化营销的效果比一般的网络营销更好。

(2) 保障企业与客户的互动沟通

大数据精准营销提供的系统手段可以保障企业与客户长期沟通，从而不断满足客户的需求，提高用户黏性。

(3) 可调控

大数据精准营销借助的是数据库技术、网络通信技术及现代高度分散物流等技术和手段，保障了与客户的长期个性化沟通，从而使结果可度量、可调控，成本更低。

(4) 简化过程

大数据精准营销依靠现代科技手段实现高效营销，简化了中间的环节，脱离了传统营销模块，从而使营销过程得以简化，成本大大降低。

传统的营销方式主要是通过群体分析进行品牌传播，而大数据通过用户画像分析、市场状况分析、触达场景分析、营销产品内容分析，洞悉营销对象的诉求点，利用个性化推荐技术，实现了真正意义上的个性化精准营销。因此大数据时代，企业如何驾驭数据、利用数据实现业务洞察，是形成差异化竞争优势的关键所在。

5.3.1 利用大数据进行精准营销的步骤

1）确定目标

对于企业而言，制定明确的、可量化的目标是进行精准营销的关键，即企业希望通过精准营销解决什么问题。当企业的目标制定得十分明确时，就有可能获得有价值、可量化且有意义的效果。一般而言，企业可以选择4个精准目标：一是顾客保留，即维持现有顾客；二是顾客增长，即增加顾客数量；三是顾客激活，即激活休眠顾客；四是顾客获得，即获得新顾客。

(1) 顾客保留

任何一家企业，为了使其自身能继续运转下去，都需要注意关键的一点：在自己的顾客完成一次购买后，开始下次购买前，留住他们。顾客保留是防止顾客流失和建立顾客忠诚的重要手段。有研究表明，保留一个老顾客的成本是获取一个新顾客成本的1/5，也可以这样理解，向一个现有顾客销售产品要比不断寻找新顾客容易得多。因此，为了留住自己的老顾客，很多企业会非常关注顾客的反馈情况，并针对这些信息进行数据分析。

（2）顾客增长

现有顾客追加销售和交叉销售是使收益增长最快并且最节约成本的方法。例如，保险业内人士皆知的一个事实就是，与只购买过一个保险产品的顾客相比，已经购买了两个或者两个以上相关保险产品的顾客更换保险公司的可能性要小得多。针对保险行业的研究证明，与前一种顾客对保险公司保持忠诚的时间相比，后一种顾客保持忠诚的时间平均要长5～10年。

通过追加销售与交叉销售实现现有顾客收益增长是提高客户忠诚度和当前盈利的最佳手段。通过精准营销来实现顾客增长的具体方式是：判断顾客适合接收的信息，或者说判断哪些顾客更愿意了解具有哪种特性的产品。预测顾客需求以及在适当的时机采取行动实现增长需要以精准的大数据分析为基础。

（3）顾客激活

顾客激活是企业可选择的另一个营销目标，即触发老顾客再次购买。大数据主要是通过顾客以往的购买行为预测其重新购买的可能性。很多企业经常犯的一个错误就是忽略甚至删除最近没有购买行为的老顾客，认为这些顾客已经放弃了自己的产品或者对自己的品牌失去了兴趣。而事实上，用即时性的关联性信息激活不活跃的顾客可以为企业带来巨大的利润。因此，为了创造关联性信息，企业必须挖掘和利用丰富的顾客历史数据。

（4）顾客获得

顾客获得是精准营销真正的难题。首先，企业对新顾客知之甚少，因为这些顾客没有购买过任何产品，找不到任何与本企业相关的记录。其次，这些顾客有可能对企业的产品要求苛刻，他们完全可以继续购买自己曾经使用过的、曾经令自己满意的那些产品。所以，企业需要向这些潜在顾客提供与之高度关联的营销信息，在与其互动时留下良好的第一印象。而解决这一难题的关键就在于找到合适的数据，掌握潜在顾客的情况，进行准确的归类与定位。

以顾客获得为目标的精准营销，需要营销人员通过数据去了解潜在顾客的行为、爱好与需求，然后将这些数据应用到获取新顾客的过程中。

2）收集数据

数据对精准营销而言至关重要，因为大数据产生客户洞察力，客户洞察力创造关联性，而关联性培养客户的忠诚度。企业可以通过两个途径收集客户信息数据：直接渠道和间接渠道。

（1）直接渠道获得内部数据

企业可以通过与客户的直接接触获取所需要的客户信息数据及资料，具体方式如下：

①与客户直接交谈。当企业面对客户的时候，更需要主动与客户交流，以便准确、详尽地掌握客户信息数据。企业与客户的直接交流主要体现在3个阶段：客户关系建立前、客户关系建立中以及客户关系建立后。建立前，主要确定客户的基本状况及其主要的需求信息；建立中，主要是进一步明确客户具体的需求信息及这些需求信息是否发生

了变化；建立后，主要了解客户对于品牌及产品的评价和态度。

②在营销活动中收集客户信息。例如，通过会员卡、客户档案等方式记录客户的基本信息数据及其消费习惯数据。此外，企业还可通过展销会、洽谈会、促销活动等营销活动获得客户信息。

③通过售后服务获得客户信息。根据企业对客户的回访、客户反馈、客户的维修记录以及客户的抱怨和投诉获得客户信息。

④通过网站及移动终端收集客户信息。越来越多的企业有了自己的网站或App终端，或者利用这些终端销售产品。当客户通过网站了解或订购产品的时候，不可避免地需要填写相关信息，此时，企业就可以获得这些客户的基本信息，并通过追踪客户的购买频率、购买内容了解客户的购买行为和偏好，掌握更多的客户信息。

（2）间接渠道获得外部数据

企业可以利用多种渠道购买、补充和生产数据。

①利用搜索关键词了解客户。客户在电子商务网站输入的搜索关键词是非常重要的信息，通过关键词能够确认客户的近期需求。

②客户定位。营销人员可以利用客户的所在地信息在目标客户与信息的筛选方面提高营销的精准度。地域信息十分有用，它可以让我们了解客户所在地的人口统计情况，从而做出有针对性的营销计划。

③快速投票和调查。在企业自己的网站、官方SNS或者通过电子邮件发起快速的简单投票是很容易的事情。这类快速调查不但是吸引客户互动的便利机会，还能帮助营销团队掌握更多的客户信息数据。

④社交媒体。在社交媒体这种渠道上，企业不仅能与客户直接对话，还可以以此为平台收集各种自由数据，或称“客户自由言论数据”。社交媒体确保客户自由地用自己的语言表达看法，给企业的信息收集带来深度与广度，让企业了解客户的真实想法。不过，将原始的自由数据转化为可用的数据通常需要3～4周时间，这对于长期营销计划来说自然不是问题，但是对于想要及时纠正问题或者营销失误等公关问题的企业来说却不适用。

幸运的是，现在的软件工具可以迅速处理自然语言数据；找出言论的主要思想；确定言论的情感基调（积极的或消极的）；跟踪自由数据中的深度意义线索。

数据告诉了企业客户的收入、住址、手机号码、休闲爱好以及购买习惯等细节。每当与客户互动时，营销人员也有机会收集和了解客户的情况。每当与客户交流时，企业都应该思考如何倾听和回答客户的问题。只有了解客户的需求才能创造出关联性信息，而只有收集与分析数据才能了解客户的需求。

收集数据的本质是提炼客户信息的价值，根据这些数据以及其他有助于产生关联性的信息优化营销内容。高度有效的企业会把各方面的数据整合起来，将客户数据应用到业务的方方面面，而不仅限于营销。

3）目标性建模

目标性建模是一种重要的数据分析方法，能够从数据中找到“相似点”。它可用于帮助企业划分客户的优先次序，判断客户激活、客户获得以及交叉销售与追加销售的成本。营销人员可以利用交叉销售与追加销售保留客户，消除营销活动摩擦，用产品组合销售获得较大的利润回报。

（1）客户获得

对于很多营销人员而言，客户获得是当务之急。人们普遍认为以客户获得为目标的营销成本高于客户保留。通过预测性分析，营销活动可以变得更有目标性，从而大幅降低成本。模型提供了既有逻辑性又节约成本的方法来定位和吸引最有可能做出反应而成为新客户的潜在客户并与他们互动。

（2）客户增长

客户增长这一目标的实现有赖于针对目标客户的交叉销售与追加销售，通过建模提高现有客户的价值与盈利率。交叉销售对拥有多个产品系列的企业而言是一项挑战。通过正确的信息定位确定正确的客户群体的过程可能比较复杂，但是产品的交叉销售有助于巩固客户关系，提高其忠诚度。预测性分析帮助营销人员将正确的营销信息，在正确的时间发送给正确的客户。

（3）客户保留

竞争的加剧与经济形势的压力迫使营销人员改进挽留客户的战略。研究证明，保留一位现有客户比获得一位新客户的成本更低。如果营销的目的是挽留客户，那么可以通过预测性建模了解客户的价格敏感度、消费习惯以及生命周期价值，从而避免风险。客户保留的建模将帮助营销人员挖掘现有客户的潜力，提升盈利水平。

（4）客户激活

预测性分析可以根据过去的客户流失情况建模，并且识别出隐藏的趋势与行为。针对企业的现有客户应用该方法，将有助于识别出哪些客户放弃企业品牌的可能性最大，从而便于主动出击，提前预防。

4）制定战略

战略的制定能够帮助营销人员避免错误的客户定位，如果企业的客户定位错误，那么由此产生的无关联性信息可能导致客户放弃企业的品牌，企业投入了预算却得不到应有的回报。数据分析团队会根据业务目标、实际问题或机会向营销团队推荐合适的方案。在战略制定阶段，数据分析团队会将收集来的数据进行更深入的挖掘、分析建模，确保客户洞察力切实可行。他们会根据数据判断潜在的客户群体及其反应倾向。例如，根据价格敏感度或者地域特点对新的受众进行分级，从而运用客户洞察力、分级结论与推荐的方案综合制定行之有效的新营销战略。

5.3.2 产品定位分析——文本挖掘

舆情，是“舆论情况”的简称，信息化时代人们越来越深切地感受到舆情，尤其是网络舆情的影响力。例如，买车和家电之前，消费者会浏览相关网站，或者在微博上搜索一番，看看某品牌或款式的评价如何，负面反馈多不多，这些评价和反馈就是一种舆情。消费者在网络上所形成的对于品牌、产品的评价，企业可以通过网络舆情数据，分析顾客对品牌或产品形象的描述，再对比企业自身的期望，分析原因进行品牌定位或产品定位。例如，从产品、时间、地区等维度分析口碑变动情况及热词分布，对热词进行情感判断，识别热词倾向性。据此，企业可以针对分析结果采取针对性的精准营销策略，也可以针对反馈集中的问题对产品进行优化。而这所需要的分析方法就是文本挖掘。

文本挖掘是指利用数据挖掘技术，从大量无结构的文本信息中发现潜在的、可能的数据模式、内在联系、规律、发展趋势等，抽取有效、新颖、有用、可理解、散布在文本文件中的有价值的内容，并利用这些内容更好地组织信息的过程。常见的文本挖掘包括文本结构分析、文本摘要、分类、聚类、关联和数据演变分析等，涉及信息抽取、信息检索、自然语言处理、知识发现和数据挖掘技术。

文本挖掘分析分为3个主要模块：文本信息采集、文本挖掘分析引擎和文本分析应用。文本信息通过文本信息采集模块流入文本挖掘分析引擎，文本挖掘分析引擎负责数据加工处理、文本信息分析等，最终分析结果通过文本分析应用展示，分析过程中的数据分别存在产品信息数据库和查询索引数据库中，如图5-1所示。

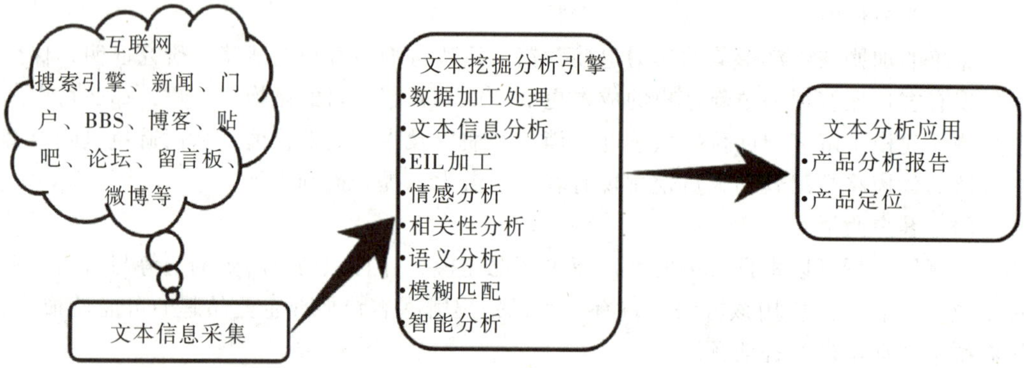

图5-1 文本挖掘分析系统示意图

（图片来源 陈志轩，马琦.大数据分析［M］.北京：电子工业出版社，2019.）

1）文本信息采集

文本信息采集的基础是利用网络爬虫技术对指定网站的数据进行抓取。而利用网络爬虫技术实现对文本信息的采集时，需要注意以下两点：

①网页的抓取。对网页抓取的原理是通过HTTP协议请求访问指定的URL资源，URL资源以HTML文档的形式返回给网络爬虫，通过对HTML文档的解析完成信息的采集任务。

②网页的更新。网页的更新是指网络爬虫访问并采集过的网页随着时间的推移会有内容更新的可能，这就要求网络爬虫周期性地访问那个网页并采集信息。

现在市面上的开源网络爬虫工具多达100多种，它们各有所长，以Python为主，其他开源软件为辅。在此，我们需要注意的一点是，现在大多数网站都采取了反爬虫技术，在收集数据时，还需要使用多种技术手段应对反爬虫技术。

2）文本挖掘分析引擎

文本分析是利用NLP技术分析文本文档、社交媒体、网页等文本数据的一种应用。在我们日常的运营工作中，经常接触的数据分析方法、形式绝大部分是基于对数字或数值的描述性分析，而对数值型数据的分析主要是在事物的“量”上进行描述，但是这并不能解决“质”方面的问题，如“为什么”和“怎么样”。而文本分析的目的在于从之前这些被认为难以量化的海量文本中抽取出大量有价值的、有意义的数据或信息。

借助基于大数据的文本分析，企业可以对用户行为和想法进行科学分析，使用户洞察由原来的主观“猜测”转变为以数据为驱动的精准预测。在新产品上市前，或者小规模投放市场后，在社交媒体上对粉丝和潜在用户的言论进行收集，对其进行文本分析，知道他们喜欢产品的哪些方面，对哪些方面不太满意，以及他们对产品的其他期望，有助于企业敏捷、快速、准确地对用户的反馈做出积极的回应。

3）文本分析应用

文本信息通过文本信息采集模块流入文本挖掘分析引擎，最终的分析结果通过文本分析应用展示。具体可分为产品分析报告和产品定位。

5.3.3 在社交互动中正确投放——沟通产生精准

现在的营销推广形式主要有有线电视付费广告、邮件和短信推送、互联网广告、线下各种实体广告等，其中，推广效果较好的是互联网互动营销。互联网互动营销主要借助互联网技术实现企业和目标客户之间的互动，它的优点就在于抓住了彼此的共同利益点，将双方的联系变得紧密起来。

而在互联网社交平台上的推广，更强调精准，即精准的投放是推广的核心。精准投放建立在获取精确信息的基础上，先对采集到的信息进行系统分析，对市场进行有效细分，再根据市场的细分有效组织资源，最后实现消费者和资源的精准匹配。精准投放就是为了更好地满足消费者的真实需求。

要实现精准投放，需要重视以下3点：

1）准确定位投放目标

投放目标的准确定位必须构建在对客户需求的精准洞察的基础之上。一方面，大数据时代，客户数据的爆炸式增长对企业精准营销提出了新的挑战；另一方面，不断发展和成熟的人工智能和大数据技术也让企业有能力对客户数据进行深度分析和挖掘，真正通过客户数据了解客户需求，从本质上了解和洞察客户。

举个例子，银行在做营销活动时，可以接触到各式各样的客户数据，有销售的数据，有客户在网上浏览的数据，还有各种各样其他的数据，有了这些客户数据以后能做些什么呢？通过大数据分析技术，银行能更加精准地了解每个客户，知道每个客户的投资行为是什么样的，基于对客户偏好的精准把握，就能选择合适的理财产品推荐给客户。比如说，做存贷款产品营销时，可对高价值信用卡用户的资产管理规模（资产管理规模=当月日均存款余额+当月日均投资额）进行分析，筛选他们每月的消费金额、信用额度、当前存款情况、贷款有没有拖欠、是不是商务卡持有者等信息，从这些维度对用户进行分析。再针对不同用户给出不同的营销策略，如哪些用户该提升额度，哪些应该为其推荐金融产品。在落实时，可以先通过短信进行营销，再通过呼叫中心了解客户意图。当客户有意向时，再交给理财经理进一步跟进。

事实上，与大数据相结合的精准营销的独特之处，不仅在于对用户群体的精准定位，还在于对“人性”的洞悉。巴里·施瓦茨在《选择的悖论》一书中曾描述：商品的过度丰富不仅不能让消费者更快乐，反而使他们在购物前就感到疲累、沮丧。消费者的诉求在不断提升，他们需要的不再是简单的商品，而是功能、情感、社会属性等多方面的满足，他们需要的是一种深度的消费，而智能客服结合精准营销、深度营销与垂直营销，有效地解决了“消费焦虑症”。

2）实时把握营销时机

信息化时代，消费者时刻都在产生需求。营销或服务，只有在客户最需要的时候立即出现，才能让客户在惊喜中感受到服务和产品的价值。随着客户需求越来越个性化、弹性化、生活化、差异化，业务也越来越复杂，营销的难度也在逐渐加大。只有在客户消费行为过程中，通过实时捕获用户行为数据，并对其进行即时分析，得到客户的需求最高点，恰当触发营销的执行，才是最佳的营销时机。例如，在客户有一定量储蓄时主动推荐理财投资产品，在客户余额较低时主动推荐分期付款产品，更可能获得事半功倍的效果。

3）智能匹配

在互联网上，内容足够好的广告固然能引发用户点击和分享，但能形成购买转化的广告，更需要触达用户的兴趣，尤其是在当前场景下用户最大的兴趣。换言之，关键问题在于，如何把握用户在“当下”最关心的话题。

例如，腾讯视频在进行精准场景投放时，会从两个层面考虑：一是通过大数据导出用户画像，掌握用户的长期兴趣，形成对单个消费者的兴趣标签；二是根据消费者当前场景及行为，把握瞬时兴趣，洞察其潜在的购买意向。腾讯视频在为携程定制的针对老用户的“再营销”投放中，通过分析某用户的过往数据，识别出该用户收入水平较高、青睐欧洲旅游、重视旅游服务等“长期兴趣”；而当该用户身处资讯阅读场景中时，捕捉到其阅读了爱尔兰的签证和景点等信息，腾讯视频通过效果广告平台，为其推送携程的爱尔兰高端定制旅游产品，从而把握用户瞬时兴趣带来的商机。而且，用户可以通过点击广告直接唤醒携程 App，缩短购买路径。突破性的数据对接和技术运用为携程带来了点击通过率的两倍提升和投资回报率 200% 的提升。

5.4 大数据对数字营销发展带来的大变革

5.4.1 跨界营销

在如今商品同质化越来越严重、竞争越来越激烈的市场形势下，企业若能够找到一个有互补性的品牌，多方面诠释目标消费人群的特征，就能让品牌形成更大的优势和更强的竞争力，同时富有张力的品牌联想会在品牌出现营销危机的时候重塑形象。

1）跨界营销的内涵

跨界营销，通俗地讲就是通过互联网连接一切的思维理念，对不同产品的广告受众，进行连接、分享，从而突破旧有的营销手段的局限。它是依据消费者表现出来的具有联系或者共性的消费特征，将不同偏好、产业、环境的消费群体联系起来，将一些之前没有任何联系的要素进行延伸、融合或渗透，从而彰显出独特的价值观念、审美情趣和生活态度，以此赢得目标消费者的好感，最终实现跨界企业的利润最大化和市场扩大化。

跨界营销可以避免孤军作战，通过不同行业品牌的联盟增强协同效应。跨界营销的本质是将同一个用户的特征以多个品牌从不同角度加以诠释，让不同行业的品牌在拥有相似消费群体和商品特征的基础上，相互融合、渗透，从而让品牌更具纵深感与立体感。

（1）品牌内涵的传递

跨界营销并不是两家企业走到一起，做一次联合促销那么简单，不仅要考虑两个品牌的受众是否重合度高，还要考虑两个品牌在内在属性方面是否有着一致的理念。企业跨界营销的根本目的是希望通过另外一个领域的成功经验，将自己很好地嫁接到一个本不相关的领域，并产生惊喜的效果，最终让企业的品牌内涵得到更好的传递。

（2）服务能力的延伸

服务能力的延伸是赢得用户的心的关键手段之一。这就要求企业让用户获得更好的体验、更丰富而且个性化的资讯，用聪明的营销思路去引导用户，让用户也变得更聪明。同时，服务能力的延伸，还意味着企业能抓住新的流量入口。因此，做跨界营销就是给品牌做延伸服务，消费者要得多，企业提供得更多。

（3）数字传播时代的必然选择

产品碎片化，即产品本身的物质形态不再重要了，产品按照功能被分类和分割成模块。完成一项为用户提供的服务，可能需要很多种产品的组合，所以重要的是产品的功能，而不是载体。于是，如何使用产品、增强用户的体验，可能会成为更重要的因素。

传播内容碎片化、媒介工具碎片化，改变了人们的阅读习惯，造成了整个广告触达方式的改变。目前传播渠道融合成为企业的普遍需求，因为渠道融合不仅能够让多种渠道的内涵延伸到自己的产品中，还可以降低传播成本，突破单一渠道的瓶颈，形成联动优势，在联动的场景下，取得事半功倍乃至十倍的效果。当触达路径不断发生变化，碎片化的资讯内容呈几何级增长，在组合传播渠道时，跨界就成了适应数字传播时代的一种必然选择。

2）跨界营销的形式

从行业发展的角度来看，跨界营销可以分为水平跨界营销、纵向跨界营销和交叉跨界营销3类。

水平跨界营销主要是指两个或者两个以上的企业为了获得发展而进行合作，实现资源共享。纵向跨界营销是指在同一个经济实体中整合各部门的资源，以实现自身的发展。交叉跨界营销包含了上述两种跨界营销方式的特点，并增加了与消费者互动的环节，从而可以实现增值和粉丝效应。

目前来说，企业需要根据自身的特点，选择合适的跨界营销形式。大体来说，跨界营销主要有以下4种形式：

（1）品牌跨界

品牌跨界的核心体现在“创新”二字上，通过跨界合作实现双方的互利共赢，是企业在实际操作中需要把握好的一项重要原则。把握好这一原则可以帮助企业跳出自身品牌及其所在行业的局限，从外部客观看待自己，打破及颠覆传统思维，跨越行业之间的界限，借鉴以及嫁接其他行业的模式、资源、思想及方法，从而实现自我的提升和超越。

跨界活动通过对各个品牌的资源进行有效整合，可以最大化地利用各自的资源，从而提升整体的传播营销效果，塑造更为高大的品牌形象，并让用户对多个品牌萌生“爱意”，收获多赢的结果。

案例5-1 《小王子》跨界营销

《小王子》跨界携手《天天爱消除》，消除大人的烦恼

腾讯旗下拥有3亿用户的《天天爱消除》与《小王子》电影上映同步推出定制专属主题版本，其中包括线上《小王子》相关主题定制任务、地图、系列宠物，线下重点院线专属活动——参与游戏领取电影代金券等深度捆绑营销，而在线上线下互为导流的同时，腾讯游戏也为《小王子》的大型童话梦幻首映礼实现了全网及影院直播。

商业大牌混搭《小王子》对话受众生活

专注于高端婴幼童市场的儿童国际品牌小星辰，在全国1 200家店面进行“小王子”的主题展示，同时在《小王子》中国首映礼上成立了小王子儿童艺术教育专项基金，并在北京UCCA尤伦斯艺术中心举行了“小王子归来——童画绽放主题艺术展”，全面推广关爱儿童成长的主题。

联想将“拒绝做无聊的大人”这一影片推广话题巧妙运用到产品的秋季促销传播中，覆盖全国6 000多家联想终端店面，让《小王子》与消费者亲密接触。

国际知名品牌兰蔻气垫CC霜特别臻献三款《小王子》主题限量贴纸，定格电影中最美丽、难忘的瞬间，以法式纯真和轻盈击中女性心中最柔软的部分。

立邦中国推出“小王子儿童漆”，专为孩子量身定制，为孩子刷新缤纷多彩的家，让孩子们在梦想的陪伴下成长。

IWC万国表牵手《小王子》，推出联名合作的限量款飞行员系列手表，为重要角色飞行员推出“小王子”特别版飞行员追针计时腕表。

资料来源 佚名.电影《小王子》打造全新跨界营销生态圈［EB/OL］.［2015-11-10］. http://www.sohu.com/a/40850493_141588.

（2）产品跨界

第一种常见的产品跨界方式是：改变产品的价值属性。这种方式是在原有产品的基础上附加或者强化产品的其他属性，使产品焕发新生，树立全新的产品形象，在不同的领域拓展市场。

例如，云南白药跨界牙膏领域。云南白药以深入人心的“止血、修复和化瘀”产品功能为核心资本跨界牙膏领域，研发出具有牙龈止血功效的全新产品，将目标消费者定位为乐于接受新生事物、具有预防意识，以及对药品具有一定敏感性的人群。这样一来，云南白药不仅保留了其技术和品牌上的优势，而且跨入了全新的营销领域，占据药效牙膏的空白市场，获得了比较高端的价值定位。云南白药在产品跨界研发的过程中，主要运用其核心的药效技术，将以往产品的药物定位变成了新产品的牙膏定位，使其价值属性发生了根本性的改变，但因其核心优势已经植入目标消费者的内心，所以更有利于新产品的推广以及云南白药品牌形象的提升。

第二种常见的产品跨界方式是：不同品牌共同合作研发新产品。人们的需求具有复合性，功能单一的产品难以取得竞争优势，所以企业需要和同行业或者其他行业的企业进行合作，优势互补，借鉴不同的产品理念，为受众带来全新的体验和感受。这种产品跨界往往也伴随着技术跨界。

案例5-2 红牛饮料罐形状的便携充电器

红牛功能饮料和翰林大学（Hallym University）合作推出了一款适用于智能手机的红牛饮料罐形状的便携充电器。这款充电器不仅外形独特，而且在充电过程中和充电断开状态下都会显示红牛的移动网页。

首先，产品研发者准确地判断出当下智能手机越来越普及，人们对于便携充电的需求越来越大这一消费趋势，因此认定研发便携充电器具有很强的实用价值；其次，红牛饮料的目标受众和广泛使用智能手机的年轻人具有很大的重合性，能够精准定位目标消费群体；最后，红牛一直以“功能饮料和补充能量”进行产品定位，而便携充电器也是补充能量的典型产品，二者有异曲同工之处。在这款便携充电器的使用过程中，红牛饮料“不可看见之能量”跃然于屏幕之上，化无形为有形，巧妙地将产品理念传递给用户，让红牛补充能量的功效更加直观，印象更加深刻。

资料来源 头条君.那些不可思议的跨界品牌，你知道的有几个［EB/OL］.［2017-07-28］. https：//www.meihua.info/a/69869？source=todayemail.有删减.

（3）传播跨界

企业在进行跨界营销的时候应考虑品牌的互动能力。只有双方拥有相似的消费群体、消费文化、品牌资源和品牌影响力，品牌跨界所带来的宣传与营销的机会，才能够为品牌的传播创造更高的价值。

例如，2013年可口可乐与小米开展合作，双方约定将小米的Logo印在可口可乐的瓶身上，只要消费者购买可口可乐旗下的汽水、果汁商品，都将有机会获得由小米提供的小米手机，而小米则专门为可口可乐定制了限量版的可口可乐主题手机。在进行品牌跨界的过程中，双方扩大了各自品牌的影响力，提高了商品的销量，同时收获颇丰，这样的结果可谓是皆大欢喜。

（4）渠道跨界

渠道是市场营销中一个非常重要的环节，是帮助企业和产品进入市场和占领市场的重要条件，由此可见“得渠道者得天下”。渠道跨界是指产品或品牌在营销过程中突破常规销售渠道的限制，跨越到不同的渠道进行市场营销，抑或是双方相互借助对方的优势渠道资源开展营销推广活动。

在渠道跨界合作中，比较典型的例子就是上海大众斯柯达汽车与红星美凯龙的合作，双方不仅在全国15个城市合作开展了一系列的营销活动，斯柯达的两款车型还出现在了红星美凯龙的卖场中。此外，双方还在营业场所、服务体系、媒体资源等方面实现了资源共享。

3）跨界传播的效果：杠杆传播

跨界营销不是简单的媒体累加。当进行多种媒体投放时，如果只是从平面媒体、电视广播媒体、互联网媒体各选一个或几个，一起放在预算的“篮子”里，并没有考虑如何打通几种媒体之间的壁垒，就属于粗放式的跨界传播。这样粗放式的跨界传播，不但不能做到效果累加，反而会使效果递减。

跨界营销的理想效果是杠杆传播，即在不同领域的跨界传播中，传播效果得到杠杆式的放大，这也是互联网传播独有的“秘密武器”。

跨界营销在最初设计时，需要寻找到一个引爆点。要想达到杠杆传播的效果，关键是找到正确的引爆点，然后集中资源去撬动它。

例如，小米利用QQ空间发布手机新产品，就采用了有限供给加病毒式传播的方式。有限供给不仅使小米可以将产能障碍暂时抛在脑后，其核心更是借鉴了互联网思维下的产品开发模式。事实上，大多数互联网产品，在正式推广之前，都会进行封闭测试，先让一部分人使用，同时根据这些用户的反馈加以完善，然后根据情况逐步地进行大规模生产和推广。于是，小米通过有限供给——用户必须获得F码才能购买，形成用户的追捧，再加上核心用户和早期用户满意度较高，人们在心理上形成了越难买到越想要的晕轮效应，进而在社交工具的传播下，便形成了病毒式传播。

在小米手机的营销推广中，QQ空间就是一个杠杆，有限供给就是一个引爆点，最终实现了小米手机的病毒式传播。

5.4.2　关联营销

1）关联营销的概念

关联营销，也叫绑缚营销，是指一个产品页同时放了其他同类或者同品牌可搭配的有关联的产品。它是一种建立在双方互利互益基础上的营销。交叉营销是指把时间、金钱、构想、活动或是演示空间等资源整合，为任何企业提供一个低成本的渠道，去接触更多潜在客户的一种营销方法。而关联营销是在交叉营销的基础上，在事物、产品、品牌等所要营销的东西上寻找关联性，以实现深层次的多面引导。关联营销是一种新的、低成本的、适合通过互联网来提高收益的营销方法。

在关联营销中，可能是一家企业的网站或者平台上有另一家企业所售产品的描述、评价、评级和其他信息的链接等，也可能是同一家企业对同款产品进行交叉但有关联的引导销售，即在一款产品销售页面上除了有产品本身的一些信息之外，还将同类或者有关联的产品信息放在一起，实现多款对比，提高用户自主选择性和网站黏性。

因此，关联营销离不开“购物篮分析”。购物篮分析是通过发现顾客在一次购买行为中放入购物篮中不同商品之间的关联，研究客户的购买行为，从而辅助零售企业制定营销策略的一种数据分析方法。掌握商品的关联特征后，就可以制定合理的营销策略，在提升转化率、提高客单价和提高店内商品曝光率方面获得优势。

2）关联分析

关联分析是挖掘数据内在结构特征或变量之间的关联性。在日常生活中，事物之间的关联性随处可见，在电子商务平台的购物篮中的商品，其关联性也是显而易见的。例如，顾客中有很大比例的人会同时购买婴儿尿布和奶粉，或面包和牛奶，女性顾客中绝大多数会选择某知名品牌的护肤品系列产品等。这些都是事物（商品）间关联性的具体体现。

虽然购物篮中商品之间的关联关系在很多情况下是显而易见的，但是还存在着海量的商品之间的关联关系并不被我们所知，其背后是否存在重要商业价值？商场以获得最大的销售利润为目的，零售商无时无刻不在考虑销售的商品采用什么样的促销策略，商品在货架上如何摆放，怎样了解顾客的购买习惯和偏好等。因此，购物篮分析是商业领域最前沿、最具挑战性的问题之一，也是许多企业研究的重点课题。

购物篮商品的关联关系通常有两种情况：一种是简单关联关系，即顾客在一次购买行为中放入购物篮中不同商品之间的关联关系。例如，在超市中购买啤酒的顾客往往会同时购买花生米、鸡爪之类的小吃。另一种是序列关联关系，即顾客在购买某种商品之后，在下一次光顾时会购买另外一些商品，这些前后不同时间购买的商品之间同样存在关联关系。例如，很多购买了婴儿尿布和奶粉的顾客一段时间内会购买婴儿护肤用品，很多购买汽车的顾客一段时间内会购买汽车美容产品等。

关联分析的目的是分析超市中顾客购买行为的规律，发现连带购买商品，为制订合理的、方便顾客选取的货架摆放方案提供依据。关联分析的目标就是基于已有数据，找到事物间的简单关联关系或序列关联关系，研究顾客的购买行为，从而辅助零售企业制定营销策略。

3）常用分析方法

Apriori算法是关联分析最常用的也是最经典的分析频繁项集的算法，它的优点是大大压缩了频繁项集的大小，并取得了良好性能；缺点是每次计算支持度与置信度都需要重新扫描所有数据，而且该算法有多次扫描事务数据的缺陷，在每一步产生候选集时循环产生的项集过多，没有排除不应该参与组合的元素。

Apriori算法除了适用于商品零售购物篮分析外，近年来也被广泛应用于金融行业中，可以成功预测银行客户的需求。其还可应用于网络安全领域，检测用户行为的安全模式，进而锁定攻击者。此外，Apriori算法还可应用于高校管理、移动通信、中医证型等领域。

本章小结

本章主要说明大数据相关知识及其在营销中的应用。完成本章的学习后，应该理解和掌握以下内容：

（1）大数据时代的到来。信息科技领域的进步为大数据时代奠定了技术基础；数据产生方式的变化促成了大数据时代的到来；数据变废为宝的观念是大数据时代开始的第一步。

（2）大数据的概念与特征。大数据是指一种规模大到在获取、存储、管理、分析方面大大超出了传统数据库软件工具能力范围的数据集合。它具有海量的数据规模（Volume）、快速的数据流转（Velocity）、多样的数据类型（Variety）和价值密度低（Value）4大特征。

（3）客户关系管理是企业利用相应的信息技术以及互联网技术来协调企业与顾客在销售、营销和服务上的交互，从而提升其管理，进而向客户提供创新式、个性化的交互和服务的过程。

（4）客户细分可分为5个步骤：商业理解、数据理解、数据建模、特征刻画和调研验证。

（5）相对于传统的精准营销，大数据精准营销有以下4个优势：可量化、保障企业与客户的互动沟通、可调控、简化过程。利用大数据进行精准营销的步骤是：确定目标（顾客保留、顾客增长、顾客激活、顾客获得）、收集数据（直接渠道获得内部数据、间接渠道获得外部数据）、目标性建模、制定战略。

（6）跨界营销是依据消费者表现出来的具有联系或者共性的消费特征，将不同偏好、产业、环境的消费群体联系起来，将一些之前没有任何联系的要素进行延伸、融合或渗透，从而彰显出独特的价值观念、审美情趣和生活态度，以此赢得目标消费者的好感，最终实现跨界企业的利润最大化和市场扩大化。跨界营销有4种形式：品牌跨界、产品跨界、传播跨界、渠道跨界。

关键术语

大数据　客户关系管理　客户细分　精准营销　跨界营销　关联营销

案例分析

九阳的数字化营销转型之路

1994年，九阳发明了世界上第一台豆浆机，这是中国人自主发明的家用电器。借助这台小小的豆浆机，九阳从一个细分领域的创始者成长为当今小家电行业的领导品牌。

小家电行业最主要的变化表现在营销方面。消费者有了新的购买触点和触媒习惯，这对传统售卖渠道有较大影响。小家电行业的市场发展其实并没有那么顺利，甚至可以说行业一直在变化，竞争也一直很激烈。

这些挑战给九阳带来的思考就是数智化转型，面对年轻消费人群需要快速了解他们对产品的需求和痛点，以及他们对产品设计的独特喜好；同时，针对年轻消费者广泛使用的新型内容渠道进行品牌营销覆盖，并且在营销渠道上不断增加更多的线上渠道，以及新型社区团购渠道。在九阳来看，数智化是业务发展的必然趋势，通过数智化手段不但可以降低成本、控制风险，还可以大幅优化业务运营和经营管理的效率。

数智化创新成为经营管理思维

九阳对创新非常关注，敢于尝试、勇于试错和创新是九阳的核心基因，因此对于数智化的引进和变革，九阳意识和行动都很早，管理层的快速响应和执行与CEO战略思维有关。出于对数智化转型的重视，九阳很快在内部达成了共识，董事长、总裁等重要决策层都参与到数智化项目当中，自上而下推动公司变革。九阳每年的总裁寄语中，有三分之一的篇幅都与数智化的动作和规划有关，并将相关的考核纳入内部员工的KPI指标中。在“一把手工程”的积极推动下，管理层执行起来非常迅捷。正是内部数智化思维的统一，以及公司全员高度重视、高度一致的组织行动，从根本上保证了数智化转型的切实落地。

转型从什么地方入手？整体的规划如何？九阳数字运营部总经理陈波介绍了九阳对数智化转型的“一点、两面、三端、四化”战略规划。其是指以用户运营为中心点，涉及需求与供应两方面，在“人、货、场”三端，实现用户群体的社交化、裂变化、会员化和私域化。九阳整体数智化的转型分为三个阶段：第一阶段是消费者数据的数智化，解决用户洞察和用户运营能力；第二阶段是智能企划和供应链智能补货协同系统；第三阶段是实现智能化决策，通过提高数字化能力推动智能化决策。

触达感知用户，协同精准营销

就零售业务而言，九阳的触点类型主要包含线上的电商触点如天猫商城等，线下的触点如门店、柜台，商业触点如营销广告，社交触点如网络平台。这些触点组合形成多面、多角度的触点网络，构建了企业、渠道和消费者之间的桥梁。

九阳线上和线下都有各种活跃的会员运营活动，通过门店和自营线上社交裂变活动、直播平台品牌广告投放工具等触点，引流到店，通过门店营销及各种数字化工具，完成消费者在店内的消费转化。同时，信息会回流至数据中心，完成会员状态更新，进一步完善消费者的标签画像，为推动“人货”精准匹配的营销闭环打下基础。

基于数据的用户洞察与精准营销

数据中台的建设通常是企业管理层最重视的项目之一，用户数据中蕴含着丰富的价值，这个共识在流量化时代日益凸显，市场竞争已经从增量用户争夺转化为对存量用户的精细化运营，而用户数据方面，企业关心的用户数据有：存量用户有多少？忠诚用户有多少？他们的复购率如何？他们倾向于哪些品类的购买？

对于九阳来说，20多年的发展不仅仅是技术和品牌效应的积累，还存储了大量宝贵的用户数据，只是之前这些原始数据分散且碎片化，消费者的主体数据未整合，标签画像的系统体系也未完善。数据通过人工处理的方式低效、费时，对于促进品牌的业务增长有一定的局限性。如何有效地挖掘出数据的价值，并加以合理使用、促进销量增长，是企业面临的最大难题。

盘活这些沉睡的数据资产，挖掘出数据中蕴含的“富矿”，数据中台成为企业把控数据、实现数据化运营的选择。阿里云为九阳打造的数据中台，融合了九阳线上线下的全域消费者数据，通过ONEID技术统一识别和整合，构建了消费者数据的标准和规范。九阳目前已经构建了丰富的消费者数据标签，完成了全域消费者数据的整合，沉淀了几千万条有效数据，而基于这些有效的数据，九阳能够运用标签工厂快速灵活地进行标签画像与用户洞察分析，使得精准营销成为可能。

此外，九阳通过数据中台的核心产品之一Quick Audience，对品牌近两年自有信息进行分析、运营和管理，同时根据类目活跃度、消费行为特征等筛选逻辑，描绘出更为精准的消费人群，从而使整个营销链路、数据闭环更加完整。九阳结合人群渠道和消费属性，为全域消费者定制了差异化的策略，比如，针对“A人群”（认知人群）高频触达；针对“I人群”（兴趣人群）中的折扣敏感型、高价值人群，推出不同的营销策略，让其转化为“P人群”（购买人群），从而在减少营销成本的同时实现成交转化率的提升。

有了策略与数据的支撑，抓住年轻的消费人群也就变得容易起来，九阳开始在新品研发方面贴近年轻人的追求喜好，打造出一些经典IP的联名款，如哆啦A梦早餐机、果汁杯等产品，获得年轻人的追捧。

基于数据中台提升营销触达效率，九阳沿着消费者的体验旅程和关键场景，精心设计出运营策略，最终提升了营销精准率。而在未来也可以基于数据中台的能力，建立标签与营销效果的动态迭代，依托数据中台灵活且高扩展性的标签组合能力，构建不同产品组合下的精准营销。营销提效只是数据中台能力的一部分，数据中台完成之后还将不断迭代，全链路的数智化可以从消费者需求贯穿到新品研发，再到供应链改造，不断为九阳提升差异化服务能力。

资料来源　张建锋，肖利华. 新零售之旅：数智化转型与行业实践［M］. 北京：电子工业出版社，2022.

【讨论问题】1.九阳是如何一步一步实现数字化营销转型的？

2.九阳转型之路对传统企业数字化营销有何启示?

实训操作

实训项目	利用大数据开展数据采集
实训目标	掌握文本挖掘和分析的方法
实训步骤	1.教师提出实训的准备要求及注意事项 2.学生5~6人为一组 3.教师指导学生使用大数据获取软件进行数据获取 4.教师指导学生利用语义分析软件针对获取的数据进行词频分析 5.各组讨论具体数据分析结果并沟通大数据工具使用中的问题
实训环境	数字营销模拟实训环境
实训成果	数据分析报告

思考与练习

一、填空题

1.大数据的4个特征是：________、________、________、________。

2.客户细分可分为5个步骤，分别是：________、________、________、________、________。

3.客户特征常用________、________、________、________、________5个基本属性进行维度划分。

4.企业利用大数据进行精准营销的第一步是确定目标，4个精准目标分别是：________、________、________、________。

二、不定项选择题

1.大数据时代到来的条件有（　　）。

A.信息科技领域的进步为大数据时代奠定了技术基础

B.数据产生方式的变化促成了大数据时代的到来

C.网络带宽不断增加

D.数据变废为宝的观念是大数据时代开始的第一步

2.客户关系管理的功能有（　　）。

A.市场营销　　B.产品分析　　C.销售过程　　D.客户服务

3.跨界营销主要有（　　）等几种形式。

A.品牌跨界　　B.产品跨界　　C.传播跨界　　D.渠道跨界

4.文本挖掘分析分为（　　）3个主要模块。

A.文本信息采集　　B.文本挖掘分析引擎

C.文本数据清洗　　D.文本分析应用

5.购物篮商品的关联关系通常有（　　）。

A.简单关联关系　　B.复杂关联关系

C.序列关联关系　　D.乱序关联关系

三、简述题

1.简述文本挖掘的定义与构成。

2.简述实现精准投放需要重视的3个要点。

四、思考题

1.试分析大数据精准营销与人工智能精准营销的区别和联系。

2.如何达到跨界营销的最佳效果？

3.利用大数据的数据搜索及分析技术，针对某一品牌商品进行产品定位分析和目标消费者分析，并制定社交媒体推广策略。

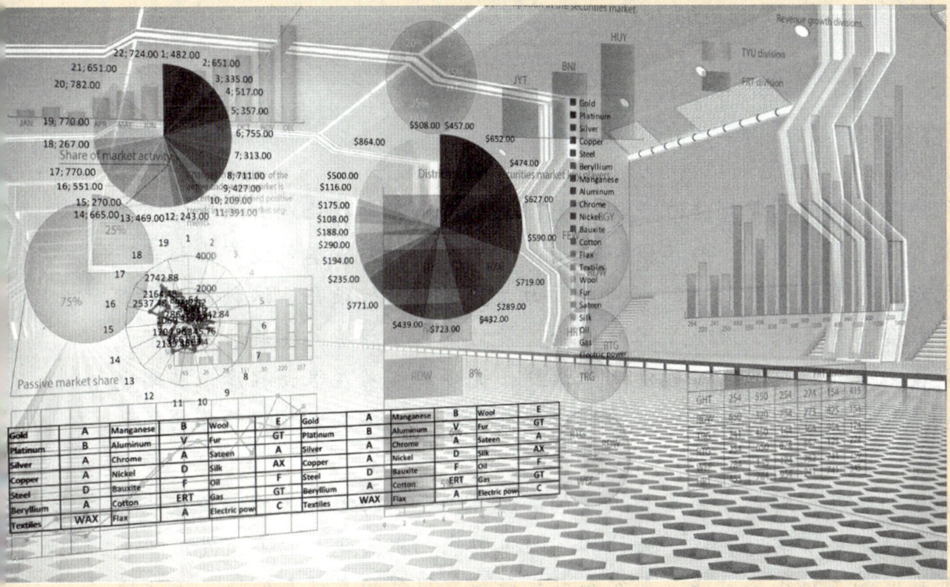

第 6 章　人工智能在数字营销中的运用

【知识目标】

完成本章的学习，掌握人工智能基础知识、智能商业和人工智能营销具体应用场景。

【素质目标】

深刻理解“推动战略性新兴产业融合集群发展，构建新一代信息技术、人工智能、生物技术、新能源、新材料、高端装备、绿色环保等一批新的增长引擎”的重要意义，认识到人工智能是引领这一轮科技革命和产业变革的战略性技术，在数字营销中将发挥越来越重要的作用。

【引例】优步的发展

优步是共享经济的先行者，特别是在美国。美国传统的出租车行业在大部分城市因为受到牌照的限制，供给严重不足，打车价格高昂，而且很多地方根本就没有出租车服务。在嗅到商机之后，优步鼓励私家车车主加入，为大众提供出行服务。这种商业模式极大程度地释放了社会闲置资源，改善了客户体验，带动了共享经济的发展。这肯定是优步成功的关键要素之一。大部分人可能没有意识到，优步的成功在很大程度上其实也是建立在数据智能的基础之上，优步把一个传统行业改造成了一个基于数据和算法的智能产业。

由于移动互联网的普及，智能手机成为大众的必需品，GPS的实时地图服务也足够准确，乘客和司机的位置可以实时在线。云计算、人工智能、机器学习的高速发展，更使得实时匹配海量乘客和车辆成为可能。乘客和司机所能够得到的高效和便捷，远远地超出了传统的出租车行业。同时，由于数据智能引擎的存在，很多创新要素被引入，其中最核心的就是市场定价模式。通过高峰期加价，引导乘客用不同的出价方式表达自己的需求，打破了传统定价的刚性，这是非常典型的用市场化方法解决社会问题。如果没有数据智能的基础，这显然难以实现。

近两年，优步的发展似乎进入了瓶颈期。一方面追赶者日益迫近，另一方面优步进入新领域屡遭挫折。这些都表明它正在面临一些根本性的挑战。理解这些挑战，不仅可以帮助优步理解互联网时代商业模式的关键之处，更重要的是，还可以帮助那些想模仿优步模式的创业者，对自己未来的取舍提前有一个清晰的认知。

资料来源 作者根据相关资料整理.

【分析提示】请谈谈如何利用人工智能帮助优步走出瓶颈期。

6.1 人工智能概述

人工智能是计算机学科的一个分支，20世纪70年代以来被称为世界3大尖端技术之一（空间技术、能源技术、人工智能），也被认为是21世纪3大尖端技术（基因工程、纳米科学、人工智能）之一，近30年来它获得了迅速的发展，在机器翻译、智能控制、专家系统、机器人学、语言和图像理解等众多学科领域都获得了广泛应用，取得了丰硕的成果。

6.1.1 人工智能的定义

人工智能的定义可以分为两部分，即“人工”和“智能”。“人工”比较好理解，争议也不大。有时我们要考虑人力所能制造的极限是什么，或者人自身的智能程度有没有高到可以创造人工智能的地步。但总的来说，“人工系统”就是通常意义下的人工系统。

关于什么是“智能”，就问题多多了。这涉及其他诸如意识（Consciousness）、自我（Self）、思维（Mind）等问题。思维包括无意识的思维（Unconscious-mind）。人唯一了解的智能是人本身的智能，这是普遍认同的观点。但是我们对自身智能的理解非常有限，对构成人的智能的必要元素也了解有限，所以就很难定义什么是“人工”制造的“智能”了。因此人工智能的研究往往涉及对人的智能本身的研究。其他关于动物或人造系统的智能也普遍被认为是人工智能相关的研究课题。

早期人们对人工智能的理解不同。一些人认为人工智能是通过非生物系统实现的任何智能形式的同义词，智能的实现方式与人类智能的实现是否相同是无关紧要的；而另一些人认为，人工智能系统必须能够模仿人类智能。随着人工智能技术的发展和应用，人工智能的定义更倾向于第一种说法，人工智能分为强人工智能和弱人工智能。强人工智能认为有可能制造出真正能推理和解决问题的智能机器，这样的机器是有知觉的，有自我意识的。强人工智能可以有两类：一类是类人的人工智能，即机器的思考和推理就像人一样；另一类是非类人的人工智能，即机器产生了和人完全不一样的知觉和意识，使用和人完全不一样的推理方式。弱人工智能认为不可能制造出能真正地推理和解决问题的智能机器，这些机器只不过看起来像是智能的，但是并不真正拥有智能，也不会有自主意识。

约翰·麦卡锡（John McCarthy）于1955年对人工智能的定义是“制造智能机器的科学与工程”。安德里亚斯·卡普兰（Andreas Kaplan）和迈克尔·海恩莱因（Michael Haenlein）将人工智能定义为“系统正确解释外部数据，从这些数据中学习，并利用这些知识通过灵活适应实现特定目标和任务的能力”。维基百科上对人工智能的定义是：人工智能是指由人制造出来的机器所表现出来的智能。百度百科上对人工智能的定义是：人工智能是研究、开发用于模拟、延伸和扩展人的智能的理论、方法、技术及应用系统的一门新的技术科学。维基百科上的定义简单明了，百度百科的定义更正式一些，总体来说都倾向于给人工智能一个更广义的定义，即人工智能是模仿人类但不局限于人类的一切人工制造的智能形式，包含强人工智能、弱人工智能的一切形态。

6.1.2 人工智能的发展简史

1）人工智能的诞生：1943—1956年

20世纪40年代和50年代，来自不同领域（数学、心理学、工程学、经济学和政治学）的一批科学家开始探讨制造人工大脑的可能性。1956年，人工智能被确立为一门学科。

（1）控制论与早期神经网络

最初的人工智能研究是20世纪30年代末到50年代初的一系列科学进展交汇的产物。神经学研究发现，大脑是由神经元组成的电子网络，其激励电平只存在“有”和“无”两种状态，不存在中间状态。诺伯特·维纳（Noebert Wiener）阐述的控制论描述了电子网络的控制和稳定性。克劳德·香农（Claude Shannon）提出的信息论则描述了数字信号（即高低电平代表的二进制信号）。图灵（Turing）的计算理论证明数字信号足以描述任何形式的计算。这些密切相关的想法暗示了构建电子大脑的可能性。

这一阶段的工作包括一些机器人的研发，如沃尔特（Walter）的“乌龟”（Turtles）和“约翰斯·霍普金斯兽”（Johns Hopkins Beast）。这些机器并未使用计算机、数字电路和符号推理，控制它们的是纯粹的模拟电路。

沃特·皮茨（Walter Pitts）和沃伦·麦卡洛克（Warren McCulloch）分析了理想化的人工神经元网络，并且指出了它们进行简单逻辑运算的机制。他们是最早描述所谓“神经网络”的学者。1951年，他们的学生，马文·明斯基（Marvin Minsky）与迪恩·艾德蒙兹（Dean Edmonds）一同建造了第一台神经网络机，称为SNARC。

（2）游戏AI

1951年，克里斯托弗·斯特雷奇（Christopher Strachey）使用曼彻斯特大学的Ferranti Mark 1机器写出了一个西洋跳棋程序，迪特里希·普林茨（Dietrich Prinz）则写出了一个国际象棋程序，亚瑟·萨谬尔（Arthur Samuel）在20世纪50年代中期和60年代初开发的国际象棋程序已经可以挑战具有相当水平的业余爱好者。

（3）图灵测试

1950年，图灵发表了一篇划时代的论文，文中预言了创造出具有真正智能的机器的可能性。由于注意到“智能”这一概念难以确切定义，他提出了著名的图灵测试：如果一台机器能够与人类展开对话（通过电传设备）而不能被辨别出其机器身份，那么就可以称这台机器具有智能。这一简化使得图灵能够令人信服地说明“思考的机器”是可能的，论文中还回答了对这一假说的各种常见质疑。图灵测试是人工智能哲学方面第一个严肃的提案。

（4）符号推理与“逻辑理论家”

20世纪50年代中期，随着数字计算机的兴起，一些科学家直觉地感到可以进行数字操作的机器也应当可以进行符号操作，而符号操作可能是人类思维的本质。这是创造智能机器的一条新路。

1955年，艾伦·纽厄尔（Allen Newell）和后来荣获诺贝尔奖的赫伯特·西蒙（Herbert Simon）在肖（Shaw）的协助下开发了“逻辑理论家”（Logic Theorist）。这个程序能够证明《数学原理》中前52个定理中的38个，其中某些证明比原著更加新颖和精巧。西蒙认为他们已经“解决了神秘的心（身）问题”，解释了物质构成的系统如何获得心灵的性质。这一断言的哲学立场后来被约翰·希尔勒（John Searle）称为“强人工智能”，即机器可以像人一样具有思想。

（5）1956年达特茅斯会议：AI诞生

1956年达特茅斯会议的组织者是马文·明斯基、约翰·麦卡锡和另两位资深科学家克劳德·香农、内森·罗切斯特。会议提出的断言之一是“学习或者智能的任何其他特性的每一个方面都应能被精确地加以描述，使得机器可以对其进行模拟”。会上，纽厄尔和西蒙讨论了“逻辑理论家”，而麦卡锡则说服与会者接受“人工智能”一词作为本领域的名称。1956年达特茅斯会议上AI的名称和任务得以确定，同时取得了最初的成就，出现了最早的一批研究者，因此这一会议被广泛认定为AI诞生的标志。

2）黄金年代：1956—1974年

达特茅斯会议之后数年是大发现的时代，对许多人而言，这一阶段开发出的程序堪称神奇：计算机可以解决代数应用题，证明几何定理，学习和使用英语。当时大多数人几乎无法相信机器能够如此“智能”。国防高等研究计划署（DARPA）等政府机构向这一新兴领域投入了大笔资金。研究者们在私下的交流和公开发表的论文中表达出相当乐观的情绪，认为具有完全智能的机器将在20年内出现，曾做出以下预言。

•1958年，艾伦·纽厄尔和赫伯特·西蒙：“10年之内，数字计算机将成为国际象棋世界冠军”，“十年之内，数字计算机将发现并证明一个重要的数学定理”。

•1965年，赫伯特·西蒙：“20年内，机器将能完成人能做到的一切工作”。

•1967年，马文·明斯基：“一代之内……创造‘人工智能’的问题将获得实质上的解决”。

•1970年，马文·明斯基：“在3～8年的时间里我们将得到一台具有人类平均智能的机器”。

从20世纪50年代后期到60年代涌现了大批成功的AI程序和新的研究方向，下面列举最具影响的几个。

（1）搜索式推理

许多AI程序使用相同的基本算法。为实现一个目标（例如，赢得游戏或证明定理），它们一步步地前进，就像在迷宫中寻找出路一般；如果遇到了死胡同则进行回溯，这就是搜索式推理。这一思想遇到的主要困难是，在很多问题中，“迷宫”里可能的线路总数是一个天文数字（所谓“迷指数爆炸”）。研究者使用启发式算法去掉那些不太可能导出正确答案的支路，从而缩小搜索范围。艾伦·纽厄尔和赫伯特·西蒙试图通过其“通用解题器”（General Problem Solver）程序，将这一算法推广到一般情形。另一些基于搜索算法证明几何与代数问题的程序也给人们留下了深刻印象。例如，赫伯特·吉宁特（Herbert Gelernter）的几何定理证明机（1958）和马文·明斯基的学生詹姆斯·斯拉格（James Slagle）开发的SAINT（1961）。还有一些程序通过搜索目标和子目标做出决策，如斯坦福大学为控制机器人Shakey而开发的STRIPS系统。

（2）自然语言处理

AI研究的一个重要目标是使计算机能够通过自然语言进行交流。如果用节点表示语义概念，如“房子”“门”，用节点间的连线表示语义关系，就可以构造出语义网（Semantic Net）。第一个使用语义网的AI程序由罗斯·奎利恩（Ross Quillian）开发，而最为成功也是最有争议的一个则是罗杰·香克（Roger Schank）的“概念关联”（Conceptual Dependency）。约瑟夫·威泽鲍姆（Joseph Weizenbaum）的ELIZA是第一个聊天机器人，可能也是最有趣的会说英语的程序之一。与ELIZA“聊天”的用户有时会误以为自己是在和人类而不是和一个程序交谈，但是实际上ELIZA根本不知道自己在说什么，它只是按固定套路作答，或者用符合语法的方式将问题复述一遍。

（3）微世界

20世纪60年代后期，麻省理工学院AI实验室的马文·明斯基和西摩尔·派普特（Seymour Papert）建议AI研究者们专注于被称为“微世界”的简单场景。他们指出，在成熟的学科中往往使用简化模型帮助理解基本原则，如物理学中的光滑平面和完美刚体。许多这类研究的场景是“积木世界”，其中包括一个平面，上面摆放着一些不同形状、尺寸和颜色的积木。在这一指导思想下，杰拉德·杰伊·萨斯曼（Gerald Jay Sussman，研究组组长）、阿道夫·古兹曼（Adolfo Guzman）、大卫·瓦尔兹（David Waltz，“约束传播”的提出者），特别是帕特里克·温斯顿（Patrick Winston）等人，在机器视觉领域做出了创造性贡献。同时，明斯基和派普特制作了一个会搭积木的机器臂，从而将“积木世界”变为现实。“微世界”程序的最高成就是特里·威诺格拉德（Terry Winograd）的SHRDLU，它能用普通的英语句子与人交流，还能做出决策并执行操作。

3）第一次AI低谷：1974—1980年

由于人工智能研究者们对项目难度评估不足，这导致除了承诺无法兑现外，还让人们当初的乐观期望遭到严重打击。到了20世纪70年代，人工智能开始遭遇批评，研究经费也被转移到那些目标明确的特定项目上。

1972年，康奈尔大学教授弗雷德·贾里尼克（Fred Jelinek）被要求到IBM做语音识别。在此之前，研究这个问题已经花了20多年的时间，主流的研究方法有两种：一种是让计算机尽可能地模拟人的发音特点和听觉特征；另一种是让计算机尽可能地理解人所讲的完整的语句。前一项研究又被称为特征提取，后一项研究大都使用传统人工智能的方法，它基于规则和语义。

人的大脑是一个信息源，从思考到找到合适的语句，再通过发音说出来，是一个编码的过程，经过媒介传播到耳朵，是一个解码的过程。既然是一个典型的通信问题，那就可以用解决通信问题的方法来解决，为此贾里尼克用2个数据模型分别描述信源和信道，然后使用大量的语音数据来训练，最后，贾里尼克团队花了4年时间，将语音识别准确率从过去的70%提高到90%。后来人们尝试使用此方法来解决其他智能问题，但因为缺少数据，结果不太理想。

在当时，由于计算机性能的瓶颈、计算复杂性的指数级增长、数据量缺失等问题，一些难题看上去完全找不到答案。比如今天已经比较常见的机器视觉功能在当时就不可能找到一个足够大的数据库来支撑程序去学习，机器无法吸收足够的数据量自然也就谈不上视觉方面的智能化。

项目的停滞不但让批评者有机可乘，1973年莱特希尔（Lighthill）针对英国人工智能研究状况的报告批评了人工智能在实现其“宏伟目标”上的完全失败，也影响了项目资金的流向。人工智能遭遇了6年左右的低谷。

4）繁荣：1980—1987年

在20世纪80年代，一类名为“专家系统”的AI程序开始为全世界的公司所采纳，而“知识处理”成为主流AI研究的焦点。日本政府在同一时期积极投资AI以促进其第五代计算机工程。20世纪80年代早期另一个令人振奋的事件是约翰·霍菲尔德（John Hopfield）和大卫·鲁姆哈特（David Rumelhart）使联结主义重获新生。AI再一次获得了成功。

（1）专家系统获得赏识

专家系统是一种程序，能够依据一组从专门知识中推演出的逻辑规则在某一特定领域回答或解决问题。最早的示例由爱德华·费根鲍姆（Edward Feigenbaum）和他的学生们开发。1965年起设计的DENDRAL能够根据分光计读数分辨混合物。1972年设计的MYCIN能够诊断血液传染病。它们展示了这一方法的威力。

专家系统仅限于一个很小的知识领域，从而避免了常识问题，其简单的设计又使它能够较为容易地编程后实现或修改。总之，实践证明了这类程序的实用性。直到这时AI才开始变得实用起来。

1980年，卡内基·梅隆大学为数字设备公司（Digital Equipment Corporation，DEC）设计了一个名为XCON的专家系统，这是一个巨大的成功。在1986年之前，它每年为公司省下4千万美元。全世界的公司都开始研发和应用专家系统，到1985年它们已在AI上投入10亿美元以上，大部分用于公司内设的AI部门。为之提供支持的产业应运而生，其中包括Symbolics、Lisp Machines等硬件公司和IntelliCorp、Aion等软件公司。

（2）知识革命

专家系统的能力来自它们存储的专业知识。这是20世纪70年代以来AI研究的一个新方向。帕梅拉·麦考达克（Pamela McCorduck）在书中写道，“不情愿的AI研究者们开始怀疑，因为它违背了科学研究中对最简化的追求。智能可能需要建立在对分门别类的大量知识的多种处理方法之上”，“70年代的教训是智能行为与知识处理关系非常密切，有时还需要在特定任务领域非常细致的知识”。知识库系统和知识工程成为了20世纪80年代AI研究的主要方向。

第一个试图解决常识问题的程序Cyc也在20世纪80年代出现，其方法是建立一个容纳一个普通人知道的所有常识的巨型数据库。发起和领导这一项目的道格拉斯·莱纳特（Douglas Lenat）认为别无捷径，让机器理解人类概念的唯一方法是一个一个地教会它们。这一工程几十年也没有完成。

（3）联结主义的重生

1982年，物理学家约翰·霍菲尔德证明了一种新型的神经网络（现被称为霍菲尔德网络）能够用一种全新的方式学习和处理信息。大约在同时，大卫·鲁姆哈特（David Rumelhart）推广了反向传播算法，即一种神经网络训练方法。这些发现使1970年以来一直遭人遗弃的联结主义重获新生。

1986年由鲁姆哈特和心理学家詹姆斯·麦克莱兰（James McClelland）主编的两卷论文集“分布式并行处理”问世，这一新领域从此得到了统一和促进。20世纪90年代，神经网络获得了商业上的成功，它们被应用于光字符识别和语音识别软件。

5）第二次AI低谷：1987—1993年

20世纪80年代中期商业机构对AI的追捧与冷落符合经济泡沫的经典模式，泡沫的破裂也在政府机构和投资者对AI的观察之中。尽管遇到各种批评，这一领域仍在不断前进。来自机器人学这一相关研究领域的罗德尼·布鲁克斯（Rodney Brooks）和汉斯·莫拉维克（Hans Moravec）提出了一种全新的人工智能方案。

“AI之冬”一词由经历过1974年经费削减的研究者们创造出来。他们注意到了人们对专家系统的狂热追捧，预计不久后人们将转向失望。事实被他们不幸言中：从20世纪80年代末到90年代初，AI遭遇了一系列财政问题。变天的最早征兆是1987年AI硬件市场需求的突然下跌。苹果公司和IBM生产的台式机性能不断提升，到1987年时其性能已经超过了Symbolics和其他厂家生产的昂贵的Lisp机。老产品失去了存在的理由，一夜之间这个价值5亿美元的产业土崩瓦解。XCON等最初大获成功的专家系统维护费用居高不下。它们难以升级、难以使用、脆弱（当输入异常时会出现莫名其妙的错误），成了以前已经暴露的各种各样问题的牺牲品。专家系统的实用性仅仅局限于某些特定情景。

到了20世纪80年代晚期，战略计算促进会大幅削减对AI的资助。DARPA的新任领导认为AI并非“下一个浪潮”，拨款将倾向于那些看起来更容易出成果的项目。直到1991年，“第五代工程”还没有实现，事实上其中一些目标如“与人展开交谈”，直到2010年也没有实现。与其他AI项目一样，期望比真正可能实现的要高得多。

20世纪80年代后期，一些研究者根据机器人学的成就提出了一种全新的人工智能方案。他们相信，为了获得真正的智能，机器必须具有躯体，它需要感知、移动、生存，与这个世界交互。他们认为这些感知运动技能对于常识推理等高层次技能是至关重要的，而抽象推理不过是人类最不重要也最无趣的技能。他们号召“自底向上”地创造智能，这一主张复兴了从20世纪60年代就沉寂下来的控制论。一位先驱是在理论神经科学上造诣深厚的大卫·马尔（David Marr），他于20世纪70年代来到MIT指导视觉研究组的工作。他排斥所有符号化方法（无论是麦卡锡的逻辑学还是明斯基的框架），认为实现AI需要自底向上地理解视觉的物理机制，而符号处理应在此之后进行。在发表于1990年的论文《大象不会下象棋》中，机器人研究者罗德尼·布鲁克斯提出了“物理符号系统假设”，认为符号是可有可无的，因为“这个世界就是描述它自己最好的模型，它总是最新的，它总是包括了需要研究的所有细节。诀窍在于正确地、足够频繁地感知它”。在20世纪80年代和90年代也有许多认知科学家反对基于符号处理的智能模型，认为身体是推理的必要条件，这一理论被称为“具身的心灵、理性、认知”（Embodied Mind，Reason，Cognition）论题。

6）走在正确的路上：1993年—现在

现已年过半百的AI终于实现了它最初的一些目标。它已被成功地应用在技术产业中，不过有时是在幕后。这些成就有的归功于计算机性能的提升，有的则是在高尚的科学责任感驱使下对特定的课题不断追求而获得的。不过，至少在商业领域里，AI的声誉已经不如往昔了。“实现人类水平的智能”这一最初的梦想曾在20世纪60年代令全世界为之着迷，其失败的原因至今仍众说纷纭。各种因素的合力将AI拆分为各自为战的几个子领域，有时候它们甚至会用新名词来掩饰“人工智能”这块被玷污的金字招牌。AI比以往的任何时候都更加谨慎，却也更加成功。

（1）里程碑和摩尔定律

1997年5月11日，深蓝成为战胜国际象棋世界冠军卡斯帕罗夫的第一个计算机系统。2005年，斯坦福大学开发的一台机器人在一条沙漠小径上成功地自动行驶了131英里，赢得了DARPA挑战大赛头奖。2009年，蓝脑计划声称已经成功地模拟了部分鼠脑。2011年，IBM沃森参加《危险边缘》节目，在最后一集打败了人类选手。2016年3月，AlphaGo击败李世石，成为第一个不让子而击败职业围棋棋士的电脑围棋程序。2017年5月，AlphaGo在中国乌镇围棋峰会的三局比赛中击败当时世界排名第一的中国棋手柯洁。

这些成就的取得并不是因为范式上的革命。它们仍然是工程技术的复杂应用，但是计算机性能已经今非昔比了。事实上，深蓝计算机比克里斯多福·斯特雷奇（Christopher Strachey）在1951年用来下棋的Ferranti Mark 1快1 000万倍。这种剧烈增长可以用摩尔定律描述：计算速度和内存容量每两年翻一番。计算性能上的基础性障碍已被逐渐克服。

（2）智能代理

90年代，被称为“智能代理”的新范式被广泛接受。尽管早期研究者提出了模块化的分治策略，但是直到朱迪亚·珀尔（Judea Pearl）和艾伦·纽厄尔等人将一些概念从决策理论和经济学中引入AI之后现代智能代理范式才逐渐形成。当经济学中的“理性代理”（rational agent）与计算机科学中的“对象”或“模块”相结合时，“智能代理”范式才得以完善。

智能代理是一个系统，它感知周围环境，然后采取措施使成功的概率最大化。最简单的智能代理是解决特定问题的程序。已知的最复杂的智能代理是理性的、会思考的人类。智能代理范式将AI研究定义为“对智能代理的学习”。这是对早期一些定义的推广：它超越了研究人类智能的范畴，涵盖了对所有种类的智能的研究。

这一范式让研究者们通过学习孤立的问题找到可证的并且有用的解答。它为AI各领域乃至经济学、控制论等使用抽象代理概念的领域提供了描述问题和共享解答的一种通用语言。人们希望能找到一种完整的代理架构（像纽厄尔的SOAR），允许研究者们应用交互的智能代理建立起通用的智能系统。

（3）“简约派”的胜利

越来越多的AI研究者们开始开发和使用复杂的数学工具。人们广泛地认识到，许多AI需要解决的问题已经成为数学、经济学和运筹学领域的研究课题。数学语言的共享不仅使AI可以与其他学科展开更高层次的合作，而且使研究结果更易于评估和证明。

AI已成为一门更严格的科学分支。罗素（Russell）和诺维格（Norvig）（2003）将这些变化视为一场“革命”和“简约派的胜利”。

朱迪亚·珀尔发表于1988年的名著将概率论和决策理论引入AI。现已投入应用的新工具包括贝叶斯网络、隐马尔可夫模型、信息论、随机模型和经典优化理论。针对神经网络和进化算法等“计算智能”范式的精确数学描述也被发展起来。

（4）幕后的AI

AI研究者们开发的算法开始变为较大的系统的一部分。AI曾经解决了大量的难题，这些解决方案在产业界起到了重要作用。应用了AI技术的领域有数据挖掘、工业机器人、物流、语音识别、银行业软件、医疗诊断和搜索引擎等。

AI领域并未从这些成就之中获得多少益处。AI的许多伟大创新仅被看作计算机科学工具箱中的一件工具。尼克·波斯特罗姆（Nick Bostrom）解释说，“很多AI的前沿成就已被应用在一般的程序中，不过通常没有被称为AI。这是因为，一旦变得足够有用和普遍，它就不再被称为AI了。”

20世纪90年代的许多AI研究者故意用其他一些名字称呼他们的工作，如信息学、知识系统、认知系统或计算智能。部分原因是他们认为他们的领域与AI存在根本的不同，况且新名字也有利于获取经费。至少在商业领域，导致AI之冬的那些未能兑现的承诺仍然困扰着AI研究，正如纽约《时代》周刊在2005年的一篇报道所说，“计算机科学家和软件工程师们避免使用人工智能一词，因为怕被认为是在说梦话”。

（5）HAL-9000在哪里

1968年，亚瑟·克拉克和史丹利·库布里克创作的《2001太空漫游》中设想2001年将会出现达到或超过人类智能的机器。他们创造的这一名为HAL-9000的角色是以科学事实为依据的：当时许多顶级AI研究者相信到2001年这样的机器会出现。

“那么问题是，为什么在2001年我们并未拥有HAL-9000呢？”马文·明斯基问道。明斯基认为，问题的答案是绝大多数研究者醉心于钻研神经网络和遗传算法之类商业应用，而忽略了常识推理等核心问题。不过，约翰·麦卡锡则归咎于资格问题。雷蒙德·库茨威尔相信问题在于计算机性能，根据摩尔定律，他预测具有人类智能水平的机器将在2029年出现。杰夫·霍金（Jeffrey Hawkins）认为神经网络研究忽略了人类大脑皮质的关键特性，而简单的模型只能用于解决简单的问题。还有许多别的解释，每一个都对应着一个正在进行的研究。

（6）深度学习、大数据和人工智能：2011年至今

进入21世纪，得益于大数据和计算机技术的快速发展，许多先进的机器学习技术成功应用于经济社会中的许多领域。麦肯锡全球研究院在一份题为《大数据：创新、竞争和生产力的下一个前沿领域》的报告中曾估计，到2009年，美国经济所有行业中具有1 000名以上员工的公司都至少拥有200兆字节的存储数据。

到2016年，AI相关产品、硬件、软件等的市场规模已经超过80亿美元，《纽约时报》评价AI已经形成了一个热潮。大数据应用也开始逐渐渗透到其他领域，如生态学模型训练、经济领域中的各种应用、医学研究中的疾病预测及新药研发等。深度学习

（特别是深度卷积神经网络和循环神经网络）更是极大地推动了图像和视频处理、文本分析、语音识别等问题的研究进程。

深度学习是机器学习的一个分支，它通过一个有着很多层处理单元的深层网络对数据中的高级抽象进行建模。根据全局逼近原理（Universal Approximation Theorem），对于神经网络而言，如果要拟合任意连续函数，深度性并不是必需的，即使一个单层的网络，只要拥有足够多的非线性激活单元，也可以达到拟合目的。但是，目前深度神经网络得到了更多的关注，这主要是源于其结构层次性，能够快速建模更加复杂的情况，同时避免浅层网络可能遭遇的诸多缺点。

然而，深度学习也有自身的缺点。以循环神经网络为例，一个最常见的问题是梯度消失问题（沿着时间序列反向传播过程中，梯度逐渐减小到0附近，造成学习停滞）。为了解决这些问题，很多针对性的模型被提出来，如长短期记忆网络（LSTM）、门控循环神经单元（GRU）等。

现在，最先进的神经网络结构在某些领域已经能够达到甚至超过人类平均准确率，如在计算机视觉领域。特别是一些具体的任务上，如MNIST数据集（一个手写数字识别数据集）、交通信号灯识别等，再如游戏领域，谷歌的深度思维（Deepmind）团队研发的AlaphaGo，在问题搜索复杂度极高的围棋上，已经打遍天下无敌手。

6.1.3　人工智能的应用

人工智能涉及众多领域，包括数学、统计学、计算机科学、物理学、哲学和认知科学、心理学、控制论、社会学、犯罪学等。研究范畴包括自然语言处理（Natural Language Processing）、知识表现（Knowledge Representation）、智能搜索（Intelligent Search）、推理、规划（Planning）、机器学习（Machine Learning）、增强式学习（Reinforcement Learning）、知识获取、感知问题、模式识别、逻辑程序设计、软计算（Soft Computing）、不精确和不确定的管理、人工生命（Artificial Life）、人工神经网络（Artificial Neural Network）、复杂系统、遗传算法、数据捕捞（Data Mining）、模糊控制等众多方向。人工智能涉及应用领域极广、研究内容极多，暂未找到清晰合理的分类。

人工智能技术无论是在核心技术，还是在典型应用上都已得到爆发式的进展。随着平台、算法、交互方式的不断更新和突破，人工智能技术的发展将主要以“AI+X”（X为某一具体产业或行业）的形态得以呈现。这些智能系统的出现，并不意味着对应行业或职业的消亡，仅仅意味着职业模式的部分改变。任何有助于让机器（尤其是计算机）模拟、延伸和扩展人类智能的理论、方法和技术，都可视为人工智能的范畴，展现出无比光明的发展前景。

在生活方面，人工智能可协助人类完成此前被认为必须由人完成的智能任务。人们将不仅生活在真实的物理空间，同样生活在网络空间。网络空间中的每个个体既有可能是人，也有可能是一个人工智能。

在生产方面，未来人工智能有望在传统农业转型中发挥重要作用。例如，通过遥感卫星、无人机等监测我国耕地的宏观和微观情况，由人工智能自动决定（或向管理员推荐）最合适的种植方案，并综合调度各类农用机械、设备完成方案的执行，从而最大限度解放农业生产力。

在制造业中，人工智能将可以协助设计人员完成产品的设计，在理想情况下，可以在很大程度上弥补中高端设计人员短缺的现状，从而大大提高制造业的产品设计能力。同时，通过挖掘、学习大量的生产和供应链数据，人工智能还有望推动资源的优化配置，提升企业效率。在理想情况下，人工智能将从产品设计、原材料购买方案、原材料分配、生产制造、用户反馈数据采集与分析等方面为企业提供全流程支持，推动我国制造业转型和升级。

在生活服务方面，人工智能同样有望在教育、医疗、金融、出行、物流等领域发挥巨大作用。例如，在医疗方面，人工智能的应用可协助医务人员完成患者病情的初步筛查与分诊；医疗数据智能分析或智能的医疗影像处理技术可帮助医生制订治疗方案，并通过可穿戴设备等传感器实时了解患者各项身体指征，观察治疗效果。在教育方面，一个教育类人工智能系统可以承担知识性教育的任务，从而使教师能将精力更多地集中于对学生系统思维能力、创新实践能力的培养。

对金融而言，人工智能将能协助银行建立更全面的征信和审核制度，从全局角度监测金融系统状态，抑制各类金融欺诈行为，同时为贷款等金融业务提供科学依据，为维护机构与个人的金融安全提供保障。在出行方面，无人驾驶（或自动驾驶）已经取得了相当进展。在物流方面，物流机器人已可以很大程度替代手工分拣，而仓储选址和管理、配送路线规划、用户需求分析等也将（或已经）走向智能化。

平台、算法以及接口等核心技术的突破，将进一步推动人工智能实现跨越式发展。从核心技术的角度来看，3个层次的突破将有望进一步推动人工智能的发展，分别为平台（承载人工智能的物理设备、系统）、算法（人工智能的行为模式）以及接口（人工智能与外界的交互方式）。

人工智能生成内容（Artificial Intelligence Generated Content，AIGC），是基于生成对抗网络、大型预训练模型等人工智能的技术方法，通过已有数据的学习和识别，以适当的泛化能力生成相关内容的技术。AIGC技术的核心思想是利用人工智能算法生成具有一定创意和质量的内容。通过训练模型和大量数据的学习，AIGC可以根据输入的条件或指导，生成与之相关的内容，例如文章、图像、音频、视频等。国外AIGC的商业化从基础大模型开始，以ChatGPT、Midjourney为代表的典型应用是基于基础大模型的调用孵化而来的。国内正好相反，由于国内市场极度丰富的业务场景，高度离散的供给侧服务，导致当前的AIGC商业化先从业务/领域小模型开始。基础大模型尚处于快速迭代升级的阶段，同时也开始关注具体的业务场景。而行业/场景中模型市场相对更加滞后，但这一市场在中国特色市场下，将会是未来基础大模型和领域小模型都会积极跨界的领域。

在平台层面实现一个能服务于不同企业、不同需求的智能平台，将是未来技术发展的一大趋势。算法决定了人工智能的行为模式，一个人工智能系统即使有当前最先进的计算平台作为支撑，若没有配备有效的算法，只会像一个四肢发达而头脑简单的人，并不能算真正具有智能。面向典型智能任务的算法设计，从人工智能这一概念诞生时起就是该领域的核心内容之一。

令算法通过自身的演化来自动适应这个“唯一不变的就是变化”的物理世界吗？这也许是“人工”智能迈向“类人”智能的关键。接口、沟通是人类的一种基本行为，人工智能与人类的分界正变得模糊，一个中文聊天机器人也许比一位外国友人让我们觉得更容易沟通。

因此，如何实现人机的高效沟通与协同将具有重要意义。语音识别、自然语言理解是实现人机交互的关键技术之一。另外，不采用自然语言，而是直接通过脑电波与机器实现沟通即脑机接口技术，也已有相当进展，目前已经大体可以实现用脑电波直接控制外部设备（如计算机、机械手等）进行简单的任务。

6.2 商业智能分析

商业智能分析是数据挖掘的一个重要的子类。商业智能是用数学算法为商业决策和行为赋能，将数学、计算机和商业完美地融为一体。

6.2.1 商业智能的概念

可以预见，未来随着科技的进步和时间的推移，商业必将面临全面的智能化。那么究竟什么是智能化呢？其实“智能”一词，在不同时期和不同科技水平下，有不同的具体含义。

对于当下的商业而言，智能化指的是商业决策会越来越多地依赖机器学习，依赖人工智能。机器将逐步取代人，在越来越多的商业决策上扮演非常重要的角色，它能取得的效果远远超过今天人工运作产生的效果。

其实，如今的智能商业还处在萌芽阶段，相对于传统商业，它在很多领域的优势还不太明显。然而即便通过现有的案例，我们也看到了这一产业的巨大能量。伴随着互联网技术，特别是物联网、数据科学和计算能力持续高速发展，几乎可以断言，基于数据智能的商业必将超越1913年横空出世的福特流水线，给人类整体的生产力带来一次根本性的巨大突破。

正是在这个意义上，我们强调，这是一场商业模式的范式革命。未来10年，最大的商业价值就是如何创造一个个智能商业，带来用户体验的飞跃。

商业智能也称为BI，这一概念最早于1996年提出，它描述了一系列概念和方法，通过应用基于事实的支持系统来辅助商业决策的制定。在今天，商业智能已成为每个商业公司不可或缺的一部分，市场上甚至出现了一些专门为其他公司完成商业智能分析的公司。

商业智能分析着力于辅助企业的决策。在业务分析方面，商业智能分析可以帮助企业了解客户的竞争对手的动向，业务分析的灵活性较强，根据企业类型的不同又有很大不同。在决策管理方面，商业智能分析主要用于帮助企业了解其内部的缺陷，以及帮助企业明确企业的发展方向和制订具体实施计划，这一点在大多数企业内部都是相似的。

一个完整的商业智能分析包含一系列的工作，包括提取数据、清洗数据、向软件中装载数据、使用多种分析方法分析数据、根据数据分析结果生成最终报告等。一个优秀的商业智能分析往往搭配使用数种不同的数据分析方法。我们总是将某种数据分析算法作为一个独立的整体来分析，但在实际应用中并不是这样的。

商业智能有3个阶段：报表阶段、数据分析阶段和数据挖掘阶段。在报表阶段，企业只具备微弱的商业智能分析能力，从数据中获取的知识非常肤浅，只能形成一些简单的描述性报告。数据分析阶段是商业智能分析的中级阶段，在这一阶段，企业能够使用大部分成熟的数据分析方法来分析数据，如回归分析、聚类分析等，它们不但较为简单，而且多侧重于在小数据量上工作。数据挖掘阶段是商业智能分析的终极阶段，在这一阶段，应用于数据上的是一些新兴的数据挖掘算法，如神经网、马尔可夫链等，它们侧重于在大数据量上工作。

商业智能的成功十分依赖数据质量。这很容易理解，每个单独的数据分析算法都要求数据样本具有代表性、不含异常值、整体符合某种分布等，而且对于一系列数据分析算法的总和（即商业智能应用）来说，这些要求只会更苛刻。另外，商业智能往往涉及多种数据源、多个数据库、多种数据格式，因此它的数据处理过程更加复杂。

商业智能分析往往依赖商业智能软件来实现。如今市场上流行着多种商业智能软件（如SAS、SPSS），这些商业智能软件集合了大部分常见的数据分析算法，数据分析师可以较为简便地完成商业智能分析。对于某些特别复杂的问题，数据分析师需要自己构建一个临时的数据分析框架，这个框架能够将输入的数据经过一系列处理后，变成一份优秀的分析报告，这一框架也可视为一个具有专门用途的商业智能软件。

6.2.2 商业智能的主流发展与应用

自从理查德·德文斯（Richard Devens）在他的《商业轶事的百科全书》中用“商业智能”来描述当时的大银行家福尼斯爵士的成功原因：“他在荷兰、法国和德国构建了一套完美的商业智能列车，他总是可以先对手一步获得信息、采取行动、获取利润”，商业智能由此进入萌芽阶段。

在20世纪50年代末以前，科学技术的发展还不够成熟，因此使用技术手段来分析商业行为和做出决策的情况还是比较罕见的。直到科学家汉斯·罗恩（Hans Ron）的《商业智能系统》一文横空出世，他在这篇文章中提出，可以使用一种自动系统向工业界、科学界等各个领域传播信息，收集和组织数据。这对于整理和简化第二次世界大战后各行业繁荣发展导致的数据量暴增有着非常积极的意义。

而这也正是商业智能的核心：从大量繁杂数据中得出规律并做出正确的决定。由于在商业智能和分析系统结合中做出的杰出贡献，汉斯·罗恩也被后人称为“商业智能之父”。

在这之后的下一个阶段，随着计算机在商业领域中的成功应用和软盘、激光磁盘的出现，对公司而言，它们终于找到了另外的存储数据的方式，而且这还直接促使数据库管理系统的支持决策系统（DSS）诞生。虽然支持决策系统是个革命性的成果，但是由于计算机在当时“不晋级”而且这些软件的操作难度很高，支持决策系统类应用并没有得到广泛应用。在1988年在罗马举办的数据分析联盟会议后，各种各样的工具应运而生，如执行信息系统（EIS）、联机分析处理（OLAP）、数据仓库（Data Warehouse）等，这也标志着商业智能全面进入了信息化时代。

执行信息系统是20世纪70年代末诞生的一种为管理层提供商业分析的信息系统，它通过剔除决策过程中的冗杂信息，以即时呈现最新的信息为基础，以丰富的图表形式呈现分析结果而受到广泛认可。

联机分析处理是基于现有的关系型数据库提供的因简单查询越来越无法满足分析需要而提出的可以多视角分析多数据源和复杂关联的软件技术。它不但可以像传统的关系型数据库一样对简单查询快速返回结果，而且可以从多个角度抽取需要的数据，进行复杂查询，得到真正有价值的信息。

数据仓库的概念兴起于20世纪90年代，能够很好地指导企业的生产经营管理，用于支持管理决策。由于数据量快速增长及数据类型增加，传统的数据仓库无论是计算还是处理的能力都愈发不能达到要求。随着大数据时代的到来，很多分布式系统框架（如Hadoop、Spark）都开发和支持了数据仓库工具甚至是实时查询引擎，如Hive、Pig、Impala、Presto等。这些新的工具的诞生不但使得我们可以更加快速地分析大量数据，而且使得我们方便地将一些数据挖掘算法应用到商业智能领域中。

2000年以后，随着商业世界的联系愈发紧密，人们对数据的时效性要求变得非常高。数据的流处理（实时处理）的出现标志着公司可以根据最新的数据做出决策，时效性更强，便于领先对手做出反应。随着大数据和人工智能的发展，预计将有更多算法被应用到商业智能领域，产生重要的影响，量化交易系统和反欺诈模型就是典型的商业智能的落地项目。另外，无线商业智能和云商业智能会在不久的将来走进商业分析师们的视野。

6.2.3 商业智能双螺旋

商业智能最重要的两个组成部分是网络协同与数据智能，两者机制不同却相辅相成，网络协同推动数据智能发展的同时，数据智能也成为网络协同扩张不可或缺的助力，二者共同组成了商业智能的双螺旋。

1）网络协同

所谓网络协同，指的是通过大规模、多角色的实时互动来解决特定问题。以前我们解决一个问题，通常通过命令、科层制或者在简单市场中通过价格信号进行调整，但今天更多的是通过大规模、并发、多角色的实时互动加以实现。

在互联网诞生40余年后，我们终于走到了万物互联时代的门口。互联网最终的使命就是让任何人、任何物甚至是任何时间、地点，都能够互联、互通、互动。毫无疑问，这必将带来经济范式的又一次革命。

如果说农业时代自给自足、村社范围简单交换的经济范式可以用“点”来描述，那么“线”或许就是工业时代经济范式的典型意向——流水线、供应链、科层制。到了万物互联的时代，新经济范式最根本的特质就是“网”——开放的网络结构、自由的多元协同、分布式的自组织体系。

我们将这种新的经济范式称为网络协同。在商业世界里，网络协同正在取代工业时代相对封闭的体系（如传统的供应链体系），成为互联网时代的基本合作范式。

案例6-1 淘宝这张“网”

“边界开放+直连互动”带来的创造力激发，首先体现在淘宝的网络扩张上。各种新商品被卖家上线销售，各种新店也纷纷开张。为了对更多的细分市场形成覆盖，淘宝不断拆分类目，甚至由各种奇特到无法归类的商品所形成的“其他”类目到今天都还是商品数最多的类目之一。

这种创造力激发，更体现在众多新角色的孕育上。例如，当越来越多的店主开始希望自己的店铺页面更美观、更独特、更能吸引买家时，店铺装修市场随之出现。专业的设计师、网页制作者在这个新生的双边市场上可以满足卖家的相应需求。这样的新角色在淘宝上越来越多，淘宝客、独立软件开发商（ISV）、导购达人等都是很好的例子，快递、客服这些角色更是无须赘述。例如，随着宽带的发展，2010年淘宝开始以图片销售为最主要的模式，这自然就产生了海量的模特需求，淘女郎应需而生。她们不是专业模特，但恰好满足了广大买家“看看衣服穿在普通人身上效果如何”的需求。淘宝建立的在线模特市场，是几百万卖家和淘女郎的双边市场。

同时，海量的直连互动时常让更多的断点、坑洞、磕绊得以显现。不过，它们既是直连互动的阻力，又是全新直连互动的机会。这样的新角色，由直连互动激发生长，又促发新的直连互动，带来新的效率提升，从而营建出新的网络结构。它们不是由淘宝规划出来的，但是它们一旦生长出来，淘宝往往迅速给予充分的鼓励，或建设新市场，或开发新工具，让这些新角色成长得更加茁壮。

所以，如果说“双边市场的扩张”是淘宝早期的核心特征，那么，当这些新角色不断产生后，淘宝在第二个阶段的核心特征，就是从一个简单的双边市场演化成了一个复杂的多边市场，多元角色在其中相互协同表现得越来越充分，淘宝也越来越立体。这个立体的淘宝还在继续演化，协同从商品买卖这个环节向广告、物流、供应链等众多环节进一步延展，更多的场景被网罗进来，更多元的协同在这一网络中发生。

比如，网络协同进一步扩展到了物流，菜鸟网络就是阿里巴巴在这个领域最主要的存在，其全名是全国智能物流骨干网。它连接所有物流公司、快递人员以及仓库，同样，它也是一个利用互联网分布式信息同步共享的结构，让所有人的商业信息可以在参与方之间实时、多方、多角度地互动沟通，而不需要中间人来计划和安排。这一生态的力量进一步延伸到采购、批发，最终延展到整个供应链。在淘宝店做预售，并根据具体销售情况灵活地安排整个生产计划，实现小单多批、快速翻单的柔性生产，这样的情形已经在越来越多的生产制造厂家中发生。

在淘宝这张“网”上，已经密布了海量的“点”，它们就是在直连互动中的各个角色。这些“点”由于巨大的规模经济，往往能提供性价比很高或者很独特的服务，这些服务又纵横交织成“线”，从而提供传统方式无法实现的更优质的服务。每条“线”都是一个细分场景，都是一种独特的服务，这就是淘宝的海量卖家。这些“点”和“线”，远看似乌合之众，排列分布几乎无规律可循，但实际上能聚散自如，召之即来，来即能战。“点”的数量，从晨星寥落走向燎原之火，就是因为无数“点”与“线”构成的这张网，可以提供更好的客户价值，吸引更多的消费者，从而催生新的“点”或者新的“线”参与其中，形成良性循环。也就是说，从稀疏的“点”开始连接，“点”与“点”互动，帮助“线”更好地服务用户，构成了今日星河灿烂、生机盎然的淘宝。

多点协作的开放平台，总体势能已逐渐超过传统的交易线。单独一个卖家的货物，可能还无法与传统大品牌商家媲美，但蚂蚁雄兵集合起来的势能——每天涌入数以亿计的客户，交易额以每分钟亿元为单位计算——是任何一家线下零售商都无法想象的。

资料来源　作者根据相关资料整理.

互联网时代才是真正的网络协同时代。只要一个行业、一条流程、一项任务初步完成在线化，直连互动就可能发生，其后所展现出来的网络演进就完全有可能远远超出我们的想象。淘宝就是最好的证明。随着互联网的发展，景德镇的传统陶瓷业与网店、设计师等新的角色产生了丰富的互动，形成了新的创意协同网络，使得景德镇成了各种手工业产品集聚的网络——这是一个线上与线下融合的协同网络。

一些时下火热的新概念，包括按需经济、共享经济、社群经济等，本质上都必须建立在网络协同的基础上。按需是网状协同的目标，共享是网状协同的价值观，而社群是网状协同的有机组成模块。只有全网协同才能满足每一个消费者的个性化需求，只有超越线性结构，才能实现个体优化、局部优化和全局优化的动态统一，才能最大化、最深层次地展现网络的价值。区块链技术由于提供了一个点对点的、建立在共识基础上的协同网络，很有可能带来网络协同的一次大飞跃。网络协同效应是当今互联网企业成功最大的价值源泉。

2）数据智能

数据智能的本质就是机器代替人直接做决策。未来数据智能将成为商业的基础，而智能商业也将成为数据时代的全新的商业范式。要把数据智能融入具体商业，要做好“三化”，即数据化、算法化和产品化。

（1）数据化

所谓数据化，不仅包括客户的经营数据，还有更多维度的数据，被记录、分析和融入，从而构成了对客户全方位的描摹。数据初始化是一件成本高和困难大的事情，仅仅是最简单的客户性别数据就包含了十几套标准，诸如身份证上登记的性别、实际经营者的性别、行为特征显示出的性别等。这些数据各有价值，但传统方法又无法使它们融合，故需要创新的方法才能合理使用。

与此同时，数据化更是一件高收益的事情。例如，“客户对经营的投入程度”这一很有价值的指标，传统金融机构几乎没有任何有效的获取方法。然而在互联网的语境下，早上几点卖家在旺旺上线了，买家的询问在几秒钟内能得到回复，这些我们已经可以看到。在互联网上留下的每一处“足迹”都被数据化地记录下来，成为各种应用推送个性化服务的关键依据。脸书实现了人际关系的数据化，带来了很多全新的应用，例如，通过分析选举前用户的行为数据来“计算”选民的投票倾向，成为有史以来最准确的选前民调。

互联网技术使我们终于可以低成本、全方位地记录数据，而只有当我们拥有了足够大量、足够多维度的“大数据”时，才可能真正客观、真实而深刻地理解我们周遭的环境、事物的本原以及我们自己。

有效的数据初始化是大数据创造价值至关重要的第一步。可以说，没有数据的初始化，就没有后继的商业创新。而成本高昂的数据初始化工作能否创造巨大的客户价值，就成为当下海量创业项目能否存活立足的重要考验。企业家的创造性也将在这一领域中大放异彩。

（2）算法化

我们提到算法时，常常会接上另一个词——引擎。这是一个奇妙的比喻，因为如果我们将数据看作数据处理技术（Data Technology，DT）时代的一桶高标号汽油，那么算法无疑就是这台引擎。只有算法才能让数据中的能量得以完全喷发出来，为智能商业这辆“汽车”推进加速。

搜索是第一个数据和算法驱动的互联网产品，使我们每个人都可以在海量的互联网数据中找到最相关的信息。谷歌的成功正发源于其创始人提出的PageRank算法。谷歌创造的另一个功能强大的算法是其在线广告市场引擎——点击付费广告（Pay Per Click），每天都有价值10亿美元以上的在线广告通过这一算法投放到最合适的观众面前。

在商业语境下，算法就是一组反映了产品逻辑和市场机制的计算指令的集合。完成了商业场景的数据化之后，算法就是提炼数据价值的思路，而DT时代的数据价值就是商业价值。如同谷歌正在做的，我们每个人打开过的那些商品的页面、网购的某件商品，都无疑是数据的“金矿”，但只有当在线广告的算法引擎从中挖掘出每件商品的潜在买家，并据此投放广告时，这座数据金矿的价值才真正被开发出来。

算法看似高精尖，实际上，它在我们的日常生活中早已无所不在。不仅是手机和汽车，在房子里、电器里、玩具里都藏有算法。现在的银行是错综复杂、规模巨大的算法聚合，只是当中会有人时不时地微调一下罢了。世界上主要的股票、期货市场，看似有无数的交易员不知疲倦地报价买卖，但真正“不知疲倦”地记录各种数据，做出空单或者多单决策的同样是算法，而交易员常常只是算法决策的执行者。算法制定飞机航程，然后把飞机开走；算法管理厂房，进行贸易，控制货物流通，兑现利润，甚至做账。

Polyphonic（一家针对音乐和唱片公司的技术研发公司）开发的算法是用数学函数解构歌曲的曲调、节奏、和弦进程、声音饱满度等指标，以此预测一首新歌能否流行。一位名不见经传的歌手的新专辑，据算法分析，专辑14首歌中有9首能登上流行排行榜，连写这个算法的工程师都觉得难以置信。然而，这张名为《跟我远走高飞》（Come Away With Me）的专辑最终热销2 000万张，那名叫诺拉·琼斯（Norah Jones）的歌手当年获得5项格莱美奖。

设计一套算法并非易事，工程师需要以机器可读的语言编写，然后进行不断的测试，找到复杂编码中的每一个问题。久而久之，计算机工程师研发了无数个互相关联、互相依赖的算法，形成了编码的生态系统。然而这套生态系统的复杂程度日增，系统中的小问题也会迅速蔓延。算法与算法之间的相互作用，乃至算法本身，其复杂程度开始胜过人类的脑容量。不夸张地说，如果有一天一切算法都骤然失灵，那世界即便谈不上毁灭，也会了无生趣。

算法是什么？让我们回到这个基础问题上。算法是按照设定程序运行以获得理想结果的一套指令。

人类可见的最早算法来自两河流域的苏美尔人，他们留下的一块距今4 600年的泥板上刻着一段文字，写的是利用小型称量工具，在人数不定的一群人中平均分配几千千克谷物可重复使用的方法。计算机的发明使算法的功能被极大提升，因为在做重复性工作时，计算机显然更具优势，而人们要做的是运用计算机语言将众多极为简单的指令组成非常复杂的逻辑推理链条。譬如，做蛋糕的时候该加一小勺白糖，人可以执行，计算机可不行，它首先必须知道白糖是什么；其次，“一小勺”的量不够精确；最后，计算机也不知道怎么“加”，从如何拿起勺子到如何移动勺子再到如何把勺子里的白糖倒入碗里，计算机都需要明确的指示才能执行。可见，算法是一种严苛的标准。

随着算法对我们日常生活的渗入，一个小错误就可以击垮整个系统，导致火箭陨落、电网崩溃、市场崩盘，前两者我们或许还没见到实例，但是因为算法的一个小错误引发连锁反应导致市场崩盘的惨剧确实发生过。2010年5月6日，美国股市就曾因为计算机算法停止竞价，导致股价大幅下跌，市场崩溃，这种情况被人们称为“闪电崩盘”。

那么，怎样避免这样的情形再次发生？怎样让算法越来越聪明？怎样让算法超越人类既有经验，创造出前所未有的价值呢？这些领域都有巨大的发展空间。

算法是“机器学习”的核心。笨机器用笨办法，算法靠持续迭代优化，变得越来越聪明。即便是一个非常粗糙的算法模型，也可以在实时在线、全本记录的数据中，通过没有预判和方向的数据探索，来发现那些广泛潜伏但我们无从察觉的关系结构，并持续优化。

这是算法的又一次决定性的跃升。也是在这次跃升中，数据对算法的巨大作用被充分显现出来。任何一个算法模型，尤其是能够自我学习、自我优化的算法模型，比如股票市场分析模型或者巧克力爱好者口味偏好模型，都承担着在成千上万个可能的因素中寻找出所隐藏着的联系的艰巨任务。这些可能因素中有些具有决定性的价值，有些却是彻底的“噪声”，而且，它们还在实时发生着变化。因此，算法真正要准确地预测股价，或是猜对某种朗姆酒口味巧克力的受欢迎程度，就必须通过分析海量数据来实现，必须在实时更新的数据中快速迭代优化。

机器学习的原材料是数据，数据越多越好。并且，机器学习能够克服各种复杂情况，只要数据足够丰富，简单地学习算法就可以轻松编写百万行长的新算法，工程师的工作轻松多了。工业革命使得体力劳动自动化，信息革命使得脑力劳动自动化，而机器学习使得自动化过程本身自动化。战胜围棋世界冠军本身并没有什么商业价值，但它带来了算法的突破，而这种突破肯定可以被应用到不同的商业场景中。

数据时代的智能商业对算法提出了全新的要求：算法的迭代方向。参数工程等都必须与商业逻辑、机制设计甚至价值观融合为一。当算法迭代优化时，决定其方向的不仅是数据和机器本身的特性，更包含了我们对商业本质的理解、对人性的洞察和对创造未来商业新样貌的理想。

这就是我们将算法称为智能商业的“引擎”而非“工具”的关键理由，它是智能的核心。只有基于数据和算法，完成“机器学习”，才能实现“人工智能”。第三次工业革命发展到今天，计算方法已经发生了从量变到质变的飞跃，这可以说是数据时代最根本的特征。

（3）产品化

其实，人工智能只是人类的一个工具。智能商业的核心特征是能主动地了解用户，通过学习不断提升用户体验。而真正把用户、数据和算法创造性地连接起来的是产品，这也是互联网时代特别强调产品重要性的根本原因。

产品和数据、算法的互补作用可以形象地比喻成“端+云”。“端”就是产品，是与用户完成个性化、实时、海量、低成本互动的端口，它不仅直接决定用户体验，同时使数据记录和用户反馈闭环得以发生，和“云”互动：而“云”则是数据聚合、算法计算的平台，它通过算法优化，更好地揣摩用户需求，提升用户体验。作为“端”的产品，具有以下3大关键作用：

①产品设计直接影响用户体验。

产品的功能是否齐全、界面是否友好以及交换是否自然，都是产品能否取得成功的关键因素。苹果公司这10年的成功，特别是iPhone的跨时代意义，充分显示了这一点；谷歌也是如此，超简洁的搜索框一经问世就立刻俘获了用户的心，人们的口口相传，为其带来了早期的高速发展。

②上传，即将“端”的行为数据向“云”反馈。

产品是用户通过行为数据向“云”上的数据智能进行反馈，实现数据增值和算法优化的通道。用户的真实需求常常是无法直接加以表达的，但是他们的行为不会骗人。用户的每一次行为都成为一次数据反馈，算法在这样一次次的反馈中敏捷迭代，一次次更加接近用户的真实需求。

③下达，即将“云”的数据智能传递到“端”。

产品也是将“云”上的数据智能传递给用户、为用户带来价值的通道。事实上，在智能商业的“云”和“端”之间，客户的产品体验绝不仅仅来自“端”上的用户界面（UI）互动，而更多地取决于“云”上的数据智能。

例如，用户在淘宝的体验不仅是搜索是否好用、类目是否合理、导航是否有效等，更重要的是用户能否高效地从几十亿件商品、千万级卖家中快速找到自己需要的商品，甚至还有惊喜，而这取决于“云”上的数据智能。不通过数据和产品的紧密融合，不通过“云”上的数据智能实时发挥作用，真正意义上的客户体验持续提升是根本无法想象的，就好像我们根本无法想象传统的金融服务能在几秒钟内完成对客户的贷款一样。

上传下达、双“管”齐下、数据闭环靠产品互动实现，而产品体验依赖于数据智能，数据和产品合二为一。只有一切的数据智能体系，都最终融合在功效直接、交互友好、价值明确的互联网产品上，其智能的价值才能真正体现出来。

万物互联之“广”和数据智能之“深”，其价值都集中体现在互联网产品上。通过创造性的产品设计，既把数据智能的价值不折不扣地传递给用户，又使用户低成本、高频度地进行反馈，从而使数据智能持续提升。实际上，从更广泛的意义上说，互联网产品是一种包含了“云”的智能和“端”的体验的完整互联网服务，它是数据智能和商业场景紧密融合的最终载体，也必将取代营销，成为商业运营的关键。

因此，智能商业的成功，最关键的一步往往是一个极富想象力的创新产品：针对某个用户问题，定义了全新的用户体验方式，同时启动了数据智能的引擎，持续提升用户体验。这样的智能商业才是对传统商业的颠覆，才能真正实现降维打击，胜者一骑绝尘，败者元气大伤。谷歌超越雅虎、脸书超越MySpace（一个社交网站）、优步颠覆出租车行业等，莫不如此。

数据化、算法化加上产品化构成了智能商业的3大基石。例如，谷歌搜索引擎的3大核心：一是网页内容的数据化；二是基于PageRank的算法引擎；三是谷歌巨大的产品创新——极为简洁的搜索框和基于相关性排序的结果页。然而这还不够，要让智能商业一天比一天更聪明，还有一样东西不可或缺——反馈闭环。

用户行为通过产品的“端”实时反馈到数据智能的“云”上，“云”上的优化结果又通过“端”实时提升用户体验。在这样的反馈闭环中，数据既是高速流动的介质，又持续增值；算法既是推动反馈闭环运转的引擎，又持续优化；产品既是反馈闭环的载体，又持续改进功能，在为用户提供更好的产品体验的同时，也促使数据反馈更低成本、高效率地发生。

一言以蔽之，数据化、算法化和产品化就是在反馈闭环中完成了智能商业的三位一体的。智能交通体系是另一个例子。以无人驾驶汽车为代表的整体智能交通体系已经不是科幻，谷歌首次实现了根据路况数据设计路线，本质上就是将关于路线选择的算法在线了，而今天，无人驾驶汽车已经上路试验，这就是汽车这个“端”的全面智能化。

在中国，阿里巴巴最新的实践则是交通“云”的全面智能化。依据各方面交通数据的整体打通，预测未来一小时内每一个路口可能的交通状况，进而对接城市交通指挥系统，有的放矢。在北京这样复杂的路况下，此套体系的预测准确率超过95%。其中，数据化、算法迭代和产品同样在反馈闭环中实现了三位一体。首先，智能交通体系以一连串事物的数据化为前提，包括地理位置的数据化、车况的数据化、天气的数据化，以及红绿灯、分道线、行人的数据化等；其次，它还是算法实时优化的结果——不仅是车况本身的优化，更是整体智能交通体系的优化；再次，它当然离不开从汽车到红绿灯等种种产品的智能化；最后，它更是众多数据反馈闭环的集合体——路况数据使车辆实时优化行车路线，周遭环境数据使车辆实时决定行驶速度，乘客身体状况数据使车辆实时调整车窗开合。

本质上，商业从一开始就是基于某种反馈闭环的，从而了解客户所需，提供相应的产品或服务。然而，不论是发挥商业天分猜测客户需求，还是通过市场调查听取客户需求，都始终失之于准确、困之于成本。不过，到今天，当客户可以通过实时数据把他们的需求直接告诉商家时，当商家可以凭借敏捷迭代的算法引擎精确满足客户的需求时，当产品借助互联网的巨大能量成为数据智能和用户实时互动的端口时，我们终于可以说，我们找到了促使这个反馈闭环成本更低、效率更高甚至自动运转的颠覆性工具。它可以被视作数据智能的“永动机”，只要有在线的互动，有数据的反馈，这台机器就永不停歇地学习，实时敏捷地进行优化。

数据、算法、产品在反馈闭环中三位一体，唯有如此，智能商业才能完成对传统商业的降维打击，数据处理技术时代的商业跃升才有发力点。

案例6-2　数据智能的又一次胜利

在淘宝由社区快速演化成一个不断自我扩张的电商平台的整个过程中，网络协同是当仁不让的核心驱动力之一。然而，当淘宝的协同网络发展到一定阶段时，一个新问题进入了人们的视野——淘宝越来越复杂，已经超过人力所能处理的极限。

淘宝在2008年就很清楚地意识到，类目的扩张已经不再像过去那样，能够对淘宝的发展发挥显著作用。对于用户而言，淘宝此时的浏览路径已经变得过于复杂且不再友好。在商品数量还比较少的时候，淘宝只有几大类目，如男装、女装、儿童用品和食品等，消费者按照自己所需商品所属的类目点击浏览十分方便，仅需两三步操作就可以找到自己想要的商品。然而，当淘宝平台拥有几十万卖家和上千万种商品时，按类目浏览的效率大幅下降，消费者往往花了很长时间也无法找到自己想要的商品，这无疑是一种不太好的购物体验。

当协同网络发展到一定阶段时，你需要用数据和智能手段协调网络中非常复杂的交互关系。为了解决这个棘手的问题，淘宝完成了一次重要的数据智能升级——引入搜索。搜索技术的这次突破，很大程度上归功于雅虎中国多年的积累。在阿里巴巴收购雅虎之后，阿里巴巴将雅虎由200多名技术人员和产品人员构成的技术团队全部搬到阿里巴巴的大本营杭州，用于支撑阿里巴巴的B2B业务和淘宝的技术升级。数据智能升级的效果极为显著，从2008年到2011年，淘宝的流量占比之王很快便从类目变成了搜索。

除此之外，当协同网络中的多方利益相互纠缠时，如果没有一个足够智能与自动化的利益分配机制，协同网络同样无法继续快速扩张。为此淘宝引入了效果营销，也就是竞价排名的广告模式。通过这个平台，淘宝将小广告主（淘宝上的小卖家）和淘宝搜索，以及站外很多小网站全部加以链接。如此一来，大多数淘宝卖家都愿意给站外的小网站主一定的分成，前提是它们带来的流量能够带来成交。

这次利益分配机制的调整，实际上让淘宝在数据智能的基础之上又形成了新一轮的网络协同扩张，海量的小网站主变成淘宝生态圈的外围，它们直接为淘宝导入流量，而这些流量在为站外小网站带来直接回报的同时，也让淘宝卖家的销量得到了显著提升，可谓一石多鸟，互惠共赢。

在这次收效显著的尝试之后，淘宝更加坚定地对第三方服务商提供服务的软件平台予以大力支持。如果所有的服务商都针对不同的卖家提供服务，那么服务商之间的标准接口问题就会成为很大的挑战。为了解决这一难题，淘宝提供了一个统一的商家服务平台，各种各样的软件服务都能在这个平台上发布，商家可以整合不同的服务商来完成自己所需的软件服务。一些体量较大的商家往往会在淘宝平台上买一两百个服务插件，这些插件中的绝大部分都由第三方服务商提供，而每个服务商都代表着一个个不同的协同角色。通过技术手段，淘宝得以将这些多元角色更有效地连接在一起。

回望淘宝的生态发展史，不难发现淘宝的演化正如海潮，一浪接一浪，一浪推一浪——网络扩张带来了新一轮的多元角色；越来越多的协同角色共同构筑并丰富了淘宝的协同网络；网络的日趋复杂化推动了关键数据智能技术的引入，提高了淘宝的网络效应；一个更为广大的网络，又能吸引更多的数据智能应用加入……循环往复，不断提升。正是在这样一轮轮扩张中，淘宝才能够快速演化成今天大家所熟悉、几乎能够交易所有商品和服务的智能生态平台。在这个平台上，各种旧物种和新物种都有自己生存和发展的空间。

资料来源　作者根据相关资料整理.

毋庸置疑，我们可以在淘宝的案例中学到很多东西。如果淘宝在2008年前迫于盈利压力，过早地收取店铺费、上架费或者会员费，就会陷入传统商业模式的泥潭，其后那些数据智能的丰富运用很有可能都会被压制；如果没有在创立初期就刻在淘宝骨子里的网络协同和数据智能，想必淘宝难以形成二者双螺旋驱动的生态平台，更不用说突破千亿美元的市值瓶颈。企业早期商业原型DNA的重要性由此可见一斑。

无论多大的企业，其实都是从一个很小的原型中发展而来的，它的DNA是否符合时代的步伐，直接影响着它在未来的可能性，对其日后的每一步都会产生深远影响。

6.3 人工智能营销

人工智能能够将产品信息与潜在客户当前需要的信息以最可能促成消费行为的方式进行匹配。

机器学习拥有巨大的力量并提供了很多机会，我们正处于一个与1980年个人电脑的问世、1993年互联网的诞生以及亚马逊开始开展电子商务相似的时代。在每一个时代，未来的前景都是广阔的，可能性也是无限的。那些懂得这些事物会产生多大的影响的人，可以在竞争对手前面占得先机。但由于其影响是多方面的，而且未来的发展趋势无法预知，所以这种优势开始时并不明确。

今天的人工智能也是如此。我们知道它很强大，我们也知道它将打开人类未知世界的大门。目前有一些营销领域在尝试使用人工智能，有些得到的结果不错，也有的结果欠佳。但总体而言，人工智能的前景依然广阔。

6.3.1 机器学习能力在市场调研中的使用

1937年，国家营销教师协会（National Association of Marketing Teachers，1915年成立）与美国营销社团（American Marketing Society，1933年成立）合并，成立了美国营销协会（American Marketing Association，AMA）。

在2004年，美国营销协会对市场调研的定义如下：

通过信息来连接消费者、顾客、公众与市场营销人员，这些信息整合后，能够帮助厂商辨别与定义市场的机会与问题；产生、改善与评估市场营销行为；监测营销表现；提升对营销整体流程的理解。市场调研阐明了处理这些问题所需的信息，设计了收集信息的方法，管理并实施信息收集的流程，分析结果，并与利益相关方沟通市场调研的发现和启示。

现在，美国营销协会正在探索如何以最佳的方式将人工智能技术加入信息收集、结果分析以及交流调研结果的各个阶段。他们把这个人工智能技术的成果，命名为露西（Lucy）。

美国营销协会正在与源于IBM的Watson的第三代露西一起工作，意图开发出美国营销协会的下一代超级英雄。露西最初是一个汲取了美国营销协会近80年研究成果，能够回答协会成员基本营销策略问题的门户。露西由美国营销协会首席执行官鲁斯·克莱恩（Russ Klein）提出，作为一个结合了美国营销协会的研究成果与其他各种数据（客户数据、敏感数据、购买数据等）的工具，被当作“市场人士的认知伙伴”。

“一开始，露西的表现更像一个搜索引擎，”克莱恩说，“她检索文章并开始识别模式，然后根据问题本身找到更多相关的信息。我们给予露西关于其找到的结果方向是否正确、正确的话有多正确等反馈，而露西会持续从这些反馈中学习。”

克莱恩对美国营销协会拥有一些在全球范围内行业领先的学术杂志而感到兴奋。克莱恩说，即便是美国营销协会80年来的数据，在我们公共智库的环境中只会被看作薄薄的一层，而且很多知识因为受学术保密、审阅级别和大量的其他严格要求所限，无法被公开和广泛运用。露西能够为会员打破这些限制，并帮助会员尽可能多地重写这些过往的调研类文章，方便营销从业人员更好地阅读。

这薄薄的一层的数据同样包括了美国营销协会通过新闻、美国营销协会网站等出版、发表的所有内容。举例来说，如果你对历史上出现在超级碗上的广告感兴趣，露西会为你通读15篇或20篇学术论文、期刊文章、博客帖子、推特上的有关观点，以及相关的信息，而不是仅仅给你一个文章链接的列表。这样的内容同样包括了美国营销协会所有关于营销行业7大问题的文章：有效锁定高价值资源的成长；对公司以及企业管理层而言，营销的角色是什么；现代企业的数字化转型；产生使用洞察优化营销实践；应对一个无缝切换的全渠道世界；在动态全球市场中竞争；均衡稳健与激进创新。

露西用了多长时间来消化所有的信息呢？“两周”，克莱恩说，“而且这两周中的大部分时间被我们用来训练露西去理解并给出与现代市场营销最相关的答案”。

通过工具配合如此丰富的数据进行探索，结果是无法想象的。没有人能够预期将会发现什么。克莱恩预测露西将会成为营销界的AmazonAlexa（亚马逊的语音助手产品）。“如果碰到一个人说：‘我想为一个洗涤剂产品写一份媒体计划。’露西计算后会这样回答：‘我已经分析了所有对洗涤剂感兴趣的人的社交媒体信息流，这里是一个能够触达他们的最好的媒体组合。’”

不难想象，露西正在不断地为美国营销协会的研究增值，并将营销定量模型、消费者行为模型、广义的营销策略和管理技术转变为可执行、可管理的相关答案，以回答市场营销人员提出的问题。露西在总结摘要、建立联系、识别模式等方面越来越快。

在拥有了这么多数据的情况下，整个市场已经进入了更加细分的时代，在这个时代，一对一营销已经成为可实现的营销手段，是时候迈出这一步了。

计算机正在学习如何更好地沟通。随机访问导航（RAN）这个概念是一位叫沙恩（Shane）的首席执行官和联合创始人在Medium的一篇文章中首次提出的。他的公司的目标是“为消费者在没有明确规定路径的情况下提供导航服务，并能够支持用户随时改变自己的想法和目的地”。

人们与技术互动应该和他们在现实当中与周围互动的方式一致。我们相信，随机访问导航为消费者提供了不止一种线路的可能性，而普通的机器人智能通常只能提供固定解决方案的“决策树”。它可以通过100%的自动化完成更复杂的任务，同时增加客户满意度，减少冲突和人们等待的时间。

随机访问导航的概念包含4个方面：它检测到所有关联到同一种倾向的参数（基于背景）；允许用户在不返回的情况下改变他们的想法；它能够无缝地使用网络视图；它需要用完全不同的方式撰写指导文案。

6.3.2 人工智能营销的切入点

1）从市场应用切入

在选择人工智能应用的时候，大多数企业会从市场应用进行切入。因为市场工作是企业的核心工作，只有深入分析客户、产品，才能提升企业的市场竞争力。首先，抓住了市场的营销工作，就抓住了企业的核心业务。其次，分析市场方面的应用比较容易见到效益。通过一次人工智能应用，增加了多少新客户，多卖了多少产品，很容易计算出人工智能项目的投入产出比。从市场应用切入的应用案例相对成熟，算法比较丰富，应用经验也有很多。

人工智能驱动市场发展的具体实施途径可以从如下两方面加以考虑：

（1）改进传统的机器学习

传统的机器学习（数据挖掘）在企业市场应用过程中积累了很多算法和应用案例。人工智能技术可以首先选择升级传统的机器学习方法。

在机器学习领域，一般都需要变量“降维”。就是在选择某个算法之后，还要评估哪些变量（参数）对该算法产生的模型影响最大。例如，在对200万客户群体进行细分时，传统机器学习最终选择的主要影响变量不会超过20个。

而人工智能中的深度学习算法，本质上是神经网络算法。对变量的选择可以相对宽泛，不用局限于20个变量。由此，对传统机器学习模型进行人工智能算法（深度学习等）升级，就可以提升传统模型的准确度，改善模型应用效果。

因为传统的机器学习已经渗透到企业经营的各个环节，所以，人工智能算法可以进行逐个替代、优化升级，改善企业应用效果。

（2）效益驱动利润

从企业角度来说，最重要的还是利润率，单位成本期望带来更多的收益。

人工智能可以评估企业的利润组成情况，评判市场中的改进策略。通过“开源节流”等方法，提升企业的利润率。

人工智能可以进行关键影响分析，找出企业的关键绩效指标（KPI），分析其主要的影响点，然后据此找到对应的可供部署策略。

企业都希望能够精准营销，即找到最需要的客户，在合适的时机和渠道，为其适配最需要的产品。人工智能可以借助算法分析，找到企业产品的潜在客户特征，然后进行针对性营销，降低无效的市场营销成本，提升企业精准营销的水平。

在这类应用中，很多企业积累了广泛经验，包括：如何计算潜在客户模型，基于模型进行客户筛选；设计针对性营销方案，吸引客户眼球，并通过促销等形式，最终达到卖出产品的目的。在整个环节中，用人工智能替代传统机器学习算法产生潜在客户模型，更精准地找出潜在目标客户即可，其后的营销过程基本可以照搬原来机器学习的营销方法。

2）从企业痛点切入

人工智能应用也可以从企业的痛点入手。企业的痛点就是企业最困难但用传统办法短期又解决不了的问题。借助人工智能，可以探索解决企业痛点的方法和算法。解决一个痛点，就相当于帮助企业治愈了一种疾病，比较容易说清效果。

（1）痛点有哪些

首先要分析企业的痛点有哪些。其次对这些痛点进行分析，看看解决这些痛点所需的大数据和算法是否具备，最后尝试从该痛点进行切入。

例如，某通信企业很大的一个痛点就是市场占有率不足。人工智能技术能否帮助该企业提升市场占有率呢？当然前提是在有限的成本之内。

传统的方法就是增加营销力度，多送客户一些小礼品或者给客户提供更加便宜的产品组合，这种方法比较简单粗暴。引入人工智能技术之后，企业可以分析客户最关心的需求是什么，然后据此进行产品设计改进，提升产品吸引力，进而提升市场占有率。

比如，当对某个地市的外来打工群体进行分析时，人工智能技术首先通过数据分析找出不同群体的关键人，然后基于该关键人进行产品的推荐和营销工作，同时分析出每个特定群体关注的营销方案有何不同。比如，对于聊天比较关注的客户群体，可以向其推荐特定时段资费优惠的话费套餐。通过此类方法，某通信企业的市场占有率提升了2%~3%，效果显著。

（2）解决痛点的角度

每个痛点都有不同的影响因素。针对某个痛点，通过数据分析可以评估不同的影响因素对该痛点问题的影响占比。

针对该痛点的各个影响因素，企业可以进一步细分出多个解决该问题的子分析需求，如果采用人工智能算法对其逐个击破，就可以达到改进的效果。

3）从客户分析切入

企业的市场工作一定是从客户分析入手的。根据客户留下的各种数据，借助数据分析手段，可以生成客户的各种特征标签。基于这些特征标签，可以进行后续的精准营销工作。

有了人工智能之后，企业会开始收集客户的人脸等图像数据。例如，对于电信企业，之前仅有客户的一个号码，比较冷冰冰。而现在，只要可以看到客户的长相，就增加了很多从客户照片中能够获取的信息。借助人脸识别，可以看出客户的一些特征，而这些特征也许可以和企业的营销工作结合起来。例如，A客户慈眉善目，营销起来可能就容易一些。而B客户横眉冷对，营销的难度会大一些。

所谓“友善”和“不友善”的脸看起来是什么样子的？有关人脸表情社会感知的研究表明，人对一张脸的印象可以浓缩到一些基本层面，包括强势、吸引力和价值（与“值得信赖”“外向”等积极评价有关）。科学家研究了多种方法，将这些维度上的典型面部表情可视化。其中一种是让实验参与者评判随机合成的面孔是可靠还是强势。由于合成的人脸是根据不同面部特征的相对大小或位置得出的统计模型，所以可以计算出代表“值得信赖”或“不可信任”的人脸的平均特征。

这只是一个分析客户面相的维度，能够开展的研究还有很多。可以从客户的照片中读出的内容有很多，虽然不一定准确，但开辟了一种新的分析维度。

6.3.3 AI营销策略

AI营销是营销个性化和人性化的爆发。《2022AI营销白皮书》（中国广告协会、百度营销与知萌咨询机构发布）对于AI营销的定义为：AI营销即应用AI技术，对数字营销的全链路进行智能化升级，提升营销的效率和效果，创造消费者的交互场景体验，发现和创造消费需求、不断满足消费者个性化需求的营销模式。

AI营销的出现，减少了营销过程中的猜测，帮助营销人员前所未有地了解消费者。如果说传统营销是企业寻找客户并创造性地满足需求，AI营销则是激发和创造客户触点，创造需求，以个性化的整体流程吸引客户，做到没有人比我更了解我的目标客户。AI营销能节省大量时间、精力，通过客户喜欢且愿意参与的方式更加有效地吸引顾客并创造更大价值。AI营销结合智能技术和人类创造力，以个性化、相关、及时的沟通方式来学习、理解和与消费者进行个体层面的互动，使他们感到被吸引而保持参与。那么，企业可以从哪些方面入手AI营销呢？

1）人机协同，创作内容

品牌营销离不开内容输出，如今AI技术可以帮助企业进行自动化内容生成，帮助企业自动生成高质量的营销内容，如公众号文章、视频脚本、推广图文等。

企业入手AI营销，可从初始的内容创作入手，像飞猪一样，利用AI高效率地生成广告内容，在质量有一定保障的基础上可以节省大量的资金和时间。对于企业而言，传统的内容生成方式无非是自产和外包，而几万元一张的内容设计在效果评估中无法准确以具体标准衡量，且如何平衡创意与个性化、创意与生产效率成为主要矛盾。

采用AI进行内容设计，人机协同共创，门槛较低，企业可以把节省的资金和时间用于其他环节，从整体上增强营销策略的可行性。当然，企业在进行AI内容创作时，应结合自身品牌的特点进行选择，不可一味依赖AI，这也是“人机协同”的关键所在。结合人的主观能动性和AI的高效率创意，实现品牌内容的爆发式、创意式产出。

2）数据协同，精准预测

数据越来越成为营销的核心因素，也是数字营销得以开展的关键所在。我们基于数据，追寻用户，分析用户。AI技术可帮助企业进行个性化营销，通过数据为每个用户定制内容和体验，提高客单转化率和用户满意度。

数据一直贯穿营销的始终，是企业必须重视和利用的因素。无论是传统的销售记录、利润率，直播电商时代的转化率、点击率，还是数字时代的触达率、留存率，数据都以不同的形式连接营销的每一个环节。借助AI，企业可以开展对数据的智能化分析和利用，以一种前所未有的方式通过数据了解目标客户，主动并准确地预测客户行为，进行智能化的广告投放。用户的每一次搜索、每一次使用，都可通过AI进行深度分析，使企业的营销策略个性化、人性化。

3）全面接入ChatGPT商业应用

微软联合创始人比尔·盖茨称ChatGPT是“40多年来最具革命性的技术进步”。ChatGPT是一种基于人工智能的自然语言处理技术，它可以模拟人类对话并提供有用的信息。ChatGPT已经被广泛应用于各个领域，如客服、销售、教育、医疗等领域，在企业中有着很大的应用潜力。

ChatGPT可以被用于营销和销售活动，帮助企业更好地与潜在客户互动。ChatGPT可以自动回复潜在客户的询问，并根据他们的需求提供相关产品或服务的信息。这种自动化的方式可以帮助企业更加精确地了解客户需求，并提供更加个性化的营销和销售策略。ChatGPT可以被用于企业内部的交流和协作。它可以帮助员工快速找到解决问题的方法，提高工作效率和质量。ChatGPT还可以作为一个智能助手，为员工提供各种支持，包括日程安排、文档查找等。

20年前，互联网技术改变了人们买东西的方式；现在，ChatGPT正将消费变革再向前推进一步。智能客服、商品推荐、广告策划、直播卖货、客户管理等各个环节都将被极大改变。

（1）真智能客服来了，无须再呼唤“人工”

很多人以前都遇到过“鸡同鸭讲”的“傻瓜”机器客服，ChatGPT将改变这一情况。让智能客服真正理解客户的需求，基于客户诉求创作营销内容，根据数据分析营销效果，真正的智能客服能做的事远不止向客户介绍产品。

2023年3月，全球领先电商SaaS服务商Shopify已集成了ChatGPT。Shopify主要面向企业及个人客户提供电商网站建立、维护、管理等服务。

采用ChatGPT，Shopify一方面升级智能客服功能，让商家与客户沟通更顺畅；另一方面，商家可以通过ChatGPT获取商品评论数据分析、标题及关键词优化、营销文案撰写、网站智能化开发编程等多项服务，提升运营效率。

智能客服作为ChatGPT最直接能落地的领域，一定会很快入驻各大电商平台，让一批不具备更多技能的客服被替换掉。

（2）定制化商品推荐，告别传统“傻瓜”推荐算法

ChatGPT还有一些营销场景应用是围绕垂直领域展开的，革新推荐算法的逻辑，让产品卖点更精准地触达目标客户。

比如，海外生鲜电商平台Intacart的食物搜索工具，其基于ChatGPT推出了面向食物推荐的应用，与自身来自75 000多零售合作商店的产品数据结合了起来，帮助客户找到购物的灵感。

再比如，美国一款名为Expedia的软件内置了一个聊天机器人，它可以通过AI大模型算法为用户规划旅游。有人经历过用ChatGPT规划旅游被推荐到一个不存在的海滩，能够在IOS上轻便运行的Expedia据称不会出现这个问题。Expedia会根据旅游地推荐经济实惠的酒店，建议打卡的景点，是大模型落地垂直旅游行业的一个代表应用案例。

当下国内众多电商的推荐算法还是基于传统技术，因此也会出现“买过的东西依然推荐”的傻瓜做法，AI大模型有望彻底改变这种业态。

（3）智能虚拟数字人直播，自动生成、24小时不间断

越来越多的数字人闯入直播电商，接下来他们可能智商渐渐变高，让人分不清是人还是机器。

2023年4月21日消息，位于美国旧金山的Synthesis AI宣布，其开发了一种可以通过文本提示创建逼真虚拟数字人的新方法，使用生成式AI和视觉效果管道来制作高分辨率、电影质量的虚拟数字人，并可用于游戏、虚拟现实、电影和模拟等领域。

实际上，在国内，智能数字人已成为众多上市公司和创业企业扎堆进入的领域。比如，国内的天娱数科的虚拟数字人已经接入ChatGPT等模型；虚拟技术提供商世优科技目前已将ChatGPT技术接入数字人产品当中；智能内容生成平台来画也在3月底正式接入ChatGPT，短短几十秒就能生成一篇高质量视频文案，并推出数字IP+直播模式。

（4）ChatGPT接入实体机器人，线上线下整合营销

ChatGPT大多数时候主要作用于线上，但在线下消费场景也显示出潜力。

2023年2月底，国内服务机器人企业穿山甲机器人推出了首款接入ChatGPT的迎宾机器人"Tiamo小鱼"，据称其支持超100种场景应用方案、百万级知识库和超140种语言选择，同时穿山甲机器人还将其他系列机器人升级，也支持接入ChatGPT。当机器人被问及"你跟其他的服务机器人有什么区别"时，该机器人回复"我采用的是深度学习和自然语言处理技术"。

不过，实体机器人是从软硬件开发到工程化落地，运营链条更长的载体，如何让产品真正解决场景刚需，是这个赛道玩家面临的重要问题。实体服务机器人企业能否找到刚需场景，一整套机器人技术链能否支撑其实现产品化十分关键。

虚拟数字人存在于数字世界，早在40年前，荧幕上的初代虚拟数字人林明美惊艳了一代人。AIGC技术突破，虚拟数字人的应用也发散开来。在身份型虚拟数字人行业中，还有一类就是数字分身，它承接互联网社交、游戏、虚拟内容，应用场景不只局限于偶像文娱演出。身份型数字人之外，还有另一类数字人形态，这便是服务型数字人，它既是多模态的AI助手，又替代了真人服务，广泛应用于金融、客服领域，以虚拟客服、虚拟导游、智能助手、虚拟陪伴助手的身份出现，比如华为数字员工"云笙"可以聊天对话、技术宣讲、主持现场演讲；浦发银行的数字员工"小浦"利用自然语言处理、语音识别、计算机视觉等技术为用户提供银行业务服务。根据视觉维度分类，虚拟数字人可分为2D型和3D型，从外形风格上划分，又分为超写实角色、3D角色、2.5次元角色、二次元角色、卡通角色。数字人的驱动方式可分为两种，真人驱动和算法驱动。

本章小结

完成本章的学习后，应该理解和掌握以下内容：

（1）人工智能的定义、发展简史，人工智能的应用。

（2）商业智能的概念、主流发展与应用、商业智能的双螺旋。商业智能最重要的两个组成部分分别是网络协同与数据智能。两者机制不同却相辅相成，网络协同推动数据智能发展的同时，数据智能也成为网络协同扩张不可或缺的助力，二者共同组成了商业智能的双螺旋。

（3）今天的市场营销要求每天甚至实时对市场的变化做出决策，人工智能和机器学

习可以为营销人员提供工具，以此来应对从消费者或者从潜在客户处获得的实时数据，并提供定制的内容和购物体验。我们可以为犹豫不决的购买者提供特殊的促销，也可以根据数据分析为消费者引导产品和服务。

关键术语

人工智能　商业智能　人工智能营销

案例分析

小度携手可口可乐，AIGC成就未来3 000年时空畅想

2023年9月，可口可乐全球创意平台“乐创无界”（Coca-Cola Creations）再次推出重磅产品，在中国区产品上市营销活动里与小度展开合作，共同推出可口可乐“未来畅想平台”，携手中国用户一并畅想3 000年后的全新互动体验。可口可乐未来3 000年是小度与可口可乐市场合作的落地项目之一，其以未来为灵感，在小度灵机大模型技术支持下，搭建起用户畅想3 000年、释放想象力和创造力的平台，带来现实与虚拟世界之间的乐创互动体验。这也是可口可乐首次在国内与中国科技品牌在AIGC领域的深度联合。

3 000年后的可口可乐是什么样子？3 000年后我们生活的世界将会是怎样的图景？这些问题的答案或许都将在可口可乐未来3 000年“未来畅想平台”中得到创意解答。

从技术应用维度看，小度为Y3000定制了音频、图像、对话三个维度的AIGC技术应用。双方设计团队与算法团队紧密配合，对灵机大模型进行品牌私有化微调，将大模型功能与可口可乐品牌理念、消费者个性化互动体验需求进行深度有机融合，打造了具有未来3 000年未来视觉的可口可乐Y3000专属模型，进而实现用户上传照片“一键进入未来3 000年”，为消费者提供了独一无二的AIGC互动体验。此次合作，也为探索中国AIGC技术与营销结合实战应用领域开辟了一条新路。

资料来源：作者根据相关资料整理.

【讨论问题】请谈谈如何探寻AI大潮下营销模式的全新可能。

实训操作

实训项目	人工智能在商业中的发展趋势分析
实训目标	掌握发展趋势分析技巧
实训步骤	1.教师提出实训前的准备要求及注意事项 2.学生分为5人一组 3.教师指导学生上网或到图书馆收集资料 4.各组通过小组讨论，提出人工智能在商业中的发展趋势
实训环境	数字营销模拟实训室
实训成果	小论文

思考与练习

一、填空题

1.________、________、________构成了智能商业的3大基石。

2.随机访问导航概念包含的4方面内容分别是：________、________、________、________。

3.商业智能最重要的两个组成部分分别是________、________，两者机制不同却相辅相成。

4.人工智能是研究、开发用于________、________、________人的智能的理论、方法、技术及应用系统的一门新的技术科学。

5.________是机器学习的一个分支，它通过一个有着很多层处理单元的深层网络对数据中的高级抽象进行建模。

二、不定项选择题

1.（　　）是指能够自己找出问题、思考问题、解决问题的人工智能。

A.超人工智能　　B.强人工智能　　C.弱人工智能　　D.人工智能

2.（　　）是利用计算机将一种自然语言（源语言）转换为另一种自然语言（目标语言）的过程。

A.文本识别　　B.机器翻译　　C.文本分类　　D.问答系统

3.（　　）是人工智能的核心，是计算机具有智能的主要方法，其应用遍及人工智能的各个领域。

A.深度学习　　B.机器学习　　C.人机交互　　D.智能芯片

4.谷歌搜索引擎的3大核心分别是（　　）。

A.网页内容的数据化　　B.基于PageRank的算法引擎

C.巨大的产品创新　　D.反馈闭环

5.商业智能的3个阶段为（　　）。

A.报表阶段　　B.数据分析阶段　　C.数据挖掘阶段　　D.人工智能阶段

三、判断题

1.智能是适应变化的能力。（　　）

2.人工智能的特别之处在于它可以进行基于机器的自我检测、判断和提升。（　　）

3.供应商关系管理工具旨在通过提供更好的与供应商互动的方式而给予客户更高的独立性。（　　）

4.搜索是第一个数据和算法驱动的互联网产品，使我们每个人都可以在海量的互联网数据中找到最相关的信息。（　　）

四、思考题

1.未来，绝大多数的营销工作都可以依靠机器来完成，以机器系统为主体的人工智能自动化营销时代令人期待，但是由于营销要做的工作不只是计算和自动响应，还有创意和创造，加之用户行为习惯复杂，心理变化多样，因此人工智能在营销应用中还存在不少瓶颈。你认为有哪些瓶颈？如何破解？

2.人工智能领域中最常说到的一句话就是人工智能没有智慧，有智能无智慧是人们对人工智能的普遍感觉，我们要理解什么是智能，什么是智慧，二者的区别在哪里。智能是指运算、记忆、处理问题、解决问题的能力，可以归纳为记忆及提取。而智慧更多表现为创造和理解事物的本质。你是如何理解这一段话的？

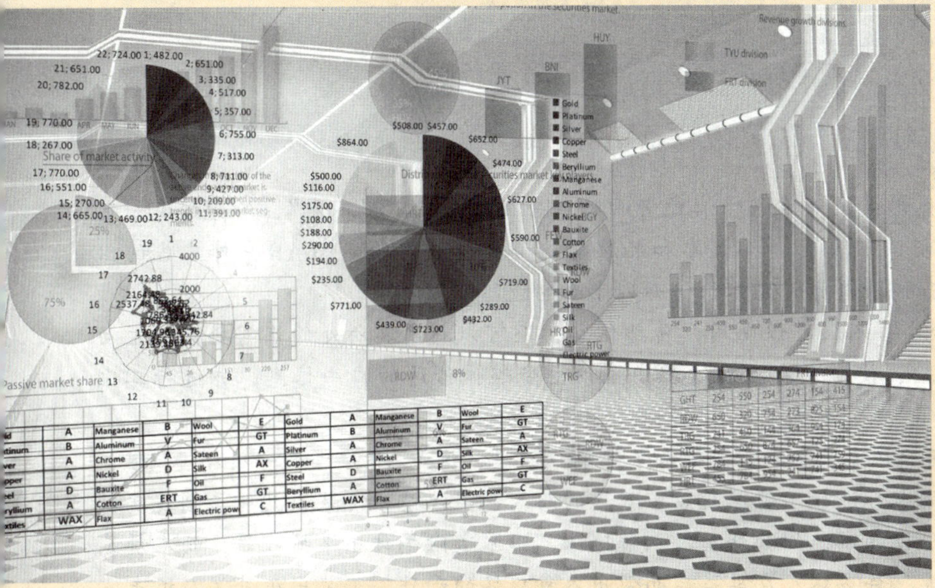

第7章　VR、AR、MR在数字营销中的应用

【知识目标】

完成本章的学习，掌握VR、AR、MR相关知识及其在营销中的应用。

【素质目标】

了解前沿科技的发展现状，探讨VR、AR、MR的发展对未来生活方式的影响与改变。通过对创新案例的分析，认知科学精神，了解科技中国、数字中国的意义，主动了解前沿、走在前沿，为中国现代化而努力。

【引例】AR户外广告：打造互动营销新场景

过去户外媒体形式较为单一，消费者面对广告往往是“不得不看”，本身带有一定抵触心理或直接视而不见，传播效率和品牌建设都会受到影响。而AR户外广告的出现，为户外广告如何缔造更大媒体价值开辟了新的道路。

AR互动户外广告不仅可以向用户传播信息，还可以利用其所处的丰富场景，主动吸引受众参与体验，使受众在互动过程中主动接受媒体传达的广告信息，并进行二次传播。

百事可乐利用AR技术在伦敦街头做了件疯狂的事，这是AR广告第一次入侵街头。

百事可乐将候车厅进行了特殊改装，候车的路人稍微注意下屏幕，就能看到现实世界中发生了不可思议的事，例如外星人入侵地球、下水道触手伸出来抓人等，而在屏幕后面却是空空如也。许多路人在屏幕后面做出各种搞怪的动作，如装出被外星人抓走害怕的表情，被老虎追的惊悚画面，被触手拖走的无奈神态等，引得不少路人合影、录视频。

而所有这一切，其实都是为了传达百事可乐不含糖MAX系列产品让人“Unbelievable”的理念。借助极具感染力的AR技术，配合“脑洞大开”的主题，百事可乐的创意广告成功吸引了人们的注意，往来的路人们纷纷游戏、拍照，社交媒体也热议纷纷，百事可乐巧妙地引出了MAX系列“Unbelievable”的理念，在与用户亲密互动过程中成功实现品牌推广。

资料来源 作者根据相关资料整理.

【分析提示】AR户外广告有哪些优点和缺点？

7.1 VR、AR、MR概述

7.1.1 VR、AR、MR的基本概念与区别

准确地说，虚拟现实（VR）、增强现实（AR）和混合现实（MR）并不是一种非常具体的技术，而是一个概念、一个目的。殊途同归，我们可以以各种或多或少有着差异的技术去实现虚拟现实、增强现实和混合现实。

1）VR（虚拟现实）

虚拟现实（Virtual Reality，VR）属于科学技术领域，利用计算机科学和行为界面，在虚拟世界中模拟3D实体之间实时交互的行为，让一个或多个用户通过感知运动通道，

以一种伪自然的方式沉浸于此。用户借助特殊的输入/输出设备，与虚拟世界中的物体进行自然交互，从而通过视觉、听觉和触觉等方式获得与真实世界相同的感受。VR系统将用户从现实环境中剥离出去，强调的是重度体验，并不寻求与周边环境有重度交互，主要用于游戏、视频、教育、会议等领域。

VR具有3个最突出的特征：沉浸性、交互性和想象性。沉浸性和交互性这两个特征，是VR与其他相关技术（如三维动视化以及传统的多媒体图形图像技术等）最本质的区别。

（1）沉浸性

沉浸性又称临场感，指用户感受到作为主角存在于虚拟环境中的真实程度，被认为是VR系统的性能尺度。一般来说，导致沉浸性产生的原因主要有以下两方面：

①多感知性（Multi-sensory）。其指除了一般计算机所具有的视觉感知外，还有听觉、力觉、触觉、运动，甚至包括味觉、嗅觉等感知功能。理想的VR系统应该具有人所具有的多种感知功能。

②自主性（Autonomy）。虚拟物体在独立活动、相互作用或与用户交互过程中，其动态要有一定的表现，这些表现应服从于自然规律或设计者的规定。自主性就是指虚拟环境中物体依据物理定律做出动作的程度。

另外，影响沉浸性的因素还有图像的深度信息（是否与用户的生活经验一致）、画面的视野（是否足够大）、实现跟踪的时间或空间响应（是否滞后或不准确），以及交互设备的约束程度（能否为用户所适应）等。

（2）交互性

交互性就是通过硬件和软件进行人机交互，包括用户对虚拟环境中对象的可操作程度和从虚拟环境中得到反馈的自然程度。VR应用中，用户将从过去只能通过键盘、鼠标与计算环境中的单维数字信息交互，升级为用多种传感器（眼球识别、语音、手势乃至脑电波）与多维信息环境交互，逐渐与真实世界中的交互趋同。

（3）想象性

想象性是指在虚拟环境中，用户可以根据所获取的多种信息和自身在系统中的行为，通过联想、推理和逻辑判断等思维过程，随着系统的运行状态变化对系统运动的未来进展进行想象，以获取更多的知识，认识复杂系统深层次的运动机理和规律性。

2）AR（增强现实）

AR技术将计算机生成的虚拟信息叠加到真实场景上，并借助感知和显示设备将虚拟信息与真实场景融为一体，最终呈现给用户一个感官效果真实的新环境。这些信息通常是视觉，有时是听觉，少部分是触觉。大多数AR应用程序中，用户通过眼镜、耳机、视频投影仪甚至是手机、平板电脑来可视化合成图片。

AR系统具有以下3个突出的技术特点：

①真实世界和虚拟的信息集成。

②具有实时交互性。

③在三维尺度空间中增添定位虚拟物体。

目前，AR面临的主要技术难题是视觉呈现方式、目标追踪定位等。AR系统经历了有标记点与无标记点两种类型。前者依赖数据手套、传感器和立体显示设备，后者则代替全球定位系统（Global Positioning System，GPS）、电子罗盘和图像识别设备。随着移动互联网产业的蓬勃发展，智能终端的便携性、智能性、互动性等特征逐渐显现，也开始成为AR发展的重要领地，与AR密切相关的应用程序将迅速扩张并独成一脉。

AR技术主要包括显示技术、识别技术、立体成像技术、传感技术等。就显示技术而言，AR则主要分为头显式和非头显式两种。依据影像头显呈现方式的不同，AR又可分为屏幕式和光学反射式。

3）MR（混合现实）

MR是将虚拟世界与现实场景融合起来，直至模糊了两者的界限，让人分不清眼前的景象哪些是虚拟的、哪些是现实的。MR不仅能在穿戴者的视野中叠加符号、图像和文本，还能将虚拟图像和现实场景巧妙地融合起来。

MR是处理后的虚拟世界和现实场景的混合体，进一步来说，在MR中，现实场景这一部分，可以是数字化产生的，可以不等同于人眼直接看到的景象，而是摄像头扫描出来的图像。

4）VR、AR、MR的区别

（1）VR与MR

MR的场景中不仅包括了VR的虚拟，还包括了现实，VR技术的发展同样推动着MR技术的发展。需要注意的是，不能说MR的技术更先进，就一定比VR更适用于用户，毕竟两者的侧重点不同，用户需求也不同。

（2）AR与MR

AR和MR在概念上，同时具有虚拟和现实的元素，同样是两者的混合。要说区别，可以看看谷歌的谷歌眼镜（Google Glass）和微软的全息眼镜（HoloLens）的区别。谷歌的谷歌眼镜直接将虚拟图像叠加于现实场景之上的技术就是AR，而微软的全息眼镜不仅能在穿戴者的视野中叠加符号、图像和文本，还可以叠加由计算机运算产生的虚拟图像，这种将虚拟图像和现实场景和谐地融合起来的技术就是MR。

例如，在AR游戏《精灵宝可梦Go》（Pokemon Go）中，用户在手机上看到的图像，是在摄像头扫描的现实场景上叠加了游戏角色即精灵的混合图像，精灵图像的大小是固定的，不会随着用户的远近移动而缩小或变大，这就只是AR；而如果将计算机运算产生的精灵的图像融入现实场景之中，就会更加3D立体化，符合现实世界中的透视法则，能随着用户的远近移动而缩小或变大，那就可称为MR了。

换一个角度来讲，可以把MR当成一种追求，就是努力使自己的技术产品达到能让用户混淆虚拟和现实的境界。

7.1.2 VR、AR、MR的发展历程

VR、AR、MR的发展历程如图7-1所示：

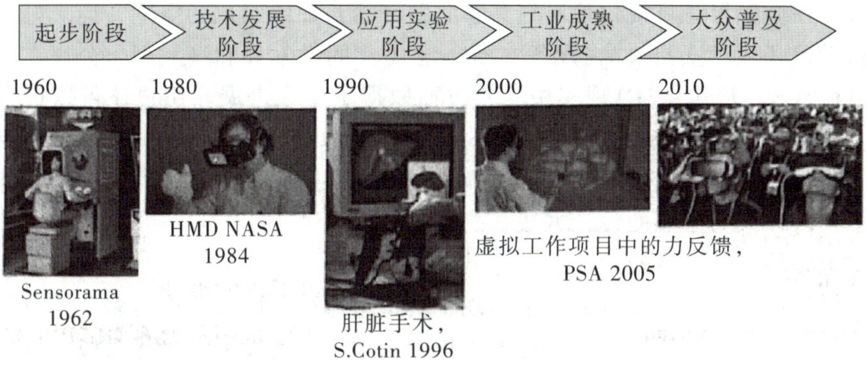

图7-1 VR、AR、MR的发展历程

具体可以分为以下阶段：

1）1960—1980年的起步阶段

计算机科学的出现使所有基础元件得以发展，从而促使虚拟现实出现。即使在今天，合成图像中用于表示虚拟环境的组件仍然是3D对象的建模和操作、算法使用（最重要的是Z-buffer算法）以及光和照明模型的处理。用于交互系统的组件，包括第一个头戴式显示器（Sketchpad）和第一个利用力反馈的项目（GROPE系统），构成了触觉反馈的基础。在应用方面，飞行模拟器相关的开发进展迅速。

2）1980—1990年的技术发展阶段

这一阶段的特点是专门针对3D交互技术发展。1985年，迈克尔·麦格里维（Michael McGreevy）和斯科特·费希尔（Scott Fisher）重新发现了虚拟现实显示系统，并给它起了一个名字：头戴式显示器（HMD），从此它就永远为人所知。1986年，斯科特·费希尔提出了空间化声音复原。美国人杰伦·拉尼尔（Jaron Lanier）和法国人让-雅克·格里莫（Jean-Jacques Grimaud）创建了VPL研发公司，该公司利用数据手套和自己设计的视听设备，销售了首批虚拟现实应用程序。由于计算机设备的进步，弗雷德里克·布鲁克斯（Frederick Brooks）的GROPE系统开始运行。

3）1990—2000年的应用实验阶段

在这10年中，材料和软件解决方案的集成使实现可信和可操作的实验性应用成为可能。电子游戏行业最先预见到虚拟现实的潜在好处，并且是最早使用专门为此开发的设备提供创新解决方案的行业之一，其系列产品在20年后仍然影响着当今的解决方案。交通行业开始使用虚拟现实来设计车辆模拟驾驶。医疗行业也进行了一些VR的实验，例如，华盛顿大学使用虚拟现实减少遭受严重烧伤的病人的疼痛的案例。能源领域，特别是石油工业，也开始认识到这些新技术的投资价值和可能的投资回报。

4）2000—2010年的工业成熟阶段

这阶段VR的应用逐渐向维护和培训发展，而且使用模拟来控制工业过程（如从指挥室监视工厂等）。我们也可以看到，越来越多的应用程序使用VR，以便更好地理解真实环境，特别是帮助决定后续事宜方面。以石油行业为例，使用VR研究底土能优化钻井的位置。在金融界，可视化地研究共享收益和增长曲线组成的空间，能更好地决定采取什么行动（买入、卖出）。在设备方面，这10年间学术界和（大型）公司在安装沉浸式空间（CAVE，尤其是SGI现实中心）方面取得了重大进展。用户还可以很容易地找到捕获、定位和定向设备，如力反馈臂（触觉反馈）。最后，这一时期VR应用程序的发展出现了非常显著的变化：除了该领域先驱者采用的以技术为中心的设计方法之外，还出现了一种以人为中心的设计方法。

5）2010年以后的大众普及阶段

这一时期的特点是新设备的大量出现，其费用比以前的设备低得多，同时提供了高水平的性能。这种反弹主要是由于智能手机和视频游戏的发展。尽管头戴式显示器在媒体上的曝光率最高，但新的动作捕捉系统出现了。这种爆炸式的增长促使媒体发表了许多相关文章，将这些技术的信息更广泛地传播给了公众。

与这种新设备（这只是冰山一角）相对应的是，新的软件环境也建立起来了，它们通常来自视频游戏（如 Unity 3D）。这使得来自中小企业的“新”开发人员能够独立开发他们的解决方案。很明显，这只是VR、AR向公众开放的开始。经过一段时间的媒体“喧嚣”之后，真正的好处才会显现，毫无疑问，未来几年这些技术的使用规模将会出现爆炸式增长。

另一个巨大变化是，最初打算用于少数专业领域（通常是专门领域，如设计工作室和行业专家等）的应用扩展到了整个社会，甚至进入了我们的家庭（如游戏、服务、家庭自动化系统）。在过去的10年里，增强现实的用户已经从在办公室工作的专家变成了家里或者路上的每一个人。这种演变无疑将在今后几年内继续下去。

7.2 VR、AR、MR与数字营销

7.2.1 VR、AR与直播

1）VR直播的到来

2016年被称作VR元年。这年4月14日，NBA巨星科比拿下60分完成了他职业生涯的最后一场比赛，我们与亿万球迷和电视媒体共同见证了这一历史时刻。而NextVR，这家算是全球最炙手可热的VR直播平台公司，对那场比赛进行了全程VR直播。VR直播拥有最真实的临场感，在家中就可以听到现场海啸般的欢呼呐喊声，而不是几个解说员的絮叨。

NextVR直播实现了实时带深度信息（俗称立体视频）的VR直播。从拍摄到直播虚拟现实内容，NextVR 提供了深度沉浸式体验。VR直播平台 VREAL则将娱乐和社交结

合在一起，观众可以观看沉浸式游戏视频，就像站在玩家身旁去观看一样。

国内的花椒直播甚至推出了送VR设备的营销手段推广自己的VR直播。2016年6月3日，柳岩入驻花椒，借助VR技术，与花椒员工大玩寻“男神”游戏，引来网友广泛关注。直播开始仅30分钟，粉丝关注已经超过400万人，两小时的直播共600万人同时在线互动，各种礼物不断。还有，2016年全球移动互联网大会（GMIC）有一个新亮点，就是大会改变了以往视频直播的传统模式，采用关注度极高的VR技术进行会议全景直播。

综艺节目《我是歌手4》引入VR直播，不仅拍摄歌手演唱，还为歌手们设计了在房间中的活动，如黄致列大年初五喂大家吃饺子，拉近了与观众的距离。武汉的草莓音乐节也试水了VR直播……一大波VR直播正如潮水般直奔我们而来。

2）VR直播的优势

目前，大部分移动直播多以直播事件或主播直播自己要做的事情、生活状态为主要形式，所以也就出现了一大堆直播吃饭、睡觉等令人诧异的直播视频。尽管与传统的网络直播相比，用户有了更多的选择性和互动渠道（如弹幕、送花），但是依然未能解决用户与主播“隔着一层屏幕”这个问题，观众与直播现场的距离依然存在。

而VR技术的引进可将直播变得立体。与现在网络直播和移动直播平面化的特点相比，VR直播将让扁平的图像变得饱满和丰富。得益于VR技术，用户有机会沉浸到直播现场的环境中，更有触碰欲望。身处逼真的情景中，用户的兴趣和互动欲望也将提升，最终实现直播质量的升级。

3）VR直播的问题

（1）设备复杂、价格高、不普及

从技术上来说，一场完整的VR直播需要由采集设备、上传网络、直播后台、分发网络和播放设备组成。说起来容易，做起来很困难。VR采集设备目前的主流方案有3种：第一种的成本最低，使用双鱼眼镜头背靠背组成VR摄像机，售价从几百元到几千元不等，但由于只有双镜头，有效像素偏低，边缘畸变很大，视角变形也大，适合用于对画质要求不高的直播场合；第二种，俗称“狗笼”，使用多个GoPro组成VR拍摄设备，一般至少使用6个；第三种是多目一体方案，从4目到16目都有，技术难度最大，售价也相对最高，从几千元到几十万元不等。

而设备搭载的软件和算法才是最重要的，相当于设备的大脑。与VR录播不同，VR直播没有后期，所以所有的缝合（不准导致边缘无法对齐）、白平衡（不准导致不同视角看上去颜色失真）、曝光（不平衡导致阴阳脸或前景全白背面全黑）、美化（美颜）以及接缝的处理（处理不好导致变形和鬼影）都必须即时完成，无法后期再调整，对设备的要求也就比录播高很多，这些的核心在于算法。国内有能力做出自己的VR视频算法的团队屈指可数，绝大部分团队用的都是开源算法或者根据摄像头厂商提供的算法进行二次定制开发。

传统的网络直播，主播只要一台配置还算可以的计算机、一个摄像头、一个好点的麦克风、一个好点的背景就可以直播了；而观众只要有网，无论PC还是移动端，都可以观看。换作VR直播，做直播、观看直播的门槛大大提高。主播要买专门的拍摄设备，现在一套VR拍摄设备少说上万元；背景布在此时就不行了，容易露馅；观众也得有配套的头显设备，又是一笔花销。至于数据传输，采用VR直播，其单位用户成本会达到如今电视用户成本的10倍或手机用户成本的100倍。普通的视频网站会员一个月也就需要20元到30元，但是如果使用VR直播想要保持同样的利润率，则需要会员每个月支付3 000元左右。另外，VR视频的拍摄成本非常高。从人力成本，到后期制作，再到向云端传输，其成本大概是每分钟1 000元。不过这一点倒是在一定程度上提高了直播内容的质量与水平。

目前的VR设备都能够让用户感到新奇，但是缺乏熟悉感反而会拉远用户与产品的距离，并且成本较高，普及困难。VR直播多是采用头戴式设备加移动端应用模式。用户视角多是固定的，加之显示原因，一旦观看时间稍长，用户就容易产生眩晕感。硬件体验问题，归根结底是技术不够成熟，这也是阻碍VR直播普及的重要因素。

（2）延时

直播最重要的一点是“此时，正发生”。在VR直播中，画面显示的延迟不尽如人意，通常20毫秒被业内认为是个分水岭，现在的视频串流技术可以将延迟降到1毫秒以下。但目前最普遍的H.264视频编码在遇到VR视频时表现出了明显的力不从心，经编码后视野内分辨率会下降很多。例如一个4K分辨率是3840×2160的视频，在展开成球形并分成左右眼以后，总分辨率下降到了3840×2160的1/6，即1108×1247，而视野内的分辨率就更低了，如果是3D还会更低。

从这点来说，4K以下的分辨率是不足以拿来做VR视频的。4K情况下，用H.264在可接受的清晰度范围内直播的码流接近10Mbit/s，一部分机身压缩算法不够强的摄像机甚至达到了20Mbit/s，这对于国内很有限的上传带宽来说，基本上是个不可能的任务，即使现在普通家用最快的100Mbit/s宽带，运营商也只分配了5Mbit/s的上传带宽。这种分辨率和带宽之间的矛盾，也抑制了VR直播的推广普及。

（3）生态的不成熟

当前，多数直播平台都是由大V、蓝V、草根和观众构成。VR直播由于技术问题尚未普及到全民范围，参与者多是蓝V。这种模式只能依靠内容本身及内容提供者的号召力，能够提供的VR直播场景极为有限，加之VR本就是个缺乏互动的平台，所以用户黏性不高。

4）AR直播展望

（1）AR眼镜在直播中的作用

AR眼镜发展起来确实会给我们的生活和工作带来许多便利。利用AR眼镜能够很方便地拍摄视频，当然也可以非常方便地用于直播使用者眼前所发生的事情。随着未来AR眼镜的发展成熟、广泛应用，我们将越来越强烈地感受到AR眼镜所带来的冲击力。

歌星在演唱会上忽然忘词并不是什么罕见的事儿。过去的解决方法是在演唱会的现场周围全方位360°地安装上提词器，把提示歌词的字幕投射到歌手能以任意角度看到的地方，这样就不会因忘词而唱不下去歌而丢人了。但假如歌星戴上AR眼镜，在AR

眼镜上以文字提示歌词，那么就可以不用再在演唱会现场装那么多的提词器了。也许有一天，科技足够发达，AR眼镜能做成像隐形眼镜那样，就算用AR眼镜偷看歌词，歌迷也不会察觉到，不会有碍观瞻。

（2）各种AR技术在直播中的运用

①特效动画。其实现在我们在电视节目上经常看到一些属于增强显示概念的技术，用以增添特殊的效果。例如，给电视节目中的主持人或嘉宾加上一个羞羞的红脸，这样的动漫感效果，观众很喜欢。或者，从荧屏横着飞过一只乌鸦，以表达幽默的意味。还有其他一些特殊效果，如为视频中的人物头上添加兔耳朵之类。这些效果，现在可以通过视频后期处理软件添加上去。其实也可以直接在直播上即时处理，只不过对技术、对硬件要求更高而已。

②特效场景。增强现实运用在电视节目上，还能转换场景。通过绿幕技术，能任意转换场景，让电视节目的主持人“穿越时空”，如从大草原来到高山峻岭，乃至星际空间。同样，这样的技术也能应用于直播。这对主播的房间布置必然提出了要求，就是背景需要铺设蓝幕或绿幕这样的纯色背景幕布，直播画面会在计算机中进行处理，抠掉背景的纯色，再换上其他任意背景，如花园、宫殿、大草原、高山峻岭，乃至星际空间等。实际上，现在已经有公司在运营这样的AR直播了。

随着技术的发展，AR直播的明天会越来越好。

7.2.2　VR、AR、MR与概念电商

2016年，阿里巴巴紧锣密鼓地筹备VR购物，一年一度的“双11”之际，Buy+频道终于上线了。阿里巴巴的老对手京东也不甘落后，同样公布了自己的VR/AR战略。京东的VR购物应用“VR购物星系”跟阿里巴巴的Buy+相比，不遑多让。

1）VR电商

京东、亚马逊也在积极筹备类似的VR购物平台，技术会越来越成熟的。

那么VR购物模式到底如何呢？

（1）缺点

①与普通网络购物相比：购物进程缓慢，可见商品数量稀少，只能进行简单的操作，在功能上比普通网购差远了。例如，消费者想对比多种同类商品，却无法办到。虽然技术还会再提升，但VR购物的根本模式很难改变，一些功能实现起来会始终很难。

②与到实体店购物相比：消费者还是不能切实地摸到商品的实物，不能真正地试用，虽然VR技术还有提升的余地，能够继续提供一些获取更多商品信息的功能，但是，如果你想买一部手机，你无法要求VR世界里的手机能开机运行。体验差距还是巨大的。

③技术不能大规模实现：商品在VR商店上架需要经过技术处理，扫描建模，工作量会很大，不可能所有商品都这么去做。就算淘宝能提供便捷的工具给卖家。卖家每件商品上架都需要这样做的话，工作量会很大。

（2）优点

①有利于体验宣传。VR电商体验美妙，毕竟打的旗号是“100%还原真实购物场景”，因此有种逛实体店的感觉，而且能突破时空的限制，随时进入全球各地的商店。这种强调沉浸感的VR购物方式，有点实体体验店的感觉，还像是广告宣传片，可以用于品牌宣传。

②可以有独特的运营模式：实际运营也可以做成品牌旗舰店，就只卖一家公司的少数几种商品，或者做成主题店，如做成某部动漫或某款游戏的主题店，就只卖该动漫或游戏的周边产品。

2）AR/MR电商与体验式营销

除了VR购物，还有AR/MR购物。阿里巴巴投资的Magic Leap，在淘宝造物节上提供了MR购物的Demo视频。例如，买台灯，消费者可以通过MR设备，选择台灯在自己桌子上的摆放位置，系统能自动筛选出合适尺寸的台灯展示在面前，消费者在选择一盏台灯后，可以进一步查看台灯摆放在桌子上的效果，基本上跟实物摆放效果一致。

京东计划联合第三方推出的AR家装产品与之类似，通过AR购物应用，用户可以在真实的环境下“看到”虚拟物品，利用AR技术来明确物品与空间的关系，提供更好的尺度测量。

实际上AR/MR是体验式营销的突破点。

一般情况下的体验对应的是个别事件。而AR/MR相比于个别事件，具有一些新的特征和优势。AR/MR让复杂行业在体验式营销方面找到了新机会。复杂行业的体验式营销，通常需要通过策划活动来完成。例如，3C产品需要体验式的发布会，汽车产品需要试驾，饮料需要调研味道等。而现在AR/MR可以通过游戏的方式打破时空界限，不通过活动也可以进行体验。AR/MR可以连通线上和线下，通过线上互动和LBS定位进行签到、引导线下体验，让体验、调研变得更简单。

7.2.3 VR、MR与房地产

随着VR技术的突飞猛进，VR的触角正逐渐延伸到房地产行业，VR+房地产也俨然成为房地产行业的一个新模式，让传统的房地产营销有了新的思路。因此各大房地产开发商对它尤为上心，于是各类VR样板间开始出现。当然，这里说的VR目前大部分为全景，少部分包含了简单的交互。在做VR样板间的同时，可以做VR家装。VR家装也可以作为一个独立的项目、一个独立的应用，目前也慢慢发展为MR家装。

1）VR看房能够解决的问题

目前国内比较有名气的房地产商像万科、绿地、当代置业等，都开始引进VR技术运用在众多项目，作为售楼处的体验商品，则多了一个吸引消费者体验的新方式。例如，绿地集团计划将VR设备变成旗下全部项目售楼处的标准配置，并要求新建项目都要引入。不得不说，VR+房地产对于开发商来说是下了一步好棋，毕竟虚拟现实技术的应用能解决开发商的很多问题。

（1）资金成本和时间成本

作为重资产行业，资金如何快速地周转是房地产开发商需要考虑的核心问题。例如，如果两家开发商拿到同样的地皮，建成后卖同样的价格，在一年时间销售完成和在两年时间销售完成，利润甚至会差一倍。为什么差距会这么大？

其背后的原因在于开发商每天都需要承担高达几百万元的利息，一个很简单的算术题，一年有365天，这个利润差距可想而知。为了尽快出售，开发商往往在正式盖楼前就开始推广，盖售楼处几乎是和打地基同时进行。可房子还没盖好，如何让用户了解未来的户型呢？楼盘模型只能了解外观，户型平面图还得靠脑补，这时候，临时样板间便派上了用场。临时样板间曾在很大程度上提升了预售效率，加快开发商回款。但VR的出现让它的效率滞后了。搭建临时样板间的时间在3～6个月。而这3～6个月对于营销部门来说，除了做一些暖场活动外，毫无销售可言。VR技术让3～6个月的时间直接缩减为10～15天。通过虚拟看房，营销人员可以提前锁定客户，提前销售，赢得时间红利。

VR技术也让开发商更省钱。临时样板间的成本在6 000～10 000元/平方米，而VR技术让每平方米的成本直接降到600元以下，成本不到原来的1/10。这个投入相对于其他营销宣传动辄上百万元来说，确实是一个值得做的买卖。

（2）人流量营销

营销最好的地方就是人流量足够大的地方，能大大提高销售转化率。而传统售房，往往只是在人群集中的地方发传单，好点的情况是找块地搭个展棚，摆摆模型，放放视频，方式单一，而且在那么短时间的接触里，很难给人留下较深的印象，更别指望还会专门跑到售楼处去了解详情。而VR技术的出现可以让房地产企业在人流量大的地方，打出噱头，创造出让人感到新奇的虚拟世界，在此基础上截客、获客，提升销售转化率。

（3）异地看房

随着旅游地产、养老地产、海外地产还有作为投资的酒店公寓的兴起，异地买房开始逐渐成为中产阶级的一大生活方式，而其中却是痛点颇多。例如，海南的楼盘，作为旅游地产，需要在全国销售。旺季，游客进岛，房子自然好卖。可到了淡季，房子还得接着卖，这个时候，营销人员就需要出岛，在重点城市布点销售。而布点销售费用惊人，且耗时耗力。租展厅，一租就是3～4个展厅；做沙盘，小则10万元，大则30万～40万元；如果用VR，一个展厅即可，且不需要做沙盘。VR费用大多低于沙盘，而效果远超沙盘。此外，VR的便捷性和移动性，方便在各地铺开，反复使用。对于买房人来说，也不用请假跑到海南去看房。当然，开发商们也承认，靠VR直接带动异地销售的概率比较低，其更多的是提高客户的决策效率。客户看到感兴趣的虚拟户型，会提前缴纳少部分预订金，再以旅游的形式实地观看，由此提升售房概率。

2）VR看房的实际运用效果

VR技术在体验方式上能造就“沉浸感”，让用户参与其中，身临其境地从任意视角漫游观察和体验产品，随意浏览不同房型和装修效果的房子。但是，估计不少用户体验完了之后还是会问，实体样板间在哪儿呢？

首先是技术上的问题。VR对于显卡的需求极大，即使是市场上性能最好的显卡，想要呈现更逼真的动态效果，加入更丰富的人景互动，也是捉襟见肘。因此目前市面上的VR看房还是存在一定程度的失真。

其次，VR看房只能获取视觉真实，其他的感受并不能获得。真实看房时去坐坐沙发，摸摸质感，打开窗户看看视野和光线等一些感觉，通过VR都是没法感受的，需要现实世界的实体来辅助。

再次，市面上硬件产品的参差不齐会影响看房体验。有的头盔因为质量差，戴久了容易出现头晕、眩晕等不适感。画面刷新率不够或有滞后，都会让客户的大脑产生异样的感觉，无法达到“身临其境”的看房体验。

最后，最为关键的是，用户对于虚拟现实带来的看房体验的不信任。VR版本的样板间再怎么真实都是虚拟的，尤其像房子这类交易，交易成本高，虚拟现实的体验始终不能带给客户安稳和靠谱。客户可能还会怀疑，VR版本的样板间做得这么完美，数据什么的会不会有纰漏之类的。

VR+还没形成一整套商业应用，尤其是消费者对于它还并不太感冒。在房地产行业的应用也只是多了一种营销宣传方式。实体样板间就像客户吃的正餐，而VR样板间就相当于一个饭后甜点，对喜欢甜点的人来说，它是加分的。而对不喜欢甜点的人来说，已经吃饱吃好了，甜点可有可无，并不会影响吃饭的质量。

3）从VR看房引申出来的VR/MR家装

除了VR看房还有VR家装。戴上头盔，在虚拟的世界里，换换沙发，试试北欧风，然后一键下单预估整套家装的价格，对于苦于装修的年轻人来说，这是再轻松不过的了。2016年年初，专注VR家装的美屋365完成了1 800万元的融资，彼时这家公司才成立9个月。而国内类似的平台还有豪斯VR、指挥家、芸装家居、布居e格、锐扬科技，传统互联网家装公司土巴兔，上市公司洪涛股份、亚夏股份等，这个领域已经成为了VR消费场景应用最广的行业之一。

目前VR家装逐渐发展为MR家装。MR家装需要MR眼镜的支持。MR家装的实现方式跟VR家装的实现方式类似，但在效果方面有很大不同。MR家装是现场看房，毛坯房就可以，没有装修的毛坯房通过MR眼镜进行装修，能够像VR家装一样由用户自由添加各种家具、贴上各种壁纸。MR家装将会是MR眼镜的一大热门应用。

7.3 VR、AR、MR的未来展望

7.3.1 娱乐领域可预见的变革

1）定义新的多态沉浸媒介

沉浸将成为这些新媒体的核心。这里的“沉浸”是一个很宽泛的基本概念，具有明显的多态性：多站点或多用户、主动或被动、严格沉浸或增强式（扩展式）、有触觉或无触觉反馈、自由游戏式或完全线性式，均有可能。

沉浸式体验是人的所有感官的一种整体幻觉。为了让这种幻觉臻于完美，甚至会人工重建人类可以感知到的所有刺激。然而，考虑到人类感知系统的丰富程度，即使这个目标可行，实现它也需要相当长的时间。即使除掉五种主要感官，人类的感知系统依然非常复杂，多种感知相互关联以加强对自我和环境的感知，而这些感知仍是必要的。因此，我们在空间中对自己的感知会基于一系列的混合信息，而这些信息主要来自但不限于视觉和听觉、前庭系统、个体本体感知能力，甚至内脏。如果我们的最终目标是完美刺激的话，那么要实现我们之前提到的幻觉，就必须让主要感官结合起来，并扭曲它们提供的反馈。更进一步地说，未来的创新沉浸式体验通过蒙骗整个感知系统，将可能给人带来在现实中不可能体验到的反馈。

沉浸式媒体将对其内容产生情感联系。创作者的目的是产生情绪，而记录者的目的是传播情绪，无论是恐惧、悲伤、喜悦，还是惊讶、愤怒、厌恶。然而，用户的感受（唤醒和效应）可能因人而异。这样一来，情感循环（动作—反应）必须闭合，也就是说，体验本身必须适应旁观者的情感反应，让沉浸式体验成为情感沉浸体验。

这需要做到两方面的内容：一是消除真实和虚拟之间的界限；二是提供社交和共享体验。我们不再“只看到”，而是虚拟世界真实存在。通过将某些体验拟人化，并与人类的所有感官产生联系，通过感受完成沉浸。体验共享是指通过沉浸式体验，在虚拟世界中（或混合世界中）共享一段娱乐时光，分享相同经验所产生的交互作用，让人感受到更多鲜活的体验。当场景在身边展开时，分享是通过互动发生的。可以进一步想象，通过人工智能，叙事将因为展开场景的不同发生反应和改变。体验者会发现自己仿佛置身于戏剧空间里。

短期内，行业的精力会集中在主要感官上。首先，视觉是目前被探索最多的一种感觉，尤其是通过头戴显示器，虽然在产品质量和小型化方面需要进一步优化，但已经能够集成到用户生活空间。其次，听觉和触觉也必不可少。听觉是目前反馈最接近真实的感官。触觉使得人们去感知沉浸着的虚拟世界。没有触觉，体验就不能“存在”。然而，沉浸式媒体的概念已经远远超出了我们当前对媒体和沉浸式最严格意义上的概念。它涵盖了所有的新媒介，允许观众从情感上和感官上更接近内容。因此，与内容和周围环境的交互以及个性化都是体验的重要组成部分。

沉浸式媒体将进入用户的环境，适应环境中的特定条件，并由此提供完全个性化的混合现实体验：情感的影响被解耦，因为它触及用户的个人空间。此外，社会成分也是这些新媒体的重要特征，无论是在相同还是在不同的地点，人们都可以聚在一起分享经验。虚拟现实并不孤立用户，而是将他们聚集在一起，让他们能更好地分享经验。

2）多样化的沉浸式体验

（1）家庭影院

随着沉浸式媒体的推出，它将逐渐通过游戏机、移动电话和其他接入点（如智能电视、机顶盒等）进入我们的家庭，而游戏将成为主要载体。它可以很容易地将家中的空置空间转换为完全浸入式空间，市场上已经有普通大众可用的外围设备，它们可用于单人房大小的区域。传感器可以在空间中实时跟踪头戴式显示器和控制器等交互设备。这些体验会变得越来越丰富。虽然这些体验的最初浪潮是由游戏引领的，但我们发现，电影内容也越来越多。目前我们可能对360°全景视频的兴趣不大，但伴随着VR、AR、MR技术的发展，叙事和情感将成为媒体的核心，并对我们产生新的体验。360°全景视频将成为真正的虚拟现实体验，并应用于电影，使得用户可以参与其中并产生交互，最终通过呈现同一场景的多重视角来增加维度。这使得用户可以将双方视为正在观看的电影的一部分。而家庭媒体消费方式也因此将从使用沉浸式耳机发展到更复杂的沉浸式电视，体验使用更多样化的外围设备。最后，虚拟将现实融为一体，通过增强现实耳机或移动设备（电话、平板电脑）提供与电视相关的更全面的体验。这些体验，例如，角色从电视中走出来，进入用户的客厅，附加信息、广告以及其他交互手段将考虑房间、家具和房间中的人三者的布局，以便动态地调整内容以达到完美的整合。

（2）主题公园

主题公园是让观众沉浸在“品牌世界”中的一个成功尝试。主题公园现在的趋势是让观众成为自己的演员，然后不断地转移观众的注意力。奥兰多迪士尼乐园中的哈利·波特世界花费了几千万美元才建成。虚拟现实以更易于管理的成本提供了一并修改、增强和扩展体验的解决方案。第一次用户试验是六面旗主题公园中的一个结合了机械和虚拟的过山车。用户的物理感觉（滑过轨道的过山车）与虚拟宇宙相关联（对于同一物理位置，虚拟宇宙可能会被改写多次）。这是一种确保内耳感觉和虚拟模拟之间保持一致性的方法，从而消除认知的不安。这种经济模式很有趣，因为它可以产生多种多样的体验，而不用全盘推倒重建。大部分投资都用在了机械部分及其维护上。目前的问题就是如何给通常是无线的外围设备充电，以及如何提高其使用率（一个主题公园的人流量大概为每小时1 200人），这给景点及其可靠性带来了很大压力。

（3）体育领域

体育领域也将是最主要的受益者之一。无论是作为观众还是作为“演员”，VR都让人能够在家里“近距离地”参与体育活动。也就是说，观众可以和他们的朋友一起在体育场观看比赛，可以与团队在更衣室里闲逛，或者坐在赛车手或自行车手旁边。未来的VR房间可以把无聊的跑步机、单车机、划船练习机和重量训练转变为一场场冒险体验。VR可以把玩家传送到另一个环境，同时回溯这一领域的历史。目前已经有这类尝试，如一次单车机训练可以变成一次经过法国阿尔卑斯山山口的骑车探险，一次跑步机训练可以变成在纽约或巴黎的马拉松，卧推和深蹲可以变成一次掠过岛屿的飞行。这些体验将会是感官体验，而新的触觉设备将允许运动者接收到来自虚拟世界中的力度反馈与物理反馈。

（4）虚拟消费

休闲与消费主义之间的界限变得越来越模糊。我们的大部分空闲时间都花在寻找我们想拥有的东西上，无论获得这些东西的想法是否现实。VR和AR可以让每个人都投身于一个可以立即获得和享受自己财产的世界。我们可以很容易地用超现代设计师的家具来替换旧家具，使用虚拟镜子来把我们的衣服换成完美定制的豪华服装，甚至让一辆崭新的法拉利跑车停在我们的房子外面。通过逃避到虚构的世界中，我们能按照自己的心意改变我们的外表和周围的世界。毫无疑问，这种新的虚拟消费模式是有代价的。

7.3.2 脑机接口

1）脑机接口：简介和定义

脑机接口（BCI）可以被定义为将用户的大脑活动转换为交互式应用程序的命令或消息的系统。例如，在虚拟现实领域中，典型的脑机接口可以允许用户通过想象左手或右手的运动，将化身或虚拟对象移动到左边或右边。这是通过测量用户的大脑活动来完成的，通常使用脑电图（以下简称EEG）来完成，即通过系统将命令与精准的大脑活动模式相关联，正如由想象手的运动引起的大脑活动。因此，脑机接口允许与应用程序进行“免提”交互，这些交互实际上不涉及任何运动和肌肉活动，可能会成为一种与数字或虚拟环境交互的新手段。

2）脑机接口现有应用：视频游戏与虚拟环境中的直接交互

从21世纪初开始，人们开始考虑将脑机接口应用于视频游戏和虚拟现实。一些在实验室进行的概念实验证明了在视频游戏或虚拟环境可以用脑机接口来实现“用大脑控制”。脑机接口被成功地用于执行多个3D任务，例如，选择3D目标或控制虚拟导航。法国的OpenViBE2（2009—2013年）合作研究项目汇集了法国视频游戏专业人员和学术领域的重要参与者。该项目在视频游戏与3D虚拟环境直接交互的情况下，通过脑机接口测量主要脑信号：P300、SSVEP、想象运动或控制自己的集中或者放松水平。在这个项目中，游戏开发者最感兴趣的大脑活动是那些更容易向用户解释的、更易于用户学习的并且看起来是最可靠的、识别率最高的。事实上，已经有由脑机接口控制的视频游戏。

而随着脑机接口技术可用性的进一步提高，越来越多的相关应用产品应该会出现。在图7-2的VR应用“Vitual Dagoba”中，用户配备了无线EEG头戴式显示器，沉浸在沉浸式空间以及以电影《星球大战》中的宇宙为蓝本建造的3D场景中。用户可以通过集中精力将飞船拉上来，也可以放松精神将飞船放下去。

图7-2 VR应用

本章小结

本章主要说明VR、AR、MR相关知识及其在营销中的应用。完成本章的学习后，应该理解和掌握以下内容：

（1）VR、AR、MR的基本概念。VR属于科学技术领域，利用计算机科学和行为界面，在虚拟世界中模拟3D实体之间实时交互的行为，让一个或多个用户通过感知运动通道以一种伪自然的方式沉浸于此。AR是将计算机生成的虚拟信息叠加到真实场景上，并借助感知和显示设备将虚拟信息与真实场景融为一体，最终呈现给用户一个感官效果真实的新环境。MR是将虚拟世界与现实场景融合起来，直至模糊了两者的界限，让人分不清眼前的景象哪些是虚拟的、哪些是现实的。

（2）VR、AR、MR的区别。AR和MR同时具有虚拟和现实的元素，同样是两者的混合。但AR是直接将虚拟图像叠加于现实场景之上的技术，而MR不仅能在穿戴者的视野中叠加符号、图像和文本，还可以叠加由计算机运算产生的虚拟图像，是将虚拟图像和现实场景和谐地融合起来的技术。而与VR比较，MR的场景中不仅包括了VR的虚拟，还包括了现实，VR技术的发展同样推动着MR技术的发展。需要注意的是，不能说MR的技术更先进，一定比VR更适用于用户，毕竟两者的侧重点不同，用户需求也不同。

（3）VR直播、AR直播。与现在网络直播和移动直播平面化的特点相比，VR直播将让扁平的图像变得饱满和丰富。身处逼真的情景中，用户的兴趣和互动欲望也将提升，最终实现直播质量的升级。但VR直播目前也面临着设备复杂、价格高、不普及，延时高，生态不成熟3个问题。

（4）VR、AR、MR的概念电商。VR概念电商的优势在于有利于体验宣传、体验美妙和独特的运营模式，但面临着很多问题，如购物进程缓慢、可见商品数量稀少等。另外，消费者不能切实地摸到实物，不能真正地试用，同时需要消耗极大的工作量，不能大规模实现。但是，随着AR、MR技术的发展，在体验式营销理念的指导下，AR、MR肯定能够提高用户黏性，增加营销的成功率。

（5）VR看房与家装、MR家装。VR看房能够解决资金成本和时间成本、人流量营销和异地看房3大问题。目前已经实际运用在用户看房体验中，但还没形成一整套的商业应用。而VR看房引申出来的VR家装和MR家装则已经运用在行业营销实务中。

关键术语

虚拟现实（VR）　增强现实（AR）　混合现实（MR）

案例分析

指挥家科技：线上VR看房如何成为主流

指挥家科技有限公司是一家专业的虚拟现实内容公司，成立于2014年5月，总部位于厦门，在北京、上海等地设有分公司，专业为房地产等行业提供设计、研发、施工等一体化全流程服务，以“技术+创意+多媒体”的创新方式精耕场景，致力于成为一流的房地产数字化营销服务商。该公司目前服务客户100余家，包括万科、绿地、万达、中铁建、保利等全国知名企业，服务地域遍及全球多个国家和地区，落地项目1 000余个。

一、线上VR看房优势

优势一：足不出户，省时省力。随着互联网以及技术的发展，现在只要通过手机打开小程序，便可以在线看房。用户还可根据自身喜好，如区位、户型等多重条件查找，筛选心仪房源，方便快捷，免去线下辗转售楼处的时间。

优势二：快速便捷，信息齐全。目前通过小程序，各个项目的效果图、户型图、样板间、720°全景看房（如图7-3所示）、周边配套都会呈现出来。想要知道的信息应有尽有，多种方式让好房情报一目了然。VR看房带来的交互式视觉冲击，使客户仿佛置身真实房间全场景体验看房。

图7-3　指挥家VR720°全景看房

优势三：7×24小时无缝对接。线上看房7×24小时全程在线，提供全天候的贴心服务。小程序里面都可以一键呼叫经纪人，有问题、有需要只要点击便可线上直接交流咨询。

二、看房容易，下单难

VR看房以前主要应用于一些房产信息平台，特别是在展示二手房信息时使用较多。

而对于新建商品房，由于相关营销更为系统全面，单方面倾向于VR看房的反而较少。可自从新冠肺炎疫情发生以来，这样的情况发生了很大转变，用VR技术增强体验感成为开发商抢夺客源的必用手段。

在正常的销售流程中，VR看房作为前期吸引消费者眼球的工具，与普通的图文视频相比确实更胜一筹。但VR看房毕竟只是在虚拟环境中完成，而房产作为大宗交易，涉及的问题较多，消费过程复杂，购房者十分慎重，所以终究是不能取代线下实地看房的。

从目前的情况来看，各开发商推出的VR看房在为项目做宣传、引流量、聚客户等方面都起到了不错的效果，虽然没有带来成交井喷现象，但为后续销售业绩的增长打下了较好的基础。

三、线上看房如何才能成为主流

VR看房、直播卖房等所有的尝试都是为了提高效率，对于房地产行业是一种进步，但并不能一步到位。事实上，未来这种形式能不能起到作用，不是企业有没有准备好，而是用户有没有准备好。现在别说买房，即使是租房，也很少有人用VR看房后就决定要租，还是要实地去看朝向、通风。现在用户在淘宝上就可以不试穿衣服直接下单购买，房产领域也可能会倒逼消费者发生变化。

要真正让购房者认可线上模式，必须具备三个条件：第一，信息齐备，如果是现房带精装修甚至还有房产证，购房者在线上看房就和购物一样，这个时候，购房的压力会减少一些；第二，在目前交易中，预付款退款非常困难，如果可以引入反悔机制，购房者在线上交易的顾虑才能降低，也许可以通过设立购房保险等机制来改变这一现状；第三，线上看房只是简单的二维或三维，体验感还是不够强（如图7-4所示），企业还需要通过科技方式来实现更高级的体验感。新冠疫情本身是“黑天鹅”，但应该关注的是“黑天鹅”之后的“灰犀牛”。新冠疫情警醒很多企业要去回看自己的核心竞争力、业务模式，通过新的技术、新的业务方式来提高效率成为很多企业的需求。

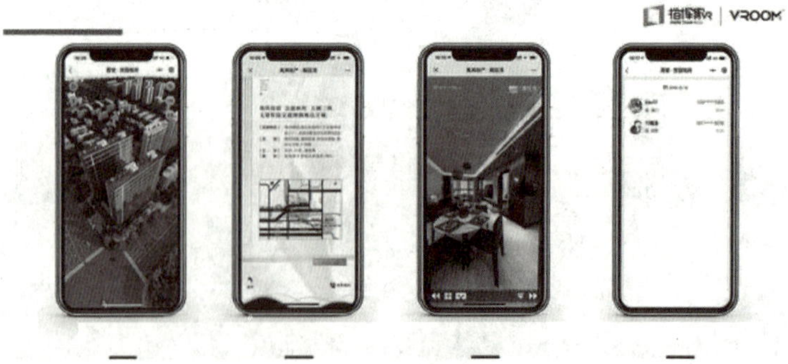

图7-4 线上售楼处功能展示

企业还应在技术、资源配套、人员素质上做好准备。未来，如果能实现三屏联动，亲朋好友可以同时在线看房、讨论、评价，并且看房者能看到其他人的评价，将会是很好的体验。

资料来源 指挥家VR.指挥家VR CEO：线上VR看房如何成为主流［EB/OL］.［2020-03-07］. https：//baijiahao.baidu.com/s？id=1660503508424081054&wfr=spider&for=pc.

【讨论问题】

1.VR技术在房地产中的应用能够为目前房地产营销解决哪些问题?

2..VR看房会成为日后房地产营销的主流吗?为什么?

实训操作

实训项目	掌握典型体验式营销的内容
实训目标	1.教师提出实训的内容要求及注意事项 2.学生5~6人为一组 3.学生利用互联网获取体验式营销的典型案例 4.各组讨论VR、AR、MR技术在体验式营销中的具体应用及未来发展
实训步骤	数字营销模拟实训环境
实训环境	案例分析报告
实训成果	掌握典型体验式营销的内容

思考与练习

一、填空题

1.VR具有的3个最突出的特征分别是:________、________、________。

2.AR系统具有的3个突出的技术特点分别是:________、________、________。

3.VR、AR、MR发展经历的5个阶段分别是:________、________、________、________、________。

二、简答题

1.简述VR、AR、MR的区别。

2.简述VR直播的优势和劣势。

3.简述你对脑机接口的理解。

三、思考题

1.VR、AR、MR在娱乐领域会产生怎样的变革?

2.脑机接口如何与视频游戏结合并带来营销机会?

第8章　人格化电商：网红与IP

【知识目标】完成本章的学习，掌握人格化电商、网红思维、爆款IP打造与运营、网红经济发展趋势等内容。

【素质目标】从熟悉的现实问题入手，运用幽默风趣的话语，通过案例式教学，引发共鸣，理解网红思维，与时代同步向前。

【引例】Tommy的故事

2015年年底，美国高端休闲品牌汤米·希尔费格（Tommy Hilfiger）已经奄奄一息。但2016年尤其2017年，随处购买一本时尚杂志，人们都会发现在香奈儿、古驰那些顶级奢侈品牌中间就有汤米·希尔费格的广告。

汤米·希尔费格在生死存亡之际选择了当时美国人气最高的超模Gigi作为其全球代言人，并决定从2016年9月起，在纽约时装周上的时装发布会采用多媒体播报，并且所有发布的成衣将同时在零售、电子商务以及批发渠道上架，让消费者和媒体大众实现“即看即买”的体验。

Gigi的代言和“即看即买”拯救了汤米·希尔费格。

一个网红拯救了一个垂死挣扎的品牌，这不是偶然，说明IP正在向全商业领域渗透。

IP正在成为全行业的连接语言，它是社交的连接媒介，是人格化的交易入口。

资料来源　作者根据相关资料整理.

【分析提示】网红思维如何影响和改变现代商业经济模式？

8.1　人格化电商概述

几乎所有品牌的用户都是人，人是一切营销活动的中心，人最喜欢与具有人格化的事物相处。给产品、营销输入人格，把人格化的力量发挥出来，是我们这个时代的新课题。

8.1.1　人格化电商的内涵

一个具备IP属性的个人品牌，拥有庞大的用户信任关系链，借助自身的用户圈层和平台的技术赋能形成人格前置，形成即看即买的商业体系。在未来，人格化形象的展现，会构建出一个又一个流量入口，虽然这些入口都不大，但是会有非常强的黏性。

8.1.2　人格化电商的商业逻辑

1）影响力

人格就是流量来源，人格的背后是用户信任，所以卖货其实卖的就是用户的信任，是个人的影响力。这种影响力相当于其是某个领域的“草根”专家，带有某类产品标签。KOL依靠的是专业影响力，聚焦垂直领域。

2）铁杆用户

这类群体有一定量的复购，但其价值在于对品牌价值的认同，他们会有“主人翁”的特性，提出优化产品的建议，但绝对不是挑剔，是合理地为品牌方提供合理意见或建议的群体。凯文·凯利在《一千个铁杆粉丝》中写道：从事创作和艺术工作的人，如作家、摄影师只要能获得1 000位忠实粉丝就能维持生活。这1 000位粉丝是那种认可其价值观，被其内容吸引，愿意为其做口碑传播和知识付费的用户。他们比普通用户需求更强，可能是某类产品的发烧友；他们积极尝试新产品，对产品的不完美宽容度更高；他们乐于参与，愿意将使用体验及改进建议提出来，以帮助改进产品；他们有传播性，对其他群体有影响力，能传播品牌。

3）内容

人格化电商依托于优质内容吸引潜在客户，在此过程中介绍或推荐相关商品，以达到成交的目的。人格化电商必须善于制造具有稀缺性的内容，也善于借势为个人品牌提升影响力。人和内容在一起塑造了IP核心。

案例8-1 “一条”视频商业逻辑：内容即电商，有范儿就有钱

有的人喜欢“一条”的配乐，能让人静下心来；有的人喜欢“一条”里面的建筑，因为那是人们心中的理想住所；还有人喜欢“一条”的拍摄手法，因为他自己也想成为“一条”视频中的主角。定位“生活、潮流和文艺”的“一条”，目前涉足建筑、摄影、美食、个性酒店、读书、时尚等领域。

“一条”视频是如何吸粉千万，估值上亿美金的？

（1）坚持“美”这个标准

“一条”一直坚持生活美学，在“一条”的世界观中所有的内容背后都有一个美物：一个设计、一个作品或是一个空间。“一条”实际上是要把人内心最深处的对美的追求激发出来，可以让娱乐、恶搞围绕着你，甚至成为生活的主流，但如果不给高尚的情趣和优雅的价值预留出比1%更多的空间，将很难成就一个脱离了低级趣味的人。

“一条”聚集了数名担任过主流生活类刊物总编级职务的业务骨干，就连剪辑的年轻人也在反复修改中百炼成钢，被同事们尊称为“大神”。为了拍摄一段3分钟长的《做一碗最鲜美的上海虾肉小馄饨》视频，“一条”团队拍摄了13个小时，通常几分钟的视频，后期剪辑制作长达一个星期，这足以说明“一条”对“美”的追求有多极致。

（2）风格统一，用户辨识度强

“一条”的视频风格和产生过程，都颇具工匠精神。“一条”的标题从来不超过22个字，这些字必须足够“抓人”。一般人一个标题起3遍，勤奋点的起10遍，而“一条”常常起上百遍。在拍摄手法上，无论什么内容的主题，放到短视频的5分钟里，都将被拆解成若干的画面。拍一个卖杯子的小店，在拍之前就会很精准地确定杯子的特写镜头有多少个：三五个杯子放在一起的镜头要6个，空间上的镜头要4个，里边交叉着空镜头、特写和中景，什么时候该停下都是规划好的。

生活、潮流、文艺……每一个栏目都被固定成型，没有人可以乱发挥：开头2秒，中间停3秒，这时候音乐一定要适当插入。在框架之中，所有人都知道怎么去采访、拍摄和剪辑。

一切都在规则与框架之中进行，最有技术含量的一点是：哪怕只跟被摄者聊一小时，也会整理出来15 000字。但5分钟的视频最多容纳950字，里面包含10个要点，每个要点80~90字。

（3）做电商也要有文艺范儿

“一条”引人注目之处在于，产品足够精致、足够美好，这样，它才能在如今竞争激烈的商业社会中体面地生存下来。“一条”的内容都是接近生活的，而且画面有质感，所以“一条”做成了一个生活方式的电商平台。与传统电商相比，“一条”将美物推荐给千万用户，转化率很高，利润也比那些打价格战的电商要高几倍，“一条”库存风险很低。

“一条”的电商模式很简单，在全球挑选优质的独立品牌、设计师产品，把优质的产品推荐给自己的用户。同样是产品详情页面，一个普通的茶杯不是内容，但是一个出自独立设计师之手的杯子，就有内容了。给产品赋予一个故事，这也是很多人追求的格调。

“一条”的崛起首先在于它内在的、稳固的核心内容，其次则在于移动互联网把快速传播、链式反应变为现实。

资料来源　佚名.“一条”视频商业逻辑：内容即电商，有范儿就有钱［EB/OL］.［2016-10-14］. http：//www.biangejia.com/？p=35239.有删减.

8.1.3 人格化电商的4大应用场景

1）内容电商

内容电商有今日头条的付费圈子、专栏，在行的问答模式，知乎等。

内容电商中今日头条的付费圈子、专栏，在行的问答模式都把人格前置了，而其中的根本是内容的持续输出，并通过平台的运营手段——直播互动、评论区互动、私信、群聊、抽奖等，不断强化用户对内容的认知和信任。

案例8-2　一个健身号的内容电商逻辑

今日头条中有一个健身号主，每天在今日头条输出动态图、小视频等，教大家如何减肥，如何练出马甲线，如何清理肠道等运动技巧，并且经常组织问答环节，通过直播和用户互动，大概坚持了3个月，粉丝从几千涨到几十万。这个时候他推出了一款减肥的代餐棒，再结合他的训练营玩法（社群+专栏）得以变现。

这个案例是典型的内容电商的逻辑，初期通过内容输出和运营培养用户关系，建立人格符号，当用户达到一定基数的时候，就可以通过运营去识别用户的需求，此时再推出相应产品，人格前置推荐购买。

资料来源　作者根据相关资料整理.

2）直播电商

直播电商是内容电商的一种升级。直播是一种“更轻快”和“更交互”的内容形式，显然也应该有一波流量红利。直播电商的优势在于：一是能将需求链缩短。主播以自己的“人设”为支点，以“严选”为依托，直接摆摊种草，用户不用在货架上找货，缩短从看见商品到决策购买的链路。二是供应链缩短。去掉中间商，用户通过主播直连品牌，有更大的让利空间。如果主播集客能力较强，未来还可以形成C2M的反向定制。不仅最大限度地放大了规模效应，而且能够实现零库存。三是场景化，货找人。在供需两侧缩短的链条上，直播电商还有个独特的动力机制，传统货架电商都是“人找货”，而直播电商相当于为用户定制了一个专属生活方式的购物商城，让他们在特有的场景中沉浸。这种“货找人”的方式，也最大限度地提高了成交的可能。

3）短视频电商

短视频电商在抖音、快手、微视、小红书等App上比较常见，大部分的内容是以录制形式展示，结合平台的小店功能，引导用户下单购买。短视频有效连接与触达用户的关键在于构建以用户关注内容为核心的消费场景，其中包括两个层面的内容：

其一，打造有价值的短视频内容，以此来吸引用户。对短视频而言，丰富的内容表现形式是其与生俱来的优势，因此在短视频电商营销过程中，如果能够进一步做到“投用户之所好”，以用户关注内容为核心进行节目内容生产，便可以在吸引用户的同时，提高营销的成功率。

其二，营造消费场景来连接用户情感。短视频平台可以在内容上因时制宜，并通过精心的设计，将合理的互动式消费场景融入进来，为用户营造“沉浸式体验”即精神高度专注、未遭干扰且体验最佳的无意识状态。

4）社群电商

社群电商是社群经济线上的表现形式，从某种意义上来说，社群电商是一套客户管理体系，通过客户的社群化充分激活企业的沉淀客户，抛弃了传统的客户管理方式，将每一个单独的客户通过社交网络工具进行社群化改造，利用社会化媒体工具充分调动社群成员的活跃度和传播力。社群电商模型不仅适用于传统电商，也适用于移动电商，甚至适用于仅仅通过社交工具进行销售的微商。

8.1.4 人格化电商的商业价值

1）负成本的流量

电商人格化成功的结果是自带势能，即有流量和粉丝。众所周知，历经40多年还长盛不衰的迪士尼，是极具品牌张力的超级IP，无论是人物还是故事，总有说不尽的趣味谈资，道不完的娱乐触点。它已经累积了足够大的势能，拥有了负成本连接的能力。负成本连接，是指因高势能形成的被动连接状态，由于连接成本足够低廉，而被称为负成本连接。

案例8-3　迪士尼IP的流量和影响力

2016年6月16日上海迪士尼开园首日，一个帅小伙儿为圆女友的童话梦，手握DR求婚钻戒和一大束气球吊起“房子”，模仿《飞屋环游记》浪漫求婚。《飞屋环游记》之所以成为万千少女的最爱，是因为它述说的浪漫爱情、幸福婚姻吸引着女孩儿们。

这个IP贩卖的是爱和浪漫，所以才具有连接粉丝、集聚流量的能力。超级IP自带流量，且是负成本连接的自然结果。

资料来源　作者根据相关资料整理.

2）信任代理的变现效率

信任代理是超级IP流量转化的重要因素，也是超级IP的终极游戏规则。所谓信任代理，其实就是像经营资本一样经营信任的人。传统商业模式中，通过“契约”的形式体现这种互不信任却又能合作的制度设计，而在互联网世界里，不相识的人却可以赢得众多粉丝的信任，这是因为传统的商业注重物性，而在网络和自媒体时代，我们看到的却是商业社会中的人性。在传统商业模式中，用户与品牌的关系比较疏远，因为缺乏信任代理，所以需要大量的广告和轰炸模式购买流量来提高转化率，而在人格化电商的经营场景中，因为信任代理的出现反而是先有用户，再有产品。人格多样性是IP丰富性的必然要求，基于满足情绪化的社会人格，挖掘与抚慰潜藏于诸多社会现象背后的个体表达需求，形成社群整体的信任代理机制，从而提高变现效率。

8.1.5　电商人格化的方法

1）名称人格化

以微信公众号为例，名称人格化就是让账号具有温度，如罗辑思维、吴晓波频道、同道大叔等账号，相对那些以公司名字命名的账号而言，这些就是人格化的账号。用户会觉得这些IP的背后是一个有温度人，而不是冰冷的组织。

2）形象人格化

以有“人味”的形象面对用户，用户便会觉得是在跟人对话，而不是在跟机器对话。以微信公众号为例，那些圈粉无数的公众号头像都是以人的形象出现的。如罗辑思维用的就是罗振宇的形象，吴晓波频道用的是吴晓波本人的照片，还有一些微信公众号用的是卡通人物图像等。面对一个人格化的公众号和非人格化的公众号，用户阅读时的心理感受是明显不同的。

3）产品人格化

以前人们对好产品有很多标准，如好看、质量好等，现在其实就一个标准：你愿不愿意在朋友圈分享这个产品。这个时候，你会发现产品其实由单纯的产品变成了“产品+人”，人本身附在产品上了。

4）渠道人格化

以前推出一款电子产品，会先看电子产品的销售渠道在哪里，然后开始铺货。而现在要转变这种思维，先去看消费这个电子产品的人在哪里，然后销售渠道就在哪里。也就是说，首先要知道是卖给什么人，然后决定这个产品的销售渠道。如果一个电子产品的目标用户是文艺青年，那么我们就要去找这些人会在哪些场景下出现，这些场景都有可能成为推广渠道。简单来说，人即渠道。

5）传播人格化

人们以前习惯通过媒体传播产品，但是现在要习惯通过人去传播产品。信息传播出去之后，接收到信息的人还会实现二次传播，如果二次传播实现，还有三级、四级一直往下传，那么信息传播就成功了。

6）信任人格化

要达成交易，信任的问题如果解决了，交易的问题也就解决了一半。以前，商家通过各种各样的认证、保证和硬指标去维系信任，而今天信任更多的是通过朋友、社交圈来维系，这种信任度要比认证、保证和硬指标好得多。

8.2　网红思维

8.2.1　网红的内涵

1）网红的定义

网红，即网络红人的简称，是指在现实或者网络生活中因为某事件或行为而被网民广泛关注从而走红的人。从一定意义上讲，他们自身的某种特质在网络传播的作用下被放大，迎合了网民的审美、娱乐、刺激、臆想等心理，从而有意识或无意识地受到网络群体的关注，成为网络红人。因此，网红是网络推手、各类媒体以及受众心理需求等各方面利益综合催化作用下的产物。

2）网红的类型

（1）从粉丝类型来分

①大众网红。

大众网红是现在大多数人眼中的网红，其出色地玩转短视频、微博、直播、微信等投放渠道，受到大批粉丝追捧，流量轻松突破10万，快速成为大众关注的焦点。大众网红想要把投放内容转化为经济效益，就必须进行流量变现。变现渠道主要是打赏、贴片赞助、视频植入广告等。

②垂直网红。

垂直网红就是在某个垂直领域的网红。与大众网红吸引大众的“注意力”相比，垂直网红优势在于“影响力”。知名投资人黄斌认为，网红经济其实就是影响力经济。影响力经济其实一直都在，无非现在影响力变现的形式发生了改变，关键还是看影响力如何，如何积累出影响力，如何变现。

（2）从网红依附的载体来分

①文字网红。

最早的网络红人，在互联网的56k时代甚至更早，那是属于文字激扬的时代，培育出一批网络红人，他们共同的特点是以文学创作为专长并走红。这一时期典型的代表有朱威廉等。

②图文网红。

当互联网进入高速的图文时代，这时候的网络红人开始如时尚杂志般绚丽多彩起来，在这样的时代，女性占有一席之地，在网络中立体地展示其才华。这一时期的典型代表有张大奕等。

③视频网红。

当科技不断发展，资费的平民化促使互联网用户越来越多，进入了宽带时期，网络歌曲、视频造就了一批网红。这一时期比较有名的有李子柒、天才小熊猫等。

④直播网红。

当今互联网行业中最火热的当属网络直播。随着花椒、映客、熊猫、虎牙等直播平台的观看人数增多，众多活跃其中的俊男靓女依靠自己出众的外表、风趣的语言和出众的才艺，赢得了众多粉丝的青睐，占据了流量的焦点。另外，有的网红通过电商直播带货成为关注的焦点，现在比较出名的直播带货网红有罗永浩等。

（3）从网红成名的原因来分

①艺术才智成名。

这一类型的网络红人主要是依靠自己的艺术才华获得广大网民的青睐。他们大多出身草根，没有接受过所谓正规的训练，往往是依托其非同一般的天赋和在兴趣支配下的自我学习，从而在某个艺术领域形成了自己独特的风格或者技巧。他们通过把自己的作品传到个人网站或者某些较有影响力的专业网站上吸引人气，由于他们在艺术上不同于主流的独特的品位，所以能逐渐积累起较高的人气，从而拥有固定的粉丝群体。

②恶搞作秀成名。

这一类型的网络红人通过在网络上发布视频或者图片的“自我展示”而引起广大网民关注，进而走红。他们的“自我展示”往往具有哗众取宠的特点，他们的言论和行为通常借“出位”引起大众的关注。

③意外成名。

这一类型的网络红人主观上并没有要刻意地炒作自己，而是自己不经意间的某一行为被网友通过照片或者视频传上网络，因为他们的身份与其表现同社会的一般印象具有较大的反差从而迅速引起广大网民的注意，成为网络红人。他们因为与其身份不符的

“前卫”而具有一两个闪光点，从而被某些眼光独到的网民所发现并传诸网络，大众在猎奇心理的驱动下给予关注，觉得新鲜有趣，作为消遣。但是他们自身往往并不知道自己在某一时刻已经成了网络的焦点。

④网络推手成名。

这一类型的网络红人背后往往有一个团队，经过精心的策划，一般选择在某个大众关注度很高的场合通过某些举动刻意彰显自身，给大众留下较深的印象，然后团队组织大量的人力、物力进行推动，在人气较高的论坛发帖讨论，营造一个很热的氛围从而引起更多的网民关注。

（4）从企业内部和外部来看

从企业内部来看，网红可以分为：

①高管网红。

高管网红具有一定的权威性，是品牌化身，面对今日崇尚真实感的千禧一代的消费者，企业高管展现真诚和魅力，可以打造专业亲民的形象，建立与消费者的情感联结，帮助塑造可亲近的企业品牌形象，长远来看一定会为企业营销带来效用。当然，让高管网红为企业代言，受众可能认为他们的言行是为了企业利益，对其客观中立性存疑。此外，从公关掌控的角度，企业可能担心高管的个人形象波动会影响企业品牌，所以不愿意冒险让高管成为网红。

②员工网红。

培养有表现力、影响力的企业员工成为营销网红，具有以下优势：他们通常受过企业的专业产品培训，具有丰富的产品知识，在消费者心目中具有可信度；而且他们对于企业品牌及文化的理解更加贴切、精准，不需要像外部网红那样只有经过充分的沟通、交流和引导，才可能体会并传达出代言品牌的独特卖点。

当然，对于员工网红的推荐，由于其身份，消费者难免对其客观性存有一丝疑虑。不过，假如他们可以在传递客观公正的信息方面树立自己的信誉，这种疑虑就有可能被打消。此外，员工网红很重要的一个作用，是建立与粉丝的情感联结，软性地推广产品，当消费者出于情感因素而做出购买决策时，他们会较少地采取抗拒感较强的理性推演模式。

③客户网红。

有咖位、具有代表性的客户，也可以成为影响潜在客户心理的意见领袖，尤其是在产品复杂、购买周期长、试错成本高、客户信任极其重要的B2B购买领域。与B2C企业选择与客户网红合作时关注粉丝数等指标不同，B2B企业选择网红更看重的是其行业地位和权威性。

从企业外部来看，网红可分为：

①超级网红。

超级网红代言模式的优势是覆盖面巨大、粉丝热爱；而其挑战是找超级网红代言的品牌太多，代言产品的类别调性如果过于分散，会影响甚至打乱消费者的认知，减弱代言效力，另一个挑战则是超级网红代言的成本通常会比较高。

②中型网红。

中型网红的优势在于通常有一个擅长的专业领域，聚集了数量可观的、有凝聚力的粉丝，可顺带“种草”。而且他们一般都具有与商家合作的丰富经验，可较好地完成商业代言的任务。

不过，他们通常最初是从兴趣起步，凭借某一特定领域专业、客观且有亲和力的内容吸引粉丝，随着其社交媒体账号粉丝基数的扩大、内容的积累及商业代言的不断涌入，如何既保持内容的自发性、真实性而又不引起粉丝的反感就成为一项挑战。这些中型网红需要在商业及兴趣之间找到平衡点，方可成为值得信任的、有效的品牌代言人。

③纳米网红。

一般认为，纳米网红指的是（单个）社交媒体账号粉丝数在1 000至5 000的网络（小微）红人。他们通常不是全职网红，靠主题清晰或富有个性的内容吸引粉丝。由于粉丝基数不大，因此与超级网红基本无暇与粉丝互动不同，纳米网红通常能给粉丝带来朋友般的熟悉感，其相对聚焦内容主题，也有利于形成粉丝之间的社群氛围，有更高的粉丝活跃度。2016年数字传媒公司Digiday发布的研究报告表明，平均而言，纳米网红的一个帖子可撬动其粉丝中8.7%的人参与互动，而超级网红（粉丝数100万以上）只能撬动其1.7%的粉丝参与互动。

3）网红的特征

（1）有特质的外形

大部分网红都是漂亮、帅气等外形出众的，但不乏一部分网红靠自己独特的造型、出格的装扮和张扬的个性成为流量之王。他们有着极为鲜明的个性和社会影响力。

（2）有价值的内容

网红在某个领域或者行业有较为深刻的理解或者较为专业的技艺，其思想或技艺通过自己的理解转化为文字、声音或视频，深深影响了其所在行业领域粉丝的行为。

（3）有整合的能力

网红依托自己强大的整合能力，将不同的资源有效组合，从而产生巨大的客户黏性。

8.2.2 网红经济的内涵

1）网红经济的定义与本质

网红经济是以一位个性突出的时尚达人为形象代表，以网络红人的品位和眼光为主导，进行选款和视觉推广，在社交媒体上聚集人气，依托庞大的粉丝群体进行定向营销，从而转化为购买力的吸引力经济。

网红经济的本质是吸引力经济，网红产业的本质是内容产业，是创造围绕网红但又能使消费者心情愉悦的各种内容的产业。在全球范围内，千禧一代的年轻人逐渐成为主流的消费群体。他们和社交媒体同步成长，拥有丰富的网络经验，习惯于通过了解和聆听意见领袖的看法，辅助自己的消费决策（比如，小红书及抖音带货的兴起）。所以，今日的商家也开始把越来越多的营销精力及重心放在网红营销上。

2）网红经济的核心

（1）强大的数据分析能力

为了寻找合适的网红为产品代言，网红经纪公司需要极强的数据分析能力。一方面，网红经纪公司需要能够根据微博粉丝数据快速定位潜在签约网红粉丝的类型、质量、活跃时间、转化率等，以确定该网红是否具有经济价值；另一方面，网红经纪公司需要根据粉丝的回复率、点赞率，以及回复内容关键词的提取来预测网红发布的商品是否能够热销，以销定产，避免出现产能过剩或者供不应求的情况。

（2）网红社交账号的运营维护能力

网红社交账号的运营对粉丝黏性的维护至关重要。在与网红签约之后，网红经纪公司就会全面接管网红的个人社交账号。网红在社交账号上发布的大部分内容都由网红经纪公司决定。各家公司都有专门的运营团队。网红经纪公司需要时刻保证网红与粉丝互动内容的质量以及频率，维持粉丝黏性。

（3）极强的新品设计能力以及供应链支持

由于网红店铺采用上新闪购+预售的模式，其对供应链的快速反应以及补单能力有极高的要求。网红想要持续为粉丝提供时尚的新款服饰，背后就必须有一个强大的设计生产体系为其源源不断地提供可供选择的新品。

3）网红经济带来的新商业变局

“网红经济”展现了互联网在供需两端形成的裂变效应，网红一族在制造商、设计者、销售者、消费者和服务者之间产生了全新的连接。目前在淘宝平台上，有数百位网红拥有超过5 000万粉丝。他们依靠社交网络引领时尚风潮，在淘宝上进行预售、定制，配上淘宝商家强大的生产链，最终形成了一种崭新的商业模式。

实质上网红经济依然是一种眼球经济、粉丝经济，是注意力资源与实体经济相结合的产物。在网络时代，它的出现契合了用户消费心理上的个性化需求，运作简单、高效、快速，前端精准感知消费人群的需求，后端快速反应，以数据驱动，倒逼供应链的改造。

（1）网红升级为经济现象形成产业链精准营销

由于网红平民化、廉价以及精准营销的特点，其商业价值正在被逐渐挖掘。网红经济由于网红在特定领域的专业性，网红能够更精准地将产品导向粉丝需求，提高了消费转化率。同时，网红又兼具广告或流量费相对较为便宜以及更为平民化的特点。从获取用户的成本上，网红和新媒体比较类似，都较为低廉和快捷。然而，网红所独具的买手制、意见领袖形态是新媒体所不具备的。

（2）网红买手制的购物模式提升整体垂直电商供应链的效率

网红通过精准营销方式促进垂直电商供应链效率提升。网红作为专业领域的意见领袖，其可以利用自己在时尚领域的敏感度、品位以及其背后强大专业的设计团队，将符合潮流趋势且迎合粉丝偏好的产品推荐给消费者，这在降低消费者购物难度的同时，提升了供应链效率，缓解了品牌商库存高、资金周转慢的压力。

（3）网红经济实现低成本营销新渠道

在传统B2C电商中心平台搜索品类繁杂且收费日益昂贵的大背景下，网红这种借助社交平台海量流量宣传产品的精准营销模式，极大地解决了品牌商推广产品效率低下的问题，帮助移动社交电商完成又一次交易场所的转移。

（4）网红经济优化现有运营模式

网红经济极大地优化了当前品牌商家的运营模式。首先，网红经济改善了线下实体店的运营模式。传统实体门店（主要指直营店，分销商模式则为分销商主导）需要负责店铺租赁、店员雇用、品牌推广以及店铺的最终运营。由此带来的业务支出主要包括店铺租金、人工成本、广告费用以及其他运营相关开支。随着店铺规模的扩大，租金、人工成本等一系列费用在总收入中的占比大幅提升。其次，网红经济提高了传统线上B2C电商的运营效率。品牌商寻找新的品牌推广廉价渠道以获取新的廉价客流，导致以淘宝、天猫为首的B2C电商的兴起。最后，网红为B端电商吸引用户提供了新的渠道选择。由于粉丝关注的网红均为各自专业领域的达人，其对网红推销的专业领域产品更加敏感，也更容易接受，因此提高了用户消费的转化率。

（5）互联网购物的去中心化趋势

网红经济本质上是传统商品寻找的新营销路径，其核心在社会化媒体平台。网红售卖的是“偶像”的生活方式。在网红经济中，社交渠道内容输出、产品设计、运营、供应链的管理等要素很关键。网红作为一个推广渠道，宣传品牌，在“吸引—信任—购买”这个社交电商过程中，产品和个人相辅相成。随着越来越多的顾客流量开始由网红社交账号导入，移动社交电商有望通过社交网站承载起越来越多的交易功能，互联网购物的去中心化趋势也愈发明显。

8.2.3 高效利用网红思维策略

1）找准定位，对品牌进行人格化塑造

网红经济的本质是对品牌进行人格化、达人化塑造，这个塑造可以是多方面的、涉及各个领域的。比如，我们能通过社交媒体，塑造出养生达人、健身达人、美容达人等各个领域的KOL。当然，进行这个塑造的前提是要对品牌、产品、目标人群，以及所选择的KOL自身的优势和短板，都有比较明确的定位，然后有目的、有节奏地推进。

案例8-4 水果电商品牌“菓盒”的人格化塑造之路

水果电商品牌“菓盒”前期主要通过其官网、1号店等平台进行销售，2015年年底开始用微商三级分销系统微巴人人店，把店开到了微信上，仅10天销售额就达到50万元。“菓盒”给自己的市场定位非常明确——中高端水果的采购、销售、配送，以吸引“经济能力较强＋追求健康、有品质的生活”这一群体。“菓盒”将品牌人格化、人格标签化。所有“菓盒”的客户和分销商都知道“菓盒”的CEO“壮爷”，“壮爷”身上有这些标签：“85后”、奶爸（注重安全和健康）、高学历人群（浙大毕业）、专业专注（在上海最大的农产品批发市场从事食品安全管理工作7年）等。这

些标签所传递出来的信息简单鲜明，让人有记忆点，再通过阐述创业初衷、品牌故事传达了“新鲜、营养、安全的高品质水果”这一品牌形象，“壮爷”本身就是“菓盒”的人格化品牌代言人。可以说，KOL的形象、特质与产品和品牌给人带来的感觉和印象息息相关。

资料来源　作者根据相关资料整理.

2）持续输出有价值的内容

将品牌进行人格化塑造只是万里长征的第一步，有人会因此记住你，甚至成为你的粉丝，但这还不足以刺激他们购买。再加上我们生活在这样一个连鹅都能成为网红的信息爆炸时代，受众的兴趣点分布广、迁移快，粉丝的忠诚度也不是持久保鲜的。

如何能持续为粉丝的热情加温，并将其转化为购买力？持续输出有价值的内容，和粉丝谈一场持久的精神恋爱是非常重要的。网红经济中，KOL本身就是品牌最大的差异化竞争力。粉丝选择KOL推荐或销售的产品，是因为喜欢、认可、相信KOL，粉丝所选择的并不仅仅是产品本身，而是通过KOL塑造的形象、输出的内容，传递出来的一种生活态度和方式。

进行内容输出时需要注意以下4点：

①贵在坚持。坚持输出自己，坚持输出品牌和产品。

②对什么样的人说什么样的话。根据用户性质有针对性地进行内容传播，才是有效的传播。

③新鲜感、刺激点。在人格化品牌过程中，KOL的粉丝数量消耗较大。因此在运营过程中，KOL需要不断充实、提升自己，与用户一起成长，而不是进行刻板化的内容输出。最具代表性的papi酱就是通过“紧抓热点＋强内容输出”，不到半年迅速蹿红。

④多平台运营。粉丝在哪里，KOL就在哪里。除了微信、微博等平台，根据粉丝的分布特点，选择不同的渠道、平台进行内容输出，如果粉丝群体比较年轻，就可以选择小咖秀、秒拍这样的平台与粉丝互动。

3）注重粉丝运营、用户体验

网红店铺与一般店铺相比，有一个很大的优势，即网红和粉丝不是简单的买卖关系，既可以作为某一方面的偶像、导师，也可以像是身边的朋友、邻居。而我们知道，越紧密、越深入的关系，对营销的需求就越低。

网红通过社交媒体与粉丝互动从而建立起信任感、亲切感，除了能不断提升客户黏性，还能在互动过程中更清楚地明白客户需要什么，进而优化产品、服务。现在很多网红店铺在上新前还要经过选款、粉丝互动、预售等步骤，让粉丝（客户）参与到产品的开发中来，实现精准生产和销售。通过连接和互动，增加客户的购买频次；通过信任和加强关系，使客单价不断提升；通过推出符合客户需求的新产品和服务，延长产品的生命周期。

8.2.4 网红营销的步骤

企业在运用网红营销战略实战的过程中，通常采用以下实施步骤（如图 8-1 所示）。

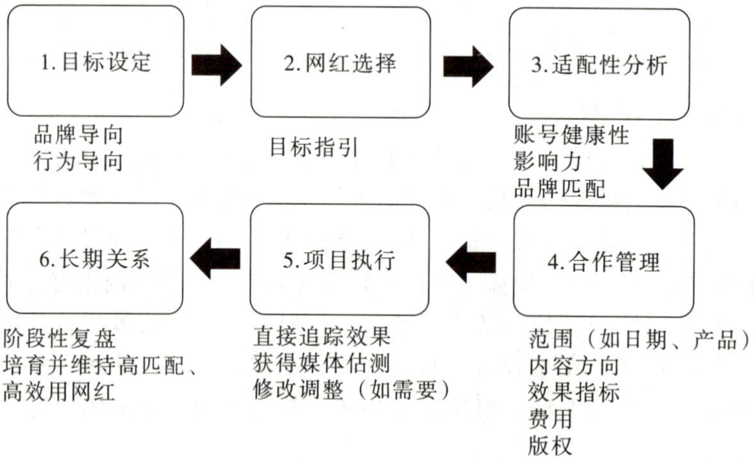

图 8-1 网红营销实施步骤

1）目标设定

企业进行网红营销的目标，大致可分为品牌（内容）塑造和传播以及引导消费者行为两大类；从营销活动的时间视角来看，又可分为短期目标和长期目标。企业可根据自身的特点及环境来确定每次网红营销的具体目标。

2）网红选择

一旦网红营销的目标确定，企业就可以从不同类型的网红中做出选择，企业内部网红可以根据其天生的资质禀赋进行选择，也可以后天培养。对于外部网红，企业可以通过网红代理机构咨询了解，也可以自己在社交媒体上有意识地寻找。

3）适配性分析

在确定了所需的网红类型的基础上，企业需要在为数众多的网红人群中甄选最合适的，具体可从以下 3 个方面予以考虑：

①网红账号的健康性。比如，粉丝数量、增长幅度、帖子的阅读量、粉丝的互动活跃性（如点赞、转发、评论数量及质量）、回帖的频率及质量等。

②网红的影响力。比如，帖子被其他大号或媒体转发报道的概率，为其他品牌代言的广告帖表现，如与正常的帖子相比，广告帖的阅读互动是否有显著的不同，为企业带来的具体收益等。

③与品牌调性的匹配度。在对网红社交媒体内容进行长期观察的基础上总结其风格特征，评估与品牌调性的匹配度，比如，可以审视该网红在过去为同类产品代言的效果如何，粉丝反应是否以正面为主，评论中是否体现出对品牌态度的改变等。

4）合作管理

如果确定了具体的网红人选，在对方有合作意向的基础上，企业需要与其讨论合作的具体方式，商定合同内容。一般而言，合同条款可能涵盖合作的范围（如时长、产品型号)、社交媒体的内容主题及表现手法（在不影响网红创意自由的前提下)、效果指标、费用支付、内容的版权使用权限等。

5）项目执行

虽说网红营销是企业利用别人的力量为自己的营销事业出力，但并不意味着企业就该采取放任不管的态度。恰恰相反，企业应该在网红营销项目进行的过程中，保持与对方的充分沟通，追踪代言的直接效果（如浏览量、互动数等），并估算活动的效果。在实施过程中，一旦观察并意识到有明显的问题出现（如负面评论），则需要与网红及时沟通，做出计划予以修正。

6）长期关系

网红时代，网红很多，但对于每个企业而言，符合自己的需求且能带来良好代言效果的网红，数量十分有限。因此，企业一旦发现并确定了适合自己的网红，就应该珍惜并努力维护与其合作关系，加深信任，共同成长。

8.3　爆款IP打造与运营

8.3.1　人格化IP打造的4个关键点

人格化IP可以是人，也可以是拟人化的形象，只要它具有能引起群体消费认知的能量，拥有能够进行整体开发、持续经营、稳定产出的特性，就会是移动互联网时代更受欢迎的新的交易入口。

1）找准定位

打造人格化IP从最开始就要思考每个阶段的自我定位。关于自我定位我们有两个建议：

（1）长板法则

传统营销常常谈木桶原理，强调补上短板，但人格化IP定位必须强化自己的长处，定位必须结合自己的长板并做到极致。所谓长板，要么是你的核心资源，要么是你的天赋优势。找到长板，就要求人格化IP聚焦到自己最擅长的领域，不断借助最擅长的能力进入其他能发挥影响力的区域，不断进化、演变成新的IP产品。

（2）试错法则

寻找定位不是一蹴而就的，能够一下子准确看到自己未来路线的人几乎不存在，谁都需要试错，并且在试错中进行动态调整。

如papi酱，在火爆之前，也曾尝试过时尚博主路线、传统网红靠脸晒美图路线，甚至还尝试了长图文路线。最初的探索虽然磕磕绊绊，但经历一番摸索之后，她终于敲定了吐槽短视频路线，清晰地找到自己最擅长的模式，全力以赴。在自制的短视频里发挥才华的papi酱，终于借助优秀的作品被微博大号转发，开始迎来爆发式的吸粉。

如果在定位阶段找不到合适的模式，不妨试着先模仿一个成熟的模式，看看是否能找到感觉。一开始可能不容易找到，但只要及时依据反馈发现潜在的引爆点，不断尝试，就可能有脑洞大开的时候。这个时候就可以把新的可能性做到极致，也许就找到了引爆市场的切入点。

在这个过程中，对于任何一次新尝试都必须全力以赴，因为谁也不可能提前知道，哪个通道能通向IP之门。有时候，一个灵感没有把握好，机会就可能错失了。

2）传播爆款

在这个人人皆媒体的时代，要打造人格化的IP，必须传播出爆款，让足够多的人知道你是谁。爆款传播的难点，在于找到一鸣惊人的内容，还需要具备特定的环境。所以要多储备传播渠道和媒介，多测试不同形式的内容，机会是留给有准备的人的。

如何做爆款？

（1）“抱大腿”法则

所谓“抱大腿”法则，无非是与牛人为伍，得高人指路，获贵人相助。牛人、高人、贵人最显著的特点就是比例小、层次高。比例小这个问题是改变不了的，所以能做的是认识更多的人或者让更多的人知道自己，这样，辐射的人群基数上去了，被牛人、高人、贵人关注到的概率显然也会增加。

通过互联网，社交媒体让个人品牌传播得更快了。通过微博、微信公众号直播，何种形式不重要，关键是能持续输出一些能够吸引一定人群的内容，这就是当下这个时代网红的超级名片，其持续输出爆款的过程，是让这张名片愈加闪闪发光的过程。

说到“抱大腿”，有两个层面：第一，要抱行业的大腿（站对位置）；第二，抱行业里有影响力的人的大腿（找准贵人）。

（2）金钟罩法则

爆款基于大量的传播，如果想在网上做品牌，就要承受得了可能发生的一切，比如被吐槽、被误解，甚至是被诋毁。要成为爆款IP，难免要在历练中成长。好多人骂你不是真骂，就是骂着玩儿而已。不同的人站在不同的位置就有不同的看法。

3）平台卡位

平台卡位往往是在爆款产品出现后要做的工作，要在最短的时间内尽量用最低成本入驻各大平台，获取第一批规模性种子用户，为后续运营打下基础。

（1）要抢红利

平台的进进出出、起起伏伏非常常见。任何平台都有红利期，在平台的红利期入驻很重要，这决定了后续传播的成本及空间，所以平时要对所有的平台保持关注度和敏感度，并且能够根据平台的特点快速反应，将自己的能量最大化地通过平台红利期整合爆发出来。

（2）要多互动

不管入驻哪个平台，都要利用平台的交互模式多和粉丝互动。要拥有能快速让人信任的能力。

4）滚动产出

IP未来发展潜力有多大，很大程度上取决于你的变现能力有多强。占据了平台，人格化IP需要源源不断地生产内容，但是内容只是带来流量的中间产品，我们还得考虑流量变现的通道。一个努力成长为优质IP的网红获得商业回报的最可能途径有五种：打赏、广告、电商化、培训和直播。

（1）打赏

直播型及内容型网红最易被打赏，打赏收入现在已经成为这种人格化IP网红获得商业回报不可低估的部分。

案例8-5　微博的打赏功能

2015年年初，新浪微博将打赏功能面向全体用户开放，非认证用户开通这一功能后，其发布的长微博中也会加入打赏按钮。粉丝在PC端和移动端均可通过微博支付进行打赏，作者获得收入的通路更加灵活。以自媒体papi酱为例，虽然在被投资之前，她没有接过一个广告，但是她的短视频发布出去，瞬间会有超过十万点击量，打赏迅速扩大到几千人次，这是一个相当惊人的回报。一些直播平台的主播们的收入，完全来自粉丝的打赏，每月收入从几千元到百万元不等。

资料来源　作者根据相关资料整理.

（2）广告

只要是有影响力的网红，都会得到接各种广告的机会，从最简单的微博转发，到稍微复杂一点的微信软文植入，或者直接做某个品牌的代言人。

案例8-6　中国新媒体世界的第一次广告拍卖

罗振宇和徐小平投资papi酱后，罗振宇宣布要做中国新媒体世界的第一次广告拍卖，成为新媒体第一个“标王”。2016年4月21日，在papi酱广告招标会中，丽人丽妆以2 200万元的价格成为此次拍卖的“标王”。从起拍价2.17万元到最后成交价2 200万元，只用了不到20分钟。

和一般拍卖会不同的是，papi酱的这次拍卖会是线上线下同步进行的，线上是在阿里拍卖平台，线下则有大概几十位竞买人。线上拍卖人通过阿里拍卖平台、手机淘宝客户端直接按按钮出价，现场竞买人在现场举牌应价，线上竞买人能够看到现场，现场竞买人通过屏幕也能看到线上竞买人的出价。

基于流量的商业模式，要么是卖广告，要么是卖商品。变现流量，对于手握百万粉丝，过亿视频点击量的papi酱而言，本身并不是难事，只是由于红得太快，还没想好怎样卖广告，更没有想好卖什么商品，被自媒体商业运营非常成功的罗振宇说服一起合作，让大咖替自己操盘，自己专注做内容产出，也是一个不错的选择。

资料来源　作者根据相关资料整理.

(3) 电商化

电商化是指有意识地形成“造血”系统，去广告化，走符合网红本身的人格和特质的电商店路线，定制粉丝喜欢的电商商品，变身电商模式，解决广告主的流量转化问题。用户是粉丝与顾客，网红是导购与买手，广告主是商品供应者，每个人都成为供应链中的一部分。

(4) 培训

对于专业领域的网红，还有一种新的变现模式——做培训。从课程入手，逐步覆盖讲座、短训班、长训班、在线课程、认证，开始形成完整的教学产业链，也是把个人网络影响力逐步和线上业务交叉覆盖。

(5) 直播

直播平台成了IP变现新途径。移动在线直播更具备颠覆传统的秀场直播平台模式的潜能，因为它解决了真实性的问题。直播模式的诞生，改变了传统互联网以内容为传播核心的模式。在传统模式中，大家都是来看内容的，并不关心生产内容的人。随着直播平台的崛起，越是能生产内容的人，越容易借助直播模式放大自己的能量，一个不是以“内容”而是以“人”为核心的传播时代正在开启。

8.3.2 爆款IP运营要点

爆款IP的背后有多层次和丰富的运作机制，占据行业的绝大部分，经过各种博弈形成大规模影响力扩张，通过良好运作形成整体产业生态。

1) 品牌化运作

树立IP的品牌影响力。要想打造好的IP必须融入品牌元素，才能实现品牌运营。品牌是依附在产品中的一种无形资产，给产品带来高溢价、附加值。它通常是指用以和其他竞争者的产品或服务相区分的名称、术语、象征、记号或者设计及其组合，增值的源泉是消费者心中形成的关于其载体的印象。由此，一个好的品牌会给商家带来很大的商机和效益。建立IP品牌需要做好以下两方面：

一方面，做好底层建设。底层建设也叫打基础，主要是指对IP大框架的设计，如设定人物的价值观、宏观背景等。

另一方面，提炼品牌理念、品牌文化。拥有品牌理念、品牌文化是一个品牌存在的基础，否则就难有明晰的产品定位，感染粉丝及客户。当然，这一切都要建立在产品构建的基础上。一个品牌，无论是小说、动漫、游戏，还是电影、电视剧、舞台剧等，只有围绕一个品牌核心，才能在市场上游刃有余、高契合度地穿梭，从而形成一部又一部具有强大竞争力的作品。

2) 链条化运作

链条化运作即从点到面进行多维度布局。围绕一个IP进行深度挖掘，开发其周边产品和衍生品，从而建立起一个与源IP相关联的链条、生态圈，持久地去影响大众。例如，一部小说所具备的音乐、游戏、影视、动漫等原创能力，经过二次改造，IP升级为一个高能化产品。一个IP无论处于什么形态，在进行链条化运作之前都需要做好以下工作：

首先，选择自己擅长的方式完成创作IP的链条式运作。这在某种程度上是一种跨界，每转换一次形态就意味着需要一个全新的操作模式。

其次，处理好不同形态IP内容的转换。IP在不同形态的转换中，需要处理好题材的迭代关系。从一个题材到另一个题材，是延续还是创新，处理好这个关系很关键。无论是将题材注入新IP还是自创IP题材，关系的平衡都非常重要。如在PC端游戏时代，游戏外延的扩展落在了相关的YY频道里，间接炒热了女主播行业。而在移动互联网时代到来之后，便携设备使得随身视频、游戏等形式更加多样化，未来IP的载体也会更加广泛。

最后，融入一个亚文化体系中。每种文化形式在拥有一定数量的优秀内容之后，无形中都会把自身固化在一个形象之上，要把自创IP融入整个亚文化体系中，进而反哺。

案例8-7 《十万个冷笑话》的链条化运作

《十万个冷笑话》最早只是一个流行在网络上的漫画段子，凭借幽默的风格和夸张的画风而吸引了大量粉丝。有人看出了其中的商机，便制作成了动漫，《十万个冷笑话》第一季点击量超过10亿次，漫画版点击量也达到了14.9亿次。在已经拥有优秀的动漫品牌之后，为了进一步挖掘其潜力，其运营团队先后又开发了电影、舞台剧、手游等；同时在衍生品开发方面，也做了一些尝试，如卡包、手表、玩具等，无论创意还是做工都算得上精致。《十万个冷笑话》由一个网络段子最终发展成爆款IP，正是链条化运作的结果，即从点到面进行多维度布局。如果当初只限于段子或动漫，恐怕不会有如此大的影响力，那么与《十万个冷笑话》有关的很多潜力也就很难被挖掘出来。

资料来源 作者根据相关资料整理.

3）生态化运作

所谓IP生态圈，是把不同形态的IP整合起来，在用户群体中形成价值。如果说链条化运作针对的只是作品本身，那么生态化运作则针对的是用户，属于动态运作。换句话说，一个IP无论延伸出多少衍生品，最重要的都是能被用户接受，在不同领域体现其价值，在用户心中产生价值，否则费力不讨好。

4）立体化运营

企业在打造品牌的长久影响力方面，要不断深入挖掘，进行网状联动，实施立体化运营，让IP全方位地实现它的价值。

5）多平台传播

在IP的运作过程中，最不能缺少的就是渠道。畅通的渠道是IP扩大宣传力、提高曝光度，被大众认识和接受的主要途径。可以说，打造渠道确实是一种商业行为。尤其是我们今天谈到的IP渠道，与其他商业行为渠道的打造还有些不同，最显著的特点就是多维度。如果大规模地拓宽渠道、扩大宣传，资金难免吃紧，从而加大投资风险。在这种情况下，很多人便开始向成本低廉的渠道转移。在宣传渠道上，除了传统的电视、网络发布会外，还有很多更加自由、便捷、灵活的渠道。尤其是随着互联网技术的发展和普遍应用，宣传渠道的种类越来越多，如微博、BBS及其他多种视频网站等线上渠道，以及微信、抖音、快手等自媒体渠道，这些都对打造IP、提高IP的影响力有很大的帮助。而在新媒体时代，每一个发出声音的地方（BBS、博客、微博、微信等），都可以看成一个话语节点。整个互联网的价值，就是这些节点的平方。这里所谓的价值是指对社会人文乃至人类文明的贡献。这对于没有足够经验和资金的个人或团队来讲非常合适，能够以低成本打造自己的IP。

（1）利用自媒体

自媒体已然成为最强大的内容承载平台，IP必须善于运营自媒体才能保证阅读量和热度。

（2）利用工具市场

工具市场上充斥着大批活跃的工具，恰当地利用好这些工具，对打造IP是非常有帮助的。

8.4 网红经济的发展趋势

伴随移动互联网技术的高度发展，网红经济作为一种新型商业业态而逐渐兴盛起来。网红经济在不同行业、渠道、场景的应用渗透程度不断加深，形成了丰富、多元的创新商业生态。

1）从发展状态来看，网红领域和内容趋向多元化

随着自媒体时代兴起，碎片化信息越来越丰富，微阅读、图片、短视频等传播信息的方式更容易让大众接受。网红涉及的领域越来越广，囊括吃、住、行、游、购、娱各方面，从化妆、美容、美食、游戏到运动、财经等领域。

网红内容的传播形式多元化，有直播、制造话题、公众号文章推送、短视频等。随着Wi-Fi和5G网络的普及以及智能手机的广泛使用，短视频受到越来越多的网红青睐，成为网红向粉丝推送内容的首选方式。另外，随着互联网技术的发展以及用户对新奇事物的不断渴求，粉丝们逐渐把注意力从真实存在的人转移到了虚拟创造的“人”和形象上，而这些新的形象，也在逐渐崛起成为新一代的网红。相比现实人物，虚拟人物以其特有的可塑性和趣味性大大加快了自身的传播速度与被认知程度。

案例8-8　虚拟人物典型IP

（1）一禅小和尚：《一禅小和尚》是由苏州大禹网络原创的网络IP，主人公一

禅是一个6岁的小男孩儿。其通过各种形式的内容为观众呈现出人性的美好和善良。截至2023年8月11日，其微博粉丝数达到500万人，抖音粉丝数达4 500万人，获赞量达3.2亿次。

（2）小爱同学：作为小米首款AI音响的唤醒词，小爱同学成功获得了自己的二次元虚拟形象，并在小米相关设备上线，小爱同学因其"本体"为人工智能，所以通过超强的互动性以及智能性吸引了许多粉丝的关注。

（3）洛天依：身为中国虚拟人物第一人，洛天依以15岁、单纯机智的形象进入人们的视线，随后爆红于网络，成为现象级虚拟偶像，并成功登上2016—2017年湖南卫视跨年晚会的舞台。其于2017年年底在上海梅赛德斯–奔驰中心举办了自己的第一场演唱会，7 000余张门票售卖一空。

资料来源　作者根据相关资料整理.

2）从职业形态上看，网红趋向职业化

随着网红经济的逐步专业化以及MCN机构产业的完善，网红与MCN机构签约成为专职网红成为一种新趋势。网红签约MCN机构比例上升，专职网红成为一种职业选择。头部网红对MCN机构的青睐，彰显了MCN机构所带来的全方位的帮助在网红竞争中的重要性，越来越多的用户会把网红当成自己的正式职业和工作，职业网红的人数不断增加。而MCN机构在为网红带来诸多裨益的同时，通过更精准的引流以及更多元的分发渠道，将更有效、更丰富的商业变现方式赋予网红。

3）从运营平台选择来看，多平台化成为主流

随着互联网的不断发展，丰富的内容衍生出多样的平台，这也导致曾经扎根于单一平台的走红方式无法跟上市场的节奏。在适合自身优势及内容的多个平台同时上传作品，以吸引不同使用习惯的粉丝，成了如今网红们提高自身知名度和吸引流量的新方式。例如，知名的游戏主播Miss，其作品多为直播以及游戏相关视频，因此在虎牙、优酷、哔哩哔哩等直播平台及视频网站上均能搜索到她的作品。其子频道总播放量更是达到了6.5亿次。同时为了获得更多的关注，在以微博为典型的社交平台上上传自己的作品也是网红们的不二选择，以Miss为例，其微博粉丝数已达1 382万人。

4）从网红变现方式来看，网红变现形式多样化

网红经济的实质是粉丝经济，本质是网红价值观和受众注意力资源的货币化，核心是流量变现和内容变现。网红变现方式主要包括以下5种：一是通过电商，具有代表性的是淘宝网红店，推动了电商领域的进一步发展；二是代言和植入广告，网红除了代言广告，还在社交媒体上通过内容发布或者直播等手段植入广告；三是直播分成；四是签约费；五是粉丝打赏。

5）从产业链构成来看，网红产业链不断延伸

网红经济从产业链条上看，首先是网红生产，主要由经纪公司或孵化机构包装打造"网红"；其次是网红传播，在双微社交平台，以及各类短视频和直播平台上为粉丝推送网红产品；最后是网红变现，主要通过电商、广告、直播分成、粉丝打赏等变现渠道。

网红产业链不断延伸，使各个环节均可获得资本青睐，各个环节的投资机构联合起来实现共赢。

6）从运营方式来看，网红经济运营专业化

由于粉丝消费需求增多和对产品质量要求提高，因此对网红产出内容的质量和专业性要求也逐渐提高，网红不得不从形式单一的个体转向团队合作，从而促使许多网红专业运营公司出现。因此，网红经济不仅包括由网红直接形成的经济，还包括围绕网红形成的网红孵化服务、网红经纪服务、社交平台提供的软硬件服务和数据分析服务等衍生经济。未来网红类型更加多样且快速迭代，网红经济产业链将进一步向专业化、精细化迈进。

本章小结

本章主要讲述了人格化电商、网红思维建立、爆款IP打造与运营等内容。完成本章的学习后，应该理解和掌握以下内容：

（1）人格化电商的商业逻辑：一是影响力。这种影响力是指成为某个领域的“草根”专家，带有某类产品标签。二是拥有铁杆用户。“主人翁”的特性使其抱有优化产品的态度，但绝对不是挑剔，是合理地为品牌方提供意见或建议的群体。三是内容。依托优质内容吸引潜在客户，在此过程中介绍或推荐相关商品，以达到成交的目的。

（2）人格化IP打造的4个关键点：一是找准定位，打造人格化IP最好一开始就仔细思考每个阶段的自我定位。二是传播爆款，让足够多的人知道“你是谁”。三是平台卡位，在最短的时间内尽量用最低成本入驻各大平台，获取第一批规模性种子用户，为后续运营打下基础。四是滚动产出，考虑流量变现的通道。

关键术语

人格化电商　网红思维　爆款IP打造与运营

案例分析

高跟鞋73小时

著名的独立高跟鞋品牌“高跟鞋73小时”，每双鞋子的平均售价在1 000元以上，即使在商场专柜，这个价格也不算便宜，更何况是在人们通常认为可以去“淘便宜”的淘宝网。但这家店铺经常新品上架不到1小时，就被粉丝抢到断码。店主“@赵小姐失眠中”赵若虹的前主持人、演员、出版人等身份决定了她具有较强的话题性、内容输出能力和粉丝运营能力。除了分享店铺的更新动态，她在微博当中更多的是通过时尚、美食、健身等元素，塑造一个精致、乐观、温暖、有情调的“名媛”形象，而她的粉丝大多认可并羡慕她的生活态度和方式，套用一句网络用语来说就是：“姐买的不是鞋子，而是情怀，是一种新的生活方式！”

资料来源　作者根据相关资料整理.

【讨论问题】结合本案例，谈谈你对高效利用网红思维的理解。

实训操作

实训项目	网红思维的利用与分析
实训目标	掌握网红思维运用与分析技巧
实训步骤	1.选择一款你熟悉的商品 2.以小组为单位（5～6人）分析被选择商品的属性及特征 3.利用网红思维策划如何销售该商品 4.分析利用网红思维所带来的效果与变化
实训环境	数字营销模拟实训室
实训成果	策划报告

思考与练习

一、填空题

1.网红经济的本质是＿＿＿＿＿＿＿＿＿＿＿＿＿＿＿＿＿＿＿＿＿＿＿＿＿＿＿＿。

2.一个成长的网红获得商业回报的途径有：＿＿＿＿＿、＿＿＿＿＿、＿＿＿＿＿、＿＿＿＿＿、＿＿＿＿＿。

3.人格化IP打造的4个关键点是：＿＿＿＿＿、＿＿＿＿＿、＿＿＿＿＿、＿＿＿＿＿。

4.IP生态圈，是把不同形态的IP整合起来，在用户群体中形成＿＿＿＿＿。

5.网红经济的核心在于：强大的数据分析能力、＿＿＿＿＿、＿＿＿＿＿。

二、不定项选择题

1.企业在打造品牌的长久影响力方面需要不断深度挖掘，进行网状联动属于（　　）运作。

A.品牌化　　B.生态化　　C.立体化　　D.平台化

2.从网红依附的载体上分，网红可分为（　　）。

A.文字网红　　B.图文网红　　C.视频网红　　D.直播网红

3.人格化电商的4大应用场景有（　　）。

A.内容电商　　B.直播电商　　C.短视频电商　　D.社群电商

4.网红的特征有（　　）。

A.有特质的外形　　B.有价值的内容　　C.有整合的能力　　D.有数据分析的能力

5.电商人格化的方法有（　　）。

A.名称人格化　　B.形象人格化　　C.产品人格化　　D.渠道人格化

三、判断题

1.网红不能是虚拟人物。（　　）

2.网红主要由经纪公司或孵化机构包装打造。（　　）

3.网红领域和内容趋向集聚化、单一化。（　　）

4. 渠道是IP提高影响力、增加曝光度、被大众认识和接受的主要途径。（ ）

5. 内容社交电商是直播电商的一种升级。（ ）

四、思考题

1. 选择一个案例，说明网红思维的运用。

2. 思考如何通过网红经济实现低成本营销。

第9章　新媒体运营

【知识目标】

完成本章的学习，形成新媒体运营思维，掌握新媒体运营推广的基本技巧和用户培育方法。

【素质目标】

从新媒体快速发展的现状切入，以新媒体运营推广为学习手段，实现学中用、用中学，通过实践，深化对新媒体运营的认识，树立正确的运营价值观和认知导向，守牢价值阵地，让主流声音更加响亮。

【引例】纪录片《良渚》入选2023年度中华文物新媒体传播精品推介优秀项目

2023年6月10日，在2023年文化和自然遗产日主场城市活动开幕式上，主办方公布了2023年度中华文物新媒体传播精品推介精品项目和优秀项目名单。中央新影集团纪录片《良渚》入选2023年度中华文物新媒体传播精品推介优秀项目名单。

本次活动由国家文物局、中央网信办主办，中国文物报社承办，得到各地文物、网信部门和相关单位积极响应，共收到申报项目278个，含3 113个作品，内容涵盖考古、文物保护、博物馆、社会文物、革命文物、文物科技、文物交流互鉴等领域；形式包括音视频、短视频、纪录片、融媒体活动、动漫、条漫、H5、小程序、云直播、云展示等类型。获奖作品将在“中华文物新媒体传播精品平台”播放。

良渚文化，距今5 300~4 300年，主要分布于中国长江下游的浙江北部、江苏南部和上海西部，截至目前共发现了六百多处遗址。长久以来，中华五千年文明史的说法一直存在，然而多年来，在中华大地上，还没有一处考古遗址能证明这一说法。直到2007年，良渚古城遗址被发现，良渚文化被证实已进入文明时代，从而成为中华五千年文明史的实证。

大型历史文化类纪录片《良渚》，共四集，讲述自1936年良渚文化被发现以来，几代中国考古学家苦苦探索、孜孜以求地发掘研究历程，他们用实实在在的发掘成果证实了中华五千年文明史的存在。

资料来源：佚名.纪录片《良渚》入选2023年度中华文物新媒体传播精品推介优秀项目[EB/OL].[2023-06-12].http://www.cndfilm.com/2023/06/12/ARTIaL3LCgsdL1rjxocH16L7230612.shtml.

【分析提示】在新媒体浪潮下，这些单位为什么要参与这样的网络话题活动？

9.1 新媒体概述

9.1.1 新媒体的定义

移动互联网的发展，让新媒体应运而生，这种新型的媒体形式催生了新的营销模式，且加速了传统媒体的转型，同时也让各大行业纷纷转身，利用新的媒体平台来提升自身的行业竞争力。

1）新媒体定义的演进

新媒体全面影响我们的生活是在近几年，但新媒体的概念早在1967年就出现了。时任美国哥伦比亚广播电视网技术研究所所长的戈尔德马克先生首先提出了与传统媒体相对的“新媒体”概念。

美国《连线》杂志认为，新媒体是“所有人对所有人的传播”。

联合国教科文组织则把新媒体定义为“以数字技术为基础，以网络为载体进行信息传播的媒介”。

我国清华大学的熊澄宇教授认为，新媒体的内涵和外延在不断延伸，在传统互联网和移动互联网之外还出现了其他新的媒体形态——凡是跟计算机相关的都可以被视为新媒体。

新媒体有狭义和广义之分。狭义的新媒体是指与报纸、广播、电视等传统媒体不同的一种新的媒体形态，包括互联网媒体、移动互联网媒体、数字电视、博客、微博、微信等形态。广义的新媒体是指在各种数字技术与互联网技术的支持下，通过电脑、手机、数字电视等一切互联网终端向用户提供信息或服务的新的媒体形态。

为了更清晰地描述新媒体的本质，也为了便于理解和接受，更接近人们的认知习惯，本书对新媒体的定义是：以数字化为传播技术特征，以互联网为传播渠道，以智能终端为接收介质的互动性媒介。

2）新媒体和传统媒体的区别

（1）实现了信息的双向传播

传统媒体是信息传播者单方面发出信息，受众只能被动接受而无法有效回馈。新媒体的互动性很强，每个人既是传播者又是受众。

（2）信息传播不再局限于固定场所

移动互联网的出现让新媒体的传播变得更加无孔不入。只要有智能手机，人们就可以在互联网上冲浪。因此，人们的上网时间比过去大大增加，信息覆盖水平也远超以往。

（3）传播行为个性化

传统媒体具有很强的专业性和垄断性。但在新媒体时代，人人都可以制作和传播新闻快讯。特别是微博、微信等新媒体平台，让每个人都能变成一个内容制作中心和信息传播中心。

（4）实现了即时传播

传统媒体要派出记者采访，然后由记者写报道，相关部门审核报道并最终呈现。除了简短的新闻快讯外，传统媒体发布的信息具有一定的滞后性。新媒体则不同，可以随拍随传。

（5）传播内容多元化且充满原创性

传统媒体基本不报道没有新闻价值的内容。而新媒体的内容多种多样，且拥有大量的原创内容，这使得新媒体成为人们展示自我的有力平台。

3）新媒体行业的总体发展现状

2015年后，我国新媒体产业取得了长足进步，其中互联网广告、网络游戏、电影、大数据、VR的发展尤为迅速。以BAT（百度、阿里巴巴、腾讯）等互联网巨头构成的新媒体生态系统正在逐步完善，传统媒体产业与新媒体产业将在“互联网+”与“大数据+”等政策的推动下进一步融合。

国内互联网企业采取“资本+媒体”等形式在传媒领域投资和布局，促成了多类型传播渠道的发展，同时也有力地促进了媒体行业的转型升级。2015年，中国新媒体产业出现了合并潮，不少同行业的竞争对手转而进行战略合作发展。比如，滴滴打车与快的打车合并，美团网与大众点评网合并。这些同类型企业的合并减少了新媒体产业的恶性竞争，优化了整个产业的生态布局。

总体来看，国家对新媒体产业发展依然采取大力扶持的政策。新媒体生态圈在碰撞与融合中逐渐形成。智能技术的发展使新媒体的跨行业整合进程进一步提速，甚至有机器人参与到新闻的生产流程之中。自媒体的价值变现能力更加突出，内容提供者将成为新媒体产业未来的重点培育对象。“新媒体+电商”等多元化经营方式也成为各行各业的重要营销手段。

9.1.2 新媒体、自媒体、微媒体的辨析

“人人都是自媒体”这句话在社交平台上屡屡出现。此外，还有人把微博和微信称为“微媒体”。“新媒体营销”“自媒体营销”“微媒体营销”等字眼都在网络上出现，使不少运营者晕头转向。其实，新媒体、自媒体、微媒体三者既有区别也有联系，不要把它们看成三个完全独立的概念。

广义的新媒体指的是“在各种数字技术与互联网技术的支持下，通过电脑、手机、数字电视等一切互联网终端向用户提供信息或服务的新的媒体形态”。自媒体的概念最初来源于美国学者谢因·波曼与克里斯·威利斯联合发布的研究报告《We Media》，“We Media”被翻译为“自媒体”。他们给自媒体下的定义是“普通大众通过数字科技与全球知识体系相联系，然后与他人分享新闻以及身边事件的途径”。微媒体的定义是“由许多独立的发布点构成的网络传播结构”，如微博、微信等。

由此可见，新媒体的内涵外延更广，包含了自媒体和微媒体。微媒体强调的是一种由多个信息发布点组成的网络传播结构，侧重点在平台。自媒体虽然被定义为一种信息传播途径，但它的侧重点在于“普通大众”和“与他人分享”等关键词。本书提到的新媒体，既包括企业组织的新媒体，也包括普通大众以新媒体工具形成的自媒体品牌。

自媒体运营的门槛是最低的，只需要注册账号，把身边的事情传递出去即可。很多时候，私人化、平民化的自媒体仅仅被视为个人的自娱自乐。只有少数特别有人气的自媒体才会被企业看重，展开真正意义上的商业合作，以便将自媒体的影响力变为公司财务报表上的利润。这是一块大蛋糕，很多企业的新媒体营销团队都会抓住这点来做文章。

相对企业新媒体而言，自媒体最大的优点是个性鲜明且拥有较多的话语权，让运营者有更多机会传播个性化内容，这使得自媒体成为新媒体产业中最主要的内容提供者。

9.2　新媒体运营思维

9.2.1　新媒体运营概述

新媒体运营是指利用新媒体平台进行营销的模式。新媒体运营有精准化、智能化、效果直接、可控性强等优势。我国的网络营销发展迅猛，互联网广告已经成为我国广告产业规模最大和增速最快的板块。受网民人数增长、数字媒体使用时长增长、网络视听业务快速增长等因素推动，未来几年，报纸、杂志、电视广告收入将持续下滑，而网络营销收入将继续增长。

新媒体运营多偏向于自媒体方面的运营发展，从现在主要的新媒体营销表现形式来看，新媒体营销具有以下特点：

1）体验性

新媒体营销改变了传统媒体“传者单项发布，受众被动接受”的状态，使每个受众既是信息的接收者，又扮演着传播者的角色，还摆脱了固定场所的限制，增强了消费者的参与体验，取得了更好的传播效果。

2）沟通性

新媒体的信息传播速度相比传统媒体更加迅速，消费者可以实时接收信息，并且做出相应的反馈，让消费者的互动性更强。

3）差异性

新媒体营销方式与传统媒体营销方式有着很大的差别，在进行内容传播时，可以做到将文字、图片、视频等同时进行传播，不仅增加了传播内容的信息量，也在一定程度上增强了传播内容的深度和广度。

4）创造性

新媒体营销能够创造可能的热点，摆脱传统媒体的信息竞争。

5）关联性

新媒体营销更注重“关系”与“情感”，影响是“深度卷入”，而不是“生拉硬拽”，使广告产生真正的影响力。

9.2.2　新媒体运营的主要思维

在移动互联网时代，运营新媒体最重要的就是对新媒体营销思维的运用。要想实现新媒体的营销，就要创造出有价值的内容。只有这样，这个媒体平台才能得到更好的运营。新媒体营销常用的思维主要包括粉丝思维、平台思维、营销思维和病毒传播思维，本节主要对这4种思维进行具体介绍。

1）互动：每个粉丝都是交流主体

粉丝思维，主要体现在新媒体平台与粉丝之间的互动上。传统意义上的互动指的是一群人聚集在一起，通过脑力去解决某个问题，而数字时代的互动却是指网络信息的双向互通。网络的特殊性改变了传统单向的信息流动方式，网络舆论的生成能让企业进一步了解用户内心的想法。每个人都是互动的主体。每个人都有属于自己的不同观点和意见，这些观点的交流和交融能够为新媒体运营带来全新的面貌。

2）共存：用优质内容吸粉引流

平台思维，其实是一种“打造精品内容”的思维，即通过优质的、对用户有价值的内容吸引用户、留住用户。打造一个好的平台，除了要在内容上下功夫之外，还需要从排版、图片、文字等细节入手，通过舒适的版面、高清的图片和精彩的文字来吸引用户。

同时，平台内的资源运作也是平台思维的思想之一，什么是资源运作？资源运作就是当一个平台的粉丝量达到一定程度时，这些粉丝就变成一种资源，与平台成为利益共同体。这样的平台不仅能够留住粉丝，还能实现平台和粉丝的利益最大化。因此，对公众平台来说，平台思维是相当重要的。

3）营销：娱乐化的策略是关键

新媒体的营销思维很大程度上体现在内容的娱乐性上。移动互联网时代，消费者喜欢具有娱乐性质的事物。新媒体在运营时要抓住这个要点，打造一套创新的娱乐化营销策略。

娱乐化的新媒体营销方式也是传播的一种手段，它主要指企业在利用移动互联网进行新媒体营销的过程中，利用各种娱乐元素吸引消费者的目光，达到信息传播的目的。

娱乐化的新媒体营销策略主要表现在以下2个方面：①娱乐精神。新媒体从业者在营销过程中要充分发挥娱乐精神，用创意思维为用户营造轻松的环境，打造具有娱乐精神的产品。②制造好玩的事件。新媒体从业者还需要注意的是，营销内容应不同于以往的、乏味的说教形式，而是要制造好玩的事件让全民狂欢起来，这样才能得到关注。

4）传播：“病毒式”激发与散发

病毒式传播是由受众自发产生的一种发散式、激荡式、扩散式的传播方式。新媒体从业者具有的病毒传播思维其实就是一种“病毒”营销思维。这种思维方式有利于扩大辐射面和提高影响力，进而提高企业的知名度。

9.2.3 新媒体运营的发展趋势

目前，随着新媒体的不断发展，开始有人提出：媒体未来的趋势会怎样？新媒体和传统媒体又将怎样？新媒体发展得这么好，传统媒体还有市场吗？下面对新媒体运营的未来发展趋势进行分析讲解。

从很多方面可以看出，新媒体和传统媒体并不是谁替代了谁，二者是相互扶持、共存共荣的一种关系。新媒体之所以受商家欢迎，是因为与传统媒体相比，它更容易获取相应的营销利益。因此，营销才是最主要的。那么，新媒体营销的发展又会有怎样的趋势呢？

新媒体的优势是可以帮助企业进行营销整合、提高品牌知名度和拓展营销市场，因此，企业和个人在营销的时候会优先考虑新媒体平台，从新媒体平台入手，打开企业营销之路。

目前，我国的主流消费群体是“80后”、“90后”和“00后”，新媒体的发展让他们在互联网中长大，智能手机的普及更是让他们24小时都在接触媒体信息。可以说，主流消费群体的生活、工作、学习、娱乐等有90%的信息是从网络中获取的，不论什么时间他们都在与新媒体接触，网络带来的影响越来越大。例如，“手机摄影构图大全”微信公众号就是某公司为了销售该公司的产品所选择的新媒体营销平台，利用微信的“关系”营销价值，在微信公众号上发布公司精美的文案，吸引对该产品感兴趣的人，从而达到销售产品的目的。

9.3 新媒体运营推广

9.3.1 用内容形成品牌效应

品牌黏性增强的重点在于优质内容的运营。当新媒体平台能够为用户提供优质内容时，用户会主动向周围人宣传，这样一来，用户的社交圈便能为运营者所用了。通过内容形成的品牌效应去增强新媒体平台的用户黏性需要一个过程，运营者在此过程中，不仅要不断创新和完善自己的产品内容，还应通过社交营销使其影响力进一步提高。

1）做好内容定位

品牌效应的初始阶段是整个内容供应链的初始时期，在此过程中，运营者最主要的任务就是通过各种方式了解目标用户需求，也就是平台得做好内容定位，如内容从哪来、内容到哪去、内容的关键方向以及新媒体平台的功能和内容板块设置等。

2）甄选优质内容

在新媒体平台的内容运营过程中，运营者的主要工作就是内容质量的甄别，通过优质的内容打造和社交宣传，逐步建立品牌效应。展示内容属于整个运营阶段的一部分，而要展示用户真正需要的内容，就需要先探知用户的需求。

3）积极进行互动

利用社交媒介与用户积极互动，更有利于内容和品牌的传播，也更能增强用户的信任度和支持度。在与用户进行社交互动时，运营者需要把握4个关键点，即根据自身特点进行运作、固定时间发布内容、与受众时刻互动和尽量推广原创内容。

案例 9-1 小米微博矩阵：在原创和互动中传播

许多新媒体营销号喜欢发一些心灵鸡汤、励志文章和恶搞段子，这在短期内确实能引发粉丝的关注，但缺少足够的互动。小米公司的新媒体运营团队则不太喜欢发这些没营养的内容，而是为“米粉”提供具有互动性、参与性、新闻性和实用性的内容。

小米微博矩阵的每个账号每天发文数通常在8条以内，其中至少4条是原创内容。小米微信公众号一直追求产品的传播，并以此拉动销售。为此，小米只围绕核心用户的需求来做内容，进而提升小米用户的存在感和参与感。

不少企业新媒体运营者只是一味地提高品牌的曝光度，但很少与用户分享各类有趣或有用的信息，也很少解答粉丝的提问。小米用户则觉得小米微博矩阵给的信息很有用，会主动分享给自己的朋友。因此，小米产品的品牌影响也在接力式的分享过程中越传越广。

资料来源 佚名. 新媒体运营分享内容，引发粉丝互动［EB/OL］.［2020-06-08］. https：//www.qdcm.net/537.html. 有删减.

9.3.2 用户促活

经大数据统计，每次新媒体运营信息推送的阅读量平均为全平台用户数的10%，没有阅读内容的用户，有些是对此次信息不感兴趣，更多的还是用户仅仅只是在最初的关注之后就再没有后续动作了。对于这些用户，运营者应当重点考虑促活问题。

1）活动：5种方式快速促活

想要让用户活跃起来，利用活动是一种比较有效的方式。一般来说，只要是活动，就能在促进用户活跃上有一定的影响，只是这种影响有大有小。我们运营过程中一般会选择能极大地活跃用户的方法。

①促销类活动，即利用打折、满减等活动方式促活用户，提升销售额。

②热点类活动，即利用热点来提升搜索度和关注度，以此促活用户。

③节假日类活动，即利用节假日等时间节点来提升关注度，让用户活跃起来。

④签到式活动，即通过日常的签到行为，使用户经常活跃在平台上。

⑤积分、优惠券活动，即设置唾手可得的利益点，刺激用户消费。

2）机制：物质激励巧妙促活

除了活动外，企业和商家制定用户激励机制也是一种常见的促活技巧，一般包括物质、精神等方法，在此介绍利用物质激励机制促活的方法。

这里的“物质”既可以是实体的物质，也可以是虚拟的物质，利用不同形式的物质进行用户促活，是众多企业和商家选择的方式。

①实体奖品寄送，即把实实在在的可见的利益摆在用户面前，是非常有效的促活方法。

②积分系统，即积分赚取，鼓励用户消费，也是常见的促活方式；积分消耗，利用

积分换取其他实在利益，从而促活用户。

本章小结

本章主要对运营思维最基本的问题做出回答，并对目前新媒体常见的运营方式进行梳理。完成本章的学习后，应该理解和掌握以下内容：

（1）新媒体运营。新媒体运营是指利用新媒体平台进行营销的模式。新媒体运营有精准化、智能化、效果直接、可控性强等优势。我国的网络营销发展迅猛，互联网广告已经成为我国广告产业规模最大和增速最快的板块。

（2）新媒体运营特点。新媒体运营多偏向于自媒体方面的运营发展，从现在主要的新媒体营销表现形式来看，新媒体营销具有以下特点：

①体验性，改变了传统媒体“传者单项发布，受众被动接受”的状态，使每个受众既是信息的接收者，又扮演着传播者的角色。

②沟通性，新媒体的信息传播速度相比传统媒体更加迅速，消费者可以实时接收信息，并且做出相应的反馈，能让消费者的互动性更强。

③差异性，与传统媒体的营销方式有着很大的差别，在进行内容传播时，可以做到将文字、图片、视频等同时进行传播，不仅增加了传播内容的信息量，也在一定程度上增强了传播内容的深度和广度。

④创造性，创造可能的讨论热点，超越传统媒体的信息竞争。

⑤关联性，更注重“关系”与“情感”，影响是“深度卷入”，而不是“生拉硬拽”，使广告产生真正的影响力。

（3）新媒体内容推广。品牌黏性的增强重点在于优质内容的运营。当新媒体平台能够为用户提供优质内容时，用户会主动向周围人宣传，这样一来，用户的社交圈便能为运营者所用了，通过内容形成的品牌效应去增强新媒体平台的用户黏性。

①做好内容定位。品牌效应的初始阶段是整个内容供应链的初始时期，在此过程中，运营者最主要的任务就是通过各种方式了解目标用户的需求，也就是平台得做好内容定位，如内容从哪来、内容到哪去、内容的关键方向以及新媒体平台的功能和内容板块设置等。

②甄选优质内容。在新媒体平台的内容运营过程中，运营者主要做的就是内容质量的甄别，通过优质内容打造和社交宣传，逐步建立品牌效应。展示内容属于整个运营阶段的一部分，而要展示用户真正需要的内容，就需要先探知用户的需求。

③积极进行互动。利用社交媒介与用户积极互动，更有利于内容和品牌的传播，也更能增强用户的信任度和支持度。在与用户进行社交互动时，运营者需要把握4个关键点，即根据自身特点进行运作、固定时间发布内容、与受众时刻互动和尽量推广原创内容。

（4）用户促活。想要让用户活跃起来，利用活动是一种比较有效的方式。一般来说来，只要是活动，就能在促进用户活跃上有一定的影响，只是这种影响有大有小。我们在运营过程中一般会选择促销类活动、热点类活动、节假日类活动、签到式活动以及积分、优惠券活动等。

关键术语

新媒体营销思维　新媒体运营特点　新媒体用户促活

案例分析

遭遇关店、流量下降后，在小红书找到出路

之前，有一些传统电商平台小店的店主表示，店铺流量一直在下滑、增长乏力，想要转型，试图在新的内容平台找到增量。但转型的过程中会遇到很多难题。

比如说，想要快速吸引流量，但投流成本太高；想要靠内容获客，但内容创作现在太“卷”；找不到一个契合自己品类的变现模式等。但最近有一些店主转型开始做小红书之后，竟“悄悄”地赚到了钱。比如服装店主张小某，转型做小红书后，头一个月就赚了百万元。

张小某之前做爆款的思路是，市面上什么最火，就做什么衣服。转型做小红书后，她改变了经营思路。在小红书分享真实的自己，靠分享梨形身材困扰及穿搭，竟出乎意料地走红了，成为了“梨形身材”的顶流博主。

张小某说，她就是一名长相普通、身材也普通的女孩。在朋友的鼓励下，张小某尝试在小红书展示真实的自己，分享自己对梨形身材的穿搭经验，连着发了30篇梨形身材穿搭笔记，没想到，吸引了非常多和她有共鸣的粉丝，询问她哪里有卖这些衣服，求链接。

基于这个现象，张小某重启网店，还开起了小红书店铺。除持续在小红书发布梨形身材穿搭的内容之外，她开始服务同样被梨形身材困扰的用户，开发新产品。一开始在笔记挂链接，后来又做起了直播。这样的转型帮助她月赚百万元。

资料来源 杨佩汶.遭遇关店、流量下降后，在小红书找到出路[J].销售与市场，2023(10).

【讨论问题】这些网店店主们的转型之路是什么？他们是如何利用新媒体解决店铺的经营难题，并在小红书赚到了钱？

实训操作

实训项目	新媒体营销实操
实训目标	掌握新媒体运营特色和推广手段
实训步骤	1.老师提出实训案例（例如，娃哈哈集团找到我们进行新媒体营销合作，主推产品为AD钙奶） 2.学生分成4～6人一组 3.教师指导学生头脑风暴以及形成初步运营方案 4.各组汇报
实训环境	数字营销模拟实训环境
实训成果	新媒体运营方案

思考与练习

一、填空题

1. 新媒体运营是利用新媒体平台进行营销的模式。新媒体运营有________、________、效果直接、可控性强等优势。

2. 从新媒体营销表现形式来看，新媒体营销具有________、________、________、创造性、关联性的特性。

3. 传统媒体要派出记者采访，然后由记者写报道，部门审核报道并最终呈现。除了简短的新闻快讯外，传统媒体发布的信息总有一定的________。

4. 新媒体环境下，品牌黏性增强的重点在于________的运营。

5. 企业和商家制定用户激励机制是一种常见的促活技巧，一般包括________、精神等方法。

二、判断题

1. 相对于企业新媒体而言，自媒体最大的优点是个性鲜明且拥有较多的话语权，让运营者有更多机会传播个性化内容。 （ ）

2. 新媒体的优势是可以帮助企业进行营销整合、提高品牌知名度和拓展营销市场。 （ ）

3. 广义的新媒体指的是“在各种数字技术与互联网技术的支持下，通过电脑、手机、数字电视等一切互联网终端向用户提供信息或服务的新的媒体形态”。 （ ）

4. 新媒体信息传播不再局限于固定场所。 （ ）

5. 新媒体包含了自媒体和微媒体。 （ ）

三、思考题

1. 选择一个案例，说明新媒体与传统媒体的区别。

2. 罗列出你最近关注的新媒体热点信息，思考你能利用这些信息开展哪些新媒体营销活动。

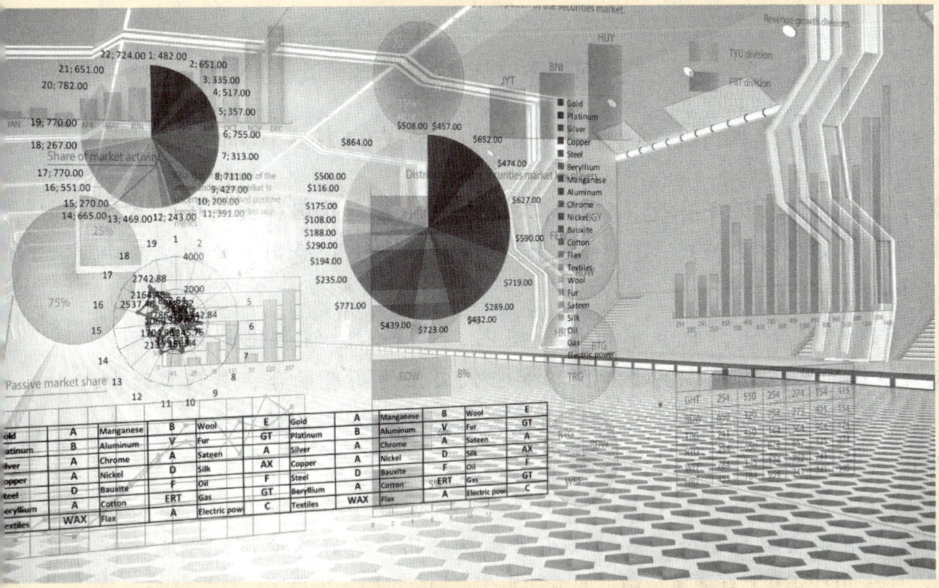

第10章　直播营销

【知识目标】 完成本章的学习，掌握直播营销的运营思维、直播流程以及主播应该具备的能力和修养。

【素质目标】 从直播的流行趋势入手，理论+实践双管齐下，通过案例式教学，加深对直播营销模式的理解，引发积极思考，运用运营规则解决问题；发扬工匠精神，尝试直播实践活动，树立正确的直播价值观，与时代同频共振，让青春飞扬。

【引例】“技术+”破局文化传承，让国粹文化以更亲民的方式传播

传统文化涵盖了方方面面，近年备受关注的京剧、川剧、越剧等国粹文化值得关注与推广，不少品牌将国粹文化以更为现代、科技的方式呈现出来，广受用户欢迎，而中国移动咪咕就是其中一个。

咪咕选择与国家京剧院合作，联合推出了科技化、影视化、创意化的《龙凤呈祥》，采用5G+4K云演播的呈现方式，实现了国粹和当代文化的高度融合，其内容既打破了用户对京剧文化的认知，又让国粹文化能够用年轻人喜欢的方式传播开来，也让我们的国粹能够以更潮流时尚的形态走上世界舞台。

咪咕建立起了国粹文化传播的窗口，通过“技术+”破局国粹文化传承，在推动品牌的文化价值和商业价值相互赋能之余，成功收获了大众对品牌的好感度与认可度。

资料来源：佚名.总结2021年9大直播逆袭刷屏的成功案例［EB/OL］.［2022-01-11］. https：//baijiahao.baidu.com/s? id=1721651840743202819&wfr=spider&for=pc.

【分析提示】当下还有哪些直播+的营销模式？

10.1 直播营销概述

当下，网络视频直播已经不算是新词汇了，而是成为人们生活中的“常态事务”。2020年7月，人力资源和社会保障部联合市场监管总局、国家统计局正式向社会发布“区块链工程技术人员”“城市管理网格员”“互联网营销师”“信息安全测试员”“区块链应用操作员”“在线学习服务师”“社群健康助理员”“老年人能力评估师”“增材制造设备操作员”9个新职业。这是我国自《中华人民共和国职业分类大典（2015年版）》颁布以来发布的第三批新职业。除了发布新职业外，此次还发布了一些职业发展出的新工种，如互联网营销师职业下增设“直播销售员”，人们熟知的“电商主播”“带货网红”有了正式的职业称谓。

10.1.1 直播平台的分类

1）泛娱乐类直播平台

泛娱乐类直播平台，是与主播高度相关的直播平台类型，直播的主要内容在于观众和主播的交流互动，带有较强的情感色彩与社交属性，未来发展主要集中在内容升级层面上。因主要为用户原创内容，企业除基础运营费用外，投入较少，同时相关主播资源丰富，是5大类直播平台中准入门槛最低的一类，也是2016年以来获得爆发式增长的平台类型。

对于泛娱乐类直播平台，用户打赏、礼物变现等从平台主播收益中抽成是其主要盈利模式。在线直播平台对优质主播资源、优质IP的争夺愈发激烈的同时，对内容的需求也将进一步推动直播行业新玩法的推出。伴随着头部主播资源竞争加剧，依靠平台主播抽成的盈利模式愈发不可持续，泛娱乐类直播平台对流量变现模式的探索和突破迫在眉睫。

2）游戏类直播平台

游戏直播伴随着游戏产业的兴起而发展，是通过评论、弹幕等与用户实时交互，以游戏直播内容为主的直播平台。该类型直播与游戏厂商关系密切，人群垂直度较高，因此一直处于稳定发展阶段，平台数量无明显增长。

随着电子竞技市场的升温，中国游戏直播市场以官方赛事+第三方自由赛事为基础，构建出了一套自有的电竞产业链。如虎牙直播App是一款风靡全球的游戏直播软件，有清晰且流畅的直播频道，百万人在线观看，各行各业的知名主播在线直播各种游戏，一起享受弹幕嘉年华。虎牙直播有上百款热门游戏和最新活动直播，每天实时热播精彩不停。你也可以关注你喜欢的主播，订阅你期待的活动，与数百万活跃玩家分享游戏乐趣，享受前所未有的视听盛宴。

3）电商类直播平台

随着移动直播技术的兴起及用户对直播热情的提高，“直播+”发展迅速，作为一个传播载体，它可以与其他行业良好地结合，并获得1+1>2的效果。目前主要有“电商直播”、“旅游直播”和“财经直播”等。

“电商+直播”所组成的新型直播形态，让许多传统电商嗅到了新的商机，并成为这些传统电商在流量红利消退的情况下提升交易量的另一种方式。于是，淘宝、京东、蘑菇街等电商平台纷纷开始做自己的站内直播，这种互动性强的营销方式更受网友喜欢，效果也是立竿见影。淘宝直播成立100天时，淘宝红人的一场直播观看人数超40万，点赞人数超100万，而这场直播为店铺创收近2 000万元，平均客单价近400元。

4）课程类直播平台

课程类直播最显著的优势是互动性强。在直播出现之前，录播是以往在线教育的主要形式，但课程录播大多是老师自说自话，内容稍显枯燥，难以使人持续观看。课程直播则像真实的课堂教学一样，虽然隔着屏幕，但用户却可以通过弹幕、音频等方式与老师进行互动，既打破了地域的限制，又能很好地实现线下教学。直播带来了互动性的提升，使得师生之间的沟通更加便捷。学生能看到老师的动作、表情，老师也能及时掌握学生的学习状态，根据情况调整课程，从而做到因材施教。

课程类直播还具有很强的传播性，通过教育直播，学生可以随时随地展开学习，教育与直播App的结合让学习更加便利。不论是通过PC端还是移动端，学生都可以进行听课，不再需要冒着风雨外出参加辅导班，三四线城市的学生也可以享受到一二线城市甚至国外的优质教育资源，进而建立起良好的教育生态系统，实现教育资源共享。

差异性的在线教育不仅能够让直播平台的流量得以延续，而且通过直播这个平台，教师资源能够更大限度地被利用。与偏娱乐化的秀场、游戏直播不同，直播界的“网红”教师们，可以通过平台为更多教师资源不足的地区提供直接、有效的帮助。

直播作为在线教育的重要手段，在2017年就受到大量企业的青睐。胡润研究院2017年发布的“独角兽指数”中，教育行业包括VIPKID、沪江、知乎、猿辅导在内的8家企业上榜，而在线直播为其核心战略。

5）版权类直播平台

版权类直播平台，包括电视直播、活动直播及自制节目直播，属于较为传统的直播类型，以第三方的客观角度对活动现场情况进行信息传递。因电视台及相关活动资源稀缺，平台数量相对较少。

案例10-1 《生存之王》，主播挑战生存

《生存之王》作为全国首档大型极限生存直播真人秀节目，通过与主播的跨界联合，探索了直播的另一种方式。《生存之王》的嘉宾由7位背景不同、风格不同但“颜值爆表”的主播组成。在节目中，他们必须在独立的7个密室空间完成直播任务。节目采取“主播累计生存值可兑换实物”的游戏模式，要求7位主播只能通过粉丝的打赏来换取食物和水等相应的生活用品。网友也可以通过花椒直播平台尽情地对主播表达支持与吐槽，观看主播在7天7夜的不间断直播中如何生存。

这种高颜值主播与娱乐类节目合作的模式，展现了各位主播的生存技能，因为主播们必须通过才艺展示，如唱歌、跳舞、魔术等才能获得粉丝的打赏；同时，相较于一般的秀场直播，生存挑战这一内容形式更利于粉丝了解主播最真实的一面。

资料来源 作者根据相关资料整理.

10.1.2 直播快速发展的原因

1）直播本来就存在广泛的群众基础

直播作为一种新兴的媒体形式，其本来就有着广泛的群众基础。随着互联网技术的不断发展，越来越多的人开始接触并参与到直播中来。无论是娱乐、教育还是生活分享等领域，直播都已经成为人们获取信息、交流思想和展示自己的重要平台。在直播中，每个人都可以成为主角，分享自己的生活和经验，学习新知识，表达自己的观点和看法。因此，直播的群众基础广泛，不仅吸引了专业人士和明星的参与，也成为了普通大众展示自己的舞台。

2）智能手机的普及使直播从PC端向移动端转移

传统的在线直播需要一台PC和一个账号，而智能手机的普及摆脱了直播硬件的约束，成本更低，人人都能参与，且携带便捷，用户掏出手机就能开播。

3）5G网的出现让直播随时随地就能玩

5G直播具有一些特性，包括更高清、更流畅和更低延迟。这些特性使5G直播成为了一种更加完美的视频直播形式，可以满足用户对于高质量内容和高体验的需求。

4）直播用户大多是在互联网中成长起来的“95后”年轻用户

易观千帆对娱乐直播用户的监测数据显示：24岁及以下和25～30岁的用户占比高达73.1%，就用户年龄分布来看，娱乐直播用户大多是在互联网中成长起来的“95后”年轻用户，这部分人想法极多，可带来多元化的直播内容。

5）媒体演进呈现富媒体化

互联网时代信息化传播工具历经了从文字到图片到语音再到视频的进化，视频直播成为人们分享、交流信息的新方式。社交平台完成了“文字、图片→语音→视频→视频直播”的进化。

如果说以上几点是移动直播火爆的土壤，那么资本的抢滩就是点燃这把火的重要催化剂。国内几大互联网巨头（如腾讯、阿里巴巴、新浪、360等）纷纷投入移动直播领域，移动直播作为互联网元素的集大成者，正逐渐成为新一轮争抢阵地。腾讯投资斗鱼，并推出自己的腾讯直播。新浪继秒拍后一如既往地跟一直播深度合作，阿里巴巴将优酷和微博变成自家的营销平台，360也参与投资花椒，足见各界对移动直播领域的看好。

10.1.3　直播营销的优势

“一种新媒介的出现，将导致一种新文明的产生”。伊尼斯在《传播的偏向》一书中写道。从电视到互联网、从PC到手机、从微博到微信，每一次的媒介变革都带来了一场营销革命。直播营销是营销形式上的重要创新，也是非常能体现互联网视频特色的板块。对广告主而言，直播营销有着极大的优势。

（1）在某种意义上，直播营销本身就是一场事件营销

除了本身的广告效应，直播内容的新闻效应往往更明显，引爆性也更强，可以更轻松地进行传播和引起关注。

（2）能体现出用户群的精准性

在观看直播视频时，用户需要在一个特定的时间共同进入播放页面，但这其实与互联网视频所倡导的“随时随地”背道而驰。但是，这种播出时间上的限制，也能够真正识别并抓住这批具有忠诚度的精准目标人群。

（3）能够实现与用户的实时互动

与传统电视相比，互联网视频的一大优势就是能够满足用户更为多元的需求，不仅能单向地观看，还能一起发弹幕吐槽，喜欢谁就直接打赏，甚至还能动用民意的力量改变节目进程。这种互动的真实性和立体性，也只有在直播的时候能够完全展现。

（4）深入沟通，情感共鸣

在这个碎片化的时代，在去中心化的语境下，人们在日常生活中的交集越来越少，尤其是情感层面的交流越来越浅。直播，这种带有仪式感的内容播出形式，能让一批具有相同志趣的人聚集在一起，聚焦在共同的爱好上，情绪相互感染，实现情感气氛上的高度凝聚和激发。

（5）营销效果直接

在变现上，依托便捷的互联网支付渠道，用户的打赏和购买行为可以迅速完成，进而可以帮助直播平台形成稳定的现金流。

10.2 直播营销模式

直播作为互动性与实时性极强的社交媒体平台，其营销优势主要体现为提供给用户真实的使用场景，增强产品体验感。此外，用户的高频互动行为可使营销者实时接收到营销效果反馈，及时解决用户的问题，增强营销效果。

10.2.1 “直播+”营销模式

1）直播+发布会

“直播+发布会”已成为各大品牌抢夺人气、霸占流量和制造热点的营销法宝。

案例 10-2 “直播+发布会”的形式带来了多少流量？

海底捞2022年秋冬新品发布会通过线上形式举办，这是海底捞首次以直播的方式举办新品发布会。据了解，海底捞加码“外卖+社群+直播+线上商城”的社区营运，通过线上线下多渠道构建私域运营。

海底捞秋冬新品发布会于10月28日上午10时开播，一直延续至次日凌晨1时，共计推出11款新品，涵盖锅底、菜品、小吃、饮品四大品类，开播15小时销售额突破2 000万元。有业内观点认为，开通线上直播是海底捞发力社区营运、建立私域流量的又一举措。

2022年7月，海底捞宣布成立社区营运事业部，称将基于消费者的动态需求变化，在到店场景满足“堂食+零售+自提”需求的基础上，强化“到家”服务业态，满足“外卖+社群+直播+线上商城”的到家服务需求。业内观点认为，在线上线下全渠道运营的新趋势下，此举将为海底捞赢得更多发展先机。

资料来源 佚名.海底捞秋冬新品线上引爆，直播带货销售额破两千万元［EB/OL］.［2022-11-01］. https：//baijiahao.baidu.com/s？ id=1748278813643567585&wfr=spider&for=pc.

2）直播+产品体验

通过邀请人气网红站台背书进行产品体验，往往能使品牌的人气迅猛提升，形成良好的广告转化效果。该形式适用于快消（如食品、饮料、化妆品、服装、日化）、3C数码、智能硬件、景区、餐饮、娱乐、线下服务等多个行业，是个普适性极高的玩法。

案例10-3 “云旅游”引流

“云观景”“云赏花”“云看展”“云踏青”……很多景区、博物馆等通过互动直播吸引游客关注。凭借网络直播强大的技术支撑、市场渗透、传播力度等优势，各地景区、景点资源通过新形式展示，让网友足不出户就能饱览美景。例如，敦煌研究院推出“云游敦煌”，故宫打造“全景故宫”“V故宫”，云南省借助“游云南”App将900多个景区“移”至线上等。

在众多直播形式中，慢直播尤受青睐。在四川省成都市大熊猫繁育研究基地，有的大熊猫悠闲地坐在地上，拿起竹子细细品尝；有的吃完早餐，开启了遛弯模式……通过央视网熊猫频道24小时高清直播页面，许多海内外网友每天前来“打卡”围观大熊猫。随着5G时代到来，熊猫频道还使用“5G+VR”“5G+4K”等新技术进行直播。在此前一次记录大熊猫出生的直播中，工作人员利用VR技术实现了网友360度观看大熊猫宝宝的出生过程。在“直播中国”综合性报道平台，网友不仅能看得到北京中央广播电视塔、安徽省黟县、广西柳州市三江风雨桥等景区、城市地标、特色村庄、魅力小镇等，还能实时观看亚洲首个300米级深水导管架——“海基一号”等大型工程器件的安装过程。

3）直播+日常活动

淡出屏幕两年后，李子柒终于要正式复出了？在2023年10月7日抖音发布的“美好奇妙夜”官方宣传片中，停更许久的李子柒现身其中，引发了外界关注和猜测。

实际上，早在2023年9月，李子柒就作为推广大使露面，为中国农民丰收节站台宣传。在宣传片中，李子柒说，“7年前，我回到家乡，拿起摄像机，通过短视频的方式记录乡村里平凡而又美好的一切事物。”视频中的李子柒表示，“在未来，我也会继续坚持用自己的方式带来更多优质内容。”

在过去的两年里，她经历了700多天的隐退，掉了834万的粉丝，然而，在国外的平台上，她的粉丝数却在持续增长。李子柒的存在对于乡村来说，就像一颗璀璨的明珠，她用视频这个媒介，向世界展示了中国的美景、美食以及非遗文化。她的内容引发了无数人的向往与喜爱，成为了许多人心中的向往之地。

4）直播+解密

“直播+解密”是行业内较为创新的营销方法，通过“网红记者”将不利于传播、不被公众熟知的品牌优势传播出去，如有趣的产品制造过程、不好表达的企业实力、小众的产品或服务以及美容整形过程等。

美联英语百名美女直播，七大TOP人气主播走进北京、上海、深圳，携手百名美女老师，解密美联英语课堂。“网红美女老师”的强大阵容吸引了百万用户的在线围观，成为教育界首个尝鲜直播营销的成功案例。在线互动在拉近品牌和用户距离的同时，也使品牌的知名度和美誉度大大提升。

5）直播+广告植入

广告植入一直以来都备受品牌偏爱，直播口播或原生内容插入的形式摆脱了生硬传播，更能收获粉丝好感，获得良好的转化效果。

某微信美妆大号通过直播与粉丝分享防晒秘籍，无缝植入屈臣氏脱毛膏、面膜、防晒霜、去油纸、保湿补水等系列防晒产品，互动试验中直接导入购买链接，转化效果非常好。2小时直播全程实力霸屏热门，吸引超过10万年轻女性受众观看。

6）直播+名人访谈

企业“大佬”参与访谈直播，对传递企业文化、提升企业知名度及市场好感度、塑造良好的企业形象等有积极作用，是一种十分值得尝试的直播营销方法。

7）直播+产品售卖

“直播+产品售卖”将流量变现、产品售卖紧密结合，成为当下的变现利器。

案例10-4　帮宝适的奶爸网红策略见奇效

帮宝适2016年6·18天猫促销，请来某奶爸网红在线直播教学如何挑选纸尿裤，仅宝爸宝妈主动参与的互动就高达4 000次，互动次数在当天的天猫同类直播中名列前3，效果可媲美母婴类明星直播。

10.2.2 直播带货模式

当前，从直播平台来看，多个平台开发直播功能，开放直播流量入口，出台直播扶持政策；从直播品类来看，教育、汽车、房地产等以线下运营为主的行业也开始试水线上直播；从直播主播来看，主播群体更加多元，除了直播达人，越来越多的明星、KOL、商家、企业高管等开始进入直播领域。因此，我们主要从“人、货、场”三个维度探讨直播带货的内容及模式。

1）“人”：五大派系，多种带货方式并存

目前，已经诞生了以网红企业家为核心，营销为主、带货为辅的营销派；明星、头部KOL的流量派；专业背书、垂直领域的专家派；具有头部议价能力的供应链派；拥有扎实销售体系的销售代理派五大派系。

无论是哪一派系，根据货品和服务对象的不同，直播带货模式也各有不同，主要表现为以下三类：

（1）主流直播带货模式

①秒杀模式。主播凭流量优势获得对品牌商的议价能力，以低价回馈粉丝，从而吸引大批忠实粉丝的模式。

②达人模式。在某个领域积累专业知识，成为消费KOL，以个人魅力和信誉背书销售产品的模式。

③网店直播模式。主播对店铺在售产品逐一介绍，依靠商品引起观众互动的模式。

（2）特定地点直播模式

特定地点直播模式受限于特定地理位置。主要有以下三种类型：

①基地直播模式。在供应商场地构建直播基地，主播在基地直接开直播的模式。这种模式能提升消费者信任感。

②产地直播模式。以农产品为主，主播直接到产地直播，去掉中间商的环节，给消费者高性价比的产品。

③海外代购模式。主播在海外给粉丝导购的模式，商品随镜头变化，给用户更多选择权。

（3）垂直类型直播模式

垂直类型直播模式适用于特定的商品类型。主要有以下两种类型：

①砍价模式。主播针对高价商品向卖家砍价，协商一致后由粉丝购买。

②专家门诊模式。这类模式获取稳定流量比较困难，但是转化率较高。

2）“货”：四大象限，品类丰富

根据单价和线上化程度，我们把直播品类按照四象限归类，直播带货品类集中的行业具有客单价低、线上化程度高的特点。但可以看到，汽车、房地产等传统实体产业也在积极尝试线上直播，如图 10-1 所示。

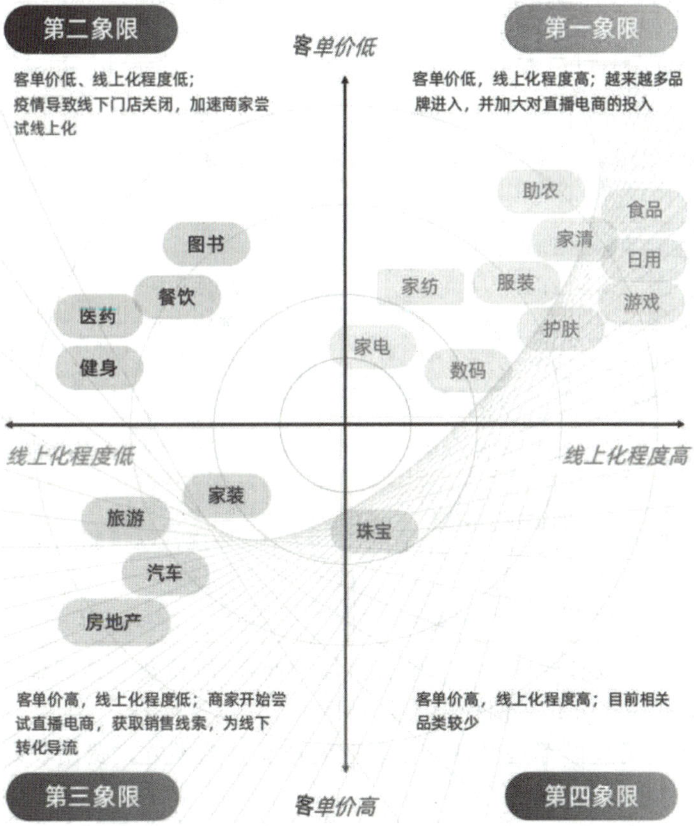

图 10-1　直播带货品类分布

第一象限的品类主要集中在食品、日用、游戏等快消品行业，这类行业具有复购率高、毛利率高、客单价低的特点，是目前直播带货的主流。

对于专业需求较强的商品品类，如珠宝、汽车、家装、房地产等，带货主播需要与顾客进行专业化双向交流，推动购买决策，靠近产品产业链上游的主播往往更加具备说服力。

直播在提升消费者购买效率的同时塑造了透明的消费环境。

3）"场"：三类平台，四类合作

如果说直播将成为电商的标配，那么所有的流量平台，理论上都有机会切入直播带货。从目前切入的类型看，有三大类平台：电商平台（淘宝、拼多多、京东等）、内容社交平台（抖音、快手、微博等）、种草类平台（小红书、B站），其他的还有知乎、百度贴吧等辅助性平台。具体带货模式对比见表10-1。

表10-1　　主要直播平台带货模式

平台	淘宝直播	快手	抖音（火山）	微博	京东直播	小红书
平台属性	电商	社交+内容	社交+内容	社交+内容	电商	种草基地
流量来源	公域流量，内容矩阵，庞大用户基础	偏私域，"老铁文化"，达人品牌崛起，扶持产业带货直播	偏公域，直播流量少	偏公域，直播流量少	公域流量，庞大用户基础	公域和私域流量并存
带货KOL属性	头部主播高度集中	头部主播相对分散	头部主播相对集中	头部主播相对集中	缺乏代表人物	头部KOL大都"歌红人不红"，缺乏代表人物
带货商品属性	淘宝体系内全品类；主要靠头部达人；商品价格200~500元；退货率高	百元内低价商品为主；食品、日常生活品、服装鞋帽、美妆等为主；高性价比，白牌居多	美妆与服装百货占比高；商品价格大多在200元以下；品牌货，有调性	服装、生活日用品、鞋帽配饰等非标品类为主	京东电商全品类；依靠孵化超级红人推荐优质产品；退货率高	美妆类为主；商品价格待确定；品牌货，有调性
分润模式	以坑位费+佣金为主，佣金一般在10%~20%，坑位费根据红人等级而有所不同					
机会点	淘宝内机构入住，现有客户维护	网红矩阵和性价比供应链，"低价爆量"	内容和新奇特供应链	和阿里打通，红人流量互通	商家持续入驻和庞大用户基础	新入局，流量扶持直播内容模块精细化、精准用户迅速转化

直播带货收费大致有专场包场、整合拼场、佣金+坑位费、纯佣金四种类型，其中前两种以合作方式做区分，后两种以收益分配的方式进行区分。

专场包场指整场直播都是播某一家企业的产品。这类方式费用较高，但是效果显著，一般情况下1小时起包。

整合拼场指整场直播中有多家店铺的产品一起直播。这类方式费用较低，效果也基本能达到企业需求，适合经营能力有限的中小型卖家。

佣金+坑位费指主播最终商品售卖收益由约定比例佣金和固定坑位费两部分构成。商家承担5%~10%的平台抽佣，带货主播享有10%以上的佣金分成，坑位费即上链接的费用。

纯佣金指客户根据直播商品的最终售卖金额，支付一定比例的雇佣费用。佣金一般在60%左右，根据销售额计算。

10.3　直播营销操作流程

10.3.1　直播营销总体流程

无论是大品牌还是个人，在利用直播进行营销时往往离不开以下几个流程：

1）精确的市场调研

直播是向大众或者个人推销产品，推销的前提是我们深入地了解用户需要什么，我们能够提供什么，同时还要避免同质化竞争。因此，只有精确地做好市场调研，才能做出真正让大众喜欢的营销方案。

2）项目自身优缺点分析

做直播，营销经费充足，人脉资源丰富，可以有效地实施任何想法。但大多数公司和企业没有充足的资金和人脉储备，这时就需要充分发挥自身的优点来弥补。一个好的项目不仅仅是靠人脉、财力的堆积就可以取得预期的效果，只有充分地发挥自身的优点，才能取得意想不到的效果。

3）市场受众定位

营销能够产生好的结果才是有价值的营销，我们的受众是谁、他们能够接受什么等问题，都需要做恰当的市场调研，找到合适的受众是做好营销工作的关键。

4）直播平台的选择

直播平台种类多样，根据属性可以划分为不同的几个领域。例如，直播推销衣服、化妆品，淘宝App及美妆App将会带来意想不到的流量。所以，选择合适的直播平台也是关键。

5）良好的直播方案设计

做完上述工作之后，成功的关键就在于最后呈现给受众的方案。在整个方案设计过程中，需要销售策划及广告策划的共同参与，在营销和视觉效果之间找到均衡点。在直播过程中，过分的营销往往会引起用户的反感，所以在设计直播方案时，如何把握视觉效果和营销方式，还需要不断地讨论。

6）后期的有效反馈

营销最终要落实在转化率上，实时反馈和后期反馈都要及时跟上，同时，通过数据反馈还可以不断地修正方案，将营销方案的有效性不断提高。

10.3.2 直播脚本设计

直播由于具有信息密度高、真实感强、体验场景广、互动效率高等特性，正成为未来商业变现和数字化营销的重要模式。开展一场完美直播的前提是设计和撰写详细的直播脚本。

1）直播脚本的四大核心要素

（1）明确直播主题

主题就是核心，整场直播的内容需要从用户需求出发，围绕中心主题进行拓展，突出鲜明核心，比方说配合品牌上新举办店庆活动或回馈客户等。

（2）把控直播节奏

节奏的制定简单来说指的就是对于时间的规划。确定每段时间的直播内容，这样有助于主播从容不迫地把控整个直播间走向，同时也提高了直播的流畅性，增强了粉丝的观看体验，不至于直播途中突然卡住不知道该做什么或是遇到突发状况就乱了方寸。以下节奏点一定要在直播脚本中规划并体现：

①根据直播的内容进行海报、软文的设计，并且多渠道宣传。直播不是开了直播坐等流量进来，而是要主动出击，广而告之，让对这个主题有兴趣的粉丝都来参与。这也是为什么专业直播机构流量往往多于商家的原因。普通的商家太过于依赖某一个渠道的帮助，而不是反推如何结合各个渠道综合增加自己的曝光和流量，就像举办活动，成熟卖家永远思考的是如何增加付费渠道引入更多的流量，而中小卖家举办活动仅仅是为了节省推广费。

②直播中要反复明确自己直播的目的。无论是开场预热还是品牌介绍，或者是整场直播活动的简单介绍，给粉丝传输直播的目的是非常关键的一点，要让粉丝明白“我在看什么”“我能得到什么”“有哪些福利和产品”。

一件产品用15～20分钟进行讲解、表演、演示，然后用5～10分钟来重复自己直播的目的，即希望达到的目标或者消费者能够得到的好处。节奏的把控能力是业余主播和专业主播差距最大的部分。

（3）调度直播分工

直播是动态的过程，涉及人员的配合、场景的切换和道具的展示，前期在脚本上一定要做好标注，一方面更方便直播的筹备工作，另一方面使现场的配合更默契。

优秀的直播脚本一定要考虑到这些流程的各个环节和团队的配合，以便让正式直播的内容有条不紊，而不是处处随机。总的来说就是要做好时间、场景、人员、道具、产品的综合性调度。

（4）引导直播互动

互动、游戏、福利等在什么时段插入，也要提前制订好执行方案，并体现在脚本上，这样让主播有一个明确的操控节点，也可以设置一些限时、限量的利益点，在特定的时间发放。比如说，主播可以给出一个口令如“0520”，前20名私信客服的观众可以领取一个神秘大礼盒，强调仅限20个名额，先到先得。

一般来说抽奖是预约获客高峰期，合理使用套路，能有效提升转化效果。主播一定要营造紧张的氛围，反复强调参与方式，比如“还差X个预约就抽免单，马上点击预约参与抽奖”。奖品如果有实物，主播一定要拿在手上。诸如此类的互动方法还有很多。

除此之外，还可以有情感性互动、故事性互动等，这些互动做得好，往往会有出乎意料的效果。

2）整场直播脚本撰写

整场直播脚本指对单次的整场直播活动完整表述的脚本。由于整场直播要4～6个小时，中间不会休息。因此，在直播过程之中，最重要的就是对直播套路进行规划和安排，重点是逻辑和操作的编写以及直播节奏的把控。

一场完整的直播活动包括以下5个流程：

①开场预热。开场预热包括打招呼、介绍自己、欢迎粉丝到来、介绍今日直播主题。

②话题引入。根据直播主题或当前热点事件切入，目的是活跃直播间气氛，调动粉丝情绪。

③产品介绍。根据脚本介绍单品，重点突出产品性能优势和价格优势。

④粉丝互动。直播间福利留人；求关注、送礼、抽奖、催单话术、回答问题等。

⑤结束预告。整场商品的回顾，催付；感谢粉丝，引导关注，预告下次直播时间、福利和产品活动。

整场直播脚本应包括以上直播流程的具体内容，直播带货脚本模板见表10-2。

表10-2　整场直播带货脚本模板

××直播脚本		
直播主题		例：××夏季新品发布（从用户需求出发）
主播		例：烈儿宝贝
主播介绍		品牌主理人、时尚博主、模特
内容提纲（流程）		
1	前24小时	前期准备：直播宣传、明确目标、人员分工、设备检查、产品梳理等
2	10分钟	开场预热：适度互动、自我介绍等
3	10分钟	品牌介绍：强调关注店铺、预约店铺
4	10分钟	直播活动介绍：直播福利、简介流程、诱惑性引导
5	每件产品30分钟	产品讲解：从外到内，从宏观到微观，语言生动真实
6		产品测评：360°全方位体验，站在顾客角度
7		观众互动：案例讲解、故事分享、疑问解答等
8		试用分享、全方位分析：客观性、有利有弊、切勿夸夸其谈
9		抽取奖品：穿插用户问答
10	10分钟	活动总结：再次强调品牌、活动以及自我调性
11	10分钟	结束语：引导关注、预告下次内容
12	结束后1小时	复盘：问题发现、脚本调整、优化不足等

整场直播脚本撰写须注意以下3个方面的内容：

①梳理直播流程。直播脚本要起到梳理直播流程、掌控直播时间、保证直播内容有条不紊进行的作用。

②管理主播话术。在直播过程中，直播脚本可以非常方便地为主播每一分钟的动作行为、话语话术提供详细的指导，让主播清楚地知道在某个时间段该做什么。

③便于复盘总结。直播脚本有助于在直播结束后进行复盘，方便直播团队快速观察、识别本场直播过程中的优点与不足，为下一次直播提供经验。

10.3.3 直播营销引流方法

直播前期引流的细节执行主要包括两部分：第一部分是引流物料的筹备，包括海报、视频、H5、文案等，物料根据直播具体内容设计，一般应在引流宣传开始前三天准备好；第二部分是引流渠道的组合，通过将硬广、软文、视频、直播、问答、线下等形式的引流物料布局在社交平台、资讯平台、音视频平台等，发挥吸引用户关注的作用。

1）硬广引流

硬广是硬广告的简称。企业新媒体运营团队可以利用官方媒体平台直接进行直播宣传推广。常见的官方媒体平台包括官方网站、认证微博、官方微信公众号等。由于官方媒体平台属于企业的自有媒体，因此可以直截了当地将直播时间、直播账号、参与嘉宾、抽奖与惊喜等详细的内容列出，完整地告知粉丝，并邀请其传达给自己的好友，实现信息裂变式传播。

2）软文引流

与硬广相比，软文突出一个“软”字。一般从用户角度，在标题、开头、正文等部分看不出任何广告的迹象，读者阅读到结尾后才会发现直播的宣传信息。

软文引流需要注意两个细节：一是相关性，软文需要投放到目标用户活跃的平台或账号，否则推广效果就会大打折扣；二是目的性，虽然是软文，但需要在文末引导用户点击直播间网址链接或下载直播软件。

3）视频引流

由于视频比文章更容易理解，降低了受众的认知门槛，因此，视频是必备的直播引流方式之一。当前网民普遍生活节奏快，大多没有一个小时以上的完整浏览时间，所以短视频尤其受到用户的喜爱。

直播开始前，企业可以在抖音、快手、新浪微博发布精心制作的宣传短视频，吸引目标用户关注直播间。

4）直播引流

直播平台通常都有“推送”、“提醒”或“发布”等功能，在直播正式开始前，可以将直播消息直接推送到关注直播间的粉丝面前，吸引其点击进入。因此，在直播开始之前，运营者可以在同一直播平台进行预热，一方面，鼓励观众关注直播间，积累原始粉丝；另一方面，调试软件与硬件，争取在直播开始时达到最佳状态。

5）问答引流

传统的问答平台包括百度知道、搜狗问问等，用户可以在问答平台获得想知道的答案，企业也可以借助问答平台友好地回答网友提问，同时为直播做宣传，引导粉丝前往直播间，关注直播信息。除了以上传统问答平台外，豆瓣、知乎、悟空问答、果亮问答等，也都可以作为运营者宣传和引流的渠道。

6）线下引流

线上引流固然重要，但传统的线下渠道引流效果也不容小觑。如果企业有线下的渠道，如产品体验店、营业厅、线下门店等，完全可以借助线下渠道，以海报、宣传单、门店视频广告、导购员介绍等形式，宣传直播内容，引导线下消费者关注直播。

10.3.4　直播营销团队打造的流程

1）团队配置

（1）运营

运营需要在文案、创意、活动策划等方面活跃。可以说运营就是主播电商团队的大脑，负责衔接直播内容与产品、品牌的关系，并制订出合理的运营方案，指导美工、技术人员的工作，也需要承担起客服的一部分责任，可以说相当于一个淘宝店主。

（2）美工

美工需要对社交媒体、网店中所有展示的店铺页面、产品图片、图文内容和海报负责，根据运营所提供的思路和素材，将这些要素处理妥当，配合直播营销。相当一部分主播有由自己的粉丝或雇员组成的美术组（其他还有录播组等，在此不做赘述）。

（3）技术人员

技术人员需要负责除美工以外技术方面的工作，包括网页、设备等的维护。虽然有不少主播选择外包，但做出来的效果并不尽如人意，由于外包服务不仅一家店，很难保证随叫随到和不出差错。尤其是做外设等一些较为专业的产品时，更需要专业的技术人员作为支持。

（4）客服

客服是和粉丝们直接接触的，关系到粉丝对主播的直观印象。成立客服部门，应招纳两名以上的客服，才能够保证领域的专业化，也能够增加客服在线的时长。此外，主播偶尔客串客服，也是一种营销手段。

2）团队经营

电商团队建立培训制度的目的就是培养符合需求的成员，直播经济链越来越成熟，但配套的电子商务人才严重短缺。因此，针对所需要的不同岗位进行培训是很有必要的。例如：技术类岗位，要求员工精通网页设计，包括网站维护、编辑与美工；营销类岗位，则要求员工熟悉品牌产品、粉丝服务等要素，并将所学知识结合起来应用。

（1）身先士卒

主播在团队营销中需要身先士卒，成为整个营销机器转动的动力，否则会出现各自为战的情况。即便大家都在努力，却可能不在一个方向上。这样相互掣肘，反而会让效率大大降低。领导者的破坏力其实更大，因为所有的部门都会围绕着领导者来运转。

（2）规范行事

没有规矩不成方圆，直播+电商营销，并不是特殊的电商团队。在工作中，规范的用人制度依然是保证工作效率的基础。不能因为主播本身的风格是幽默风趣，就在团队管理上也嘻嘻哈哈，不能以自己的好恶和心情办事，更不能意气用事或因人而异。

（3）定期总结

互联网属性明显的直播，比传统电商营销更具时效性，一个错误不及时改正，就可能让整个营销团队的策略谬以千里。因此，评估与总结是必要的。是发挥目前的优势，弱化和弥补自己的不足，选择强强联合，还是转型求变，都需要根据总结来定。

3）激励方式

团队激励也是运营团队的关键要素，必须通过适当的激励方式与手段来增强团队的凝聚力和工作动力，尤其是以粉丝为基础培养出来的直播营销团队。当然，最基础的还是物质利益激励，主要包括以下具体形式：

（1）奖酬激励

奖酬激励包括工资、奖金、各种形式的津贴及实物奖励等。如果团队形式固定下来，主播可以申请注册自己的公司，与员工签订合同，稳定军心。

（2）关心鼓励

主播的团队中可能有粉丝参与到工作中来，对他们而言，薪资是次要的，他们希望得到主播和其他粉丝的认可，为主播的团队做出贡献。除此之外，一些电商团队的惯用激励技巧也是有效果的。

（3）目标激励

目标激励是以目标为诱因，通过设置适当的目标，激发动机、调动积极性的方式。可用以激励的目标主要有3类：工作目标、个人成长目标和个人生活目标。

（4）表扬与批评

表扬与批评是管理者经常运用的激励手段。

（5）感情激励

感情激励，即以感情作为激励的诱因，调动员工的积极性。

10.4 主播的自我管理与修养

网络直播主要是通过语言与用户进行交流与沟通，所以语言的训练是必不可少的。语言是主播思维的集中体现，相比主播的外在形象，它更能体现主播个人的修养与气质。

何为“人设”？顾名思义，是为人物作形象设计，过去常用于影视圈和动漫界。“人设”玩得热闹，与当下社会氛围不无关系。身处信息社会，各类消息铺天盖地，每天都在推陈出新。每个人几乎都面临信息超载的情况，也更加期待高效沟通、直截了当。短视频领域有个“黄金5秒”原则，即开头5秒没有抓住用户，很可能就此流失了用户。在这样的大环境中，适当提高自身辨识度和表达效率，打造突出鲜明的记忆点，逐渐被视为新潮的人际交往打开方式。所谓“人设”，“设”再花哨，归根到底是“人”，别顾“设”忘“人”，应将其当作一个自我规范和提升的契机，不断补齐自身的短板，一步步去接近、去完善。

10.4.1 要做一个专业性强的主播

网络直播良好的商业前景引得众人争相冲入直播领域想分一杯羹，各种网络直播平台如雨后春笋般涌现，网络主播也一度成为热门职业。不过，能真正生产专业内容的主播并不多，一些网友在观看了某些直播节目后直言，对如今各类主播的真正实力心存质疑。直播作为“暴利”的代名词出现在观众的视野中，一些主播也是直接奔着流量和变现而去的。因此，内容就成了直播的硬伤，虽然主播数量成倍增长，但行业口碑却日趋下降。

专业的内容是网络主播的核心，在未来的发展中，实质性的专业内容将成为主播自身强劲的优势。在日常生活中，主播一定要加强学习，提高专业素养，积累专业知识。这样可以在直播过程中融入自身的专业见解，彰显自己的实力。个人的精力终归有限，一旦进入发展期，主播的流量激增，就需要兼顾不同时段、不同人群的观看需求，直播时长增加；加上平台签约后的硬性要求，以及随之而来的其他社交媒体、商业板块的维护，就很难做到面面俱到了。主播只有具备了一定的底蕴后，才可以发展和组建自己的团队。

提升专业水准最好的方法，就是不断学习，通过学习和总结来提高自己的职业修养。直播是一场秀，主播需要让观众有收获。之前已经说到过，要么让人身心愉悦，要么让人学到知识，而不仅仅是通过一些标新立异的行为吸引眼球。

10.4.2 要做一个文明的主播

在网络直播的过程中，部分主播喜欢用低俗内容来吸引用户，满足部分用户的恶趣味。这其实是对直播行业的一种玷污。主播不应采用这种“染色”的方法吸引眼球，于法于理都不可容。

文明直播首先是微笑，其次是交流，再次是学会聆听，最后是适度沟通。为了与网友更好地沟通，主播应采用随性、礼貌、不具侵略性的聊天方式。如此，当主播表达意见时，网友也比较容易听进去，而不会产生排斥感。每个人都想拥有实现梦想的舞台，网络的确给怀揣梦想的人提供了更加自由、可以展现才华的舞台，而主播应该是这群人中的佼佼者，应该传递正能量。

但是有一部分主播并没有做到以身作则，虽然吸引了公众的广泛关注，也为自己赢得了名气，甚至赚取了丰厚利益，但他们出名是“剑走偏锋”，出的是“臭名”，给社会传递的是负能量。“网红”这个词汇一度在大部分网友心中印象不佳，被认为是不学无术和投机的代名词。

10.4.3 要做一个幽默的主播

能玩能说还很幽默，这样的主播怎能放过，不过幽默气质并不是谁都能拥有的。因此，在日常生活中，主播要做一个有心人，学会积累一些有趣的段子或者找些有“槽点”的梗，适当运用于节目中，给直播间带来欢笑，活跃直播间的气氛，也让观众有更多的话题和谈资。当然，除了搞怪段子和吐槽之外，“自黑”也是相当不错的一种幽默方式。大方承认自己被网友有意或无意嘲弄、调侃的点，能帮助自己打一个漂亮的翻身仗。例如，人气明星杨幂早年并不太受欢迎，更因一条微博而被嘲讽为“脚臭”。而她却凭借自身的努力磨炼，大方自嘲，反而得到了大度、幽默的赞誉。

10.4.4 要做一个爱国的主播

如果长期关注央视4套和7套，大家就会发现“张局座”大部分的预测和理论都是正确的，正所谓术业有专攻，“张局座”预测的多是他主攻的舰船研究方向。如果说前半生他把研究专业知识基本做到了极致的话，那么现在他在普及知识和传播爱国主义方面又走在了前端。

张召忠老师多次在直播和节目中提倡、号召年轻人“多玩游戏”，多了解国家的军事、历史，勿忘国耻，把娱乐与爱国主义、把游戏与爱国精神相结合。他声称要“打入年轻人的内部”，和当今及未来社会的主流人群打成一片，积极引导粉丝们培养自己的爱国情怀。在他看来，正能量不一定非要板着脸，爱国主义和民族情怀也没必要严肃刻板，对年轻人要以引导为主，寓教于乐。在潜移默化中，培养粉丝的爱国情怀。作为老一辈投身新媒体和直播的先驱，“张局座”是值得绝大多数主播学习的，这也是公众人物的责任与义务。爱国并不仅仅是关注国家发展和热点新闻事件，还要在适当的时候发出正确的声音，这也是主播需要具备的大局观。

本章小结

本章主要对直播营销的运营思维、直播平台和直播模式、团队打造、主播素养做出说明，并厘清其基本要点。完成本章的学习后，应该理解和掌握以下内容：

（1）常见的直播平台类型包括泛娱乐类直播平台、游戏类直播平台、电商类直播平台、课程类直播平台、版权类直播平台五大类。

①泛娱乐类直播平台，是与主播高度相关的直播平台类型，直播的主要内容在于观众和主播的交流互动，带有较强的情感色彩与社交属性，未来发展主要集中在内容升级层面上。

②游戏类直播平台，游戏直播伴随着游戏产业的兴起而发展，是通过评论、弹幕等与用户实时交互，以游戏直播内容为主的直播平台。该类型直播与游戏厂商关系密切，

人群垂直度较高，因此一直处于稳定发展阶段，平台数量无明显增长。

③电商类直播平台，“电商+直播”所组成的新型直播形态，让许多传统电商嗅到了新的商机，并成为这些传统电商在流量红利消退的情况下提升交易量的另一种方式。于是，淘宝、京东、蘑菇街等电商平台纷纷开始做自己的站内直播，这种互动性强的营销方式更受网友喜欢。

④课程类直播平台，录播是以往在线教育的主要形式，但课程录播大多是老师自说自话，内容稍显枯燥，难以使人持续观看。课程直播则像真实的课堂教学一样，虽然隔着屏幕，但用户却可以通过弹幕、音频等方式与老师进行互动，既打破了地域的限制，又能很好地实现线下教学。

⑤版权类直播平台，包括电视直播、活动直播及自制节目直播，属于较为传统的直播类型，以第三方的客观角度对活动现场情况进行信息传递。因电视台及相关活动资源稀缺，平台数量相对较少。

（2）“直播+”营销模式。

直播作为互动性与实时性较强的社交媒体平台，其营销优势主要体现为提供给用户真实的使用场景，有较强的产品体验感。“直播+”营销模式主要有以下几种：直播+发布会、直播+产品体验、直播+日常活动、直播+解密、直播+广告植入、直播+名人访谈、直播+产品售卖。

（3）直播带货模式。

我们主要从“人、货、场”三个维度探讨直播带货的内容及模式。“人”的维度，主要为五大派系，多种带货方式并存；“货”的维度，主要分为四大象限，品类丰富；“场”的维度，主要为三类平台、四类合作。

（4）直播营销操作流程。

直播由于具有信息密度高、真实感强、体验场景广、互动效率高等特性，正成为未来商业变现和数字化营销的重要模式。做好一场直播就要做到提前引流，并设计脚本。直播前期引流的细节执行主要包括两部分：一部分是引流物料的筹备，包括海报、视频、H5、文案等，物料根据直播具体内容设计；另一部分是引流渠道的组合，通过将硬广、软文、视频、直播、问答、线下等形式的引流物料布局在社交平台、资讯平台、音视频平台等，发挥吸引用户关注的作用。

（5）主播的修养。

网络主播主要是通过语言与用户进行交流与沟通的，所以语言的训练是必不可少的。语言是主播思维的集中体现，相比主播的外在形象，它更能体现主播个人的修养与气质。一个专业主播应当具备较强的专业性、富有幽默感、文明有礼，且在直播间传递正能量。

关键术语

直播平台分类　直播营销模式　直播脚本设计

案例分析

“局座”张召忠：我跟上了时代，虽已老朽但依然年轻

60多岁的张召忠能玩转新媒体，走在互联网的前沿，显得有些嘻哈，但核心内容依然是国防教育和军事教育。张召忠本人曾说：现在的年轻人不爱看书，成天刷手机，想把军事方面的技术和故事用他们喜欢的、能接受的方式说给他们听，打入孩子们的“内部”，和他们平起平坐。这样的张召忠，怎么能不受粉丝的追捧呢？对于网友的二次创作，他也持开放态度，甚至是支持的。

“张局座”的直播和视频节目都有一个明确的核心内容，即进行国防科普教育。粉丝们往往能够在他的节目中看到不一样的东西：专业背景下的深刻分析和网友般亲切的轻松解读。作为严肃认真主题的直播，“张局座”在整个过程中通常从年轻网友们热爱的游戏、漫画入手，逐渐深入真正的知识分析层面，最后又升华到“关注国防、人人有责”的层面。

在过去的几年中，“张局座”经常在直播中玩一些新东西，如新出的手游、VR游戏等，虽然都只是浅尝辄止地体验一下，但这无疑是拉近与粉丝距离的好方法。网友能够在直播的内容上找到认同感，才能够更大限度地接受主播所要传达的核心思想。

资料来源　佚名.“局座”张召忠：我跟上了时代，虽已老朽但依然年轻［EB/OL］.［2017-12-24］. https：//www.sohu.com/a/212396725_260616. 有删改.

【讨论问题】该直播属于哪一种模式？结合本案例，谈谈主播在直播中如何传递正能量？

实训操作

实训项目	直播实操
实训目标	能够熟练进行多种场景直播
实训步骤	1.教师提前让学生在直播平台注册 2.学生分成2～4人一组，选择一种直播模式 3.教师指导学生进行5分钟直播 4.在一个小组进行直播的同时，其他小组进行打分，并记录主播的优缺点 5.请学生点评
实训环境	多媒体教室
实训成果	直播视频

思考与练习

一、填空题

1.常见的直播平台类型包括________、________、________、课程类直播平台、版

权类直播平台5大类。

2.“直播+”营销模式主要有：直播+发布会、直播+产品体验、直播+日常活动、直播+解密、________、________、________。

3.主播有了一定的经验和积蓄后，可以发展和组建自己的团队。团队配置包括________、________、________、________。

二、不定项选择题

1.直播营销的优势有（　　）。

A.用户群的精准性　　B.实现与用户的实时互动

C.深入沟通，情感共鸣　　D.更容易广泛引起关注

2.团队激励也是运营团队的关键要素，包括（　　）等激励方式。

A.奖酬激励　　B.关心激励　　C.鞭策激励　　D.目标激励

3.目标激励是以目标为诱因，通过设置适当的目标激发动机、调动积极性的方式。可用以激励的目标主要有（　　）3类。

A.工作目标　　B.个人成长目标　　C.个人生活目标　　D.家庭目标

三、判断题

1.直播营销最重要的就是即时的信息交互，所以我们在直播的时候，不能是一个人自说自话。（　　）

2.客服不是主播，不会影响粉丝对主播的直观印象。（　　）

3.差异性的在线教育不仅能够让直播平台的流量得以延续，而且通过直播这个平台，教师资源能够更大限度地被利用。（　　）

4.泛娱乐说到底是一种打造明星IP的粉丝经济。（　　）

5.与传统电视相比，互联网视频的一大优势就是能够满足用户更为多元的需求。（　　）

四、思考题

1.分享一个生活中直播的成功案例。

2.如果让你做旅游直播，你会采取哪一种直播模式？

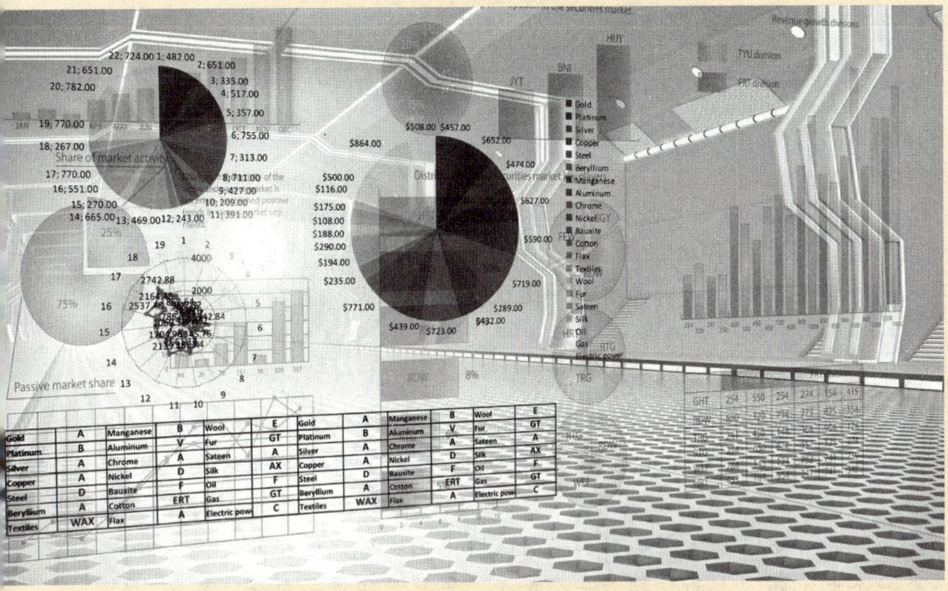

第11章　软文营销

【知识目标】

完成本章的学习，掌握新媒体软文营销的特征、软文策划和软文写作。

【素养目标】

从未来发展所需掌握的技能出发，通过案例式教学，引发对信息化时代下营销方式转变的关注，与时俱进，增强自身职业素养。

【引例】褚橙的品牌故事

在2012年以前，褚橙只是云南的一种普通冰糖脐橙。然而，在年逾八旬、昔日的烟草大王褚时健通过种植这种橙子再次创业后，这种普通的橙子就被贴上了“励志橙”的标签，并引发了人们的购买热潮。褚时健曾是一名优秀的企业家，王石、冯仑等企业家都与他惺惺相惜，这些企业家在微博等社交媒体平台上主动传播他的故事，“励志橙”的名字也因此被人们所熟知。

这个励志故事就是褚橙的品牌故事，因为这个故事，褚橙被赋予了更加丰富的内涵。它的网上销售代理商——本来生活网也靠着褚橙迅速提高了网站的知名度。2013年，褚橙销售季再次到来时，本来生活网采取了一种个性、幽默、娱乐的方式进行营销，与韩寒以及“一个”App合作。韩寒发布了一则微博：我觉得，送礼的时候不需要那么精准……附图是一个大纸箱，上面仅摆着一个橙子，纸箱上印着一句话：在复杂的世界里，一个就够了。

文案一经发布，就获得了网友的大量阅读和转载，不仅引发了网友的讨论，还传播了商品的价值，对企业形象和商品质量进行了很好的宣传。其实，不只是微博推广文案，微信推广文案、电子邮件推广文案和社群推广文案等都属于软文的范畴。

资料来源　作者根据相关资料整理.

【分析提示】一则优秀的文案在商品销售、企业品牌传播等方面将发挥哪些作用?

11.1　软文营销概述

11.1.1　软文的内涵

软文是指由企业的市场策划人员或广告公司的文案人员负责撰写的文字广告，是根据特定的用户诉求，以强有力的、有针对性的心理攻击迅速实现品牌推广或销售目的的文字。与硬广告相比，企业软文之所以叫作软文，其精妙之处就在于一个“软”字。它将企业宣传内容和文章内容完美结合在一起，做到绵里藏针，收而不露，让用户在阅读文章的时候能够了解策划人所要宣传的东西。一篇好的软文是双向的，既让客户了解了他想要的内容，也实现了产品的宣传。

1）软文的定义

（1）狭义的定义

软文是指企业花钱在报纸或杂志等宣传载体上刊登的纯文字性的广告。这是早期的定义，即所谓的付费文字广告。

（2）广义的定义

软文是指企业通过策划在报纸、杂志或网络等宣传载体上刊登的可以提升企业品牌形象和知名度，或可以促进企业销售的一些宣传性、阐释性文章，包括特定的新闻报道、深度文章、付费短文广告、案例分析等。

2）软文的分类

按照不同的分类标准，软文可以划分为不同的类别。

（1）按营销目的划分

营销目的不同，对应的软文写作方法也有所不同。

①品牌推广软文。

品牌推广软文是指企业为建设品牌形象、积累品牌知名度、沉淀品牌资产而撰写的软文。常见的如品牌故事软文，即通过讲故事的形式把品牌发展的历史脉络、品牌的内涵、价值及特点向读者娓娓道来，并潜移默化地让读者对品牌产生印象或好感。此外，当企业品牌遭遇危机的时候，也可用软文进行危机公关，以防止事态恶化、消除危机事件带来的负面影响。

②产品推广软文。

产品推广软文是指为企业推广新品或促进热销单品销售而撰写的软文。产品推广软文（如图11-1所示）一般从产品的不同方向选材，如产品成长进程、产品里程碑、产品亮点等。

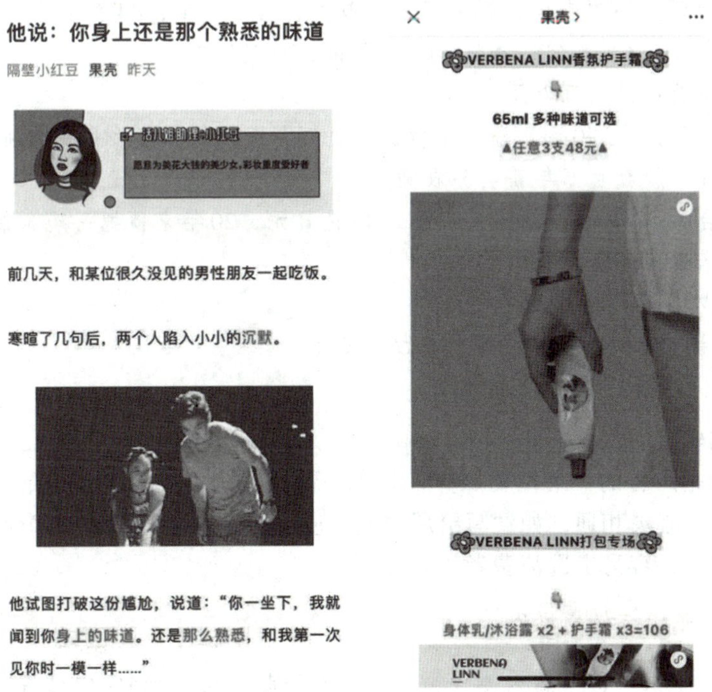

图11-1　推广类软文

③活动推广软文。

活动推广软文是指企业为推广其线上或线下活动、刺激读者参与而撰写的软文。例如，知名电商平台唯品会借助热播剧《欢乐颂》的资源，专门推出符合剧中“五美”穿衣风格的“五美馆”，以促进不同风格服饰的销售；并邀请知名微信公众号为此活动撰写了一篇题为“人生最痛苦的是，怎么选都是错的”的公众号软文，通过讲述多个关于选择的故事引出活动广告。

（2）按写作形式划分

①悬念式（设问式）软文。

悬念式（设问式）软文的核心是提出一个问题，然后围绕这个问题自问自答。通过设问引起话题和关注，但是必须掌握火候，提出的问题要有吸引力，答案要符合常识，不能作茧自缚、漏洞百出。

②故事式软文。

故事式软文通过讲一个完整的故事带出产品，使产品的“光环效应”和“神秘性”给消费者心理造成强暗示，使销售成为必然。例如“1.2亿买不走的秘方”“神奇的植物胰岛素”“印第安人的秘密”等。讲故事不是目的，故事背后的产品线索才是文章要表达的关键。听故事是人类最古老的接受知识的方式，所以故事的知识性、趣味性、合理性是软文成功的关键。

案例11-1　故事式软文举例

（1）成功型：“3岁丧父，摆地摊、卖煎饼、当搬运工，44岁后月入百万元！”

过去的辛酸：3岁丧父，摆地摊、卖煎饼、当搬运工

现在的成功：月入百万元

（2）情怀型：“‘90后’浙江小伙放弃百万年薪，选择去乡间做农业为圆梦！”

情怀事件：放弃百万年薪去务农圆梦

（3）混合型：“从濒临倒闭到年收入15亿日元，20年来他把一碗米饭做到极致”

过去的辛酸：濒临倒闭

现在的成功：年收入15亿日元

情怀事件：20年来他把一碗米饭做到极致

资料来源　作者根据相关资料整理.

③情感式软文。

情感一直是广告的一个重要媒介，软文的情感表达由于信息传达量大、针对性强，当然更可以叫人心灵相通，如“写给那些战‘痘’的青春”等。情感式软文最大的特色就是容易打动人，容易走进消费者的内心。

案例11-2　情感式软文举例

之前网上很火爆的一篇励志漫画软文《对不起，我只过1%的生活》就展示了情感式软文的威力。主人公从小就有画家梦，却历经生活的磨难：被说画得差、负担不

起昂贵的学费，妈妈有心脏病没钱住院，老爸因车祸不能工作，只能自强奋斗，用一个女生柔弱的肩膀扛起家庭重担。但她依旧坚持了下来，实现了自己的梦想。作者借用这种生活与梦想的摩擦与矛盾，把“弱小化”的情感无限放大，引发受众的感同身受。我们每个人都有梦想，都想实现自己的梦想，但很多人迫于生活的压力，选择了放弃，主人公却能坚持并一步步实现梦想，这不仅传达了正能量，还触发了受众追求梦想的情感共鸣。

这篇软文感动了无数人，引起网友的广泛转发和讨论，该软文在推出后一天，引发超过40万次的惊人转发量。其微信公众号在进行推送时，阅读量几乎都是“10 000+”。其推出的App“快看漫画”，单日下载超30万次。

资料来源 作者根据相关资料整理.

④恐吓式软文。

恐吓式软文属于反情感式诉求，情感诉说美好，恐吓直击软肋，例如“高血脂，瘫痪的前兆！”“天啊，骨质增生害死人！”“洗血洗出一桶油”。实际上恐吓形成的效果要比赞美和爱更令人印象深刻，但是也往往会遭人诟病，所以一定要把握尺度，不要过火。

⑤促销式软文。

促销式软文常常在上述几种软文见效时直接配合促销使用，或者通过“买托”造成产品供不应求，通过“攀比心理”“影响力效应”等多种因素来促使消费者产生购买欲。

⑥新闻式软文。

以新闻事件的手法去写，让读者认为就仿佛是昨天刚刚发生的事件，这样的文体有利于体现企业的技术力量。但是，这里告诫文案要结合企业自身条件，不要天马行空地写。

（3）按投放渠道划分

由于不同的媒体渠道拥有不同的目标人群及渠道特性，相对应的软文写法也略有不同。按投放渠道的类型划分，软文可分为以下几种：

①新闻资讯类软文。

该类软文多以新闻资讯的形式出现。

②自媒体类软文。

自媒体类软文是指关键意见领袖或企业的微信公众号、微博头条等自媒体账号发布的软文。

③问答类软文。

问答类软文是指以百度知道、知乎问答等平台为依托，以设置问题并回答的形式创作的软文。

④个人社交类平台软文。

个人社交类平台软文是指通过微信朋友圈、微博、QQ空间等个人社交类平台发布的软文。由于个人社交类平台具备用户体量较大、交流便捷、互动性强等特点，因此越来越多的企业将个人社交类平台列为软文推广和信息发布的重要渠道。

⑤社群类软文。

社群类软文是指以社群（如微信群、QQ群）为依托，在与群友交流互动或分享的过程中出其不意地植入广告，最终实现营销的软文。

3）软文的特点

软文是对受众进行针对性心理引导的一种文字形式，在编写相关文字内容时，文案人员应注意软文的以下特点：

（1）软文和广告具有同样的商业本性

从本质上来说，软文也是一种广告，它是企业软性渗透的商业策略在广告上的实现，通常借助文字表达与舆论传播使受众认同某种观念、观点和思想，从而达到企业品牌宣传、产品销售的目的。

（2）软文利用文字的表现形式来伪装自己

不同于硬广告在宣传上的开门见山，在软文营销中，软文利用一切文字资料来伪装自己，进而达到变向广告宣传的效果。软文的表现形式包括新闻资讯、管理思想、企业文化、技术与技巧文档、评论、趣味性的故事、包含文字元素的游戏等。这些文字形式对于受众来说都非常熟悉，受众在阅读这些文字时，不经意间就会被它所影响，从而产生某种思想和行为。

（3）软文制造信任与受众产生共鸣

很多营销软文凭借文章的情感因素和渗透其中的产品关键词的影响，使目标受众产生心理共鸣，营造出相互信任的氛围，进而激发受众了解产品的兴趣，从而达到宣传或推广销售的目的。

案例11-3　汽车软广告《回家的路》

制造信任感不必多次提及自己的产品有多么好，先营造感人的场景，使人进入情境之中，再提及某种产品，产生的效果要比直接宣传产品好很多。因为感人的场景会让用户记忆深刻，同时也会加深用户对产品的印象。例如，下面三菱汽车的软广告《回家的路》。

"爸爸的背给我留下了深刻的记忆，每次回家的路上，一定会经过那个糖厂，我记得那里冰棒的味道，像父亲背的味道。他总是坚持接我回家，后来我在台北念书放假回家，他也一定要来接我。我第一次开车回家，快到家时，爸爸还是坚持来接我，我想他是怕我忘了回家的路吧。三菱汽车全省164个家，欢迎您随时回家。"

资料来源　作者根据相关资料整理.

（4）软文能产生口碑传播效果

成功的软文营销完全能产生口碑传播效果，它能使受众"耳软"，研究认为，口碑传播是市场中最强大的控制力之一。心理学家也指出，家庭与朋友的影响、受众直接的使用经验、大众媒介和企业的市场营销活动共同构成了影响受众态度的因素。

由于存在产品信息不对称性的情况，受众在购买产品或服务时倾向于接收口碑信息，甚至主动搜寻口碑信息。当口碑信息与口碑信息接收者自身感知的产品或服务质量基本吻合时，口碑信息将会直接影响口碑信息接收者的购买决策，最终促使其产生与口碑信息相一致的购买行为。所以文案人员要好好利用这一点，通过优秀的软文内容吸引受众，这样才可能达到好的营销推广效果。

（5）软文要展示卖点

只让受众相信你还不够，文案还需要把产品卖点说得清楚明白，否则受众就会不清楚状况，也达不到最终的目的。尤其是某些推广销售产品的文案，文案人员需要深入了解产品特点，并完美地将其演绎出来，把产品说得明白透彻。通过恰当的宣传后，文案就可以使受众对产品产生深刻印象，促成营销目的的实现。

在这个过程中，要注意营造轻松愉快的气氛，这样受众才会有兴趣阅读，产生进一步了解的欲望。经验分享类和权威资料类软文就需要充分展示产品的卖点，赋予产品生动的形象化描述，让受众看完文章后产生身临其境的感觉，从而达到出其不意的营销效果。图11-2为经验分享类软文，作者以轻松幽默的语言介绍了“四驱”及“全地形反馈适应系统”等汽车知识，实际上是在介绍所推广产品的特点，既有知识性，又充满趣味。

案例11-4　经验分享类软文举例

经验分享类软文举例如图11-2所示。

图11-2　经验分享类软文举例

资料来源　作者根据相关资料整理.

4）新媒体软文与传统软文的区别

随着互联网产业的迅速崛起，新媒体成为企业宣传品牌及传播信息的最主要渠道，新媒体软文营销已成为企业营销的重要手段之一。与传统软文相比，新媒体软文主要存在以下3个方面的差别：

（1）发布渠道不同

与传统软文相比，新媒体软文的发布渠道更多样、更广泛。以互联网为载体的新媒体软文，从论坛、博客到新闻媒体、自媒体平台，再到以微博、微信为首的社交平台等，都能发布。而传统软文仍以报纸、杂志等有形的传统媒体为主战场。

（2）传播范围不同

与传统软文相比，新媒体软文最大的优势在于充分利用了互联网的即时性、全球性和交互性等特征，可以突破时间、地域等传统媒介的限制，在新媒体平台上随时随地发布软文。用户则可以通过搜索引擎查找关键词，在一个或多个新媒体平台上浏览企业或产品的相关报道，获取自己所需的信息。这既能提高用户的体验感，又能增强用户对企业或产品的信任，引导用户分享、转发及购买。一篇优质的新媒体软文不仅能为用户提供价值，促进用户主动传播，还能引发其他的新媒体平台相继转载，最终实现低成本的可持续传播。

（3）推广形式不同

新媒体软文与传统软文的推广形式有明显的区别。传统软文是通过传统媒体进行单向推广传播的，以“推”的营销模式主动把宣传软文发送或传达给用户。新媒体软文则以用户需求为导向，用“拉”的营销模式吸引用户参与，实现软文的交互传播，以增强软文传播者与接收者之间的沟通与互动。用户通过新媒体平台实现相互连接和资源共享，促进企业与企业之间、企业与用户之间以及用户与用户之间的无障碍沟通。此外，由于互联网具有交互性，用户不仅是软文的接收者，同时还是软文的传播者，因此这更有利于提高用户的参与感，促使用户提出更多宝贵的反馈意见。

11.1.2 软文营销的内涵

随着信息化时代的来临，用户的阅读习惯及方式发生了很大的改变。用户对电视、报纸、杂志等传统媒体硬广告的关注度下降，致使实际的营销效果变得不太理想。因此，企业开始寻求一种性价比高、互动性强的新营销方式，软文营销应运而生。企业通过发布软文为用户提供有价值信息的同时，无形之中将企业的品牌或产品融入其中，以潜移默化的力量抢占用户心智，获取用户认同和信任，最终实现企业利益的最大化。

1）软文营销的定义

软文营销是指通过软文的调研、策划、撰写、投放及传播，最终达成宣传或交易等目标的营销行为及方式。软文营销是企业软性渗透的商业策略在广告上的实现，是生命力最强的一种广告形式。企业软文策划人员或广告策划人员针对企业营销的策略，结合企业的产品或服务等需要宣传的信息，通过撰写一些有技巧性、实战性的文章，吸引用户的注意；在给用户提供他们所需要的精神食粮的同时，也深深地把企业的品牌及理念等印在用户的心中，从而达到软文营销的效果。

2）新媒体软文营销的特征

软文营销在新媒体时代下表现出以下3个特征：

（1）形式多样化

如今随着新媒体时代的到来，软文的内容变得更加丰富，不再拘泥于单一的文体。从论坛发帖到博客文章，到门户网络新闻，再到自媒体平台故事类或评论类文章；从新闻报道到人物专访，到娱乐专栏，再到科技产品评测等，形式层出不穷。新媒体时代下的软文主要是为宣传品牌和推广产品而服务的。因此，其形式会根据媒体和平台的特色进行变化和调整。

（2）语言网络化

网络化语言是伴随着网络的发展而新兴的一种有别于传统平面媒介的语言形式。它以简洁生动的形式、幽默风趣的表达，获得了广大网友的青睐。在软文写作中适当地运用网络化语言，可以使软文内容更贴近生活，同时也更具趣味性，有助于和年轻用户建立沟通，吸引年轻用户的关注。此外，由于网络化语言往往伴随着热点事件出现，如果软文以热点的网络语言作为关键词或切入点，则会更有效地促进软文的传播。这就要求软文撰写者做好目标用户的调研和分析，根据用户主流爱好合理地配置和使用网络语言，充分发挥网络化语言对软文推广和品牌宣传的促进作用。

（3）投放精准化

基于新媒体环境下海量的用户数据，企业在投放软文时，可以通过大数据对用户的性别、年龄、兴趣、地理位置等因素进行细分，用最短的时间精准地找到潜在的目标用户，进而向目标用户投放个性化定制的广告内容，从而最大限度地提高广告曝光率及转化率，增强软文营销的传播效果。

3）软文在营销中的作用

软文营销通常是把一篇关于企业的文章、新闻或一个新的观点发布到多家不同的媒体上，并在文章末尾注明这篇文章的来源及作者信息，方便想了解这些内容的人阅读，从而产生广告效果，达到营销的目的。所以，软文营销是一种非常重要的广告形式，也是一种很有技巧性的广告形式，一篇优秀的软文在产品或品牌营销中的重要作用是不容忽视的。

（1）具有很强的广告效应

软文兼具软文广告和新闻的特征，既有广告的效果，又有新闻的权威、真实、客观等特点，更具有可信度，便于受众接受。在广告开始让人厌烦的时代，新闻无疑可以起到很强的推动作用，帮助企业快速提高营业额。

（2）网络软文能引导消费习惯

《中国互联网络发展状况统计报告》显示，截至2022年6月，我国网民规模达10.51亿，互联网普及率达74.4%，80%的网民养成了浏览网络新闻的习惯，新闻已经在不知不觉中引导了网民的消费习惯。

（3）帮助企业树立形象

市场上同质产品的竞争非常激烈，同质竞争成了企业生存发展中的重大危机，很多企业都有相同的产品、相同的服务，而普通受众可能只认可其中某一家企业的产品，因此企业在受众心中的印象就显得非常重要。这个印象可以通过新闻软文来树立，因为新闻的独特性会给企业塑造出独一无二的公众形象，为企业树立诚信的品牌，树立良好的服务口碑，让受众记住并认可，这种认可比广告的效果要好很多。

（4）帮助企业提高广告效果

软文具有非常广泛的传播载体，加上互联网技术的广泛应用，受众可以通过各种媒体、多种手段来接受推广的软文。一篇好的软文可以通过受众自发地宣传、分享、转载，在全网进行传播。当然，软文质量越好，传播范围越广，越能达到一传十、十传百的效果。

（5）传递口碑效应

通过新闻或其他软文传播的品牌或产品，受众浏览后会留下比较深刻的印象。在某个时机甚至会向朋友提起，形成口碑效应。

（6）带来群体效应

如果一个受众在一家媒体上看到某个品牌或企业的相关报道，而在其他媒体或很多地方也能看到这个品牌或企业的相关报道，该报道包括服务、产品、企业文化、市场流行、时尚等各方面，那么该报道便会在受众心中留下深刻印象，受众在需要购买相关产品时，自然而然会首先考虑这个品牌或企业的产品。简单的网络传播，很多时候会产生意想不到的营销效果。

而传统媒体是通过电视、杂志等传播的，投入成本较大，且很多时候想要传递的信息也不能准确传递给受众。现在很多企业已将广告投放预算更多地转入新媒体渠道中。

11.2 软文营销策划

11.2.1 软文营销策划概述

软文营销策划是指企业的市场营销人员或广告公司的文案人员根据企业产品或服务的特征，结合企业经营管理过程中各个阶段的具体情况，以及当前和未来一段时间的市场需求变化趋势和营销目标而制订的软文营销计划。

软文营销策划需要把握以下要点：

1）明确软文营销的行动目标

软文营销的行动目标是指企业通过软文营销要实现的目标。在企业经营的不同阶段，其软文营销想要实现的目标会相应地进行调整。一般来说，企业软文营销的目标主要分为强化品牌建设、拉动产品或服务销售、宣传推广活动、回应竞争对手的策略及配合企业重大战略部署。如需实现多个目标，则需对目标进行优先级排序，逐一实现目标。

2）明确软文营销的实施策略

软文营销的实施策略指根据企业的软文营销总的费用预算制订软文投放的实施计划，主要包括软文投放平台、投放数量、投放时间及对应的费用预算等。

3）明确软文写作的角度

根据企业明确的行动目标及实施策略，进一步确定软文写作的角度，即围绕具体的行动目标、投放平台等软文营销策划要素拆解出多个不同的写作角度，并根据费用预算调整投放平台及数量，最终筛选出最适合的写作角度。

企业的市场营销人员或广告公司的文案人员进行软文营销策划时，可把其六要素制作成表11-1，以便记录及自行检查。

表11-1　软文营销策划六要素表

策划要素	具体内容
行动目标	
写作角度	
投放平台	
投放数量	
投放时间	
费用预算	

11.2.2　软文营销策划的步骤

1）商品认知

商品认知是指对商品基本信息的了解与熟悉程度，文案人员一定要在熟悉商品的基础上开展文案写作，这样才能使写出来的内容符合商品的特点，体现出商品与众不同的卖点，从而吸引有相关需求的消费者。商品认知主要包括商品分类、商品属性和商品文化等内容。

（1）了解商品分类

电子商务市场中越来越丰富的商品种类和品牌使消费者有了更加广阔的选择空间，为了找到更加符合企业商品的目标消费群体，商家需要明确自身商品在市场中的定位，做好商品的分类。商品分类是指为了满足一定的需求，根据商品的属性或特征，选择合适的分类标志，将商品划分为大类、中类、小类、细类以及品种、花色和规格等。国内大多数门户网站采用UNSPSC商品及服务分类编码（第一个应用于电子商业的商品及服务的分类系统，每一种商品在UNSPSC的分类中都有唯一的编码），电子交易市场则参照《商品名称及编码协调制度》，还有一些电子交易市场使用的是自编的商品分类系统。因此，目前市场并没有统一、规范的电子商务市场的商品分类标准，但从原则上来说，要遵守以下规则：

①必须明确分类的商品所包含的范围，即商品的属性、特征等。比如一件衬衣，在进行分类时就要知道它的使用对象是女士还是男士，面料是纯棉还是丝质，版型是修身还是宽松等。

②商品分类要从有利于商品生产、销售、经营的角度出发，最大限度地方便消费者的需要，并保持商品在分类上的科学性。所谓科学性，就是要选择商品最稳定的本质属性或特征作为分类的基础和依据。

③选择的分类依据要适当，就是要选择一个合适的参照对象作为商品的分类依据，比如笔记本，既可以指数码商品中的笔记本电脑，又可以表示办公文具中的笔记本。它们是两个完全不同的商品，因此在分类时就要先明确该商品的分类依据，一般是根据商品的用途进行划分。

④应具有科学的系统性，就是将选定事物属性和特征按一定排列顺序进行系统化，并形成一套合理的科学分类体系。

（2）熟悉商品属性

商品属性是指商品本身所固有的性质，是商品所具有的特定属性，如服装商品的属性包括服装风格、款式、面料、品牌等，这些属性可以看作商品性质的集合，可用于区别不同的商品。文案人员写作文案前要熟悉商品的属性，找出自身商品与其他商品的差异性，突出自身特点，以吸引更多消费者点击并浏览内容，增加成交机会。

按照电子商务平台的标准商品单元（Standard Product Unit，SPU）可以将商品属性分为关键属性、销售属性和其他属性。

①关键属性：关键属性是指能够确认唯一商品的属性。该属性可以是单一的属性，也可以是多个关键属性的组合。例如，手机商品可采用“品牌（Huawei）+型号（Mate 60）”作为关键属性，服装商品可以采用“品牌+货号”作为关键属性。

②销售属性：销售属性是指组成库存量单位（Stock Keeping Unit，SKU）的特殊属性，主要包括颜色、版式等。

③其他属性：其他属性是指除关键属性和销售属性以外的属性，如材质、面料、包装、价格等，也是商品普遍具有的属性。

文案人员可以通过对以上属性内容的分析来确定商品的价值，包括使用价值和非使用价值。在撰写商品文案时，既要体现商品的使用价值，又要体现其非使用价值，这样才能提升商品对消费者的吸引力，获得更加可观的收益。

A.使用价值。使用价值是商品的自然属性，是一切商品都具有的共同属性之一。任何物品要想成为商品，都必须具有可供人类使用的价值；反之，毫无使用价值的物品是不能成为商品的。例如，粮食的使用价值是充饥，衣服的使用价值是御寒，雨伞的使用价值是遮风挡雨。

B.非使用价值。非使用价值通常也叫存在价值（有时也称为保存价值或被动使用价值），它是指人们在知道某种资源的存在（即使人们永远不会使用那种资源）后，对其存在赋予的价值。通过挖掘商品的非使用价值，设计符合客户需求的非使用诉求，可以提升商品的价值，赋予商品更加丰富的内涵。商品的非使用价值可以从商品的附加价值、文案中的身份和形象、与职业的匹配度、商品的第一感觉等方面来体现。比如一款眼镜，它的使用价值是为顾客解决近视问题。如果从与职业相匹配的角度来挖掘它的非使用价值，可以从戴上眼镜后体现的职业气质来描述。职业经理人戴上它可以变得更加干练；领导戴上它可以变得更加有气场；年轻人戴上它可以显得沉稳等。这样就为眼镜赋予了很多非使用价值，使眼镜并非只有解决近视这一个卖点，从而提升了眼镜的价值，也可以卖出更高的价钱。

（3）掌握商品文化

商品作为一种满足消费者需求的物品，既具有物质属性，又具有文化属性。这种文化属性的附加可以提升商品的价值表现，使商品既可以作为一种物质交换而存在，又可以传达一种精神文化，潜移默化地改变消费者的价值观念、思想意识和行为。因此，商品文化是商品价值的一种表现。掌握商品文化可以拓宽文案人员对商品价值的认识和理解，使其写出更具有精神感染力的文案，加深商品在消费者心中的印象，进而形成独特的文化烙印，增强消费者与商品之间的联系，最终形成良好的品牌效应和忠实的消费群体。

熟悉商品文化后，文案人员即可对商品文化进行包装和优化，写出具有文化气息和情感氛围的文案，使之与消费者的需求相吻合，从而建立起商品与消费者之间的深度联系，形成消费者的品牌偏好。广告文案、商品说明、品牌故事等就是典型的依靠商品文化而创作的满足消费者精神需求的文案。

2）目标消费人群分析与定位

（1）购买意向分析

购买意向是基于消费者态度的一种指向未来的购买行为。消费者对商品产生积极、支持的态度，就可能产生购买该商品的明确意向。购买意向是消费者选择某种商品的主观倾向，表示消费者购买某种商品的可能性，是消费者做出购买行为前的一种消费心理表现。

一般来说，影响消费者购买意向的因素主要有以下3点：

①环境因素。环境因素主要指文化环境、社会环境和经济环境等外在的社会化环境因素。环境因素会影响消费者的购买意向，如冬季雾霾严重，空气污染严重，防霾口罩在这一时段就会比其他时段的人气高很多；又如，某热播剧引起了人们对某个商品的关注，受该剧的影响，关注该商品的消费者也会急剧增多。

②商品因素。商品因素主要是对商品的价格、质量、性能、款式、服务、广告和购买便捷性等因素的考虑。如在淘宝直播平台中，消费者可以在观看直播的同时直接购买商品，这比传统视频营销结束后告知消费者通过某种渠道进行购买便利得多。

③消费者个人及心理因素。由于消费者自身经济能力（如购买能力、接受程度）、兴趣习惯（如颜色偏好、品牌偏好）等不同，因此会产生不同的购买意向，并且消费者

的心理、感情和实际需求各不相同，也会产生不同的购买动机。

综合以上因素，以及电子商务给消费者带来的便利，消费者在电子商务模式下的消费行为发生了很大的变化。因此，要想获得消费者的购买意向，就要重视消费者信息的收集、分析并发现消费者的消费规律、研究消费者在电子商务网站上发生购买行为的原因。

（2）购买心理分析

购买心理就是消费者因为一定原因而购买商品的一系列心理活动，不同的人群、不同的消费者购物习惯将产生不同的购物行为。比如有的人喜欢买名贵的商品，有的人喜欢淘便宜货，有的人喜欢追求潮流，有的人喜欢经典复古商品。对消费者的购买心理进行研究，可以更加准确地定位消费者的购买行为，创作更加符合消费者需求的文案。

（3）用户画像定位

用户画像是对用户行为、动机和个人喜好的一种图形表示，能够将用户的各种数据信息以图形化的形式直观展示出来，帮助商家更好地进行用户定位，方便文案人员写出针对消费者需求的文案，提升文案对消费者的吸引力。用户画像展现的信息并非针对某一个用户，而是具有相同特征的一群目标用户群体的共同数据，如店铺人群自画像（如图11-3所示），通过这种画像的方式实现数据的分类统计。

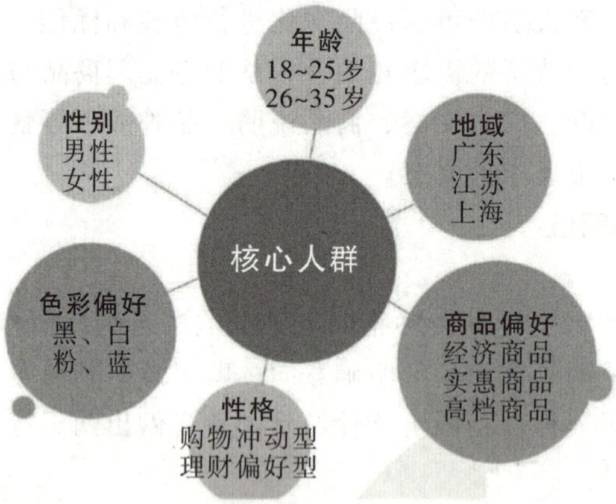

图11-3　店铺人群自画像

通过对用户购买意向和购买心理的分析，可以建立起对用户的基本印象，明确用户的基本属性信息，即用户性别、年龄、身高、职业、住址等信息。这些属性信息的不同可导致用户的收入水平、生活习惯和兴趣爱好不同，进而影响用户的消费行为。首先对信息进行分类统计，建立起基本的用户画像模型，然后将收集和分析的数据按照相近性原则进行整理，将用户的重要特征提炼出来形成用户画像框架，并按照重要程度进行排序，最后进行信息的丰富与完善，即可完成用户画像的构建。图11-4是比较常见的用户画像技术过程。

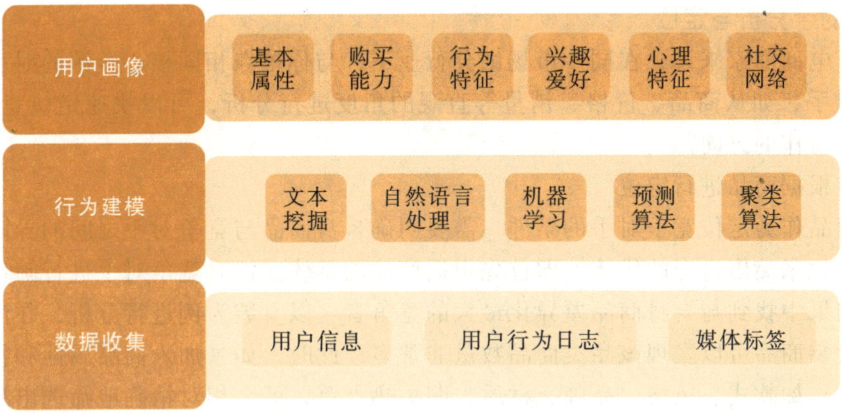

图 11-4　用户画像技术过程

①买家人群定位。

买家人群定位是指通过对消费者的性别、年龄、地域、价格等数据的统计分析来筛选出买家人群，然后对筛选后的数据进行分析，得到更加准确的买家属性信息，主要包括职业分布、省份分布排行、城市分布排行等数据。同时，营销人员还会对这部分买家的购买行为进行分析，得到这部分买家人群的标签属性，如下单支付时间段、搜索词偏好、购买价格偏好、购买频次属性、购买品牌偏好等数据。

②搜索人群画像定位。

电子商务平台之间的竞争、商家之间的竞争日益激烈，谁能更精准地定位目标用户，谁就能抢占市场先机。通过对搜索词维度下的人群进行分析，筛选出社会属性、购买偏好、行为偏好等多个标签视角的人群特征，可以帮助商家在店铺装修、商品风格、商品定价、文案描写等方面更精准地触达目标用户。图 11-5 是某位女性电商类产品用户画像。

姓名：小美
年龄：26
职业：白领
爱好：网购，喜欢海淘各种化妆品、衣服等，经常在各大海淘网站和海淘 App 上进行海淘。

使用场景：
小美通常在上班路上、工作休息时间使用App查看喜爱的产品，常查看其他用户的购买评价和使用体验，对于满足自己要求的产品会下单购买。

用户故事：
小美并不是经常知道自己想要买什么，更多的时候还是希望发现别人都在购买什么，通过其他用户对产品的使用体验来决定自己是否购买。小美登录 App 后会查看其他用户购买后的体验分享，觉得还不错，就会点击进入产品详情查看产品详细信息，对产品感到满意后会在商品详情页下单购买。

图 11-5　某位女性电商类产品用户画像

3）竞争对手分析与定位

对于电商商家来说，在同一市场细分行业下，与你抢夺相同核心资源的对手就是你的竞争对手，如从商品、价格、销量等直观的角度进行分析，可以快速定位竞争对手，明确文案写作的方向。

（1）根据商品进行定位

将商品作为定位竞争对手的条件，需要明确自身商品与竞争对手之间的异同，通过个体差异化来突出自身的优势，即首先根据商品的具体属性对竞争对手进行筛选，然后从筛选结果中找到与自身商品差异化最大的竞争者。以女装为例进行分析，在淘宝中直接搜索女装商品可以发现该品类商品数量非常多，此时，如果加入商品属性和特点作为筛选条件，如款式、风格、品牌、材质、购买热点等，就会相对精确地筛选出具有相同商品属性的商品。比如，在淘宝网中以关键词“女装裙夏装”搜索的结果超过100页，而添加了“适用年龄：18～24周岁”“服装款式细节：拉链”“裙长：长裙”“裙型：A字裙”“腰型：中腰”筛选条件后，最终结果只有4页。

（2）根据价格进行定位

价格是决定商品销量的一大因素，卖家要对全网商品的价格进行分析，并结合自身情况进行定价。确定价格后选择竞争对手时就要在该价格可承受范围内选择合适的竞争对手，一般来说，建议价格浮动范围不超过20%。

（3）根据销量进行定位

在商品和价格的基础上，综合考虑销量进行定位，根据自身店铺商品的平均销量选择几家和自己店铺客单价与销量相近的卖家作为竞争分析的对象。

4）商品卖点提炼与展现

商品卖点就是商品具有的别出心裁或与众不同的特点。卖点既可以是商品与生俱来的特点，也可以是通过创意与想象力创造出来的卖点。同时，卖点如果能够与消费者痛点（消费需求）结合起来，就能打造出最佳的消费理由，快速引起消费者强烈的购物欲望。

那么，怎样提炼商品卖点，并将其与消费者痛点关联起来呢？

（1）使用FAB法则分析商品卖点

FAB法则，即属性（Feature）、作用（Advantage）和益处（Benefit）法则，它是一种说服性的销售技巧，在商品卖点提炼中也十分常用。FAB法则中F、A、B所代表的含义如下：

F代表商品的特征、特点，是商品最基本的功能，主要从商品的属性、功能等角度进行潜力挖掘，如超薄、体积小、防水等。

A代表商品的特征发挥的优点及作用，需要从客户的角度来考虑，思考客户关心什么、客户心中有什么问题等，然后针对问题从商品特色和优点角度来进行提炼。例如：方便携带吗？电池耐用吗？

B代表商品的优点、特性以及带给客户的好处。应该以买家利益为中心，强调买家能够得到的利益，以激发买家的购物欲望，如视听享受、价格便宜等。

一般来说，从商品的属性来挖掘买家所关注的卖点是最为常用的方法。每个商品都能够很容易地发现F，每一个F都可以对应一个A和一个B。

案例 11-5 某品牌奶粉卖点提炼

某品牌奶粉提炼出以下3个卖点：

（1）产自新西兰；（2）添加了脂肪酸DHA原料；（3）红和绿两种颜色的包装规格。

这些句子都描述了产品本身所具有的事实状况或特征，但是介绍仅仅停留在产品的性质上，给顾客的仅仅是一些数据的枯燥的信息，很难激起顾客的购买欲望。所以我们在描述了产品的基本特性后，接着就要进入更深层的解说——作用和优点阐述。

比如，在描述奶粉产自新西兰后，我们可以告知顾客，新西兰有世界上环境最为优越的天然牧场，牛奶全部来自健康、高免疫的乳牛，奶粉绝对没有污染，卫生、安全。

特性1：产自新西兰天然绿色牧场，选自高免疫健康乳牛。

优点：绝对无污染，卫生、安全。

特性2：添加了脂肪酸。

DHA为人体必需脂肪酸，DHA被称为“儿童聪明物质”，DHA对脑细胞的生长发育很有好处。

优点：能开发和提高儿童智力。

特性3：红和绿两种颜色的包装。

红色包装奶粉适合0～3岁幼儿食用；绿色包装奶粉适合3～6岁儿童食用。

优点：易于辨别，方便选择。

资料来源 作者根据相关资料整理.

我们通过FAB介绍法，对产品的特性、优点、好处进行层层分析，产品的个性就显露无遗，不但使顾客深刻了解了产品，也激发起了顾客对产品的强烈兴趣。

（2）使用九宫格思考法分析商品卖点

九宫格思考法（如图11-6所示）是一种有助扩散性思维的思考策略，利用一幅像九宫格的图，先将主题写在图的中央，然后把由主题所引发的各种想法或联想写在其余的格子中，让思维向剩余的8个方向发散，最后产生8种不同的创见。商家可遵循此思维方式加以发挥并扩散其思考范围。

例如，在海报文案或推广活动文案上，消费者记忆点最多不超过3个，所以介绍重点功能就好，但是在详情页文案上则不一样，文案中应尽可能多地展示出产品的优势。因此，软文写作前可以先准备一张白纸，然后用笔将整张纸分割成九宫格，在中间的格子里写上商品的名称，在剩余的8个格子中写上可以帮助这款商品销售的众多优点。

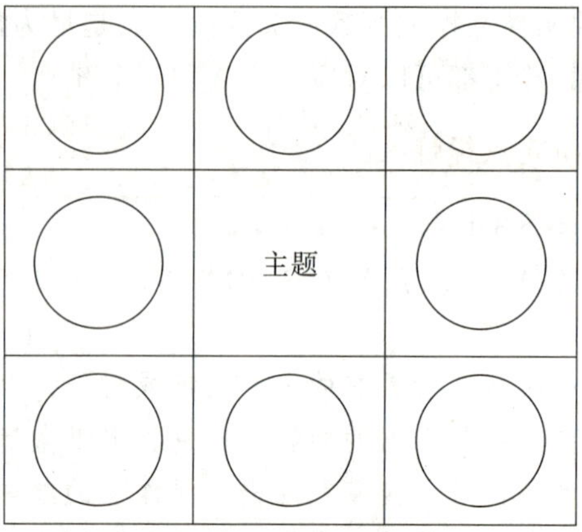

图 11-6　九宫格思考法

案例 11-6　电动牙刷的九宫格创意思考

以 Oral-B 的一款电动牙刷为例进行九宫格创意思考，已知该款牙刷是德国进口产品，可以通过蓝牙连接手机 App，可以同步反映牙齿区域的清洁情况，查看每次的刷牙记录，预设刷牙偏好，特殊处理牙齿区域等；牙刷采用小圆头设计，采用 3D 声波洁齿科技，能 360°清洁牙齿；有日常清洁模式、牙龈按摩模式、敏感护理模式、亮白模式，用户可以根据自己的需求自由选择。了解了该产品的信息之后，文案写作人员就需要根据资料进行融合整理，形成图 11-7。

同步反映牙齿区域的清洁情况	德国进口产品	通过蓝牙连接手机 App
查看每次的刷牙记录	Oral-B 电动牙刷	预设刷牙偏好
特殊处理牙齿区域	采用 3D 声波洁齿科技	360°清洁牙齿

图 11-7　一款电动牙刷的九宫格思考法

资料来源　作者根据相关资料整理.

（3）商品卖点的展现角度

不同的文案写作人员在介绍同一种商品时，由于方法不同，其侧重点也不同，因此会导致商品转化效果也不相同。通过分析可知，能够吸引消费者购买商品的文案往往能够准确表达商品的独特卖点，这种文案能从商品的众多特点中提炼出商品最关键的卖点，激发消费者对商品的好感，从而形成购买行为。

商品卖点是传递给消费者的最重要的商品信息，它可以向消费者传递某种主张或某种承诺，告诉消费者购买该商品后会得到什么样的好处，并且是消费者能够接受和认可的。在进行商品卖点剖析时，要注意其卖点不能太多，2 ~ 3个即可。因为太多卖点可能导致消费者对商品品质产生怀疑，营销效果适得其反。

①卓越的商品品质。

商品品质是消费者决定是否选购商品的最主要因素之一。只有保证商品品质，才能让消费者对商品更有信心。

②显著的商品功效。

不同的商品拥有不同的功效，消费者购买商品实际上是购买商品所具有的功能和商品的使用性能。比如，汽车可以代步，冰箱能够保持食物的新鲜，空调可以调节室内温度。如果商品的功效与消费者的需求相符合，且超出了消费者的预期，就会给消费者留下良好的印象，从而得到消费者的认可。

③知名的商品品牌。

品牌不仅能够保障商品的质量，还能给消费者带来更多的附加价值，使消费者产生一种心理上的满足感，特别是名牌商品，更能激起消费者的购买兴趣。如果你的商品具有良好的品牌形象和市场占有率，在进行商品卖点展示时，就可以将商品品牌作为主要卖点。

④高性价比。

性价比就是商品的性能价格比。商品的性价比越高，消费者越趋于购买。消费者可以花费较少的钱来购买较好的商品，不管出于什么角度都是一个很好的卖点。小米手机就是性价比较高的商品，可以说，它的出现引领了国内智能手机的潮流。

⑤商品的特殊利益。

特殊利益是指商品在满足消费者本身需求的情况下所具有的特殊的商品特性，如“好学生”针对青少年学生设计的渐进多焦点镜片可以减缓视觉疲劳，控制其近视发展速度，对于重视保护孩子视力的家长有很大的吸引力。

⑥完善的售后服务。

售后服务就是在商品出售以后所提供的各种服务。随着人们消费观念的不断成熟，消费者也将售后服务作为判断商品是否值得购买的一个前提条件。售后服务完善的商品更能吸引消费者购买，甚至会直接影响消费者的购买行为。

（4）关联消费者痛点

痛点是指消费者对商品或服务的期望没有被满足而造成的心理落差或不满。这种不满最终使消费者产生痛苦、烦恼等负面情绪，要解决消费者的这种“痛”，就需要出现能解决这些痛苦的商品或服务。文案人员应通过文字描述展现出消费者痛点的解决方法，并使该方法与商品卖点联系在一起，这样才能够快速打动消费者的心，使消费者产生不购买商品就会后悔或不满等情绪，进而更快地刺激消费者做出购买行为。

痛点文案的写作需要从商品或服务本身的角度出发，将它与商品卖点关联在一起，因此要在熟悉自己商品或服务卖点的基础上，结合消费者的实际需求进行写作。另外，也可通过对比竞争对手的商品或服务，给消费者营造一种购买竞争对手的商品或服务就会后悔或不划算的感觉。例如针对婴儿纸尿裤“干爽瞬吸”这个卖点，商家使用对比的手法进行描述，可以快速引起消费者对其他商品“吸收慢、容易漏”的担忧，进而增强消费者对自身商品质量的信心，解决消费者的痛点。

11.3 软文写作

11.3.1 新闻资讯类软文写作技巧

1）合理设置关键词

在标题和内容中设置符合文章垂直领域内容的具有代表性的实体关键词，如职场领域的关键词就是“领导”“同事”“求职”等；时尚领域的关键词就是“穿搭”“美容”“护肤”等；科技领域的关键词就是“华为”“苹果”等，既有助于读者更快读懂文章，也有利于提升文章的推荐量。

从增加软文的点击率上考虑，标题关键词要根据目标用户的相关属性进行设置，如受众的“地域”“年龄”“性别”“职业”“兴趣”等一系列相关的标签，有利于在众多标题中脱颖而出，从而在短时间内迅速抓住读者眼球，让其注意力停留在标题的关键词上，引起其阅读兴趣，进而点击文章。

2）图文并茂更吸睛

艾媒咨询的调研数据显示，2016年中国移动资讯用户主流的阅读偏好仍是图文并茂的形式，可见图文并茂的内容形式更容易吸引读者阅读。图文并茂的写作形式须满足两个方面的指标。

①内容精简、具体、有重点，指软文的内容要精简扼要，用通俗的语言清晰地表达重点。控制好软文的整体篇幅，字数在1 000字以内为最佳。多用通俗易懂的简单词汇，少用生僻词，多用短句，有助于降低读者的理解难度。

②图片清晰、可辨、相一致，指软文的配图要选择与软文内容相符的清晰图片，既有助于读者理解文字内容，提高其阅读感，又有利于增强软文的趣味性。

3）寻找合适的切入点

软文的切入点指软文开篇以何种方向、何种角度或主题去开展全文。软文切入点的好坏直接决定着一篇软文的整体质量。只有找到合适的切入点，才能更快地抓住读者的眼球，才能更好地与推广的产品进行结合，达到事半功倍的宣传效果。寻找切入点可以从以下4点入手：

①从经验分享的角度切入，指软文要站在产品消费者的角度给目标受众免费提供经验分享、干货知识，在帮助他们少走弯路、解决问题的同时，适时推荐产品。

②从故事叙述的角度切入，指软文通过讲述一则动人的故事来引出产品，自然地引出产品广告，从而得到受众认同并促其行动。生动形象的故事容易让受众产生代入感，拉近品牌和受众之间的距离。

③从观点或情感表达的角度切入，指软文通过情感的抒发和观点的表达引起受众的情感共鸣，从而提高受众对品牌的归属感和认同感。

④从热点人物或事件切入，由于热点自带流量和曝光度，软文通过结合当下的热点引出产品，能够有效提高受众的关注度。贴近受众的实际生活是选择切入点的一个重要原则。

4）观点鲜明引讨论

在当今信息爆炸的时代，读者的注意力有限。如果新闻资讯类软文仍保持着过去严肃刻板、不掺杂任何情感表述的写作风格，根本无法吸引读者阅读。唯有在遵照事实的基础上适当地抒发情感，表明自己的立场和态度，通过对事件的对错、利弊、荣辱等发表观点，才能激发读者的阅读兴趣，引发读者的讨论。而坚定的立场、鲜明的观点和新颖的角度有利于进一步提升软文的层次与内涵；饱含真情实感的描述则更容易引起读者共鸣。

5）广告弱化增信任

读者进入新闻资讯类客户端是为了浏览信息，如果此时向读者展示简单粗暴的销售广告，不仅不会吸引读者注意，反而可能会引起读者反感。相比之下，干货类或情感类的软文更容易被读者接受，更容易建立较高的信任度。这就要求软文写作者从读者的角度出发，把广告“软”化，设置符合读者浏览状态的场景化、原生态的内容，在不影响受众阅读体验的前提下，将产品广告巧妙地嵌入文中，“润物细无声”地感染和影响读者的决策，最终达成推广和转化的目的。一篇优质的软文，不仅能让读者理所当然地接受广告信息，还能让读者自发进行转发和推广。

案例11-7　OPPO手机

OPPO手机请明星代言已成为其广告宣传制胜的法宝，如图11-8所示。

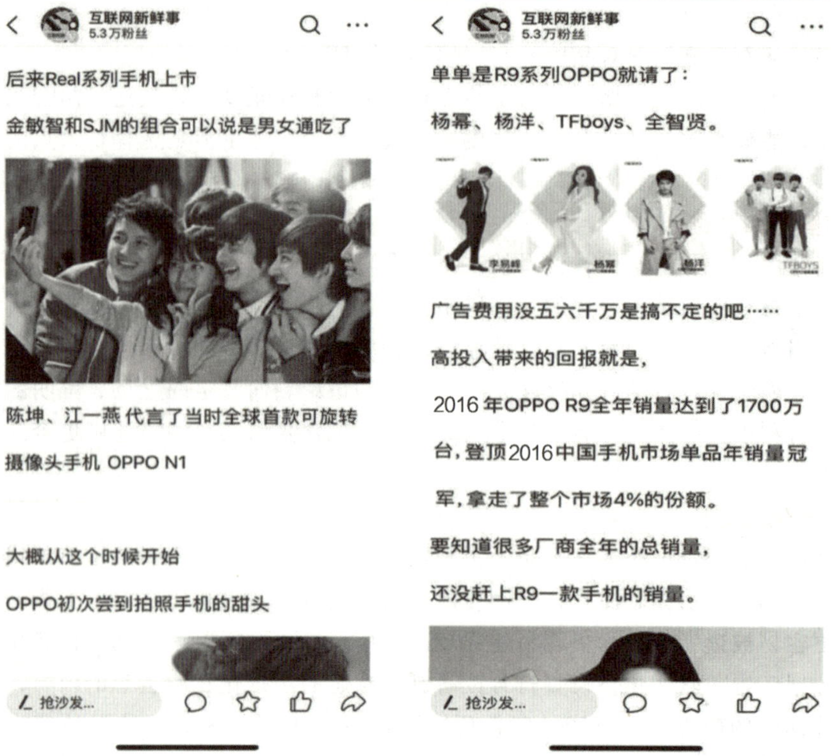

图 11-8　OPPO 手机明星代言广告截图

分析：在标题上设置了“OPPO”和“明星”双关键词，覆盖的受众面从关注手机的人扩大到关注手机及娱乐资讯的人群，这既有利于扩大品牌的展示量，又有利于刺激受众点击。在内容上，巧妙使用明星的名字作为关键词标签，从而大大提升了软文的推荐量。

资料来源　作者根据相关资料整理.

11.3.2　微信、微博平台软文写作技巧

随着移动互联网时代的到来，微信、微博已成为用户移动阅读获取信息的主要平台。在微信、微博平台进行软文营销，与用户建立一对多的互动交流关系，有利于企业品牌或产品得到更广泛的传播，进一步树立良好的口碑和企业形象，从而实现营销的目的。

1）微信公众号软文写作的4种技巧

（1）绑定关注，吸引兴趣

绑定目标用户关注的话题关键词，如当下的热门话题、名人明星、用户的兴趣爱好以及与自身息息相关的利益或目前正在进行的任务等，向用户提供有价值的或有反差的信息，抑或是通过制造悬念来吸引用户眼球，激起用户的好奇和兴趣，让用户情不自禁地点击并阅读软文。此外，在标题中加入与用户自身描述相符的标签，如地域、年龄、

性别、收入、职业等关键词，或利用对话式标题，让用户感觉作者在和自己对话，增强代入感和亲切感，也有利于提高文章的点击量。

（2）增强代入感，引出产品

软文通过讲故事、提问题、场景化描述痛点等方法，使用户产生代入感，让用户在阅读故事、思考问题答案及回顾自己相似经历的过程中开始关注自己，指出用户过去的行为或者选择存在哪些不合理之处，让用户意识到自身的困扰和痛点需求。与此同时，将用户的需求与推广产品的卖点和价值展示给用户，即给用户一个不得不买的理由。例如，一篇关于无硅油洗发水的推广软文可以描述用户日常使用含硅油洗发水时常遇到的痛点问题，如头发没洗几天就脏了、头发越洗越油等，向用户解释造成这一问题的原因，再告知用户这款无硅油洗发水正好能解决他的烦恼。

此外，这里提及的"场景化描述痛点"越具体，越有助于用户产生代入感。例如，一个关于整理术的课程在软文开篇描述用户的烦恼和痛点时，如果只是简单地描述"衣橱总是没空间、东西总是找不到、家里杂物堆积如山"等问题，可能并不会引起用户的重视；而将描述的问题具体化和场景化，如"塞得满满的衣柜却因找不到衣服穿而导致上班迟到，下班回家发现昨天刚收拾完的家又乱成一团，精心装修的家被杂物吞噬，隔三差五找不到东西"等，营销效果会事半功倍。

（3）打消顾虑，赢得信任

在用户产生购买兴趣的基础上，对于那些让用户存疑或制约用户做出购买行为的因素，应尽可能打消用户的顾虑，赢取用户的信任。常用的方法有以下4种：

①用权威。借助权威机构或组织的认证、业界权威或知名人士的背书，增强产品的说服力。

②用数据。利用用户的从众心理，通过产品的销量、用户量、好评率、排名等数据表明产品畅销，激发用户的购买欲望。

③用细节。为用户提供更具体的产品信息，让用户更为清晰深入地了解产品的卖点，会更容易让用户对产品产生信任感。

④正面的用户反馈及评论。选择能解决顾客疑问和满足顾客核心需求的真实评论或成果进行展示，以证明产品的卖点和效果，这有助于打消用户的顾虑，增强用户的信任。

（4）利益诱导，促成转化

进一步借助利益诱导，如强化产品的销售卖点、价格优势和优惠力度等，让用户看了就产生购买冲动。另外强化价格优势是软文营销中常用的策略，主要采取价格对比、提供附加价值的方式来唤起用户行动。

对于原本售价就不高的产品，可以将其价格与目标用户经常性消费品的价格进行对比。例如，一堂售价69元的线上PPT课程，想要表达课程价格优惠，其软文可以写：现在只需要一张电影票或吃一顿饭的价格，就可以让你掌握一项受用终身的PPT技能。而对于原本售价较高、用户购买前可能会产生犹豫的产品，可在用户心理账户重新定义此产品后再进行价格对比。例如，一个售价几百元的高颜值保温杯，在用户心理账户中可能只是一个价值几十元的实用品，而如果把保温杯定义为明星同款时尚装饰品，再与其他价值几千元的时尚单品相比，几百元的售价立刻就变得容易接受了。此外，对于原本售价较高的产品，还可以采用限时或限量优惠的策略，即“原价××元，现价××元，×天后或满×人后恢复原价”，通过制造稀缺感和紧张感来刺激用户立即购买。提供附加价值也是微信软文营销常用的策略，如“现在购买产品就送其他礼品”。

2）长微博软文写作的3种技巧

（1）创新内容的呈现方式

微博平台取消140字的发布限制，意味着其内容发布的门槛在降低，企业可以更便捷地发布推广软文。与此同时，由于长微博的发布流程变得更加快捷简单，平台用户在同一单位时间内能接收到更多的信息，企业之间的竞争变得更加激烈。直接发布长微博软文并不是企业进行微博软文营销的最佳选择，且容易出现两大弊端：一是软文的部分内容会被折叠，二是内容太冗长，无法引起用户关注，导致关键信息被用户跳过。因此，为了能在最短的时间内吸引和打动用户，提升用户的阅读体验，企业需要创新软文内容的呈现方式，即将软文做成图片的形式或利用短视频、H5页面等方式将软文的内容表达出来，通过视觉、听觉的刺激让用户产生兴趣甚至是情感共鸣，从而大大增加微博的浏览量和转发量。

（2）包装话题引发共鸣

微博软文通过运用具有争议性的内容或能引起大众情感共鸣的话题切入，抑或用故事对话题进行包装，并以图片或短视频、H5页面等作为载体将这些话题传播出去，有助于增加软文的点击量和转发量，进一步扩大企业的知名度。

案例：微信超级大号咪蒙曾经写过一篇文章——《如果可以回到10年前，你想改变什么》。从标题上看，这完全是一篇鸡汤文，文章延续她以往的行文风格，从日常故事开篇，紧接着画风一转，抛出10点让自己不留遗憾的大道理。可是，道理大家都懂，时间是回不去了。就在这个时候，一个峰回路转，主角“闲鱼App”出场，带来“第二人生体验券”。

据说，闲鱼这次的投放，使这款App从App商店的几十名冲到总榜第7名，客户还给咪蒙发了一面可爱的“锦旗”。

（3）借势热点互动营销

基于微博平台快速聚合关注和快速引发传播的特点，企业在发布微博软文时，应寻找与自身品牌调性契合且符合广大用户兴趣和口味的热点进行借势营销，这有助于快速引起用户的自发传播和广泛热议，在实现用户广泛覆盖的同时，大大提升品牌的知名度和好感度，从而有效提升营销效率。

除了要借势热点外，还要借助名人自身的影响力进行造势。善用微博“@”这一功能，通过在微博中“@”名人明星、微博的意见领袖或其他企业的品牌，联合其一起造势。一旦企业发布的微博被其回复或转发，就会带动大量的粉丝用户参与互动和自发传播，从而充分发挥软文营销的势能，引爆品牌声誉。此外，在微博软文中设置与粉丝互动的内容也是至关重要的环节。通过给粉丝提供专属福利或有价值的内容引发其情感共鸣，从而提升粉丝对产品的购买意愿，最终实现明星粉丝向品牌自有粉丝转化。

举个例子，天猫“6·18”系列微博软文结合“理想生活”的品牌理念，以用户的需求和偏好为出发点，通过创新内容的呈现方式，利用创意短视频和互动H5、镜头的切换、画面的对比呈现等，向用户传达软文内容及品牌升级的新理念。

11.3.3 问答类平台软文写作技巧

1）百度知道的软文写作技巧

百度知道是一个基于搜索的互动式知识问答分享平台。用户在平台上提出有针对性的问题，平台通过积分奖励机制发动其他用户来回答该问题。百度知道的最大特点就在于与搜索引擎的完美结合，让用户所拥有的隐性知识转化成显性知识。用户既是百度知道内容的使用者，同时又是百度知道内容的创造者。通过用户与搜索引擎的相互作用，实现搜索引擎的社区化。

其他综合类问答平台与百度知道相似，如搜狗问答是基于搜狗搜索引擎的问答平台，360问答则是基于360搜索引擎的问答平台等，因此，其问答形式均存在相似性。下面以百度知道为例，分析以搜索引擎为基础的综合类问答平台的软文写作技巧。

（1）关键词设置

为了让百度知道的提问及回答更容易被用户搜索到，在问题和答案中都应合理地布置与企业品牌或自身业务相关的关键词。关键词的选择应从目标用户的角度出发，在对目标用户、市场和平台进行综合评估的基础上，明确需要推广的关键词。关键词的设置应尽可能精准、简短。

（2）回答内容

内容准确全面，适当合理延伸，能够有针对性地解决用户的疑问和困惑，有助于用户更深入地了解和掌握所需的信息，字数在500字左右为宜。答案中的观点需中立客观，避免偏激的主观臆断给用户造成误导。不要过度广告化，不要发布不符合法律法规及违背道德规范的内容。

（3）回答框架

为了使内容逻辑清晰，便于用户阅读和理解，一般采用“总分总”的结构回答问题，即首先用一句话总结性概括，给出明确的判断或结论，接着围绕这个结论分成几点展开论述，最后对结论进行总结和强化。在论述部分，还可用数字“1、2、3……”来罗列，使得内容更直观清晰，表达更有条理。此外，还可在回答中插入与内容相关的精美图片，使内容更加生动且易于理解。

2）知乎的软文写作技巧

知乎是一个真实的网络问答社区，用户分享彼此的专业知识、经验和见解。与百度知道有所不同的是，知乎平台更像一个论坛。用户围绕着某一感兴趣的话题进行相关讨论，提供高质量的信息；同时还可以关注兴趣相同的人。知乎平台鼓励在问答过程中进行讨论，以提高问题的发散性。相对于其他问答平台，知乎的回答较为系统、有深度，形成了鲜明的“知乎体”。

（1）常见的知乎提问句式

①“××是一种什么样的体验”，如“南方人到北方读大学是一种什么体验”。

②“如何××”，如“如何评价由金泰亨、金南俊共同制作的单曲《四点》”。

③“如何看待××”，如“如何看待沃尔沃突然宣布停造纯燃油车”。

企业选择在知乎平台做问答营销，可在平台上选择与企业品牌或产品相关的问题进行回答，也可以主动提出与自己品牌或产品相关的问题，由自己回答或邀请其他用户回答。

（2）常见的知乎回答方式

①经历体。主要讲述和分享自己或朋友的故事、经历，并在故事中或故事末尾植入品牌或产品的推广广告。

②专业回复体。运用相关行业或领域的专业知识解答用户的问题，并在解答过程中植入广告（如图11-9所示），既能体现企业在相关问题上的专业性，又能实现企业品牌及产品推广的营销目的。

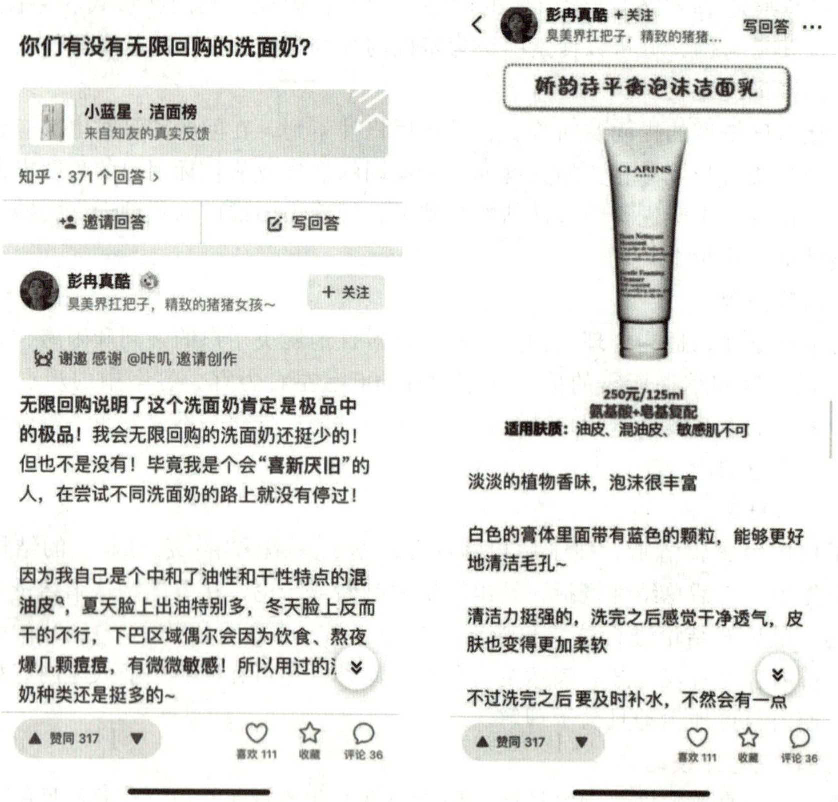

图11-9 知乎问答型软文

11.3.4 个人社交类平台软文写作技巧

以短微博软文写作为例，在软文撰写中应注意：

1）制造话题增强曝光

微博是人们日常分享交流的一个社交平台，企业通过在微博平台上制造有热度、富有趣味的个性化话题，可以快速引起用户热议及互动讨论，促使用户自发地进行口碑传播，从而大大提升品牌的曝光度及企业的知名度，最终促成流量向销量的转化。

在微博上发布的话题主要分为两类：一类是根据定位发布话题，指根据企业自身的目标客户和品牌定位，制造与其品牌理念相契合的话题，突出其品牌或产品的优势及卖点。另一类是借助热点发布话题，指企业通过在微博的“热门微博”“超级话题”“微博热搜榜”处搜索到当下的热门话题，找到与自身文化和品牌相契合的热门话题，并将两者的共同属性结合起来，借势营销，从而有效增强品牌的曝光度及用户的关注度。

2）品牌联动优势叠加

品牌联动指的是两个实力相当的品牌基于共同的目标受众，通过寻找最佳的合作点，互相借势借力，最终实现优势叠加，合作共赢。企业通过发布品牌合作的微博软文，充分发挥合作品牌双方的势能及平台优势，实现品牌联动与微博造势的强势互动，迅速成为媒体和用户关注的焦点，达到共同提升品牌价值及进一步促成转化的目的。

3）明星效应促进转化

明星本身就自带流量及话题传播的属性。如果短微博软文能够借助明星的影响力和号召力，迅速引爆粉丝能量，充分释放品牌主张，形成涟漪式传播，就更容易完成明星粉丝向品牌粉丝的转化。

本章小结

本章主要对什么是软文，什么是软文营销，如何进行软文策划，如何进行软文写作等问题做出回答，并厘清其基本要点。完成本章的学习后，应该理解和掌握以下内容：

（1）软文营销是指通过软文的调研、策划、撰写、投放及传播，最终达成宣传或交易等目标的营销行为及方式。软文营销是企业软性渗透的商业策略在广告上的实现，是生命力最强的一种广告形式。企业软文策划人员或广告策划人员针对企业营销的策略，结合企业的产品或服务等需要宣传的信息，通过撰写一些技巧性、实战性的文章，吸引用户的注意；在向用户提供他们所需要的精神食粮的同时，也深深地把企业的品牌及理念等印在用户的心中，从而达到软文营销的效果。

（2）软文营销策划是指企业的市场营销人员或广告公司的文案人员根据企业产品或服务特征，结合企业经营管理过程中各个阶段的具体情况，以及当前及未来一段时间的市场需求变化趋势和营销目标而制订的软文营销计划。其策划要点是：明确软文营销的行动目标、明确软文营销的实施策略、明确软文写作的角度。

（3）软文写作技巧包括：①新闻资讯类软文写作技巧：合理设置关键词，图文并茂更吸睛，寻找合适的切入点，观点鲜明引讨论，广告弱化增信任。②微信公众号软文写作的技巧：绑定关注，吸引兴趣；增强代入感，引出产品；打消顾虑，赢得信任；利益诱导，促成转化；③长微博软文的写作技巧：创新内容的呈现方式，包装话题引发共鸣，借势热点互动营销。

关键术语

软文营销　软文策划　软文写作

案例分析

“弦动我心·轻手链”软文

“弦动我心·轻手链”借助电影《寻梦环游记》在万圣节推出产品软文广告（如图11-10所示）。

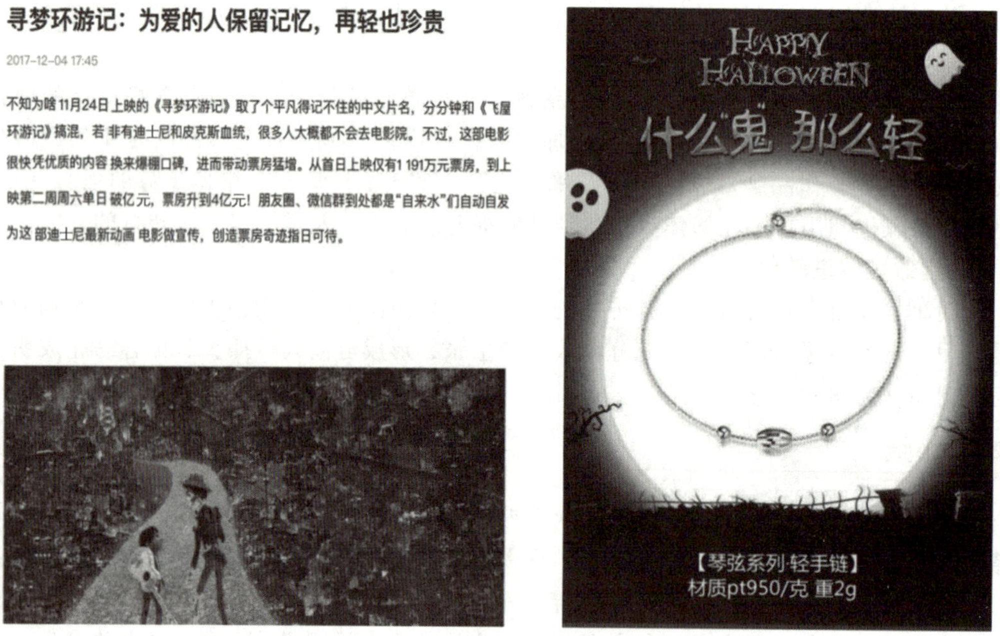

图11-10　“弦动我心·轻手链”软文广告

琴弦系列之“弦动我心·轻手链”，产自深圳珠宝制造中心水贝，珍贵材质铂金pt950，精致工艺，一条手链仅重2克。

轻得感受不到重量，却永远惦记着那份情义，新年超值特惠680元/条，给爱的人送上一份轻轻的厚礼，我们永远都记得。

如需购买，请扫下面的二维码，直接联系厂家工作人员，优惠等着你。

资料来源　作者根据相关资料整理.

【讨论问题】请评价以上软文营销的类型及策略。

实训操作

实训项目	软文撰写
实训目标	了解软文写作流程，并能根据营销推广的需要撰写软文
实训步骤	1.选择一款你熟悉的商品 2.选择一个拟推广平台 3.以小组为单位（5~6人）选择一种适合该商品推广的软文写作类型（如故事型、情感型等）进行软文撰写 4.软文推广 5.软文评价
实训环境	数字营销模拟实训室
实训成果	软文1篇

思考与练习

一、填空题

1.软文的精妙之处在于________。

2.软文的特点有：________、________、________、________、________。

3.新媒体软文和传统软文的主要区别是：________、________、________。

4.KOL指的是____。

5.商品卖点的展现角度有：________、________、________、________、________、________。

二、不定项选择题

1.企业在打造品牌的长久影响力方面不断深度挖掘，进行网状联动，属于（　　）运作。

A.品牌化　　B.生态化　　C.立体化　　D.平台化

2.按营销目的划分，软文可分为（　　）。

A.品牌推广软文　　B.产品推广软文

C.故事型软文　　D.活动推广软文

3.偏向于购买某种品牌的商品、只购买价格不超过某个范围的商品等行为表现为（　　）。

A.实惠心理　　B.从众心理　　C.攀比心理　　D.习惯心理

4.FAB商品法则各字母指的是（　　）。

A.属性（Feature）　　B.商业（Business）

C.作用（Advantage）　　D.益处（Benefit）

5.商品卖点是传递给消费者的最重要的商品信息，在进行商品卖点剖析时，（　　）

个卖点最为适宜。

A.1～2　　B.2～3　　C.4～5　　D.5～6

三、判断题

1.狭义的软文就是付费文字广告。（　）

2.故事式软文就是通过提出一个问题，围绕问题自问自答，通过设问引起话题关注。（　）

3.用户画像展现的信息并非属于每一个用户，而是对具有相同特征的一群目标用户群体的共同数据展示。（　）

4.在标题和内容中设置符合文章垂直领域内容的具有代表性的实体关键词有利于提升文章的推荐量。（　）

5.“××是一种什么样的体验”是微博软文常用的提问句式。（　）

四、思考题

1.在微博上搜索当下热点话题，给小米运动手环写一则短小微博软文（字数不超过140字）。

2.若要以丽江某客栈为主题撰写一篇旅游软文，谈谈你的写作思路。

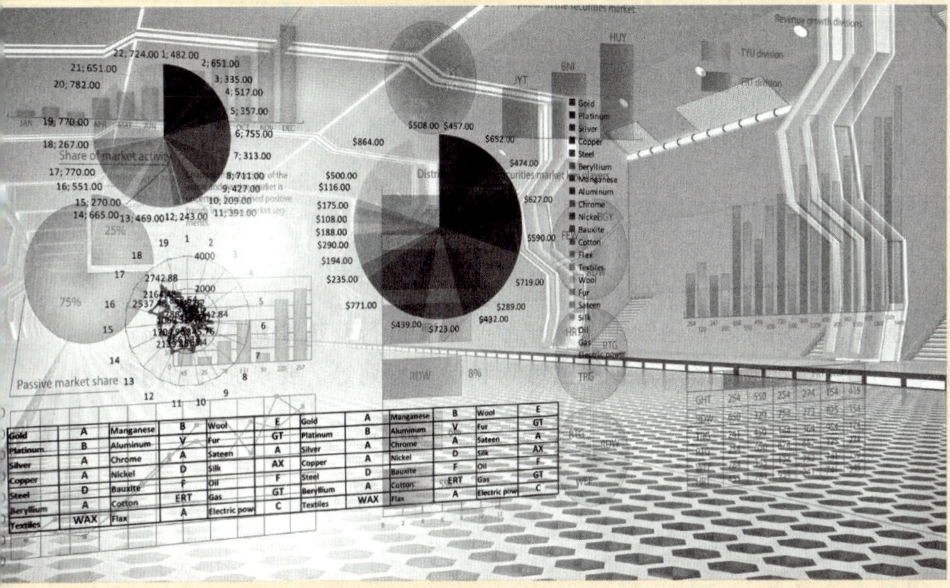
Share of market activity
Passive market share
Revenue growth divisions
TYU division
ERT division

综合实训

▸▸▸ 训练目的

通过完成此项训练，掌握数字营销策划相关技能。

▸▸▸ 训练内容

选定某一产品或服务，运用数字营销知识对该产品或服务进行营销策划，包括该产品或服务的STP策划、产品策划、价格策划、渠道策划和促销策划等。要求充分利用数字营销手段。以团队合作形式完成。

具体流程如图A-1所示：

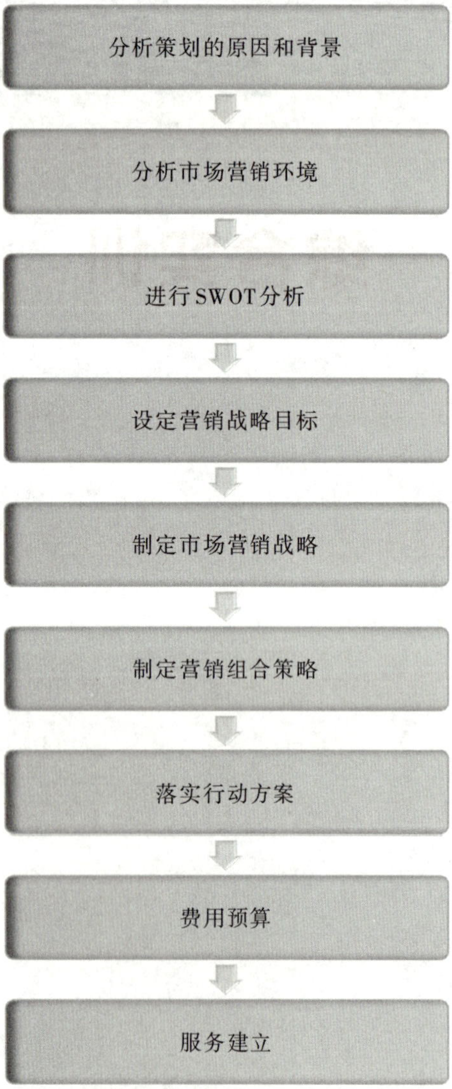

图A-1　数字营销策划具体流程

▶▶▶ 训练步骤

1.分组确定各组成员名单，并选定进行营销策划的产品或服务。

2.收集与该产品或服务相关的资料。

3.对收集的资料进行分析整理并作为营销策划的依据。

4.运用所学的数字营销策略知识，进行该产品或服务的营销策划，包括该产品或服务的STP策划、产品策划、价格策划、渠道策划和促销策划等。

5.撰写完成该产品或服务的数字营销策划报告。

6.各小组制作PPT，并上台展示所做的营销策划方案。

7.其他小组成员观摩并提出相应问题，教师点评。

8.各小组根据其他小组和教师的意见，修改完善本小组策划方案。

9.各小组提交修改完善的产品或服务营销策划方案。

▶▶▶ 训练考核

1.参加该营销策划的态度及积极性。

2.该产品或服务数字营销策划方案的内容是否完整、科学。

3.该产品或服务数字营销策划方案是否可行。

4.该产品或服务数字营销策划方案是否有创意。

5.融入数字营销手段的程度。

6.发言代表仪态仪表及口头表达能力。

7.PPT制作水平。

参考文献

[1] 朱磊，崔瑶. 数字营销效果测评［M］. 北京：科学出版社，2020.

[2] 周茂君. 数字营销概论［M］. 北京：科学出版社，2019.

[3] 王浩. 数字营销实战［M］. 北京：电子工业出版社，2016.

[4] 阳翼. 数字营销［M］. 2版. 北京：中国人民大学出版社，2019.

[5] 科特勒. 营销管理［M］. 何佳讯，于洪彦，牛永革，等译. 15版. 上海：格致出版社，2016.

[6] 科特勒. 营销管理［M］. 卢泰宏，高辉，译. 13版·中国版. 北京：中国人民大学出版社，2009.

[7] 周茂君，等. 中国数字营销20年研究［M］. 北京：科学出版社，2019.

[8] 科特勒. 营销革命4.0：从传统到数字［M］. 王赛，译. 北京：机械工业出版社，2019.

[9] 孙爱凤. 直播技巧：实力圈粉就这么简单［M］. 北京：机械工业出版社，2019.

[10] 尹宏伟. 直播营销：流量变现就这么简单［M］. 北京：机械工业出版社，2019.

[11] 张文锋，黄露. 新媒体营销实务［M］. 北京：清华大学出版社，2018.

[12] 李东临. 新媒体运营［M］. 天津：天津科学技术出版社，2018.

[13] 舍恩伯格，库克耶. 大数据时代：生活、工作与思维的大变革［M］. 周涛，译. 杭州：浙江人民出版社，2013.

[14] 林子雨. 大数据技术原理与应用：概念、存储、处理、分析与应用［M］. 北京：人民邮电出版社，2017.

[15] 钟正. VR/AR技术基础［M］. 北京：高等教育出版社，2018.

[16] 苏凯，赵苏砚. VR虚拟现实与AR增强现实的技术原理与商业应用［M］. 北京：人民邮电出版社，2017.

[17] 阿纳迪，吉顿，莫罗. 虚拟现实与增强现实：神话与现实［M］. 侯文军，蒋之阳，译. 北京：机械工业出版社，2019.

[18] 刘向群，郭雪峰，钟威，等. VR/AR/MR开发实战：基于Unity与UE4引擎［M］. 北京：机械工业出版社，2017.

[19] 陈志轩，马琦. 大数据营销［M］. 北京：电子工业出版社，2019.

[20] 麦德奇，布朗．大数据营销：定位客户［M］．王维丹，译．北京：机械工业出版社，2014.

[21] 李军．实战大数据：客户定位与精准营销［M］．北京：清华大学出版社，2015.

[22] 阿里巴巴商学院．电商数据分析与数据化营销［M］．北京：电子工业出版社，2019.

[23] 阳翼．数字营销蓝皮书［M］．广州：暨南大学出版社，2013.

[24] 陈徐彬．中国数字营销十年风云录［M］．北京：机械工业出版社，2019.

[25] 斯特恩．人工智能营销［M］．朱振欢，译．北京：清华大学出版社，2019.

[26] 谷建阳．AI人工智能：发展简史+技术案例+商业应用［M］．北京：清华大学出版社，2018.

[27] 张泽谦．人工智能：未来商业与场景落地实操［M］．北京：人民邮电出版社，2019.

[28] 郭福春．人工智能概论［M］．北京：高等教育出版社，2019.

[29] 段云峰，田雷，严昱超，等．人工智能技术商业应用场景实战［M］．北京：电子工业出版社，2020.

[30] 曾鸣．智能商业［M］．北京：中信出版社，2018.

[31] 骆芳，秦云霞．新媒体文案策划与写作［M］．北京：人民邮电出版社，2019.

[32] 梁芷曼．软文营销［M］．北京：人民邮电出版社，2020.

[33] 廖敏慧，吴敏，李乐．电子商务文案策划与写作［M］．2版．北京：人民邮电出版社，2020.

[34] 王美丽．我国网红经济的发展现状和趋势分析［J］．时代金融，2019(35)：107.

[35] 艾瑞咨询系列研究报告（2018年第6期）［C］．上海艾瑞市场咨询有限公司，2018.

[36] 唐江山，赵亮亮，于木．网红经济思维模式［M］．北京：清华大学出版社，2017.

[37] 吴声．超级IP：互联网新物种方法论［M］．北京：中信出版社，2016.

[38] 周导．重构——新商业模式［M］．哈尔滨：哈尔滨工业大学出版社，2019.

[39] 赵占波．移动互联营销［M］．北京：机械工业出版社，2015.

[40] 施勇勤．数字营销实务［M］．桂林：广西师范大学出版社，2023.

[41] 袁国宝．数字营销：数据智能时代的品牌增长新引擎［M］．北京：化学工业出版社，2023.

[42] 查菲，埃利斯-查德威克．数字营销：战略、实施与实践［M］．7版．王峰，韩晓敏，译．北京：清华大学出版社，2022.